华信经管创新系列

Introduction To Logistics

物流概论

（第2版）

蒋长兵　□主　编

琚春华　付振桐　□副主编

电子工业出版社

Publishing House of Electronics Industry

北京·BEIJING

内 容 简 介

　　本书共分 13 章，主要内容为概论、物流的基本功能、仓储管理与库存控制、配送与配送中心、物流成本、物流系统、物流系统预测与仿真方法、供应链管理、国际物流、现代物流运作方式、物流信息技术、物流设施与设备和未来物流运作模式。为增强实践性，在大部分的章节里附有案例。同时，本书还配有授课视频、物流案例视频、PPT、练习系统、模拟系统、模拟考试系统、考试试卷等。

　　本书可作为物流管理人员、物流科研人员、物流营销人员的参考书，同时可作为高校物流管理、物流工程、电子商务、工商企业管理、国际贸易、信息管理与信息系统等专业的教学参考书。

图书在版编目（CIP）数据

物流概论/蒋长兵主编. —2 版. —北京：电子工业出版社，2012.3

普通高等教育"十二五"规划教材

ISBN 978-7-121-15425-6

Ⅰ．①物… Ⅱ．①蒋… Ⅲ．①物流－高等学校－教材 Ⅳ．①F252

中国版本图书馆 CIP 数据核字（2011）第 253911 号

策划编辑：王赫男
责任编辑：王赫男
印　　刷：河北虎彩印刷有限公司
装　　订：河北虎彩印刷有限公司
出版发行：电子工业出版社
　　　　　北京市海淀区万寿路 173 信箱　邮编　100036
开　　本：787×1 092　1/16　印张：23.50　字数：600 千字
版　　次：2012 年 3 月第 1 版
印　　次：2025 年 7 月第13次印刷
定　　价：39.80 元

序 一

近 30 年，中国的物流产业得到了较快的发展，当前物流在国内被炒得火热，一度从大陆地区炒到了香港和台湾地区，进而在整个东亚地区乃至全球范围内兴起了以物流为中心的一股热潮。国内大量的企业也纷纷介入物流这个行业，各类院校也纷纷开始设立物流相关专业，投入大量的科研力量进行物流理论方面的研究，各级政府也在开始加入到这股洪流当中。至今，这股热流还在不断升温，大量高层次的物流研讨会不断召开，大量物流文献被翻译和出版，众多运输仓储公司纷纷转向新型物流公司，物流已经得到政府、企业、科研院所等不同层面部门或机构的重视，物流的理论研究也在中国国内形成热点。

目前，中国的物流企业风起云涌，很多企业认准了一句"第三利润源"的口号而向这个方向发展，却没有对企业实际情况、进军物流行业的可行性和企业在这一领域的经营策略等问题加以研究，造成了一定的盲目行动的现象。特别是 2005 年，中国加入 WTO 后承诺物流业作为服务贸易中最重要的要素之一将全面对外开放。为此，结合中国经济发展的实际情况，提出适应中国社会需要的物流运作方式，对现实生活中的众多现有物流企业以及"准物流企业"具有很强的实际指导价值，有利于企业在实际的运作当中把握好方向，创造、培养并掌握自己的核心竞争力。

在经济全球化和信息化的背景下，学习和研究现代物流并推动其加快发展具有重大的战略意义。当前国际竞争的一个新特点是，企业单体竞争向供应链竞争转化，也就是说在开放经济体系下，企业的竞争能力既取决于企业内部的物质消耗和劳动生产率水平，也取决于该企业与上下游企业和消费者构成的供应链体系的成本与效率，构筑一个高效、低成本的供应链将使相应的企业在市场竞争中占据主动地位。目前，现代物流被广泛认为是企业降低物质消耗、提高劳动生产率外的"第三利润源"。国际跨国集团的成功实践充分说明了这一点。沃尔玛之所以成为全球 500 强之首，是因为它构建了一个以高效信息系统为支撑的先进的营销管理模式和供应链体系，通过先进信息技术和物流装备的运用，实现了物流运作的一体化、信息化、高效化，从而大大降低了总成本，提高了企业的竞争能力。当前，中国正面临日益激烈的国际竞争，我们必须在管理理念上加快与国际接轨。发展现代物流，有助于改变目前存在的工商企业"大而全"、"小而全"的状况，提高社会专业化分工水平，进而降低物流成本和提高物流效率；有助于推动传统物流资源整合和物流企业转型，实现一体化、信息化、高效化运作，进而改善产业服务环境和满足社会多样化需求；有助于形成新的服务产业，培育新的经济增长点。可以说，发展现代物流已成为国际产业发展的新趋势，体现了中国走新型工业化道路的基本要求，必须花大力气加以研究和推进。

作为本书作者的研究生导师，我很乐意为这本图书作序，我也曾为本书第一版作序。《物流概论（第 2 版）》是一本既具有理论性，又具有实践性的物流学专业书籍，较为透彻完整地阐述了现代物流的一些基本理论，采用了大量的分析案例和图表，较为客观而真实地反映了现代物流学基础理论研究和实践的前沿。相信本书的出版对国内物流理论和应用的研究、对现代物流人才的培养，将起到非常积极的促进作用。

中国物流与采购联合会培训部教授

2011 年 10 月

序　二

　　早在 20 世纪 60 年代，美国经济学家彼得·德鲁克就预言，物流产业是每个国家经济增长的"黑暗大陆"，是"企业降低成本的最后边界"，是"一块未被开垦的处女地"。日本早稻田大学西泽修教授认为，降低物流成本是降低制造成本与增加销售之后的"第三利润源"，并提出了"物流冰山说"，物流成本就像一座冰山，人们只看到了水面上的那部分，其实水面下的冰山更大，企业的利润空间就蕴藏在那里。英国经济学家克里斯多夫认为，"市场上只有供应链，而没有企业"，"真正的竞争不是企业与企业之间的竞争，而是供应链与供应链之间的竞争"。

　　物流作为一种社会经济运动的形态，自古至今已持续了上千年，但未能受到人们的青睐，直到最近才在我国热了起来。从 20 世纪 90 年代末开始，国家物资部门和贸易部门开始了现代物流管理的推广与组织实施，以物流中心、配送中心等全新的企业形态为标志，在我国流通业掀起了一场广泛的意义深远的变革。2004 年 8 月，国家发改委、商务部、公安部、铁道部、交通部、海关总署、国家税务总局、中国民用航空总局、国家工商行政管理总局等九部委联合下发了《关于促进我国现代物流业发展的意见》，指出大力发展现代物流业，对于推动和提升相关产业的发展，提高经济运行质量和效益，增强综合国力和企业竞争力具有十分重要的意义，也把发展物流配送中心列为重点鼓励发展的内容；2005 年 4 月，由国家发改委牵头，建立了国家发改委、商务部、铁道部、交通部、信息产业部、民航总局、公安部、财政部、海关总署、工商总局、税务总局、质检总局、国家标准委、中国物流与采购联合会、中国交通运输协会等15 个单位共同参加的"全国现代物流工作部际联席会议制度"，强调切实加强对全国现代物流工作的综合组织协调，充分发挥各部门的职能作用，促进现代物流全面快速协调健康发展；2006 年 3 月，在全国十届人大四次会议通过的《国民经济和社会发展第十一个五年规划纲要》中，第四篇"加快发展服务业"里单列一节"大力发展现代物流业"，这在历史上从未有过，标志着现代物流作为产业的地位在国家层面得到确认。2009 年 2 月 25 日，国务院总理温家宝主持召开国务院常务会议，审议并通过了《物流产业调整和振兴规划》，如果说 2006 年国家正式确定现代物流业的产业地位，是我国物流发展的"里程碑"的话，那么这次物流调整振兴规划的出台，在我国物流业发展的历史上将具有"奠基石"的作用。2011 年 5 月，中央电视台财经频道推出系列节目《聚焦物流顽症》在社会上引发巨大反响，不但行业关心，也引起政府部门高度关注。2011 年 6 月 8 日，国务院总理温家宝主持召开国务院常务会议，研究部署促进物流业健康发展工作，推出了推动物流业发展的八项配套措施。这八项措施被业界称为物流业的"国八条"，这是继 2009 年国务院颁布实施《物流业调整和振兴计划》之后的又一重大政策调整。

　　在全国各地深入推进现代物流业发展、高等院校努力培养物流合格人才的时候，蒋长兵老师的《物流概论（第 2 版）》出版了，这是非常必要和及时的，它为国内开设物流类专业高校的物流专业基础课教学提供了一本很好的教材，也为广大物流工作者、物流爱好者学习研究现代物流管理提供了一本重要的参考用书。

同济大学讲席教授、博士生导师
中国物流学会副会长
上海物流研究院首任院长

前　言

从中国古代的镖局运送到目前信息化、智能化、智慧化的物流时代，物流走过了千百年的历程。在这个演化过程中，早在 1901 年，约翰·格鲁威尔就开始了理论上的物流认识；1915年，阿奇萧在《市场流通中的若干问题》中提及了物流，20 世纪 20 年代，美国著名营销专家裴莱·德克拉克在《市场营销的原则》一书中正式把物流提升到理论高度，并产生一个新词 physical distribution；第二次世界大战期间，physical distribution 正式上升为 logistics；1962年，美国管理大师彼得·德鲁克在《经济领域的黑暗大陆》中首次对物流的潜力进行一个新的认识，一门全新的学科就此产生。

早期的物流学是专门研究物质资料流动的一门学科，随着物流学科的发展与应用，物流学研究的范围和内容也在不断地扩大和丰富，特别是现代信息技术、供应链管理技术给物流学增添了新的内容，与之相伴而生的现代物流也正在成为新的需要研究的课题。随着我国经济体制改革的不断深入，经济全球化和我国融入 WTO 的体系中，物流业作为现代服务经济的重要支柱和组成部分，必将在我国得到空前发展，并成为我国国民经济新的重要产业和新的经济增长点。日前，国家又提出了物流业的"国八条"，并决定在舟山群岛新区建立"国际物流岛"，这一系列的举措把物流推到了新世纪经济发展的前沿。

无论是从物流的发展史来说，还是从目前的状况来说，对物流进行重新的审视都是十分必要的，这既是对以往的总结，也是对现状的分析，更是配合国家的物流战略，对未来的一个探索。《物流概论（第 2 版）》是一本既具有理论性，又具有实践性的物流管理与实践的专业书籍。作者结合多年来从事现代物流学领域的科研与教学，结合参加企业和政府物流研究项目的实践，较为透彻完整地阐述了现代物流学的一些基本理论，采用了大量的图表和案例分析，较为客观而真实地反映了现代物流学的前沿。相信本书的出版对国内物流实践、对现代物流人才的培养以及对国家战略的实施，都将起到非常积极的促进作用，特别是针对当前物流热于宣传、匮于实践、地域发展不平衡等状况，更具有指导意义。

本书由浙江工商大学蒋长兵副教授、琚春华教授和大庆师范学院教师付振桐编写完成，其中蒋长兵副教授完成 1～7 章，琚春华教授完成 8～10 章，付振桐完成 11～13 章。在写作本书过程中，借鉴了国内外许多专家学者的学术观点，参阅了许多报刊媒体和专业站点的资料，在此特别鸣谢。此外，还要特别感谢浙江工商大学顾珍璐、罗晓颖、池倩等同学，他们对这本书的编辑和写作给予了不遗余力的支持，在此深表感谢。

由于作者水平有限，成稿时间仓促，书中表述难免出现疏漏和谬误，敬请各位专家、读者提出批评意见，并及时反馈给作者，以便逐步完善（联系邮箱：johncabin@mail.zjgsu.edu.cn）。

蒋长兵

2011 年 10 月于浙江工商大学

目　录

第 1 章

概论

物流学是在 20 世纪 50 年代新发展起来的一门实践性很强的综合性交叉学科。物流学研究的对象是经济活动中"物"的流动规律。随着现代信息技术和电子商务技术的发展，与之相伴而生的现代物流逐渐成为新的迫切的社会需求，现代物流管理揭示了物品运输、储存、包装、装卸搬运、配送、流通加工和信息处理等物流活动的内在联系，使物流活动从经济活动中凸现出来。现代物流是运用现代物流原理、技术和管理方法构成的一个完整体系，它是在传统物流基础上发展起来的，由于融入了现代信息技术、计算机网络技术、通信技术以及供应链管理思想，使得现代物流有其独特的优势和特点，决定了现代物流同传统物流之间既有其共性又存在某些独有的特性。

本章介绍现代流通的内容，物流在经济中的作用，现代物流定义、分类和特点以及物流概念的产生过程。

1.1 物流与流通

现代社会经济活动是极为庞大、极为复杂的。人类为了满足生活和生产的需要，不断地消费各式各样的物质资料；同时无数的工厂或其他制造系统不停地生产和制造人类所需的物质。消费者如果不能得到所需要的物资，社会经济将会发生紊乱。生产者只有将产品转移给消费者才能实现产品的使用价值，同时可以获得效益，使劳动组织者的各种劳动消耗得到补偿，并且有条件组织再生产。

1.1.1 流通的内容

一般而言，一个完整的流通活动，必然要涉及信息流、商流、资金流和物流等四个流动过程（如图 1-1 所示）。资金流是在所有权更迭过程中发生的，可以认为从属于商流；信息流则分别从属于商流和物流，属于物流的部分称为物流信息。所以流通实际上是由商流和物流组成的，它们分别解决两方面问题：一个是产成品从生产者所有转变为用户所有，解决所有权的更迭问题；另一个是对象物从生产地转移到使用地以实现其使用价值，也就是实现物的流转过程。所以物流是整个商务的最重要组成部分，是信息流和资金流的基础与载体。

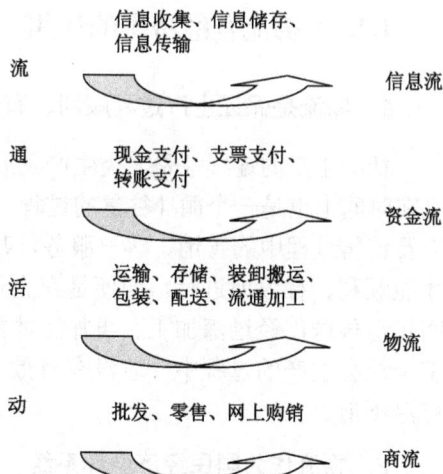

图 1-1　流通活动的主要内容

1. 商流

对象物所有权转移的活动称为商流。在商流中的物资也称为商品，商流活动一般为贸易或交易。商品通过交易活动由供给方转让给需求方，这种转让是按价值规律进行的。商流的研究内容是商品交换的全过程，具体包括市场需求预测，计划分配与供应，货源组织、订货、采购调拨、销售等。其中既包括贸易决策，也包括具体业务及财物的处理。

2. 物流

物流是指实物从供给方向需求方的转移，这种转移既要通过运输或搬运来解决空间位置的变化，又要通过储存保管来调节双方在时间节奏方面的差别。物流中"物"泛指一切物质资财，有物资、物体、物品的含义；而物流中的"流"泛指一切运动形态，有移动、运动、流动的含义，特别是把静止也作为一种形态。

物流系统中的"物"不改变其性质、尺寸、形状。也就是说物流活动和加工活动不同，不创造"物"的形质效用，但是它克服了供给方和需求方在空间维和时间维方面的距离，创造了空间价值和时间价值，在社会经济活动中起着不可缺少的作用。

3. 资金流

资金流主要是指资金的转移过程，包括付款、转账等过程，是整个流通活动的目的。

4. 信息流

信息流指商品信息的提供、商品促销信息、技术支持、售后服务等内容，也包括诸如询价单、报价单、付款通知单、转账通知单等商业贸易单证以及交易方的支付能力和支付信誉。信息流贯穿于商务活动的始终，引导着商务活动的发展。商流是物流的前提，物流是商流的继续，是商流最终实现的保证。物流要完成商流活动中物资实体的流通过程，它同样需要信息流的引导和整合。在紧密联系的网络系统中，每个节点回答上游节点的询问，向下游节点发出业务请求，根据上下游请求和反馈，提前安排货物输送过程。信息流在物流过程中起到了事先测算流通路程、即时监控输送过程、事后反馈分析的作用。在环环相扣的物流过程中，虚拟的场景和路程简化了操作程序，极大地减少了失误和误差，使得每个环节之间的停顿时间大幅度降低。

1.1.2 物流在经济中的作用

1. 物流是保证生产过程顺利、有效进行的前提条件

社会生产的连续性是人类生产发展、繁衍的物质基础和重要保证。生产与消费相依附，并且在时间上也是一个循环往复的过程。生产过程中的原材料采购、产成品的包装、运输、配送以及销售过程中的营销、客户服务，甚至产品物资的回收、再制造等，都需要物流系统支持才能顺利、有效地进行。即便是在企业内部，各种物质资料也需要在各个生产部门和工序之间相继传送，经过深加工、再加工才能成为最终产品。由此可见。无论是在企业内部还是在整个社会生产的过程中，若没有有效的、合理的物流相伴，生产过程必将大受影响，甚至会停滞不前。

2. 物流作为国民经济循环系统，将社会经济中的各个部分有机结合起来

物流作为经济社会中众多的产业部门、企业单位、商业机构的媒介，将各部门之间的关系、

成千上万种产品、信息和服务等有机结合成当今社会生机勃勃的经济实体,同时也为其在时间方向上的生产、消费等活动作依托,构成了一个时间上延续、空间上存在的发展的实体。

3. 物流保证商流的顺畅进行,是实现商品价值和使用价值的物流基础

商流和物流是两个相对的概念,商流解决的是商品价值与使用价值的实现,经过商流,产品完成了所有权、支配权、使用权的转移;物流解决的是产品从产地到销售地的运动。二者相伴而生,既相互关联又各具特点。商流兴旺,则物流发达;反之如若物流的服务滞后,也会影响商流的发展。

4. 物流是影响商品生产规模和产业结构的重要因素

生产社会化、专业化、规模化以及协调发展、可持续发展是当今社会商品生产发展的趋势和要求,也是商品生产规模发展和产业结构优化的集中体现。物流技术的发展为此提供了强有力的支持和保障。从"量"上看,只有生产规模和物流规模相适应,二者才能协调发展,这是市场经济运行的客观要求。一般意义下,只有物流规模、物流的运载能力、物流的效能达到一定水平,商品的生产规模才能有所扩大。从"质"上讲,物流技术的发展,在加快社会分工及专业化发展的同时,进一步在优化生产力布局和产业结构等方面,起到了促进作用。高新技术的应用使得物流运作速度更快、效率更高,在此意义上,物流的促进作用更加明显。

5. 现代物流的改进是提高微观经济效益和宏观经济效益的"第三利润源"

良好的物流管理不仅可以大大降低企业的成本,提高微观经济效益,对于整个社会生产来说也是提高宏观经济效益的重要源泉。在提高微观经济效益方面,体现如下。

(1)降低企业运营成本

物流成本是构成生产成本和流通成本的重要组成部分,据估算,这部分成本可以占商品价值的30%~50%甚至更多,一般包括库存费用、运输费用和管理费用三部分,另外还可以有配送网络费用、信息服务开销等。而在时间上,商品的加工时间一般只占到物流活动所用时间的1/20。可见,物流活动在商品的生产周期内有很大的比例。因此,采纳先进的物流技术将极大地提高物流服务效率,降低企业物流成本。

(2)减少流动资金占用

企业的流动资本对企业内部的资金状况有很大的影响。物流服务水平和物流效率的提高可以减少周转过程中的资金积压,可以提高库存周转率,增加客户的满意度,由此加速资金流的流动速度,从而减少对流动资本的占用。

(3)提升企业竞争力

物流提高了企业的产品在市场上的占有率,增加了企业的销售收入,并使用信息系统优化企业资源,使先进的管理理念深入企业内部,提高企业运营效率。物流服务的高可靠性和高效率也为企业赢得更高的价值回报。

从宏观上看,物流系统占用的社会资金多少以及在经济中的比重如何,直接关系到整个社会经济效益的水平。例如,2010年我国GDP为39万亿元人民币,与物流相关的年总支出仍高达1.9万亿元人民币,在GDP中所占比例较发达国家仍高出一倍。可见,如果我国物流水平持续提升将节省大量资金。物流水平越高,周转速度就会越快,流通费用也就越少,相应地增加了流通纯收入,从而提高了社会的经济效益。

1.2 现代物流基本描述

1.2.1 现代物流的定义

物流（Logistics），直观的理解是物质实体的定向移动，既包括物质实体在空间上的改变，也包括其在时间上的延续。这一概念源于 20 世纪 30 年代的美国军事系统，从 Physical Distribution（PD）一词演变而来，原意为"实物分配"。

人们对物流的认识是一个不断深化的过程。早在 20 世纪 80 年代，物流已被西方国家称为 Logistics，原意为"后勤"，是第二次世界大战期间军队在运输战略物资、军队给养时已使用的名词。作为维持战争需要的后勤保障系统，物流在第二次世界大战期间发挥了重要作用。第二次世界大战后，Logistics 被用于经济领域，理解为"在生产和消费之间的对物资履行仓储、运输、装卸、包装、加工等功能，以及控制后援信息的功能，它在物资销售中起到了桥梁作用。"虽然 Logistics 和 PD 在概念上有些相近，但还存在着较大的不同，一般认为前者意义更为广泛，在叙述上更简洁，也为人们所通用。

随着物流科学的迅速发展，世界许多国家的专业研究机构、管理机构以及物流研究专家对物流概念做出了各种定义。

德国物流协会认为物流是"有计划地将原材料、半成品和产成品由生产地送至消费地的所有流通活动，其内容包括为用户服务、需求预测、情报信息联系、物料搬运、订单处理、选址、采购、包装、运输、装卸、废料处理及仓库管理等。"

日本通产省运输综合研究所对物流的定义十分简单，他们认为物流是"商品从卖方到买方的全部转移过程。"

1999 年，联合国物流委员会对物流做了新的界定，指出，物流是为了满足消费者需要而进行的从起点到终点的原材料、中间过程库存、最终产品和相关信息有效流动和存储计划、实现和控制管理的过程。这个定义强调了从起点到终点的过程，提高了物流的标准和要求，确定了未来物流的发展，较传统的物流概念更为明确。

美国物流管理协会 2001 年对物流（logistics）的定义原文如下："Logistics is that part of the supply chain process that plans, implements, and controls the efficient, effective forward and reverse flow and storage of goods, services, and related information between the point of origin and the point of consumption in order to meet customers' requirements." 即"物流是供应链过程的一部分，它是对商品、服务及相关信息在起源地到消费地之间有效率和有效益的正向和反向移动与存储进行的计划、执行与控制，其目的是满足客户要求。"

在《中华人民共和国国家标准·物流术语》中对于物流的定义是：**物品从供应地向接收地的实体流动中，根据实际需要，将运输、储存、装卸搬运、包装、流通加工、配送、信息处理等功能有机结合来实现用户要求的过程**（见 GB/T18354—2006）。

当然，我国还有些学者将 Logistics 一词译为后勤学，但多数学者仍将其译为物流或物流学，比较具有代表性的国内外专家和学者的对物流的定义有以下几个：

"物流是一个控制原材料、制成品、产成品和信息的系统。"

"从供应开始经各种中间环节的转让及拥有而达到最终消费者手中的实物运动，以此实现组织的明确目标。"

"物资资料从供给者到需求者的物理运动，是创造时间价值、场所价值和一定的加工价值的活动。"

"物流是指物质实体从供应者向需求者的物理移动，它由一系列创造时间价值和空间价值的经济活动组成，包括运输、保管、配送、包装、装卸、流通加工及物流信息处理等多项基本活动，是这些活动的统一。"

还有一些专家提出了物流的 7R 定义，认为物流就是"以恰当数量（Right Quantity）和恰当质量（Right Quality）的恰当产品（Right Product），在恰当的时间（Right Time）和恰当的地点（Right Place），以恰当的成本（Right Cost）提供给恰当的消费者（Right Customer）"的过程。在该定义中，用了 7 个恰当（Right），故称为 7R。该定义揭示了物流的本质，有助于我们对物流概念的理解。

不论对物流概念的具体理解有何差异，但是有一点认识是共同的，即物流不仅包括原材料、产成品等从生产者到消费者的实物流动过程，还包括伴随这一过程的信息流动。本书对物流概念的界定采用《中华人民共和国国家标准·物流术语》的定义。

从镖局到现代物流

古时，水陆交通非常不便，但随着经济发展，各地区之间的交易却日趋频繁，为了保护行旅安全，将货物平安送达目的地，镖局应运而生。

由于镖局同各地均有联系或设有分号，一些汇款业务也由镖局承担。明末清初，就连官府运送饷银，也请镖局出面保驾护航。后来，看家护院、保护票号也成了镖局的工作内容，据说当年李鸿章的家宅，就是由北京十大镖局之首——会友镖局派人保护的。到了清中叶，随着票号的兴起，镖局的主要业务就是为票号押送银钱。清末时期，随着镖局生意的衰败，镖局的主要业务对象就转化为给一些有钱有势的客人押送衣、物、首饰和保障人身安全，这就形成了古代走镖的三大形式：粮镖、物镖、人身镖。

镖局属于特殊行业。在武侠小说里，经常将镖局描写成江湖武林门派，其实镖局既同绿林有来往，又同官府有关系，它的性质介于官和民之中。开镖局生意先要打点当地的台面人物，下帖请官私两方有头有脸的人前来捧场，这个叫"亮镖"。若是关系不够，亮不了镖，往后生意必然难做；若是人缘不佳，亮镖时有人踢场，手底下没两下子干脆就趁早关门。亮镖没出事，镖局才算立住了脚，但能不能出人头地，则要看第一次买卖头趟镖是否能打响名头。

镖局的组织包括镖局主人、总镖头、从事保镖工作的镖头和镖师、大掌柜、管理杂务的伙计和杂役。镖局主人多半人面广，关系好，有钱有势，打出旗号（黑道人物或是绿林好汉）不敢招惹，万一出了事摆得平官府，镖被劫了赔得起银两。大掌柜讲的是眼明心细算盘精，看货不走眼，估价不离谱，上下里外该打点的绝少不了，该开销的绝不浪费。而总镖头常常是赫赫有名的江湖人物，他们不是武功盖世之人，就是一些退休的名捕头。说白了，旧时的"镖局"和现今的"物流公司"简直如出一辙，古代镖局"走镖"就如同现代物流公司"运货"。所以，起源于我国明末时期的镖局算得上世界最早的物流公司，不客气地讲，中国古代镖局可谓世界现代物流业的开山鼻祖！

资料来源：天津日报，经作者整理

1.2.2　物流概念的产生过程

如果从有限的资料追根寻源的话，物流（Logistics）是从古希腊语的 Logistik（计算），Logistes（计算人员），到拉丁语的 Logista，再到法语的 Logistique，最后发展至英语的 Logistics。虽然物流的存在已有千年历史，但是从其概念的产生至今也仅仅经历了一个世纪而已。

物流概念最早始于美国，1915 年阿齐·萧[①]（Arch Shaw）在《市场流通中的若干问题》（*Some Problems in Marketing Distribution*）一书中研究了市场流通中存在的一些问题，明确地将企业的流通活动分为创造需求的活动和物流活动，并指出："创造需求与实物供给的各种活动之间的关系……说明（这些活动之间）存在平衡性和相互依赖性两个原则"，"物流（The Physical of Goods）是与创造需求不同的一个问题……流通活动中的重大失误都是由于创造需求与物流之间缺乏协调造成的"。文中所提到的"平衡性"、"相互依赖性"、"协调"等正是物流理论与实践的基础。

此后一个世纪的物流的发展可以人为地划分为以下三个阶段：实体配送（Physical Distribution，PD）、物流管理（Logistics Management）以及供应链管理（Supply Chain Management，SCM）。在这个演变的过程中，美国物流的相关机构给出了物流定义的变化，反映出了社会对物流的需求变化趋势和物流的发展方向。

1. 实体配送（Physical Distribution，PD）阶段

1935 年，美国销售协会最早对物流进行了定义："物流（Physical Distribution）是包含于销售之中的物质资料和服务，与从生产地到消费地流动过程中伴随的种种活动"。

美国的第一个物流管理组织成立于 1963 年，其英文名称为 National Council of Physical Distribution Management（NCPDM），也就是美国实体配送管理协会，在这里我们注意到，当时该协会采用的名字是 Physical Distribution。该协会 1963 年对物流管理（Physical Distribution Management）的定义是：物流管理是为了计划、执行和控制原材料、在制品库存及制成品从起源地到消费地的有效率的流动而进行的两种或多种活动的集成。这些活动可能包括但不仅限于顾客服务、需求预测、交通、库存控制、物流搬运、订货处理、零件及服务支持、工厂及仓库选址、采购、包装、退货处理、废弃物回收、运输、仓储管理等。

从早期的物流定义中可以看出，物流刚开始时主要是应用于商品的销售领域，处于产品流通链条的下端，也就是说主要集中于怎样尽量快地把生产出来的产品销售出去，这也可以说明为什么关于物流的定义最早由营销组织提出来。20 世纪美国经济以卖方经济为主，是一个买方市场环境。在买方市场环境，卖方处于竞争状态而买方主动权颇大，是属于买易卖难的市场环境，因此，研究自然集中于卖，也就是集中于销售。所以这一时期的定义也就突出了物流高效率流动的特点。

2. 物流管理（Logistics Management）阶段

美国实体配送管理协会于 1985 年下半年进行了调整，名称改为美国物流管理协会（The Council of Logistics Management，CLM）。我们注意到他们已经将 Physical Distribution 改为 Logistics。改名后的美国物流管理协会对 Logistics 所做的定义是："以适合顾客的要求为目的，

[①] 马丁·克里斯多夫（Martin Christopher）教授认为，阿奇·萧是最早提出物流（Physical Distribution）概念并进行实践探讨的学者。

对原材料、在制品、制成品与其关联的信息，从生产地点到消费地点之间的流通与保管，为求有效率且最大的'对费用的相对效果'而进行的计划、执行、控制"。

　　Logistics 与 Physical Distribution 的不同在于，Logistics 已突破了商品流通的范围，把物流活动扩大到生产领域。物流已不仅仅从产品出厂开始，而是包括从原材料采购、加工生产到产品销售、售后服务，直到废旧物品回收等整个物理性的流通过程。这是因为随着生产的发展，社会分工越来越细，大型的制造商往往把成品零部件的生产任务，外包给其他专业性制造商，自己只是对这些零部件进行组装，而这些专业性制造商可能位于世界上劳动力比较便宜的地方或者是原材料的生产基地（这也就是中国逐渐成为世界的"制造中心"的原因）。在这种情况下，物流不但与流通系统维持密切的关系，同时与生产系统也产生了密切的关系。这样，将物流、商流和生产三个方面连接在一起，就能产生更高的效率和效益。近年来日本、美国的进口批发及连锁零售业等，运用这种观念积累了不少成功的经验。

　　从以上的定义可以看出，物流的领域正在逐步扩大，更加丰富且更加全面。1963 年定义了具体的物流活动，而后者采取了更为灵活的表述，因此后者所适应的领域更为广泛；前者强调"有效率"的流动，后者强调"有效率的、有效益的"的流通；前者的目的是"有效率的流动"，后者的目的是"满足顾客要求"。也就是说，Physical Distribution 的领域较狭窄，Logistics 的概念则较宽广、连贯，具有整体性。这些区别体现了现在物流的核心价值，反映了美国物流界对物流的认识的深入，反映了物流内涵和外延的变化。

3. 供应链管理（Supply Chain Management，SCM）阶段

　　美国物流管理协会于 2005 年 1 月 1 日再次更名为美国供应链管理专业协会（Council of Supply Chain Management Professionals，CSCMP）。美国物流管理协会的上一次更名，就体现了当时行业发展趋势的一次飞越。21 世纪的情形与当时的情形非常相似，物流行业与 20 世纪 80 年代初协会更名时处在同样重大变革的环境中。在过去的 10 年间，物流行业所包括的范围越来越大，供应链在企业中扮演的角色越来越关键，同时物流业的专业人员所包括的范围越来越大，在企业中扮演的角色也越来越关键。物流的专业人员在组织内部和组织外部与越来越多的人们打交道。物流专业人员的角色已经发生演变，物流管理协会的更名，就是为了反映供应链中正在发生的变革。

　　在 20 世纪末 90 年代后期，整个世界范围掀起了电子商务浪潮，同时，世界经济一体化的趋势更为明显，很多的跨国公司已经无法分辨出其国界，尤其是那些巨型的跨国公司，往往在世界各地都有自己的生产部门，也就是说他们的生产是世界范围的，是在整个世界范围内配置资源和组织生产。跟随这种生产格局的变化，物流活动也由单独的国内活动，演变为在整个世界范围的复杂活动，物流运作的难度加大。对于像沃尔玛这样巨型的跨国企业而言，由于其经营的产品数量不计其数，经营的复杂性和难度都是难以想象的。采用供应链的思想，对数量众多的供应商进行有效的管理，实施有效的商品补给，对在其产业链中的所有企业和商品进行及时的跟踪和管理，对于沃尔玛降低自己的库存商品数量，降低因库存增加而造成的经营成本的增加，同时对于其消除因商品供应不善而失去销售时机，消除缺货现象都是一种有效的应对措施。因此，拥有高效、快速、低成本的物流系统，就成为沃尔玛在这个竞争激烈的社会当中生存的一件利器，一件法宝，成为其核心竞争力。

强化供应链　提升企业竞争力

2005年7月30日，备受业界瞩目的美的荣事达合资公司股权重组签约仪式在合肥举行。美的集团董事局主席、CEO何享健和荣事达集团董事局主席、CEO仇旭东代表双方，签署了股权重组的相关协议。

重组后的美的荣事达合资公司将致力于打造成为"在全球运营的、专注于冰箱洗衣机产业的行业领导者"，并明确了"用3～5年的时间冲击冰、洗行业前三强"的战略目标。

为确保战略目标的实现，作为现代企业提升竞争力核心环节的采购与供应链管理首先成为公司的变革的重点对象。经过周密的调研并根据企业产品特点，合资公司确定了采购与供应链管理的长远目标——均衡采购与供应链管理长短期利益，以总成本最低获取所需的物料和服务，从而提高公司在市场中的竞争力。

在具体实施上，美的荣事达合资公司重点强化了三项措施。

第一，整合供应链采购资源。重组后实行集中采购，塑料等大宗物料由美的集团采购中心统一采购，既形成了规模采购，又提高了抗风险能力。

第二，建立完善的供应商开发、考评与激励机制。美的荣事达合资公司坚持贯彻执行"完全开放、充分竞争、规范管理、优胜劣汰"的供应商管理原则，以供应商开发认证流程、供货比例管理流程、供应商绩效评价流程为重点，配合结算条款、货款支付条款及供货比例条款，建立完善的供应商开发、考评与激励机制。同时加大对供应商的激励、新产品的联合开发及淘汰激励手段的应用。为此，公司建立了供应管理的相关企业标准《供方评审管理规定》和《新供方管理规定》，采取资料评估和现场评审相结合的方式对供应商进行审核。当供方出现质量、供货、配合等问题时，由相应考核部门按《合作协议》要求对供方进行处罚，直至淘汰。

第三，培育核心供应商。与核心供应商构建中长期战略联盟关系，实现协同战略、协同开发、协同计划、协同资源和协同利益，以提高供应链整体的响应速度、价值增值和成长能力。如提高生产订单的可靠性，尽量减少供应商的呆滞库存，提高存货周转率；引进规模不同的供应商，分类管理，在供应商之间形成很好的搭配，挖掘大规模供应商的成本优势，体现小规模供应商的供货灵活性；对信守合同、注重信誉的供应商给予大力宣传，通过梳理金牌供应商，向供应商推出学习的榜样等多项措施。此外，公司还在供应商中选择适合的伙伴，形成真正的战略联盟，并签订3～5年的《战略合作协议》，分步骤实施战略采购。

通过以上调整，截至2005年10月，美的荣事达合资公司加大对供应商的整合力度，优化率达到20%，共引进了40家新供应商，同时淘汰了60家老供应商。

资料来源：《现代物流案例教学与实例》，经作者整理

1.2.3　现代物流的分类

社会经济生活中的物流无处不在，虽然各个领域的物流，其基本要素都是相同的，但是由于物流的对象、目的、范围和范畴不同，物流的类型也不同。下面我们按照物流系统涉及的领域、物流活动覆盖的范围、物流的作用和物流活动的主体来对物流进行分类。

1. 按物流系统涉及的领域分类

（1）宏观物流（Macroscopical Logistics）

宏观物流是指社会再生产总体的物流活动，是从社会再生产总体角度认识和研究的物流活

动的。这种物流活动的参与者往往是构成社会总体的大产业或大利益集团。因此，宏观物流既是研究社会再生产的总体物流，也是研究产业或集团的物流活动和物流行为。

宏观物流还可从空间范畴来理解，在大空间范畴的物流活动往往带有宏观性，在小空间范畴的物流活动则往往带有微观性。宏观物流也指物流全体，是从总体看物流而不是从物流的某一个环节来看物流。

因此，物流活动中，宏观物流即社会物流、国民经济物流、国际物流等。宏观物流研究的主要特点是综合性和全局性。宏观物流主要研究内容是物流总体构成、物流与社会的关系、物流在社会中的地位、物流与经济发展的关系、社会物流系统和国际物流系统的建立和运作等。

（2）微观物流（Microcosmic Logistics）

消费者、生产者企业所从事的实际的、具体的物流活动属于微观物流。在整个物流活动之中的一个局部、一个环节的具体物流活动属微观物流，在一个小地域空间发生的具体的物流活动也属微观物流，针对某一种具体产品所进行的物流活动也是微观物流，企业物流、生产物流、供应物流、销售物流、回收物流、废弃物流、生活物流等均属微观物流。微观物流研究的特点是具体性和局部性。由此可见，微观物流是更贴近具体企业的物流，其研究领域十分广泛。

2. 按照物流活动覆盖的范围分类

按照物流活动覆盖的范围，物流可以被划分为国际物流、国内物流和区域物流。

（1）国际物流（International Logistics）

国际物流是不同国家（地区）之间的物流。它是因为世界各国（地区）之间进行国际贸易而发生的商品实体从一个国家（地区）流转到另一个国家（地区）而发生的物流活动。国际物流是现代物流系统发展较快、规模较大的一个物流领域。随着近十几年国际贸易的急剧扩大，国际分工日益深化，东西方之间冷战的结束，以及诸如欧洲等地一体化速度的加快，国际物流问题成了现代物流研究的热点问题。

随着国际贸易、全球化作业的发展，较长的供应链、较少的确定性和更多的物流单证使物流需求不断增长；物流经营者面临着"4D"壁垒，即距离（Distance）、需求（Demand）、多样性（Diversity）和单证（Document）等四个方面的壁垒。国际物流的目的就在于让企业在获取全球营销和全球化作业的同时，保证服务与成本的有效性。

（2）国内物流（National Logistics）

国家或相当于国家实体，是指拥有自己的领土和领空的政治经济实体，它所制定的各项计划、法令政策都应该是为其自身的整体利益服务的。物流作为国民经济的一个重要组成部分，也应该纳入国家总体规划的内容。我国的物流事业是社会主义现代化事业的重要组成部分，我国物流系统的发展必须从全局着眼，对于部门分割、地区分割所造成的物流障碍应该清除。在物流系统的建设投资方面也要从全局考虑，使一些大型物流项目尽早建成，为社会主义经济服务。国家整体物流系统的推进，必须发挥政府的行政作用，具体来说，政府在国内物流上起到以下几个方面的作用：

1）物流基础设施的建设，如公路、高速公路、港口、机场、铁道的建设，以及大型物流基础的配置等；

2）制定各种交通政策法规，例如铁道运输、公路运输、海运、空运的价格规定，以及税收标准等；

3）与物流活动有关的各种设施、装置、机械的标准化，这是提高全国物流系统运行效率的必经之路；

4）物流新技术的开发、引进和物流技术专门人才的培养。

（3）区域物流（Regional Logistics）

相对于国际物流而言，区域物流是指一个国家某一区域内的物流。一个城市的物流，一个经济区域的物流都处于同一法律、规章、制度之下，都受相同文化及社会因素影响，都处于基本相同的科技水平和装备水平之中，因而都有其独特的特点，都有区域的特点。对于区域物流的划分，有不同的原则。首先，按行政区域划分，如华东地区、华北地区、河北地区等；其次是按经济圈来划分，如苏（州）无（锡）常（州）经济区，（北）京（天）津唐（山）地区、长（沙）株（洲）（湘）潭地区、黑龙江边境贸易区；还有按地理位置划分的区域，如长江三角洲地区、珠江三角洲地区、河套地区等。

区域物流系统对于提高该地区企业物流活动的效率，以及保障当地居民的生活福利环境，具有不可缺少的作用。研究区域物流，应根据地区的特点，从本地区的利益出发，组织好物流活动。如某城市建设一个大型物流中心，显然这对于当地物流效率的提高、降低物流成本、稳定物价很有作用。但也会引起由于供应点集中、货车来往频繁、产生废气噪声、交通事故等消极问题。因此，物流中心的建设不单是物流问题，还要从城市建设规划、地区开发计划出发，统一考虑，妥善安排。

城市物流要研究的问题很多，例如，一个城市的发展规划，不但要直接规划物流设施及物流项目，例如建公路、桥梁，建物流团地，建仓库等，而且需要以物流为约束条件，来规划整个市区，如工厂、住宅、车站、机场等。物流已成为世界上各大城市规划和建设要研究的一项重点。

在城市形成之后，整个城市的经济、政治、人民生活等活动也是以物流为依托的，所以，城市物流还要研究城市生产、生活所需商品的如何流入、流出，如何以更有效的形式供应给每个工厂、机关、学校和家庭，城市巨大的耗费所形成的废物又如何组织物流等。可以说，城市物流内涵十分丰富，很有研究价值。

3. 按照物流的作用分类

（1）供应物流（Supply Logistics）

为生产企业提供原材料、零部件或其他物品时，物品在提供者与需求者之间的实体流动称为供应物流。对生产企业而言，供应物流需将原材料配送给工厂，它的主要客户是工厂，它处理的对象主要是生产商品所需的原材料和零部件。由于原材料与零部件的数量之间有固定的比例关系，因此，供应物流的功能就是强调原材料的配套储存、分拣、及时配送、加工和预处理等。对于流通领域而言，供应物流是指在为商品配置而进行的交易活动中，从买方角度出发的交易行为中所发生的物流。由于供应物流占用大量的企业流动资金，因此，对其严格管理使其合理化对于企业的成本至关重要。

供应物流不仅要保证供应的目标，而且还要以最低成本、最少消耗，来组织供应物流活动，满足限定的条件，因此，就带来了很大的难度。现代物流学就是基于非短缺商品市场这样一个宏观环境来研究物流活动的，在这种市场环境下，供应数量的保证是容易做到的，而企业竞争的关键则在于如何降低物流过程的成本。为此，企业供应物流就必须解决有效的供应网络、供应方式和零库存等问题。

（2）生产物流（Production Logistics）

生产过程中，原材料、在制品、半成品、产成品等在企业内部的实体流动称为生产物流。生产物流和生产流程同步，是从原材料购进开始直到产成品发送为止的全过程的物流活动。生产物流是制造企业所特有的，它需要与生产流程同步，原材料以及半成品等按照工艺流程在各个加工点之间不停地移动、流转形成了生产物流。因此，生产物流合理化对工厂的生产秩序和生产成本有很大的影响。目前，制造型企业的物流系统有两种：一种是为制造活动提供支持的物流，它的功能要求与供应物流相同；另一种则是为制造商的产品分销提供支持的物流。国内外的应用实例都表明，制造商自己直接建立分销网络的情况越来越普遍，其市场覆盖面要广、分销能力要强，市场信息的收集与传递要及时，因此，要求在区域市场上运输和配送商品的能力要很强，需求预测及订单处理功能要完善。生产物流发展共经历了人工物流、机械化物流、自动化物流、集成化物流和智能化物流五个阶段。

（3）销售物流（Distribution Logistics）

销售物流是指生产企业、流通企业出售商品时，物品在供方与需方之间的实体流动。在现代社会中，市场环境是一个完全的买方市场，因此，销售物流活动便带有极强的服务性，以满足买方的要求，最终实现销售。在这种市场前提下，销售往往以送达用户并经过售后服务才算终止。因此，销售物流的空间范围很大。企业销售物流的特点就是通过包装、送货和配送等一系列物流实现销售，这就需要研究送货方式、包装水平以及运输路线，并采取各种诸如少批量、多批次、定时、定量配送等特殊的物流方式达到目的，因而其研究领域也是很宽的。

（4）回收物流（Returned Logistics）

回收物流是对不合格物品的返修、退货以及周转用的包装容器从需方返回到供方所形成的物品实体流动。企业在生产、供应以及销售活动中总会产生各种边角余料和废料，这些东西的回收是需要伴随物流活动的，而且，在一个企业中，若回收物品处理不当，会影响整个生产环境，甚至影响产品质量，同时还会占用很大的空间。

（5）废弃物物流（Waste Material Logistics）

废弃物流是将经济活动中失去原有价值的物品，根据实际需要进行收集、分类、加工、包装、搬运、储存，并分送到专门处理场所时所形成的物品实体流动。废弃物物流的作用是无视对象物的价值或对象物没有再利用价值，仅从环境保护出发，将其焚化、进行化学处理或运到特定地点堆放、掩埋。

4. 按照物流活动的主体分类

可以按照物流活动的承担主体，划分为企业自营物流、专业子公司物流和第三方物流。这三种物流形态目前在市场上共同存在，它们的成长变化过程反映了现代物流社会化发展的一种变化趋势。

（1）企业自营物流

在计划经济体制下，大多数企业都是采用"以产定销"的经营方式，因此，其物流运作的规模、批量、时间都是在计划指导下进行的，企业自备车队、仓库、场地、人员，自给自足地自营物流的方式成为传统企业物流的主体。随着计划经济向市场经济的转轨，市场调节能力不断增强，"以销定产"成为企业新的运作模式。小批量、多品种、快速性和准时供货等市场需求对新型物流提出了更高的需求。一些企业明显地感到灵活多变的物流运送需求和居高不下的物流成本正在逐渐成为企业竞争中的压力，为了从物流成本和速度需求的双重枷锁下解放出来，许多企业开始寻求更好的解决途径。

（2）专业子公司物流

物流专业子公司一般是指从企业传统物流运作功能中剥离出来，成为一个独立运作的专业化实体。它与母公司（或集团）之间的关系是服务与被服务的关系，它以专业化的工具、人员、管理流程和服务手段为母公司提供专业化的物流服务。与传统的企业自营物流相比，专业化子公司更加注重对物流过程一体化的管理和物流资源的合理化配置，能使物流效率最大化，并能有效地控制总成本达到最低水平。一些规模较大的专业化子公司还可利用自身的专业化优势为同行业的其他企业提供第三方物流服务。

（3）第三方物流

第三方物流是指企业为了更好地提高物流运作效率以及降低物流成本而将物流业务外包给专业物流公司的做法，这是跨国公司管理物流的通行做法。按照供应链理论，将非核心业务外包给在该领域具有专长或核心竞争力的专业公司互相协调和配合来完成，这样所形成的供应链具有最大的竞争力。第三方物流企业应是站在货主的立场，以货主企业的物流合理化为设计物流系统运营的目标。它同货主企业的关系应是密切、长期的合作关系，而不是零星的业务往来。通过第三方物流企业提供的物流服务有助于促进货主企业的物流效率和物流合理化。在我国发展现代物流的过程中，第三方物流将成为未来较大的市场潜在需求。

5. 按照物流的特殊性分类

（1）一般物流

一般物流是指具有某些相同点和一般性的物流活动。物流活动的一个重要特点就是涉及全社会，因此，物流系统的建立以及物流活动的开展必须有普遍的适用性，物流系统的基础点也在于此；否则物流活动便有很大的局限性和很小的适应性，物流活动对国民经济和社会的作用便受到限制。

一般物流研究的着眼点在于物流的一般规律，建立普遍适用的物流标准化系统，研究物流的共同功能要素，研究物流与其他系统的结合、衔接，研究物流信息系统及管理体制等。

（2）特殊物流

特殊物流是指在专门范围、专门领域和特殊行业的物流活动。在遵循一般物流规律的基础上，具有特殊制约因素、特殊应用领域、特殊管理方式、特殊劳动对象以及特殊机械装备特点的物流都属于特殊物流范围。特殊物流活动的产生是社会分工细化、物流活动进一步合理化和精细化的产物。在保持一般物流活动的前提下，能够有特点并形成规模，产生规模经济效益的物流便会形成本身独特的物流活动和物流方式。特殊物流的研究对推动现代物流发展的作用是巨大的。

特殊物流可进一步划分如下：按劳动对象的特殊性可划分为水泥物流、石油及油品物流、煤炭物流、腐蚀化学物品物流以及危险品物流等；按数量及形体不同可划分为多品种、少批量、多批次产品物流，超大、超长型物流等；按服务方式及服务水平不同可划分为"门到门"的一贯物流和配送等；按装备及技术不同可划分为集装箱物流和托盘物流等；在特殊的领域可划分为军事物流和废弃物物流等；按组织方式可划分为加工物流等。

1.2.4　现代物流的特点

信息时代、知识经济时代和网络经济时代的来临，给传统物流带来了新的发展，使现代物流具备了信息化、自动化、网络化、短路化、智能化、柔性化、标准化等一系列新特点。

1. 信息化

物流信息化是现代物流发展的必然要求。物流信息化表现为物流信息的商品化、物流信息收集的数据库化和代码化、物流信息处理的电子化和计算机化、物流信息传递的标准化和实时化、物流信息存储的数字化等。因此，条码（Bar Code）技术、数据库（Database）技术、电子订货系统（Electronic Ordering System, EOS）、电子数据交换（Electronic Data Interchange, EDI）、快速反应（Quick Response, QR）及有效客户反应（Effective Customer Response, ECR）、企业资源计划（Enterprise Resource Planning, ERP）、供应链管理（Supply Chain Management, SCM）等技术与观念在我国的物流中将会得到普遍的应用。信息化是一切化的基础，没有物流的信息化，任何先进的技术设备都不可能应用于物流领域，信息技术及计算机技术在物流中的应用将会彻底改变世界物流的面貌。

2. 自动化

自动化的基础是信息化，自动化的核心是机电一体化，自动化的外在表现是无人化，自动化的效果是省力化，另外还可以扩大物流作业能力、提高劳动生产率、减少物流作业的差错等。物流自动化的设施非常多，如条码/语音/射频自动识别系统、自动分拣系统、自动存取系统（自动化立体仓库）、自动导向车 AGV、货物自动跟踪系统 GPS 等。这些设施在发达国家已普遍用于物流作业流程中，而在我国由于物流业起步晚，发展水平低，自动化技术的普及还需要相当长的时间。

3. 网络化

由于传统物流方式缺乏全局观念，企业内部信息闭塞，条块分割，各部门之间形成"诸侯割据"的局面，在仓储管理上，信息反馈不及时，造成存量资产闲置，因此，通过物流储运系统网络化，将各个物流节点连接在一起，借助现代通信手段，将物流作业过程中的信息流、资金流与物流同步，做到整合储运，优化物流路线，彻底打破条块分割、信息闭塞的格局，使物流资源及动力集约化，充分降低企业物流成本，促进企业经济效益的提高。

这里的网络化有两层含义：一是各个物流企业之间，物流企业与生产企业、商业企业之间，甚至全社会之间均通过信息网络连接在一起。比如，物流配送系统借助于网上的电子商务订货系统和电子数据交换技术，自动向供应商提出订单，通过计算机通信网络自动与下游客户完成订货。二是指物流组织的网络化，即组织内部的内部网 Intranet。

物流的网络化是物流信息化的必然，是电子商务下物流活动的主要特征之一。当今世界因特网等全球网络资源的可用性及网络技术的普及为物流的网络化提供了良好的外部环境，物流网络化不可阻挡。

4. 短路化

以企业生产工艺物流为例，通过合理地制定企业的生产工艺流程和设备布局，尽可能地减少零部件在生产制造过程中的周转次数和运输距离，谋求生产制造中辅助过程的"最小化"，这对于减少运输设备的使用和能耗、节约人力、减少零部件生产制造周期、提高企业的经济效益，有着重要的现实意义。

5. 智能化

这是物流自动化、信息化的一种高层次应用，物流作业过程大量的运筹和决策，如库存水平的确定、运输（搬运）路径的选择、自动导向车的运行轨迹和作业控制、自动分拣线的运行、物流配送中心经营管理的决策支持等问题都需要借助于大量的知识才能解决。在物流自动化的进程中，物流智能化是不可回避的技术难题。为了提高物流现代化的水平，物流的智能化已成为现代物流发展的一个新趋势。

6. 柔性化

柔性化本来是为实现"以顾客为中心"理念而在生产领域提出的，但需要真正做到柔性化，即真正地能根据消费者需求的变化来灵活调节生产工艺，没有配套的柔性化的物流系统是不可能达到目的的。20世纪90年代，国际生产领域纷纷推出柔性制造系统（Flexible Manufacturing System, FMS）、计算机集成制造系统（Computer Integrated Manufacturing System, CIMS）等概念和技术，这些概念和技术的实质是要将生产、流通进行集成，根据需求端的需求组织生产，安排物流活动。因此，柔性化的物流正是适应生产、流通与消费的需求而发展起来的一种新型物流模式。物流配送中心要根据消费需求"多品种、小批量、多批次、个性化、快速反应"的特色，灵活组织和实施物流作业。

7. 标准化

未来社会的经济发展，将越来越呈现国际化、全球化的趋势，为社会生产服务的物流产业也将呈现出社会化和国际化的趋势。这就对物流技术提出了新的要求——全球标准化。在未来社会，物流设备、物流系统的设计与制造必须满足统一的国际标准，以适应各国各地区之间实现高效率物流运作的要求。

另外，物流的社会化、共同化也都是现代物流模式的新特点。

1.2.5 现代物流产业的构成及其特征

产业经济学将提供相近商品或服务、在相同价值链上活动的企业群体称为产业。提供相同商品或服务的若干企业，可理解为行业。从社会分工的历史考察，所有产业因形成的时间长短不同，可分为第一产业、第二产业和第三产业即三大产业。这种分类对宏观经济分析和政策研究具有重要意义，但对具体厂商的市场活动缺乏实用价值。联合国《全部经济活动的国际产业分类标准》（1998年修订，简称ISIC）将全部产业划分为10类：农业、采矿业、制造业、水电等公共产品行业、建筑业、商业与服务、运输仓储与邮电业、金融保险与不动产业、社会团体与个人服务及其他产业。显然，这种分类也基于宏观经济分析的要求。

物流涵盖了全部社会产品在社会上与企业中的运动过程，涵盖了第一产业、第二产业和第三产业及全部社会再生产过程，因而是一个非常庞大而且复杂的领域。从社会再生产的角度来看，国民经济全部工农业产品生产过程和制造过程，除了在加工和生长的时间外，全部是物流过程的时间。以机械产品的制造为例，生产过程中，加工的时间仅占10%左右，而物流时间竟占到90%，很大一部分生产成本消耗在物流过程之中。从社会再生产的流通角度来看，全部转化为商品的工农业产品，都需要通过物流来实现资源的配置。

国民经济各个领域的物流经济活动从横向构成了物流产业。这个产业以铁路、公路、水运、空运、仓储、托运等行业为主体，包含了商业、物资业、供销、粮食、外贸等行业中的一些领域，同时还涉及机械、电气化中的物流装备生产行业和国民经济所有行业的供应、生产、销售中的物流活动。它的跨行业的特点非常突出，若按国民经济现行的分类管理办法，物流是不可能作为一个独立的产业纳入国民经济管理之中的，但是，为了对现有分类管理体制做一个补充，确定物流产业的分类还是必要的。

1. 物流产业的构成

物流产业从广义上讲应包括以下内容。

（1）物流基础业

这个产业由各种不同的运输线路、节点以及理货终端构成，它是向各个经济系统运行所提供的物流基础设施。其主要行业构成有铁路、公路、水运、空运、仓储等，主要的物流设施是车站、货场、港口、码头、机场、铁路线、公路、仓库等。

（2）物流装备制造业

这个产业是物流生产力提供劳动手段要素的产业。大体上可以划分为集装设备生产行业、货运汽车生产行业、铁路货车生产行业、货船行业、储存与搬运设备制造业等。

（3）物流系统业

这个产业由提供物流系统软件、硬件和提供系统管理等产品和服务的行业组成，是计算机系统技术和通信技术在物流领域的有机组合。

（4）第三方物流业

第三方物流业是代理货主向货主提供物流代理服务的各种行业所组成的物流业。过去很少能由一个企业代理货主的全部环节的物流服务，所提供的服务往往局限于仓库存货代理、运输代理、托运代理、通关代理等局部的代理业务。而现代物流中，完善的第三方物流的代理作用是全部物流活动系统的全程代理。

（5）货主物流业

货主物流业是货主自己办物流，也有可能是部分从事第三方物流活动的行业。货主物流产业包含生产企业和流通企业为本身的生产或商贸活动所建立的独立物流企业以及各种类型企业生产、流通经济活动的一部分。它着重于建立巨型企业内部物流系统，尤其是配送中心以及配送系统、流通加工系统。当前已经成型的行业有连锁配送业、分销配送业、流通加工业。

2. 物流产业的特征

物流产业具有四个特征：多行业性、基础性、服务性和综合性。

（1）物流产业由多个行业组成

如果按照现行的行业标准来分析物流产业，可以发现，物流产业包括了铁路运输行业、公路运输行业、航空运输行业、水路运输行业、管道运输行业、包装行业、装卸行业、邮政行业、电信行业等。

（2）物流产业是基础性产业

我们知道，物流七要素中的载体由基础设施和依靠基础设施来运行的物流设备两部分组成，它们都是基础性的，尤其是第一类载体，很明确，它就是物流的基础设施，物流基础设施不仅因为它们大部分是固定在地面的基础设施，同时，对于整个物流的运作是决定性的，没有基础设施就不可能有物流手段，而没有物流手段就不可能进行流通和市场扩展。萨缪尔森在《经济学》中说过，只有在交通运输工具得到改善以后，市场才能够从国内扩展到国外。

（3）物流产业是服务业

马克思在谈到交通运输业的生产与消费特点时说："在不创造新产品而只载运旅客和货物

的运输业中，这两种行为（指生产和消费）是合在一起的；服务场所的变动必须在它被生产的同一瞬间被消费。"很明显，马克思在这里明确提出了交通运输的工作场所是"服务场所"而不是"工厂"，这表明马克思认为交通运输业是服务业。它也决定了物流业的服务业性质，即它是一个提供物流服务的产业，而不是一个需要物流服务的产业。

（4）物流产业是综合性产业

物流产业从纵向分析，它本身也是一个产业，只不过它具有与其他产业不同的产业特征，因此对物流产业需要有该产业的发展方针、战略和规划，需要有明确的产业政策，需要有统一的预算和统计口径，需要有特定的法律和规章，需要建立专业的运作机制等。从横向分析，物流产业横跨多个基础性、服务性行业，它是为其他各个纵向行业服务的，物流涉及和影响到国民经济的各个领域，且它的影响还是基础性的，它必须综合考虑国民经济各部门、各领域对物流需求的特点，综合采用各种手段来满足这些需求。

综上所述，物流产业的本身是一个庞大的纵向经济领域，同时也是一个为其他所有经济领域服务的横向经济领域，是一个跨地区、跨行业、跨部门的综合性、基础性、服务性产业，同其他产业一样，该产业的发展和管理，应该按照物流系统要素的特点和规律要求，通过建立"政府—市场—企业"的运作机制来实现。

1.2.6　现代物流学的学科体系

有了物流的概念，就会逐渐产生物流的学问。从20世纪初物流概念诞生以来，就不断增添、积累物流的学问，因而逐渐形成一个完整的物流学。

现代物流学就是关于现代物流的科学，它是在现代信息技术、现代通信技术和计算机技术的支持下，研究物质实体流动的概念、理论、规律、技术和方法，内容涉及从物流管理到物流技术、从物流理论到物流应用、从综合研究到类别研究、从宏观实体对象到微观实体对象的庞大体系。

现代物流学至少可以分成以下一些类别。

1. 从研究的范围和侧重点分

可以分为现代物流管理学和现代物流技术学。

现代物流管理学主要是研究现代物流管理的科学，它应当提供整个现代物流的概念、内容范围以及一般物流管理的理论、原理和方法。由于物流管理学是一门关于物流的综合性的总论、而且重点探讨管理问题，因此可以说是一门很重要的基础科学。

技术物流学则主要研究各种专业物流技术、设备和作业技术方法。前者侧重物流的基本概念、全貌和一般管理理论方法，后者又可以按专业不同分成运输物流技术、仓储物流技术、加工物流技术、包装物流技术、装卸搬运物流技术、物流信息技术等。

2. 从研究的理论和应用性质分

可以分成理论物流学和应用物流学。

理论物流学主要从理论上来研究物流形成和运作的原理与规律，它应当围绕物资移动的规律以及从而造成的价值和成本的变动规律、空间效用和时间效用的形成与变化规律等进行经济学、管理学、系统论、控制论上的探讨。

应用物流学主要研究物流应用技术，例如物资编码技术、条码技术、射频技术、订货技术、采购技术、物资保管技术、包装技术、装卸技术、配送技术、运输调度技术、EOS（Electronic Order System）技术、POS（Point of Sales）技术、GPS（Global Position System）技术、GIS（Geography Information System）技术、VMI（Vendor Management Inventory）技术、CRP（Continuous Replenishment Process）技术、EDI（Electronic Data Interchange）技术、MRP/MRPII（Manufacturing Resource Planning）技术、JIT（Just-in-time）技术、OP（Order Point）技术、DRP（Distribution Resource Planning）技术、LRP（Logistics Resource Planning）技术等。

3. 从研究的物流领域分

可以分成分销物流学和现代物流管理学。

分销物流学是专门研究分销物流的。它是以开拓企业市场、提高客户服务水平、降低物流成本、提高企业经济效益、提高市场占有率为目标来研究企业的末端产品分销的物流学理论、技术和方法。由于针对性强，所以物流研究的内容和范围也就更加具体、更结合实际，效果也就更好。还可以将分销物流学与企业营销学结合起来进行研究，将取得更好的效果。

现代物流管理学则是指 20 世纪 80 年代中期出现的最新的物流现象、物流的最新发展趋势的科学。现代物流学又可以分成企业物流学、第三方物流学、供应链物流学、电子商务物流学等。

4. 从研究的物流范围分

可以分成企业物流学、社会物流学和国际物流学。

企业物流学主要研究企业的物流问题，已如前述。

社会物流学主要是研究一个国内整个的物流问题，主要是大物流、宏观布局、经济区划、生产力布局、交通运输设施规划、仓储设施规划、宏观物流政策、规章制度、物流产业规划管理等方面的问题。社会物流学又是研究社会物流、流通领域物流的，对于流通政策、商流问题也要给予相当的关注。

国际物流学主要是研究国际物流的。国际物流的特点，是面对国际物流市场、国际经济区划和国际贸易运输。国际贸易和国际运输区别于国内贸易和国内运输的特色，就是多了海关这一个环节，在国内要出关、在对方要入关，需要进行报关、检验，并且严格接受国家管制，运输主要靠海运，并且操作复杂、严格、风险大，合同、保险、索赔等事务一应俱全。这些都是国际物流学所要讨论的特色内容。

所有这些学科，都有一个建设和完善的问题，随着物流产业的发展、物流教育的深化，我国物流学学科体系将更加完善。

1.3　案例分析

1.3.1　全球十大物流企业的成功经验

一个成功的物流企业，必须具备较大的运营规模，建立有效的地区覆盖，具有强大的指挥和控制中心，兼备高水准的综合技术、财务资源和经营策略。近两年来，不同领域、不同性质、不同规模的企业纷纷争相搞物流。但是否所有这些企业都能尽快成功转型到物流企业，并能获得丰厚收益呢？我们来考察一下世界物流企业前 10 强的有关业务结构、运作模式及盈利状况，以期对我国物流企业有所启示。

据 2010 年最新统计，全球排名前十的物流公司为 DPWN（DHL）/德国邮政—敦豪丹莎海空，USPS/美国邮政服务公司，UPS/联合包裹服务，Maersk/马士基，FedEx/联邦快递，La Poste/法国邮政，Cosco/中国远洋，Japan Post/日本邮政，日通物流，英国皇家邮政。

1. 业务结构

（1）DPWN（DHL）/德国邮政—敦豪丹莎海空

德国邮政集团（Dertsche Post World Net），是德国的国家邮政局，后改名为 Dertsche Post World Net（德国邮政世界网，简称 DPWN），以适应其业务全球化特点及电子商务带来的影响。集团包括 DHL、德国邮政、邮政银行、英运物流四大著名品牌，它是欧洲地区领先的物流公司。目前德国邮政集团的网络已覆盖 220 个国家和地区的 12 万多个目的地，2005 年收入为 445.94 亿欧元，全球雇员数为 502 545 人。

近年来，德国邮政集团通过对旗下各大品牌的整合以及在欧洲实施的一系列策略，如为顾客提供"一站式"服务；加强跟踪查询系统，提高服务的透明度；扩展增值业务以及国际快递业务等，逐渐成为了欧洲信函和投递市场的"大哥大"。

同时作为最早进入中国的国际速递业巨头，DHL 和中方合作伙伴共同组建的"中外运敦豪国际航空快递有限公司"也已经在中国市场建立了完善的快递网络，拥有 56 个分公司，北京、上海、广州、深圳等 4 个国际口岸作业中心，以及青岛、大连、成都、武汉、厦门、福州、西安等 7 个直航口岸作业中心，业务网络覆盖全国 318 个城市。中外运敦豪目前还在继续拓展网络布点，以求网络的进一步完善。

（2）USPS/美国邮政服务公司

美国邮政服务公司（US Postal Service）是一家独立的美国政府代理机构，前身是美国邮政部，1971 年改为美国邮政服务公司。该公司负责全美的邮政服务，其业务范围包括邮件投递、包裹传送、货物运输、邮政服务等，并可提供网上服务。美国邮政服务公司每年投递 2 000 亿件邮件，占全球总量的 40%。

近年来，为适应不断加快的全球一体化进程，美国邮政计划实施全球发展战略。其主要内容有：增加优先邮件的进口业务量；在世界范围内建立全球贸易伙伴网；充分借助全球贸易伙伴的能力；确保顾客及合作伙伴的需求得到满足等。为了实现这一战略，美国邮政实施了一下几个步骤：1）积极在海外组织邮件；2）通过全球商业伙伴运送服务，将邮件运抵美国；3）办清海关手续后，将邮件送入美国邮政网；4）使用现有的国内产品及服务。

由于中国是美国的第二大进口国，每年来自中国的包件量高达 450 万件，美国邮政也把中国确定为其目标市场之一，并与中国邮政开展合作，为双方创造了高额利润。

（3）UPS/联合包裹服务

UPS 是全球最大的速递机构，全球最大的包裹递送公司，同时也是世界上一家主要的专业运输和物流服务提供商。每个工作日，该公司为 790 万家客户送邮包，收件人数目高达 610 万。该公司的主要业务是在美国国内并遍及其他 200 多个国家和地区。至 2008 年，其每年的包裹递送量达到 39 亿件，日递送量为 1 550 万件，每日国内国际空运量总和约 400 万件，年营业收入高达 515 亿美元。

该公司已经建立规模庞大、可信度高的全球运输基础设施，开发出全面、富有竞争力并且有担保的服务组合，并不断利用先进技术支持这些服务。该公司提供物流服务，其中包括一体化的供应链管理。

UPS 的业务收入按照地区和运输方式来划分呈现出不同的分布特点。从地区来看，美国国内业务占总收入的 89%，欧洲及亚洲业务占 11%。从运输方式来看，国内陆上运输占 54%，国内空运占 19%，国内延迟运输占 10%，对外运输占 9%，非包裹业务占 4%。

（4）Maersk/马士基

马士基集团成立于 1904 年，总部设在丹麦哥本哈根，在全球 100 多个国家设有数百间办事机构，雇员逾六万多名，服务遍及世界各地。除航运业外，集团多元化的业务范围广及物流，石油及天然气之勘探和生产，造船业，航空业，工业生产，超级市场零售业和 IT 等范围。马士基海陆，作为集团的集装箱海运分支，是全球最大的集装箱承运人，服务网络遍及六大洲。

马士基物流为客户提供各种一站式的服务，包括：出口物流、仓储、分拨、空运、海运代理、报关代理和拖车服务。马士基物流能够根据客户的具体要求，度身定制各种服务，如标签、条形码、取货包装、货物特殊处理、挂衣仓储、客户管理及其他高附加值服务。

马士基物流 20 世纪 80 年代末进入中国，目前在华已有 16 个办事机构，其在远东和中国内地的服务赢得了广大客户的高度赞誉。

（5）FedEx/联邦快递

联邦国际快递位于美国田纳西州，是全球最具规模的国际快递速递运输公司之一，致力于提供快捷可靠的国际快递速递服务，前往全球 220 多个国家及地区。联邦国际快递运用覆盖全球的航空和陆运网络，确保分秒必争的货件可于指定日期和时间前迅速送达，并且设有"准时送达保证"。

FedEx 国际快递专门为全球客户及企业提供全面的运输、电子贸易和商业服务。国际快递 FedEx 年营业额达到 360 亿美元，旗下多家公司虽然彼此竞争，但全部归于享誉市场的"国际快递联邦快递"品牌下统一管理，致力于提供综合业务应用方案。FedEx 国际快递屡次获选为全球最受推崇和信赖的雇主，旗下 28 万多名员工和承包商均以"绝对、正面"的态度，秉承最严格的安全、道德和专业标准，并且以满足客户和社区的需求为本。

联邦快递一直看好中国的国内快递市场，为了进军这一市场，该公司 2006 年 1 月斥资 4 亿美元，收购了合作伙伴大田集团在合资企业大田-联邦快递有限公司中的 50%股份，以及大田集团经营国内快递业务的资产，这些资产分布在国内 89 个地区。随后，联邦快递在杭州萧山机场设立了中国区转运中心，租用民营奥凯航空公司的三架货机运营其国内航空货运网络。目前，联邦快递的中国国内快递服务分为"次早达"、"次日达"和"隔日达"三种，服务范围覆盖占中国经济总量 90%以上的地区，其中"次早达"面向国内 30 多个主要城市，后两项业务则覆盖全国 200 多个城市。

（6）La Poste/法国邮政

法国邮政业务分为信函业务、包裹和物流业务、金融业务三大部分，是欧洲邮政领域的主要企业之一。在全国有 1.7082 万个营业点，其中 1.133 万个是邮电所，每天接待顾客 200 万，2008 年 12 月顾客平均等候时间为 8.58 分钟。其递送邮件业务占营业额的 54.3%，邮局银行业务占 22.9%，快递包裹占 22.6%。邮局银行拥有 953 万个积极顾客，1 120 万个日常账户。2008 年其营业额达 208 亿欧元，净利润达 5.29 亿欧元。

法国邮政不仅在国内以其形象和实力赢得了用户，而且还不断把业务向其他国家拓展。随着法国邮政的包裹、物流和信函业务逐步走向国际市场，在欧洲、美洲和非洲等地的用户眼中，La Poste 已经不只是一个简单的法语词汇，而更是一个充满活力、善于创新、勇于开拓的现代化法国企业。

法国邮政（La Poste）于 2006 年正式进入中国，与中国第一家合资国际货运代理企业嘉里大通建立了合作关系，共同经营国内、国际快递业务。

（7）Cosco/中国远洋

中国远洋运输集团（以下简称中远或中远集团）是以国际航运、物流码头和船舶修造为主业的大型跨国企业集团。2010 年 5 月 30 日，中国远洋成功入选英国著名财经媒体《金融时报》发布的全球 500 强企业排行榜（FT Global 500），名列第 450 位，这是中国远洋自 2008 年以来连续第三年蝉联该榜单。

目前，中远集团拥有和控制各类现代化商船近 800 艘，5 600 多万载重吨，年货运量超 4 亿吨，远洋航线覆盖全球 160 多个国家和地区的 1 600 多个港口，船队规模稳居中国第一、世界第二。其中集装箱船队规模在国内排名第一、世界排名第六；干散货船队世界排名第一；专业杂货、多用途和特种运输船队综合实力居世界前列；油轮船队是当今世界超级油轮船队之一。中远集团还拥有丰富的物流设施资源，控制各种物流车辆超过 4 000 台，包括具有 289 个轴线、最大承载能力达 8 000 吨的大件运输车，堆场 249 万平方米，拥有和控制仓库 297 万平方米，在家电、化工、电力、融资等领域为客户提供高附加值服务，为青藏铁路、天津空客、印度电站等国内外多个重大项目提供物流服务，创造多项业界记录。

中远集团已形成以北京为中心，以香港、美洲、欧洲、新加坡、日本、澳洲、韩国、西亚、非洲等九大区域公司为辐射点的全球架构，在 50 多个国家和地区拥有千余家企业和分支机构，员工总数约 13 万人，资产总额超过 3 000 亿元人民币，海外资产和收入已超过总量的半数以上，正在形成完整的航运、物流、码头、船舶修造的全球业务链。

中远集团把积极履行企业社会责任与企业发展战略相结合，积极培育"绿色竞争力"，主要国际化经营指数正接近联合国"全球跨国公司 100 强"标准，正逐步确立国际航运、物流码头和修造船领域系统集成者的地位，朝着"全球发展，和谐共赢"的世界航运领先企业和"打造百年中远"的世纪愿景前进。

（8）Japan Post/日本邮政

日本邮政公社（Japan Post）始于 1871 年，如今它已正式开始实行私有化，被拆分为 4 家公司，即邮政储蓄银行、邮政保险公司、负责柜台接待服务的邮电局和负责邮件投递的邮递公司，成为一家拥有 24 万名员工的巨大私企的日本邮政集团。该集团总资产高达 338 万亿日元。依据日本邮政私有化改革的相关法案，整个邮政私有化过程从 2007 年开始，预计将于 2017 年完成改革。目前，日本邮政业务分为邮政、储蓄、简易保险三大类。其目标是提供全面的、迅捷的函件和包裹寄递业务，简单、安全的储蓄业务和汇兑业务以及简易保险业务等。

（9）日通物流

日通公司是日本典型的、最具代表性的一家物流公司，其物资运送范围之广可以用"无所不运"来形容。从民用物资到军用物资、从原材料（如石油、矿产）到商品、从现钞到黄金珠宝等贵重物品等，只要是法律允许运输的物品，就都是日通公司的运输对象。以家庭投递为主的"宅配便"业务是物流公司进军的新领域。近年来，"宅配便"的服务范围逐步扩大，服务内容也日趋多样化，从电器安装、拆卸到搬家服务，甚至处理家庭废旧物品，均是物流公司"宅配便"的服务内容。分布在世界各地的日通公司各物流中心之所以能够紧密衔接、协同作业，所依靠的是其庞大的计算机信息网络系统。这一系统不仅可为公司内部作业提供服务，而且为客户随时查询物资传递动态提供服务。

（10）英国皇家邮政

英国皇家邮政是英国规模最大的企业之一，承担英国及国际主要邮政业务。业务种类除传统的邮政业务如信函、包裹、快递服务、邮政营业厅等外，还包括电子汇款、储蓄、物流和一系列商务礼仪服务等新兴业务，其创新、优质的客户服务使其成为全英第一邮政品牌。

英国皇家邮政是英国目前所剩不多的大型国有企业集团，有 20 万人的庞大员工队伍，在英国 45 亿～60 亿英镑的邮政市场中，独占 99%的份额。它在全国均匀分布着 14 500 个邮局网络，使全国 94%的人口在离居住地 1 英里内就有一个邮局。皇家邮政还是英国最大的外币供应者和最主要的旅游保险提供者。

2. 运作模式

目前世界大型物流公司大多采取总公司与分公司体制，采取总部集权式物流运作，实行业务垂直管理，实际上就是一体化经营管理模式（只有一个指挥中心，其他都是操作点）。从实践上讲，现代物流需要一个统一的指挥中心、多个操作中心的运作模式。因为有效控制是现代物流的保证。因此真正的现代物流必须是一个指挥中心、一个利润中心，企业的组织、框架、体制等形式都要与一个中心相符。一方面，要求分部坚决服从总部，总部对分部有高度的控制力，分部在作业上做到专业化、流程标准化；另一方面，总部必须具有强大的指挥、设计能力、对市场把握的高度准确性和控制风险的能力。要做到这一点，离不开对市场的迅速反应能力，必须以实现信息化、网络化作为保证。在现代物流的管理与运作中，信息技术与信息网络扮演着一个十分重要的角色，甚至就是公司形象和核心竞争力的标志。所以，大型的专业物流企业通常都设有运作管理系统、质量保证系统、信息管理系统和客户管理系统。

3. 赢利模式

通过分析世界物流前 10 强，我们发现非资产型物流公司的赢利能力显然强于资产型物流公司，而且具有竞争力的业务核心是物流管理，也称供应链管理。其中物流设计、控制、组织、协调能力是其竞争基础。具有代表性的竞争手段有：高度重视物流解决方案设计；在服务操作上严格执行统一的服务标准；坚持严格的质量管理制度；以信息技术和信息网络贯穿物流整个服务过程。

其次，我们发现 10 大成功物流企业中，以空运、快递、陆运等业务为主要背景的公司居多，而且规模大、盈利能力强，表明时间敏感性强的运输服务在物流行业的成长空间大，有前途。再次，尽管非资产型物流公司盈利快，但在世界物流前 10 强中仍以资产型物流公司居多，特别是既拥有大量的物流设施、网络，又具有强大的全程物流设计能力的混合型公司发展空间最大。

近年来，各大型物流公司为了拓展业务，增加盈利，纷纷采取以下手段：

① 通过整合或并购，进军多种运输业务，提高利润。

② 重新整合业务流程，实现资源最优化配置。

③ 提供优质及个性化服务。

总之，世界物流前 10 强在业务结构、运作模式、赢利模式上具有诸多优势，值得我们去认真研究、分析，值得我们的物流企业或正在向物流转型升级的企业借鉴。特别是这些著名物流企业的成功之处，比如拥有较大的营运规模，建立有效的地区覆盖，具备指挥能力强、控制能力强的管理层，具备高水准的综合技术、财务资源和经营策略等，非常值得我国大型物流企业学习。

案例思考

1. 结合案例，挑选一家物流企业，从业务结构、模式、企业优势与劣势等多方面谈谈你的认识。

2. 对比上述企业，试分析我国物流企业存在的不足之处，并谈谈改进的措施。

3. 从上述企业的发展历程中，谈谈现代物流的发展趋势。

1.3.2 "宅急送"与"宝供"之比较

入世后，现代物流业已成为中国经济发展的动脉，涌现出一批现代物流的成功案例，"宅急送"、"宝供"就是中国现代物流发展中的两个杰出代表。通过对两者面对面比较的形式，可以充分显示各自的优势和特点，寻找不足，总结其成功的共性，从而为其他企业提供借鉴。以下是"宅急送"与"宝供"的比较。

1. 企业发展战略："转基因型"Vs."进化型"

宅急送的理想是做中国的"宅急便"，公司从成立到战略目标、市场定位、业务模式、网络结构等，都借鉴日本"宅急便"这个原型。"宅急送"在中国的发展，是注入了日本"宅急便"的优良基因，并不断适应中国市场环境的新企业，同时它也不断吸收了像UPS、联邦快递、中外运等先进企业的基因。这一模式的成功要点在于，企业发展战略要有前瞻性，在体制上、机制上确保战略目标的一致性。

宝供物流企业集团的发展战略可以概括为储运—物流—供应链的三变。这种企业发展战略可以概括为进化型，该模式的要点在于不断发现市场需求，适应市场变化，不断修正战略目标和市场定位，不断改进服务水平，形成竞争优势，达到顾客满意，以获取高额回报。

2. 物流市场战略定位："快速物流"Vs."准时物流"

宅急送选择的市场定位是快速物流服务，即门到门快递服务。这种战略定位为客户提供了与众不同的物流服务，同时由于竞争者少，成熟度低，使得企业以较低的成本进入这一领域，并有可能成为行业规则的制定者。宅急送在发展过程中，对物流服务市场进行了更为精确的定位，一是将客户群由零散客户向大客户转变，这是为了适应中国市场环境和政策、法规的转变，二是放弃国际快递高利润的诱惑，专攻国内快递，使得宅急送在发展初期得以与国际快递大鳄和平共处，共同发展。

如果说宅急送的战略定位是"快"，那么宝供的战略定位则是"准"。宝供的准时物流服务定位的选择是在宝供向现代物流企业转型中逐步确定的。宝供从给宝洁当学生，到建立信息系统，再到建立物流基地，逐步体会到更准确、更敏捷、更及时、更高效的准时物流服务的精髓，宝供战略定位的变化自始至终都围绕着一个"准"字，从储运—物流—供应链，从货运代理—物流资源整合—物流资源一体化，这种变化源于对"准"字的不断认识，不断理解和不断实践。这样一系列的准确，就使得宝供必须组织所有资源来满足这一要求，而只有建立起一套基于信息系统的物流仓、储、运一体的，集商流、物流、信息流、资金流一体的现代化物流运作网络，才能在战略定位的差异化中取得竞争优势，从而连续保持中国第三方物流的领先地位。

3. 物流服务：“网络化”Vs.“一体化”

“宅急送”的物流服务体系是以网络化为特征的，网络化的物流服务体系就是通过逐步营建覆盖全国的网络，实现向顾客提供国内门到门的物流服务。在建立业务网络的同时，宅急送综合运用各种交通工具，航空、公路、铁路相结合，在物流重要的中转城市建立物流中心，同时还开通了物流班车，实现地面物流干支线的有效对接。这些措施极大地改善了物流服务的质量。

宝供的物流服务体现在为顾客提供基于供应链的一体化物流服务。如果说宅急送的网络化是地域横向广的话，宝供的一体化则是业务纵向的深，宝供基于供应链一体化物流服务的核心是，综合运用现代物流设施设备，以信息网络系统为纽带，从供应链的优化角度，为客户提供集商品的储存、分拣、配送、加工、包装、订单处理、库存管理、分销覆盖、交叉作业、国际集装箱集散、信息处理等综合一体化服务。

4. 创新能力：“自主型”Vs.“外向型”

宅急送相对于宝供来说，由于其发展的模式上早已规划，所以其创新主要是在公司业务层面，并自主完成创新的。在宅急送的发展过程中，采取的是诊断—改进—创新的方法，对工作中出现的问题进行解决，缺乏重大的理论、技术、方法创新。

宝供由于是在发展中探索，在探索中前进，所以创新对宝供来说尤为重要。宝供在创新上采取了引进来、走出去的方法，一是广泛吸引国内外专家参与探讨，借用外脑为企业出谋划策。二是主动出击，每年出资100万元设立宝供物流奖励基金，同时在全国的十几所高校设立了“宝供物流奖学金”，宝供还与清华大学珠海科技园合作，共同创办物流管理培训中心，并于2003年起招生，目前宝供正在积极申报物流博士后流动站。宝供的创新战略取得了巨大的成功，为宝供的未来发展创造了良好的外部环境。

5. 未来发展潜力：“快递”Vs.“供应链”

宅急送市场定位在快递，依靠三件法宝：一是“不言实行”，意为少说多做，不过早地把自己暴露给竞争对手，埋头把企业做大做强；二是避实就虚，跨国物流企业的强项是国际快递，宅急送就避其锋芒，专攻国内快递；三是合纵连横，为了迅速占领市场，扩大企业规模，宅急送广泛吸收物流企业加盟、合作，使宅急送顺利地渡过了创业期，走向高速发展期，目前已成为国内快递领域的巨头。

宝供定位的供应链也同样是极具前景的现代物流服务领域，然而，让所有企业都进入供应链是不可能的，供应链物流的需求在中国将会逐步得到释放，这种需求将可能会按照以下顺序逐步实现：来华的跨国公司→中国的国际化公司→商业流通企业→国内大型制造制企业→国内大型原材料生产企业→国内中小型企业。其次，供应链的形成是个渐进的过程，从有供应链需求，到供应链的生长成熟，要经历若干年的过程。由于供应链物流服务的专业性和地域性，使得提供供应链物流服务的企业的业务范围不能随意地扩展，在自己服务不到的地区和业务领域，将不可避免地有竞争者参与，一场供应链物流大战即将爆发。

案例思考

1. 宝供和宅急送在发展过程中各采用了什么样的战略和措施？
2. 通过阅读案例，作为中国新锐物流企业，两者为中国物流企业的发展提供了哪些建议？
3. 你认为在物流企业发展过程中还应注意哪些环节？

第**2**章

物流的基本功能

现代物流作业是要将用户所订货物送到用户手中，其主要作业环节与一般物流的作业环节一样，包括运输、储存、包装、装卸搬运、流通加工、配送以及物流信息管理等。

本章着重介绍运输、储存、包装、流通加工以及装卸搬运等各个功能，并对物流信息系统做简单的介绍，而有关配送方面的内容将在第 4 章进行具体的阐述。

2.1 运 输

运输（Transportation）是"用专用运输设备将物品从一地点向另一地点运送。其中包括集货、分配、搬运、中转、装入、卸下、分散等一系列操作"（见 GB/T18354—2006）。

在商业社会中，因为市场的广阔性，商品的生产和消费不可能在同一个地方进行，因此，一般来说，商品都是集中生产、分散消费的。为了实现商品的价值和使用价值，使商品的交易过程能够顺利完成，必须经过运输这一道环节，把商品从生产地运到消费地，以满足社会消费的需要和进行商品的再生产。

2.1.1 运输对现代物流的功能与作用

运输是社会再生产过程的一个生产过程，同时作为联系社会生产、分配、交换和消费的纽带，它也是实现整个商品交易过程必不可少的重要阶段。尤其在现代信息技术、计算机技术和通信技术的支持下，商品的整个交易过程都是数字化的，随着网络技术的不断发展，商品的咨询、订购以及合同的签订可能只需要很短的时间就能完成，但是，在基本的交易过程完成之后，如果不能把商品及时送到客户手中，那么，这种交易的效率仍然会显得很低，因为，只有货物真正送达用户手中，并经过用户的认可，才能作为一次交易基本完结的标志。而为了使商品能够尽快送达消费者手中，必须提高商品运输的效率。因此商品运输在商品贸易中发挥着举足轻重的作用，可以将它称为现代企业生存和发展的基础。

1. 运输可以创造出商品的空间效用和时间效用

商品运输通过改变商品的地点或者位置所创造出的价值，称为商品的空间效用；商品运输使得商品能够在适当的时间内到达消费者的手中，就产生了商品的时间效用。通过这两种效用的产生，才能够真正地满足消费者消费商品的需要。如果运输系统瘫痪，商品不能在指定的时间送到指定的地点，则消费者消费商品的需要就得不到满足，整个交易过程就不能实现。

2. 运输可以扩大商品的市场范围

在古老的市场交易过程中，商品只在本地进行销售，每个企业所面对的市场都是有限的。

随着各种商品运输工具的发明，企业通过商品运输可以到很远的地方去进行销售，企业的市场范围大大地扩展，企业的发展机会也大大增加。而随着基于现代信息技术的先进交易形式的发展，企业的市场范围随着网络的出现而产生了无限扩大的可能，任何有可能加入因特网的地方，都有可能成为企业的市场。为了真正地将这种可能变成现实，必须使企业的商品能够顺利地送达这个市场中，这就必须借助于商品运输过程。因此，商品运输可以帮助企业扩大它的市场范围，并给企业带来无限发展的机会。

3. 运输可以保证商品价格的稳定性

各个地区因为地理条件的不同，拥有的资源也各不相同。如果没有一个顺畅的商品运输体系，其他地区的商品就不能到达本地市场，那么，本地市场所需要的商品也就只能由本地来供应，正是因为这种资源的地域不平衡性，造成了商品供给的不平衡性。因此，在一年中，商品的价格可能会出现很大的波动。但是，如果拥有了一个顺畅的商品运输体系，那么，当本地市场对商品的供给不足时，外地的商品就能够通过这个运输体系进入本地市场，本地的过剩产品也能够通过这个体系运送到其他市场，从而保持供求的动态平衡和价格的稳定。

4. 运输能够促进社会分工的发展

随着社会的发展，为了实现真正意义的社会的高效率，必须推动社会分工的发展，而对于商品的生产和销售来说，也有必要进行分工，以达到最高的效率。但是，当商品的生产和销售两大功能分开之后，如果没有一个高效的商品运输体系，那么，这两大功能都不能够实现。商品运输是商品生产和商品销售之间不可缺少的联系纽带，只有有了它，才能真正地实现生产和销售的分离，促进社会分工的发展。

5. "第三利润源"的主要源泉

运输是物流活动的重要环节，物流成本在物流总成本中占据了主要地位，通常运输费用可达总费用的50%以上，有时甚至高于产品的生产成本，所以其节约的潜力很大。同时物流还是高消耗的物流活动，它要靠大量的动力消耗才能实现，且活动的时间长、距离长。因此，高消耗下必然蕴含着许多节约的可能性。所以从宏观上看，由于运输总里程大，运输总量巨大，通过体制改革和运输合理化可以大大缩短运输吨千米数，从而大大提高运输效益。

志存高远　领航货运

中国外运，作为中国货运及物流市场的第一品牌，早已享誉海内外几十年。中国外运是中国历史悠久的运输企业，也是中国物流市场的先驱者。60年来，中国外运一直奔跑在中国运输物流业的最前端，凭借着永不知足、锐意进取的精神，开创了中国物流市场上的多个第一。1950年，中国对外贸易运输（集团）总公司成立，作为国家对外贸易进出口货物运输的总代理，开创了中国的国际货运代理行业的先河；1973年，中国外运与日本班轮公司合作，开辟了中国首条集装箱运输试运航线；1977年，中国外运与铁道部和香港华夏公司合作，在中国首次推出海铁联运业务；1979年，中国外运在中国首次开通了西伯利亚通往欧洲、中东等地区的大陆桥运输新方式，并于1980年率先在中国开办了国际多式联运业务，首次实现了"一票到底"的"门到门"运输服务。1980年，中国外运与日本OCS合作，率先引入航空快件服务，1986年与国际著名的快递公司DHL成立合资企业，成为首家在中国提供快件服务的中外合资企业。

60年的发展赋予了中国外运完备的综合服务能力、丰富的物流资源与设施和庞大的服务网络。今天，中国对外贸易运输（集团）总公司拥有员工3.77万人，总资产265亿元人民币，业务涉及货运代理、水路运输、租船、船舶经营、船舶租赁、班轮运输、船务代理、航空货运、航空快件、铁路运输、汽车运输、多式联运、仓储码头、项目物流以及进出口贸易、对外经济合作、工程承包等诸多领域。各项核心业务更是处于全国领先地位，具备为客户提供全方位、全过程物流服务的能力。

中国外运的总裁张斌认为，一个企业所面临的最大挑战不是来自外部，而是来自企业自身。站到了新起点的中国外运，面对着新的市场环境和国际物流发展趋势，很快就为自己找到了新的使命——打造世界级的物流企业。筹划未来，中国外运明确表示将在大力整合传统业务和现有资源的基础上，大力开拓现代物流服务的新领域，致力于创造世界级的物流品牌，成为全球领先的综合物流供应商。为此，将在业务、人力资源、网络、科技、管理、资本等几个核心因素上大力开拓，促进集团物流服务水平和国际竞争力的提高。

资料来源：《物流配送运输与实务》，经作者整理

2.1.2　运输方式及其特点

商品运输可以采用不同的运输方式，各种不同的运输方式各有其自身的特点。基本的运输方式有铁路运输、公路运输、水路运输、航空运输以及管道运输。每一种运输方式所能提供的服务内容和服务质量各不相同，因而，每一种运输方式的成本也各不相同。企业应该根据自身的要求，综合考虑各方面的因素，选择合适的运输方式。

1. 铁路运输

铁路运输主要承担长距离、大批量的货运，是在干线运输中起主力运输作用的运输形式。铁路运输最大的优势就是能够以相对较低的价格运送大量的货物，并且通过铁路所运送的这些货物往往具有一个共同的特点，那就是低价值和高密度，且运输成本在商品售价中所占的成本比较大，如煤炭、矿建材料、矿石、钢铁、石油、谷物、水泥等。

铁路运输一般可以分为整车运输和集装箱运输两种类型。整车运输业务就是包租一节货车（俗称车皮）的运输形式，适用于大批量、大规模或是单个长度、重量、容积等特别长大的货物的运输。集装箱运输业务是一种利用集装箱进行运输的业务，有时也包括将集装箱作为货物进行托运。这种集装箱运输业务是在发货人的门口把货物装入集装箱后，一直到收货人的门口，将货物从集装箱中取出，中途不再进行货物倒装的一种运输形式。

铁路运输一般符合规模经济和距离经济的要求。规模经济的特点就是随着装运规模的增长，单位重量的运输成本会降低。也就是说，用铁路进行运输，一次运输的商品规模越大，那么，单位产品的运输费用也就越低。而距离经济随着运输距离的增加，单位产品的运输费用也会相应减少。因此，一般情况下，对于大批量和长距离的运输情况来说，货物的运输费用会比较低，一般要低于利用公路汽车进行运输的费用；但对于小批量的货物和近距离的大宗货物来说，则一般运输费用会比较高。

随着现代科学技术的发展，铁路几乎可以修建在任何需要它的地方，因此，现有的铁路网络四通八达，可以很好地满足远距离运输的需要。铁路可以全年全天候运营，受地理和气候的影响比较小，具有较高的连续性和可靠性，而且，铁路运输的安全性也在逐步提高。铁路的运输速度比较快，比水路运输快很多，在运程比较长的情况下，也会快于公路运输。

但是，铁路运输也有自身的局限性。铁路运输中的货车只能按照铺设的铁道行走，这在一定程度上影响了铁路运输的灵活性，不能实现"门到门"的服务；在近、中距离运输的时候，铁路运输的运费比较高；因为车辆调配困难，铁路运输不能满足应急运输的要求。但是，我们可以结合各种运输方式的优点，为顾客提供满意优质的服务。比如，可以将铁路在长途运输和全国覆盖面广的优势与公路汽车运输的灵活性结合起来，这样，就能更好地实现"门到门"的服务，提高运输部门的服务质量。

目前，随着其他运输形式，尤其是公路运输业的发展，铁路运输在运输行业中所占的比例有逐渐减少的趋势，但在可预见的未来，铁路运输仍将是中、长距离客货运输的主力。

2. 公路运输

公路运输也称为汽车运输，主要是指使用汽车或其他车辆（人力、畜力车）在公路上进行客货运输的一种方式。在电子商务的环境下，特别是对于 B2C 这种交易方式来说，公路运输是城市配送的主要形式。因为公路运输可以将货物直接送到顾客所指定的地方，而不需要在途中进行中转，极大地方便了客户，适应电子商务环境的要求。一般来说，公路运输可以用来运输任何产品，但根据公路运输自身的特点，主要用来运输制造产品。制造产品的特点就是价值比较高，包括纺织及皮革制品、橡胶与塑料制品、仿金属制品、通信产品及照相器材等。

公路运输的主要优点：在近距离的条件下，公路运输可以实现"门到门"的服务，而且运输速度也比较快；公路运输可以根据需要，灵活制定运输时间表，而且对于货运量的大小也有很强的适应性；对于近距离的中小量的货物运输来说，使用公路运输的费用比较低；在运输途中，几乎没有中转装卸作业，因此，发生碰撞的概率比较小，对于包装的要求不高。

公路运输的主要缺点：受汽车的载重量有限等因素影响，一般公路运输的批量都比较小，不太适合大量的运输；在进行长距离运输时，运费比较高；公路运输比较依赖于气候和环境的变化，所以，气候和环境的影响可能会影响运送时间。

3. 水路运输

水路运输由船舶、航道和港口所组成，指的是使用船舶运送客货的一种运输方式，也称船舶运输，主要包括沿海运输、近海运输、远洋运输、内河运输四种形式。水路运输主要用于长距离、低价值、高密度、便于用机械设备搬运的货物运输。

水路运输的主要优点：水路运输的运输能力比较大，运输的距离比较长，单位商品的运输成本也比较低，因此，水路运输最大的优点就是成本低廉；当运输散装的原材料的时候，可以运用专用的船只来进行，因而运输效率比较高；此外水路运输的运载量比较大，因此它的劳动生产率也比较高。

水路运输的主要缺点：水路运输的运输速度比较慢，它在所有的运输方式中时间是最长的，一般来说，水路运输速度要比铁路运输慢 1～2 倍；行船和装卸作业受天气的制约，运输计划很容易被打乱；水路运输所运输的货品必须在码头停靠装卸，相当费时、费成本，而且无法完成"门到门"的服务。

4. 航空运输

对于国际货物的运输，航空运输已经成为一种常用的运输形式，指的是使用飞机或其他航空器进行运输的一种形式。

由于航空运输的主要优点是运输的速度非常快，因此主要适合运载两类货物：一类是价值高、运费承担能力强的货物，如贵重设备的零部件、高档产品等；另一类是紧急需要的物资，如救灾抢险物资等。用飞机运输货物的时候，在运输途中对于货物的振动和冲击比较少，所以，被运输的货物只需要简单的包装即可，可以节省包装的费用。

航空运输的主要缺点：航空运输的费用非常高，在美国，按平均每吨货物每英里的运价计算，航空运输是铁路运输的 12～15 倍，是公路运输的 243 倍，因此，如此高昂的运输成本使很多企业望而却步。另外，航空运输除了靠近机场的城市以外，对于其他地区也不太适用，必须要结合汽车来弥补这部分的不足，而且恶劣的天气情况可能也会对航空运输造成极大的影响，影响送货及时性的实现。

5. 管道运输

管道运输指的是利用管道运输气体、液体和粉状固体的一种运输方式，大部分物品都是一些流体的能源物资，如石油、天然气以及成品油等。

管道运输的主要优点：成本低廉，而且管道运输受天气情况的影响非常小，可以长期稳定地使用，安全性比较高。

管道运输的主要缺点：管道运输方式不灵活，只有接近管道的用户才能够使用；管道运输只能够用来运输液态或气态的产品，不能够用来运输固态的产品，使其运输的适用性受到一定的影响；另外，管道运输的速度也比较慢。

东航携手中远　开辟运输天地

由中国东航航空股份有限公司、中国远洋运输集团公司和中国货运航空有限公司三方共同投资组建的上海东方远航物流有限公司在上海问世，这是中国内地首家依托航空公司的专业物流公司，注册资金为 2 亿元人民币，总资产达 12 亿元。

新公司有东航、中远支持，硬件非同一般：注册地在浦东国际机场，拥有三个专用货机坪。物流中心距机场货机坪不到 3 千米，占地面积 65 万平方米，库内有中国内地最先进的冷藏、冷冻仓库，危险品仓库和活动仓库。同时，两个分别位于虹桥机场和浦东机场的现代化航空货站，可使客户获得完备的航空货物的地面代理、地面装卸、运输、中转、仓储、配送、快速通关等一体化优质服务。

此外，东航与中货航的全球航线网络也是新公司的宝贵资源，可用来编织一张天空、海上、陆地紧密合作的物流运送市场网络。据悉，新公司已经承接了东航、中货航全部空运货物的地面操作业务，并为日航、大韩航、新航、港龙等 30 家海内外航空公司提供地面代理业务。

华东民航局官员指出，中国航空货运市场正以每年两位数的增长速度保持着快速发展。东航与中远合作，改变了华东地区原油的货运格局与传统的物流运送模式，这对于促进华东地区物流业繁荣，提升中国企业参与国内外物流市场的竞争，形成安全、畅通、便捷的现代化物流系统将产生积极影响。

业界专业人士表示，东航是中国三大航空集团之一，中远是经营着 600 余艘现代化商船的跨国企业集团。双方的联手，不仅是对跨过公司纷纷抢滩申城的一个积极回应，也搭建了一个参与全球竞争的崭新平台。

资料来源：《物流配送运输与实务》，经作者整理

2.1.3 运输系统

商品运输作为物流系统的动脉，在物流系统的整个运作过程中发挥着不可替代的作用。为了更好地实现准确、安全并且以最低的成本运输商品的目的，企业应该用系统化的观点，通过分析研究，建立自己的商品运输系统。在建立商品运输系统的过程中，应该全面考虑运输工具的选择、物流据点的设置以及运输计划的编排等各项要素。而且，在运输的迅速性、准确性、安全性和经济性之间存在着非常强烈的相互制约的作用，需要对它们进行综合考虑，从全局出发，做到总体的最优化。

1. 商品运输系统的构成

设计商品运输系统的目的是为了能够准确、安全并以较低的成本运输商品。首先必须考虑建设整体的运输网络，明确商品运输系统的构成。商品运输网络由运输线和停顿点组成，运输线表示连接停顿点之间的运输设备，停顿点表示工厂、仓库、配送中心等物流据点。因此，在设计商品运输系统的时候，必须仔细考虑如何选择运输工具，设置物流据点。

在现今的社会中，无论是公路运输、铁路运输、船舶运输还是航空运输，都有其自身难以克服的弱点，因此，人们开始考虑在不同的停顿点之间，也就是不同的运输线上采用不同的运输工具，以实现整个运输系统的最优化，这也就是物流学中所说的"复合一贯制运输"，也叫"多式联运"。

多式联运就是通过将铁路、公路、船舶、航空等多种运输方式有机地复合起来，汲取它们的长处，实行多环节、多区段和多工具相互衔接进行商品运输的一种方式。多式联运可以克服单个运输方式所存在的缺陷，实现整体上的最优化，还可以有效解决由于地理、气候和基础设施建设等各种市场环境的差异而造成的商品在产销空间、时间上的分离，从而促进生产与销售的紧密结合以及企业经营机制的不断循环和有效运转。

复合一贯制运输方式按照运输工具的不同以及运输工具使用顺序的不同可以分为很多种，最典型的有水陆联运、水上联运、陆路联运以及陆空联运等。水陆联运就是运用船舶运输与铁路运输以及公路运输相结合的一种方式；水上联运则是指同一水系的不同路线，或同一水运路线不同类型的船舶之间的接力运输形式；陆路联运是指铁路与公路相互衔接的运输形式；陆空联运是指公路与飞机相互衔接的运输形式。通过运用这几种复合一贯制运输的方式，可以真正地实现"门到门"的运输服务模式，从而能够更好地适应现代物流及时性和准确性的要求。

2. 商品运输系统的设计与评价

商品运输系统的目的就是要准确、安全并以最低的成本运输物资。但是，运输的迅速性、准确性、安全性和经济性之间一般都存在着相互制约的关系。如果重视迅速性、安全性和准确性，运输的成本可能就会相应提高；如果降低运输成本，那么就必须牺牲前面这几项中的某一部分。因此，必须对商品运输系统进行合理的设计和评价，以实现总体的均衡。

随着现代物流学的发展，也产生了许多用于商品运输系统的设计与评价的工具，特别是产生了很多数学模型，用于帮助物流业者进行商品运输系统的设计与评价工作。其中比较典型的有商品运输模型、图表分析法、图上作业法、表上作业法等，此外，还产生了很多种用于这种分析工作的商业软件。运用这些工具可以对复杂的经济社会进行模拟，从而有效地解决商品运输中所产生的各种问题。

2.1.4 运输技术

运输与储存是物流的两大支柱，运输费用也在物流费用中占有较大的比重，因此，如何有效地利用现代先进的运输技术，不仅是降低物流费用的主要因素，而且也是有效地提高物流效率的一个重要因素。一般来说，运输技术主要分为运输货物装载技术、运输线路的规划技术和网络分析技术等。

1. 运输货物装载技术

运输货物装载技术主要用于提高货物的装载量。一方面是要最大限度地利用运输工具的载重吨位；另一方面是要充分利用运输工具的装载容积。货物的装载技术主要包括轻重配载技术、解体运输技术和堆码技术。

（1）轻重配载技术

即把比重大的货物和比重小的货物组装在一起，既充分利用了运输工具的体积，又充分利用了运输工具的载重吨位，提高了运输的效率。

（2）解体运输技术

就是对一些体大笨重、不易装卸且容易因碰撞致损的货物，先将其拆开，分别包装后，然后再装车，目的是为了缩小所占空间，易于装卸搬运和运输。

（3）堆码技术

就是根据不同运输工具的货位情况和不同货物的包装形状等，采取如多层装载、骑缝装载和紧密装载等各种有效的堆码方法来提高装载量的一种技术。

2. 运输线路的规划技术

即将线性规划方法应用于运输线路的选择问题。根据已知的条件（变量）建立数学模型，使其在满足约束条件下，线性函数达到最大值或最小值。通过求解方程寻找最佳运输线路，其数学模型一般如下。

目标函数： $\quad \max(\min)Z = C_1X_1 + C_2X_2 + \cdots + C_nX_n$

$$\begin{cases} A_{11}X_1 + A_{12}X_2 + \cdots + A_{1n}X_n \leqslant B_1 \\ A_{21}X_1 + A_{22}X_2 + \cdots + A_{2n}X_n \leqslant B_2 \\ \cdots \\ A_{m1}X_1 + A_{m2}X_2 + \cdots + A_{mn}X_n \leqslant B_m \\ X_1, X_2, \cdots, X_n \geqslant 0 \end{cases}$$

3. 网络分析技术

网络分析技术也称网络分析法、统筹法、关键路线法和计划评审法，是一种科学的组织管理技术，其基本原理就是将组成系统的各项任务的各个阶段和先后顺序通过网络形式，根据工作进度和任务的轻重缓急，统筹规划，统一安排。具体来说就是依据运输工序所需的工时为时间因素，做出运输工序之间相互联系的网络图，以反映整个运输过程和任务的总体情况。通过计算，找出对全局有重大影响的关键线路，对运输任务的各个工序做出比较合理的安排，对整个系统进行控制和调整，使运输系统能在最短的时间以及最少的人、财、物和运输资源的消耗，更好地完成运输目标。一般来说，网络分析方法在货物运输过程中的应用程序主要包括以下几个方面。

（1）设计运输网络图。对整个运输计划中各道工序的先后次序、衔接关系及所需要的时间等进行分析，在给出了各道工序所需的时间，明确了先后的次序后，就可依照运输计划画出箭头图，标明时间及关键线路。

（2）计算每道运输工序所需时间。

（3）找出关键线路。

（4）计算各道运输工序最早和最迟开工时间。

（5）计算各道运输工序的机动时间。

此外，还有运输方式的组合技术，其主要包括"四就"直拨运输（就厂直拨、就车站码头直拨、就库直拨、就车船过载直拨）、合装整车运输以及直达运输等。

2.1.5　商品运输系统的合理化

商品运输所发生的成本在整个物流成本中所占的比例应该是最大的，因此运输合理化有重要意义，合理化的途径有以下几个方面：

（1）运输网络的合理配置。区别储存型仓库和流通型仓库，合理配置各物流基地（或物流中心），基地的设置应该有利于货物直送比率的提高。

（2）选择最佳的运输方式。首先要决定是使用水运、铁路、汽车或航空中的哪种运输方式。如果选用汽车运输方式，还要考虑车型（大型、中型、轻小型、专用型），用自有车还是委托运输公司。

图 2-1 表示公路、铁路和水运的运费比较，其中也包括在终端的装卸费用。纵轴上的 C_1、C_2、C_3 点表示相应的终端费用，当运输距离小于 D_1 时公路运输费用最低，D_1 至 D_3 的距离内铁路运输最便宜，而长距离运输大于 D_3 时，则以水运为好。

（3）提高运输效率。努力提高车辆的运行率、装载率，减少空车行驶，缩短等待时间或装载时间，提高有效的工作时间，降低燃料消耗。

（4）推动共同运输。提倡部门、集团、行业间的合作和批发、零售、物流中心之间的配合，提高运输工作效率，降低运输成本。

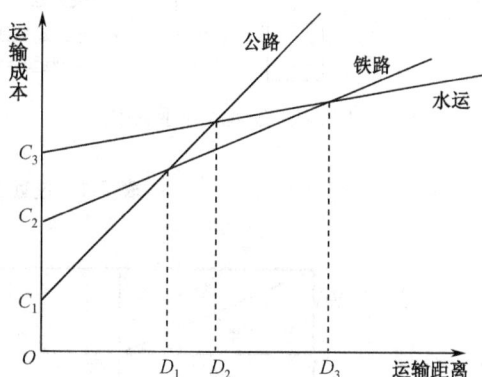

图 2-1　不同运输方式的成本比较

运输合理化要考虑输送系统的基本特征。对城市之间、地区之间的长距离运输（干线运输），由于货物的批量大，对时间要求不很苛刻，因此，合理化的着眼点要考虑降低运输成本。对于地区内或城市内的短距离运输（末段配送），以向顾客配送为主要内容，批量小，应及时、正确地将货物运到，这种情况下的合理化目标应以提高物流的服务质量为主。

2.1.6　不合理运输的主要表现形式

商品不合理运输主要有以下几种表现形式。

1. 迂回运输

指商品运输本来可以走直线或经最短的运输路线，但却采取绕道而行的不合理运输现象

（如图 2-2 所示）。由甲地发运货物经过乙和丙两地至丁地，那么在甲、乙、丙、丁各地之间便发生了迂回运输（共 170 千米）。正确的运输线路，应该从甲地经过戊地至丁地（共 80 千米）。

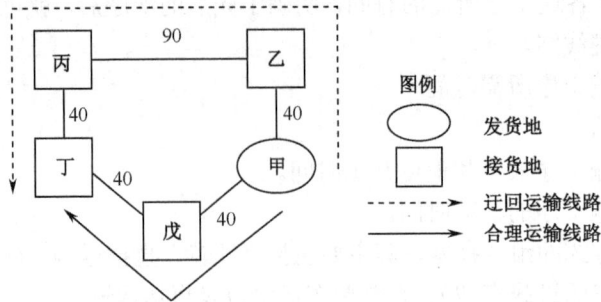

图 2-2　迂回运输示意图

2. 过远运输

调运物品舍近求远，近处有资源不用而从远处调，这就造成可采取近程运输而未采取，拉长了物品运输的浪费现象。过远运输占用运力时间长、运输工具周转慢、物品占压资金时间长，

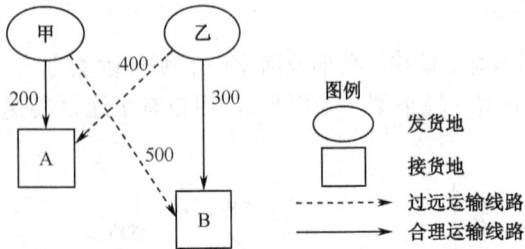

图 2-3　过远运输示意图

远距离自然条件相当大，又易出现货损，增加了费用支出。过远运输有两种表现形式：一是销地完全有可能由距离较近的供应地购进所需要的相同质量的物美价廉的货物，却超出货物合理流向的范围，从远距离的地区运进来；二是两个生产地生产同一种货物，它们不是就近供应邻近的消费者，却调给较远的其他消费地（见图 2-3 和表 2-1）。

表 2-1　过远运输与合理化运输比较表

过远运输

产　地　＼　销　地	A	B
甲		5 吨×500 千米
乙	5 吨×400 千米	

合理运输

产　地　＼　销　地	A	B
甲	5 吨×200 千米	
乙		5 吨×300 千米

甲和乙是两个产地，A 和 B 是两个销地。它们的货物需求量和需要量都是 5 吨，从上面的图表说明，如果由甲地供应 B 地，乙地供应 A 地，是不合理的；与甲地供应 A 地，乙地供应 B 地多浪费了 2 000 吨·千米的运力和运费。所以合理的运输线路是甲地供应 A 地，乙地供应 B 地。

3. 对流运输

对流运输又称相向运输，是指同一种商品或彼此可以代用的商品，在同一运输路线上或在平行的路线上，朝着相反方向运行，与对方运程的全部或部分发生重叠的不合理运输现象。对流运输又分为明显对流和隐蔽对流。明显对流运输是指发生在同一条运输路线上的对流运输，如图 2-4 所示，从图中可以看出某种货物从甲地经过乙地运至丙地；同时又从丁地经过丙地运至乙地。这样，在乙地与丙地之间产生了对流运输。隐蔽对流是指同一种货物在违背近产近销的情况下，沿着两条平行的线路朝相对的方向的运输，如图 2-5 所示。从图中来看，甲和丁为两个发货地，乙和丙为两个收货地，各地之间的距离分别为 40、30、20、10 千米。从丁地发货 2 吨给丙地；从甲地发运同种货物 2 吨给乙地，这种运输路线是不合理的，其中浪费40 吨·千米的运力。正确的运输线路应该是丁地发给乙地，甲地发给丙地。

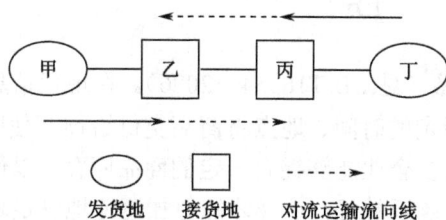

图 2-4　明显对流运输示意图　　　　图 2-5　隐蔽对流运输示意图

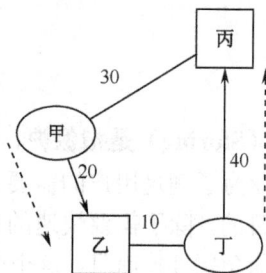

4. 倒流运输

倒流运输是指物品从销地或中转地向产地或起运地回流的一种运输现象，这种现象经常表现为对流运输或迂回运输，但其不合理程度要甚于对流和迂回运输，原因在于往返运输都是不必要的，形成了双程浪费。倒流运输也可以视为隐蔽对流的一种特殊形式。

5. 亏吨运输

指商品的装载量没有达到运输工具的装载标准重量或没有装满车船容积而造成亏吨的不合理运输现象。

6. 重复运输

指一批商品本来可以一次直接运达目的地，但由于组织工作的失误，而使商品在中途停卸，又重复装运的不合理运输现象。

7. 无效运输

指运输的商品当地不适销，或商品质量次、杂质多，从而造成运力浪费的不合理运输现象。

8. 运力选择不当

未合理利用各种运输工具优势而不正确地选择运输工具造成的不合理现象，常见有以下三种形式：

（1）弃水走陆。在同时可以利用水运及陆运时，不利用成本较低的水运或水陆联运，而选择成本较高的铁路运输或汽车运输，使水运优势不能发挥。

（2）铁路、大型船舶的过近运输。不是铁路及大型船舶的经济运行里程却利用这些运力进行运输的不合理做法。主要不合理之处在于火车及大型船舶起运及到达目的地的准备、装卸时间长，且机动性不足，在过近距离中利用，发挥不了运输量大的优势。相反，由于装卸时间长，反而会延长运输时间。另外，和小型运输设备比较，火车及大型船舶装卸难度大，费用也较高。

（3）运输工具承载能力选择不当。不根据承运物品数量及重量选择，而盲目决定运输工具，造成过分超载、损坏车辆及物品不满载、浪费运力的现象。

9. 托运方式选择不当

对于货主而言，在可以选择最好托运方式而未利用，造成运力浪费及费用支出加大的一种不合理运输，应该选择整车运输却采取零担托运，应当选择直达运输而选择了中转运输，应当选择中转运输而选择了直达运输等都属于这类不合理运输。

2.2 储 存

储存（Storing）是指保护、管理、储藏物品（见 GB/T18354—2006）。在现代信息技术环境下，企业为了满足用户的需要，必须在用户指定的时间、地点将商品交付给顾客使用。为了实现这个目的，除了需要快速的运输以外，还需要企业能够拥有一定的商品库存，以便能够应付顾客的紧急需要，而且，这个仓库应该离顾客越近越好，这样才能更加迅速地满足顾客的需要，创造最佳的企业形象。因此，商品储存系统是企业物流系统中一个不可或缺的组成部分，它处在整个物流过程的节点上，只有经过这个节点，整个物流过程才能够实现，因此，我们将它称之为现代物流的中心。

2.2.1 储存的功能与作用

储存就是在保证商品的质量和数量的前提之下，根据一定的管理规则，在一定的时间内将商品存放在一定的场所的活动，它是物流系统的一个重要的组成部分。储存是包含商品库存和储备在内的一种广泛的经济现象，是一切社会形态都存在的一种经济现象。

与运输相对应，储存是以改变"物"的时间状态为目的的活动，从而克服产需之间的时间差异获得更好的效用。在传统的商业社会中，储存的过程一直被认为是无关紧要的，因为它只会增加商品的成本，而不能产生利润。但是，随着现代物流学的发展，储存作为物流系统的重要的组成部分，越来越被众多的学者与物流业者所重视，它在物流的整个过程中发挥着越来越重要的作用。储存在物流过程中的作用有如下几条。

1. 通过存储，可以调节商品的时间需求，进而消除商品的价格波动

一般来说，商品的生产和消费不可能是完全同步的，为了弥补这种不同步所带来的损失，就需要储存商品来消除这种时间性的需求波动。比如说，人们在日常生活中，对于大米的需求是持续的，但是，大米的生产并不是随时都能进行的，即大米的供给是集中进行的。所以，必须通过商品存储来储存一些大米，在不能生产大米的季节供给消费者。而且，通过这种有目的性的商品存储，可以防止商品供给和需求之间剧烈矛盾的产生，稳定商品物价。

2. 通过存储，可以降低运输成本，提高运输效率

众所周知，商品的运输存在规模经济性。而对于企业来说，顾客的需求一般都是小批量的，

如果对于每一位顾客都单独为他们运送货物，那么，将无法实现运输的规模经济，物流成本将是极大的。所以，为了降低运输成本，可以通过商品的存储，将运往同一地点的小批量的商品聚集成为较大的批量，然后再进行运输，到达目的地后，再分成小批量送到客户手中，这样，虽然产生了商品存储的成本，但是，可以更大限度地降低运输成本，提高了运输效率。

3. 通过商品在消费地的存储，可以达到更好的客户满意度

在电子商务环境下，消费者能够迅速及时地消费到企业的商品是非常重要的。对于企业来说，如果在商品生产出来之后，能够尽快地把商品运到目标消费区域的仓库中去，那么，目标消费区域的消费者在对商品产生需求的时候，就能够尽快地得到这种商品，这样，消费者的满意度就会提高，而且能够创造出更佳的企业形象，为企业今后的发展打下良好的基础。

4. 通过存储，可以更好地满足消费者个性化消费的需求

随着时代的发展，在电子商务时代，消费者的消费行为越来越向个性化的方向发展，为了更好地满足消费者的这种个性化消费的要求，我们可以利用商品的存储对商品进行二次加工，满足消费者的需求。比如，在商品的储存过程中，可以对商品进行二次包装，或者进行不同商品的整合，这样，就能根据顾客的需求，生产出顾客需要的独一无二的产品。

2.2.2　储存合理化

所谓储存合理化就是在保证储存功能实现的前提下，用各种办法实现商品储存的经济性。储存功能是对需要的满足，实现储存物品的"时间价值"，这就"必须有一定储量"。但是，储存的不合理又往往表现在对储存功能实现的过分强调，由于过分投入储存力量和其他储存劳动造成库存的不合理。所以，合理储存的实质是在保证储存功能实现的前提下，系统的投入最少。

1. 储存合理化的标志

储存合理化标志主要包括以下几个方面。

（1）质量标志

保证被储存物品的质量是完成储存功能的根本任务和要求。只有这样，商品的使用价值才能通过物流之后得以最终实现。在储存活动中增加了多少时间价值或是得到了多少利润，都是以保证质量为前提的，所以，储存合理化的主要标志中，为首的应当反映使用价值的质量。

现代物流系统已经拥有很有效的维护物品质量、保证物品价值的技术手段和管理手段，也正在探索物流系统的全面质量管理问题，即通过物流过程的控制，通过工作质量来保证储存物品的质量。

（2）数量标志

在保证功能实现的前提下，储存有一个合理的数量范围。目前，运用管理科学的方法，已经能在各种约束条件下，对合理数量范围做出决策，但较为实用的还是在消耗稳定、资源及运输可控的约束条件下，所形成的储存数量控制方法。

（3）时间标志

在保证商品质量的前提下，必须寻求一个合理的储存时间。储存商品的数量越大而销售商品的速度越慢，则储存的时间必然越长，反之亦然。因此，商品存储必须有一个合理的时间范围，不能过长，过长则意味着商品积压，造成商品成本的增加。在总时间一定的前提下，个别被储存物品的储存时间也能反映合理程度。如果少量被储存物品长期储存，成了呆滞物或储存

期过长，虽反映不到宏观周转指标中去，也标志储存存在不合理。

（4）结构标志

不同的被储存的商品之间总是存在一定的相互关系，特别是对于那些相关性很强的商品来说，它们之间必须保证一定的比例。如果比例不合理或某一种商品缺货，那么可能与它相关的商品也卖不出去。照相机和胶卷就是这样的关系。因此，商品储存的合理性也可以用结构标志来衡量。

（5）分布标志

企业间不同的市场区域对于商品的需求也是不同的。因此，不同的地区所储存的商品的数量也应该不同。各个区域的仓库只有根据商品的需求储存适量的产品，才能真正实现商品储存的经济性和合理性，不至于造成浪费。

（6）费用标志

根据仓储费、维护费、保管费、损失费以及资金占用利息支出等财务指标，都能从实际费用上判断储存的合理与否。

2. 实现商品储存合理化的措施

为了实现商品储存的合理化，可以采取以下十大实施要点。

（1）储存物品的 ABC 分析

ABC 分析是实施储存合理化的基础，在此基础上可以进一步解决各类的结构关系、储存量、重点管理、技术措施等合理化问题。

（2）实施重点管理

在 ABC 分析的基础上，分别决定各种物品的合理库存储备数量以及经济地保有合理储备的办法，乃至实施零库存。

（3）适当集中储存

在形成一定社会总规模的前提下，追求规模经济，适度集中储存是合理化的重要内容。适度集中库存是利用储存规模优势，以适度集中储存代替分散的小规模储存来实现合理化。

集中储存要面对两个制约因素，一是储存费，二是运输费。过分分散，每一处储存保证的对象有限，互相难以调度调剂，则需分别按其保证对象要求确定库存量。而集中储存易于调度调剂，储存总量可大大低于分散储存量之总和。相反，过分集中储存，储存点与客户之间距离拉长，储存总量虽然降低，但运输距离拉长，运费支出加大，在途时间长，又迫使周转储备增加。所以，适度集中库存要在总储存费及运输费之间取得最优均衡。

集中储存除了降低总成本外，还有一系列其他好处，一是对单个客户的保证能力提高；二是有利于采用机械化、自动化的作业方式；三是有利于形成一定批量的干线运输；四是有利于成为支线运输的始发站。适度集中库存也是"零库存"这种合理化形式的前提条件之一。

（4）加速总的周转，提高单位产出

储存现代化的重要课题是将静态储存变为动态储存，周转速度加快，会带来一系列的合理化好处，如资金周转快、资本效益高、货损少、仓库吞吐能力增加、成本下降等。具体做法诸如采用单元集装存储，建立快速分拣系统等，都有利于实现快进快出，大进大出。

（5）采用有效的"先进先出"（First In First Out, FIFO）方式

"先进先出"是一种有效保证物品储存期不至于过长的合理化措施，也成为储存管理的准则之一。

有效的"先进先出"方式主要有如下几种。

1）贯通式货架系统

利用货架的每层，形成贯通的通道，从一端存入物品，从另一端取出物品，物品在通道中自行按先后顺序排队，不会出现越位等现象。因此，贯通式货架系统能非常有效地保证"先进先出"的实现。

2）"双仓法"储存

给每种储存物品都准备两个仓位或货位，轮换进行存取，再配以必须在一个货位中取光才可补充的规定，就可以保证实现"先进先出"。

3）计算机存取系统

采用计算机管理，在储存时向计算机输入时间记录，编一个简单的按时间顺序输出的程序，取货时计算机就能按时间给予指示，以保证"先进先出"。这种计算机存取系统还能将"先进先出"和快进快出结合起来，即在保证一定先进先出的前提下，将周转快的物品随机存放在方便存取之处，以加快周转，减少劳动消耗。

（6）增加储存密度，提高仓容利用率

主要目的是减少储存设施的投资，提高单位存储面积的利用率，以降低成本、减少土地占用，有如下三类方法。

1）采取高垛的方法，增加储存的高度

具体方法有采用高层货架仓库、采用集装箱等，都可比一般堆存方法大大增加储存高度。

2）缩小库内通道宽度以增加储存有效面积

具体方法有采用窄巷道式通道，配以轨道式装卸车辆，以减少车辆运行宽度要求；采用侧叉车、推拉式叉车，以减少叉车转弯所需的宽度。

3）减少库内通道数量以增加有效储存面积

具体方法有采用密集型货架，采用可进车的可卸式货架，采用各种贯通式货架，采用不依靠通道的桥式吊车装卸技术等。

（7）采用有效的储存定位系统

如果定位系统有效，就不仅能大大减少寻找、存放、取出的时间，节约物化劳动及活劳动，而且能防止差错，便于清点及实行订货点等管理方式。

储存定位系统可采用先进的计算机管理，也可采取一般人工管理。行之有效的方式主要有如下几种。

1）"四号定位"方式

用一组四位数来确定存取位置、固定货位的方法，是我国手工管理中采用的科学方法。四位数中，四个数字相应地表示序号、架号、层号和位号。这就使每一个货位都有一个组号，在物品入库时，按规划要求，对物品编号，并记录在账卡上，提货时按四位数字的指示，就能很容易地将物品拣选出来。这种定位方式可对仓库存货区事先做出规划，并能很快地存取物品，有利于提高速度，减少差错。

2）电子计算机定位系统

利用电子计算机储存容量大、检索迅速的优势，在入库时，将存放货位输入计算机，出库时向计算机发出指令，并按计算机的指示人工或自动寻址，找到存放货，拣选取货的方式。一般采取自由货位方式，计算机指示入库物品存放在就近易于存取之处，或根据入库物品的存放时间和特点，指示合适的货位，取货时也可就近就便。这种方式可以充分利用每一个货位，而不需专位待货，有利于提高仓库的储存能力，当吞吐量相同时，可比一般仓库减少建筑面积。

（8）采用有效的监测清点方式

对储存物品数量和质量的监测，既是掌握基本情况之必需，也是科学库存控制之必需。在实际工作中稍有差错，就会使账物不符，因而必须及时、准确地掌握实际储存情况，经常与账卡核对，这无论是人工管理或是计算机管理，都是必不可少的。此外，经常监测也是掌握被存物品质量状况的重要工作。

监测清点的有效方式主要有"五五化"堆码、光电识别系统和电子计算机监控系统。

1）"五五化"堆码

我国手工管理中采用的一种科学方法，储存物品堆垛时，以"五"为基本计数单位，堆成总量为"五"的倍数的垛形，如梅花五等，堆码后，有经验者可过目成数，大大加快人工点数的速度，并有效减少差错。

2）光电识别系统

在货位上设置光电识别装置，对被存物品扫描，并将准确数目自动显示出来。这种方式不需人工清点就能准确掌握库存的实有数量。

3）电子计算机监控系统

用电子计算机指示存取，以防止人工存取易于出现的差错，如果在被存物上采用条形码技术，使识别计数和计算机连接，每存、取一件物品时，识别装置自动按条形码识别并将其输入计算机，计算机就会自动做出存取记录。这样只需向计算机查询，就可了解所存物品的准确情况，而无须再建立一套对实有数的监测系统。

（9）采用现代储存保养技术。这是储存合理化的重要方面，主要有如下技术。

1）气幕隔潮

在潮湿地区或雨季，室外湿度高且持续时间长，仓库内若想保持较低的湿度，就必须防止室内外空气的频繁交换。一般仓库打开库门作业时，便自然形成了空气交换的通道，由于作业的频繁，室外的潮湿空气就会很快进入库内，普通库门、门帘等设施隔绝潮湿空气效果不理想。因此，在库门上方安装鼓风设施，使之在门口处形成一道气流，由于这道气流有较高压力和流速，在门口便形成了一道气墙，可有效阻止库内外空气交换，防止湿气浸入。同时，气幕还可起到保持室内温度的隔热作用。

2）气调储存

调节和改变环境空气成分，抑制储存物品的化学变化和生物变化，抑制害虫生存及微生物活动，从而达到保持储存物品质量的目的。调节和改变空气成分有许多方法，可以在密封环境中更换配合好的气体，可以充入某种成分的气体，可以除去或降低某种成分气体等。

气调方法对于有新陈代谢作用的水果、蔬菜、粮食等物品的长期保质、保鲜储存很有效。例如，粮食可长期储存，苹果可储存三个月。气调储存对防止生产资料在储存期的有害化学反应也很有效。

3）塑料薄膜封闭

塑料薄膜虽不完全隔绝气体，但能隔水防潮，用塑料薄膜封垛、封袋、封箱，可有效地造就封闭小环境，阻缓内外空气交换，完全隔绝水分。在封闭环境内，如水果置入杀虫剂、缓蚀剂或注入某种气体，则内部可以长期保持该种物质的浓度，长期形成一个稳定的小环境。所以，可以用这个方法来进行气调储存，比气调仓储要简便易行且成本较低，也可以用这种方法对水泥、化工产品、钢材等做防水封装、以防变质和锈蚀；热缩性塑料薄膜在对托盘物品封装后再经热缩处理，则可基本排除封闭体内部的空气，塑料膜缩贴到被封装物上，不但有效与外部环境隔绝，而且还起到紧固作用，防止塌垛、散垛。

（10）采用集装箱、集装袋、托盘等运储装备一体化方式

集装箱等集装设施的出现，给储存带来了新观念，采用集装箱后，本身便能起到物品储存的作用，在物流过程中，也就省去了入库、验收、清点、堆垛、保管、出库等一系列储存作业，因而对改变传统储存作业有很重要意义，是储存合理化的一种有效方式。

物资管理"五五化"和"四号定位"的发明者朱登奎

1961 年的夏天，朱登奎从玉门油田来到了萨尔图大草原，参加大庆石油会战。由于他在玉门油田当过器材保管员，组织上就安排他在萨尔图仓库配件组负责钻采配件的收发保管工作。始建于 1960 年的萨尔图仓库，当时条件十分简陋，根本没什么正规的库房和平整像样的料场。随着物资储存量的不断增大，如何科学有效地管理好库房，让千万件物资达到准确快捷地收发，越来越成为库房管理人员要解决的问题。为此，大家面对着库区里大量摆放无序的物资，整天琢磨，费尽心思地左摆右放。时任机电设备库的保管员朱登奎，更是为此琢磨得"走火入魔"。每天天刚亮，他就第一个到料场试摆，把几十千克重的钻头搬上搬下，反复试验。晚上回到家，他使用水泥袋子铺在炕上，用笔在纸上边画边构思。吃饭时就用筷子和窝窝头摆来摆去。老伴埋怨他说："天天你早起晚归，晚上回家吃饭你还不着闲儿，摆来摆去，像着了魔似的，看你能摆出个啥名堂来。"

经过一个冬季的反复摸索和实践，他和全组的同志终于摆出了名堂，"大五套小五"、"大方套小方"、齿轮梅花形、天车轮圆柱形等多种形状的"五五化"形成了。1962 年的上半年，终于使全库成千上万件器材按不同型号、不同品种、不同形状和出厂要求，以五、十为基数，分别摆成五、十成行、成方、成副、成线、成串、成包、成垛，定量装箱，过目成数，横看成行，竖看成线，左右对齐、间隔明显，每层标数美观大方，签牌齐全，便于收发，方便盘点的"五五化"摆放。

"五五化"摆放成功以后，朱登奎并没有止步不前。他感到，仓库物资器材的管理仅限于"五五化"的摆放还是不够完善的，还必须在此基础上再前进一步。1964 年朱登奎根据在玉门油田时曾试验的几种方法，又和大家一起搞起了试验。工作中一有空余时间，他就在地上画几块方格，代表料场，用些旧的螺丝帽在方格里摆来摆去，反复琢磨。一天，指挥部礼堂演电影，晚饭后他带着老伴和孩子一起去看电影。当他拿着电影票走进礼堂，很快就找到了自己的座位时，他的脑筋豁然开朗了。他顾不上陪老伴和孩子看电影，一个人回到家中又开始了他的工作。他把很多小螺丝帽像电影院的座位一样都做上记号，分别放到和它记号相符的场地上，在明细账上再记上它们的"住址"。只要想找哪一件，一看账本，就知道它所在的位置。

第二天，天一亮他就来到了料场，把头天晚上自己设计的方案向库领导做了详细的汇报。领导听了之后感到这个办法切实可行。于是当天，就组织人员进行试摆。由他担任指挥，在各方面保管员的配合下，一场大规模的按号定位摆放器材的会战开始了。当时的季节正是数九寒冬，天寒地冻，料场上的器材被大雪覆盖，为了清扫器材上的积雪，他带领大家时而跪着、时而蹲着，浑身沾满了雪，大家却全然不顾。就这样，经过两个多月的奋战，终于在 1965 年春天到来的时候，使全库上千项、上万件物资器材，实现了按库房、料场顺序，统一编号，即库有库号、架有架号、层有层号、位有位号，器材存放位置与器材明细账四号定位所列相符的"四号定位"管理方法。

"四号定位五五化"的物资摆放法，实现了库房物资科学管理和规范管理。当时，萨尔图仓库流传着这样一句顺口溜，赞美"四号定位五五化"：实现四号定位五五化，库房开了花，料场好比账本清，盘点发料不用慌。很快，"四号定位五五化"就被列入石油工业部物资管理的一项重要标准。时隔半个世纪后，这个方法还仍然广泛应用在今天的库房管理中，朱登奎也因此成为了物资集团发展史上的一个标志性人物。

资料来源：中国石油新闻中心，经作者整理

2.3 包　装

包装（packing）是"为在流通过程中保护产品、方便储运、促进销售，按一定技术方法而采用的容器、材料及辅助物等的总体名称。也指为了达到上述目的而采用容器、材料和辅助物的过程中施加一定技术方法等的操作活动"（见 GB/T18354—2006）。

在社会的再生产过程中，商品包装处于生产过程的末尾和物流过程的开端，它既是生产的终点，又是物流的起点。在传统的生产观念中，一般都认为商品包装是生产过程的最后一个环节，所以，在实际的生产过程中，商品包装的设计都是从生产的角度来考虑的，但是这样却不能满足物流的需要。在现代物流观念形成之后，物流研究者通过细致的研究，得出了商品包装与物流之间的关系比商品包装与生产之间的关系要密切得多的结论。而且在新经济时代，商品包装在物流过程中所起的作用随着消费者个性化需求的出现而显得更为重要。

2.3.1　包装的功能

日本神奈川大学的唐泽丰教授将包装的功能分为以下七种：保护功能—保持质量；定量功能（按单位定量）—形成基本单件或与此目的相适应的单件；标识功能—容易识别；商品功能—创造商品形象；便利功能—处理方便；效率功能—便于作业、提高效率；促销功能—具有广告效力，唤起购买欲望。

我们将以上包装的几种功能总结为以下三点：即保护功能、便利功能和促销功能。

1. 保护功能

商品包装的一个重要功能就是要保护包装内的商品不受损伤。在商品运输途中，由于运输工具或运输道路的原因，商品难免会受到一定的冲击或者压力，这样，就会使商品受到损害；在商品的储存过程中，因为商品要层叠堆积摆放，所以，商品会受到放在它上面的其他商品的压力，这样，可能也会损害商品；另外，在商品的储存过程中，商品可能还会受到外部自然因素的侵袭，如被雨水淋湿，被虫子、老鼠咬坏等，因此要求商品有一个好的包装，能够抵挡这些侵袭因素。

在设计商品的包装时，要仔细分析商品可能会受到哪些方面的侵扰，然后针对这些方面来设计商品的包装。比如，如果商品在运输途中可能会受到外力的侵袭，容易受到碰撞，那么，就需要对商品进行防震包装或缓冲包装，可以在商品的内包装和外包装之间塞满防震材料，以减缓外界的冲击力；如果商品比较容易生锈，可以采用特制的防锈包装方法，比如防锈油方法或真空方法；如果商品比较害怕蚊虫的侵蚀，那么可以在商品中加入一定的防虫剂，以防止商品受到损害。

2. 便利功能

物品包装具有便利流通，方便消费的功能。在物流的全过程中，物品所经过的流转环节，合理的包装会大大提高物流作业的效率和效果，主要体现在以下几个方面。

（1）便于储存作业

在商品的储存过程中，仓库工作人员也是通过商品包装上的商品标志来区分商品，进行存放和搬运的。在传统的物流系统中，商品包装的这些功能可以通过在包装上印刷商品信息的方式来实现，如今，随着信息技术的发展，更多使用的是条形码技术。条形码技术是在计算机的应用实践中产生和发展起来的一种自动识别技术，它是为实现对信息的自动扫描而设计的，是一种快速、准确而可靠地采集数据的有效手段。仓库管理人员在使用扫描仪对条形码进行扫描的同时，商品的详细信息就可以输入物流信息系统中，进而物流信息系统可以发出一定的指示，指导工作人员对该商品进行一定的操作。这样，可以极大地提高物流过程的整体效率。

（2）便于装卸搬运作业

适当的商品包装也能够提高搬运商品的效率。商品从生产到销售可能会经历很多次的搬运过程。如果产品包装设计过大，那么可能非常不利于搬运；相反，如果商品包装设计过小，可能就会使搬运的效率大大降低。所以，在设计商品包装时，应该根据搬运工具的不同来设计合理的包装。而且在设计商品包装的时候，还要注意考虑如何使各种搬运工具能够更好地对商品进行操作。

（3）便于运输作业

包装的规格、形状、重量与物品运输关系密切。包装尺寸与运输车辆、船舶、飞机等运输工具箱、仓容积的吻合性，方便了运输，提高了运输效率。

（4）便于顾客消费

商品包装的一个重要作用就是提供商品自身的信息，比如商品的名称、生产厂家和商品规格等，以帮助工作人员区分不同的商品。企业对商品包装的设计工作应该适于顾客的应用，要与顾客使用时的搬运、存储设施相适应。这样成本可能会高一些，但是，拥有了长久的顾客关系，企业的生存和发展才有了可能性。这也是商品包装的一大功能。

（5）便于回收处理

部分包装具有重复使用的功能。例如，各种材料的周转箱，装啤酒、饮料的玻璃瓶，包装废弃物（纸包装、木包装、金属包装等）的回收再生，便于回收复用，有利于环境保护和节省资源。

3. 促销功能

合理的包装有利于促进商品的销售。在商品交易中促进物品销售的手段很多，其中包装的装潢设计占重要地位，精美的包装能唤起人们的购买欲望。包装的外部形态是商品很好的宣传品，对客户的购买有刺激作用。因此，一般来说，在设计商品外包装时主要考虑商品运输的种种要求，而在设计外包装的时候可能会更加注重包装的实用性。而对于商品的内包装而言，因为它要直接面对消费者，所以必须要注意外表的美观大方，要有一定的吸引力，从而促进商品的销售。

4. 信息功能

随着信息技术和电子商务的发展，包装的信息功能变得越来越重要。通过包装，产品的相关信息可以传递给用户。如产品的主要成分、规格、包装数量、生产日期、保质期、产地、生产厂家名称、厂址等信息，是包装所必须提供的。另外，通过包装上的条形码，可提供给零售商有关库存及产品的相关信息，如库存数量、价格、保质期等。

2.3.2 销售包装与运输包装

现代商品的品种繁多，性能和用途也是多种多样，为了充分发挥商品包装的功能，必须对商品包装进行科学的分类。最典型的分类方法是按包装在物流中发挥的不同的作用，将商品包装分为销售包装或工业包装。

1. 销售包装

销售包装指直接接触商品并随商品进入零售店和消费者直接见面的包装。其主要目的就是为了吸引消费者，促进销售。一般来说，在物流过程中，商品越接近顾客，越要求包装起到促进销售的效果。因此，这种包装的特点是造型美观大方，拥有必要的修饰，包装上有对于商品的详细的说明，包装的单位适合于顾客的购买以及商家柜台摆设的要求。尤其在电子商务 B2C 这种商务模式中，销售包装应该是最重要的。因为，顾客在购买商品之前，在网上最先能够看到的就是这种商品的包装，只有当商品包装吸引人的时候，才能够激发顾客的购买欲望。而且，随着顾客个性化需求的出现，顾客在购买商品的时候，可能会要求商家按照自己的需要为商品进行包装，以满足自己的特定需要，这也是企业必须注重销售包装的一个原因。

2. 运输包装

运输包装是以满足运输、仓储要求为主要目的的包装。运输包装在商品的运输、存储和装卸的过程中起保护商品的作用。运输包装不像销售包装那样注重外表的美观，它更强调包装的实用性和费用的低廉性。在电子商务 B2B 商业模式中，工业包装是最重要的，因为企业在购买其他企业的产品之前，肯定已经对该产品的各项性能有了基本的了解，而购买此商品的主要目的就是为生产自己的产品服务，因此，企业并不在乎商品包装的美观而更在乎商品包装能否保证商品的质量不受损失。在现今的社会中，许多知名的大企业越来越重视商品的运输包装，一方面运输包装的好坏在一定程度上决定了商品的质量；另一方面如果运输包装做得很好，那么将会提高企业在顾客心目中的形象，巩固企业在市场中的地位。

2.3.3 包装材料

按不同用途，包装材料可分为以下几类：①容器材料，用于制作箱子、瓶子、罐子，可有纸制品、塑料、木材、玻璃、陶瓷、各类金属等；②内包装材料，用于隔断物品和防震，可有纸制品、泡沫塑料、防震用毛等；③包装用辅助材料，如各类结合剂、捆绑用细绳（带）等。以下就对运输包装材料做简单的介绍。

1. 纸质包装材料

在包装材料中，纸的应用最为广泛，它的品种最多，耗量也最大。由于纸具有价格低、质地细腻均匀、耐摩擦、耐冲击、容易黏合、不受温度影响、无毒、无味、适于包装生产的机械化等优点，所以目前在世界范围内，纸质包装占包装材料的比重比其他包装材料都大，这一类的包装占整个包装材料使用量的40%。纸作为包装材料有纸袋、纸箱和瓦楞纸箱等，其中瓦楞纸箱是颇受欢迎的纸质包装材料，瓦楞纸具有成本低、重量轻、容易进行机械加工、容易回收等优点。用瓦楞纸作为纸箱具有一定的刚性，因此有较强的抗压、抗冲击能力，这为产品安全、完好地从生产者送到消费者所经历的储存、运输、装卸等活动提供了方便和可靠性。纸的防潮、防湿性能较差，这是纸质包装材料的最大弱点。

2. 合成树脂包装材料

是指利用塑料薄膜、塑料袋以及塑料容器进行产品的包装。主要的塑料包装材料有聚乙烯、聚氯乙烯、聚丙烯和聚苯乙烯等。因为塑料种类繁多，所以，塑料包装的综合性能比较好。

3. 木制容器包装材料

是指使用普通木箱、花栏木箱、木条复合板箱、金属网木箱以及木桶等木制包装容器对商品进行包装。木制容器一般用在重物包装以及出口物品的包装等方面，现在有很大一部分已经被瓦楞纸箱所代替。

4. 金属容器包装材料

把金属压制成薄片，用于物品包装的材料，通常有金属圆桶、白铁内罐、储气瓶、金属丝、网等。目前，在世界金属包装材料中，用量最大的是马口铁（镀锡薄钢板）和金属箔两大品种。

5. 玻璃陶瓷容器包装材料

主要是指利用耐酸玻璃瓶和耐酸陶瓷瓶等对商品进行包装。这种包装耐腐蚀性较好且比较稳定，耐酸玻璃瓶包装还能直接看到内容物。

6. 纤维容器包装材料

是指利用麻袋和维尼纶袋对商品进行包装。

7. 复合材料包装材料

主要是指利用两种以上的材料复合制成的包装。主要有纸与塑料、纸与铝箔等合成材料包装。

2.3.4 包装容器

包装容器主要包括包装袋、包装盒、包装箱和瓶、罐等。

1. 包装袋

包装袋是一种管状结构的挠性容器。一般由挠性材料制成，可以是单层的，也可以由多层同种材料或不同种材料复合而成。

包装袋按其盛装的重量不同可分为集装袋、一般运输包装袋和小型包装袋等。集装袋大多数都是由聚丙烯或聚乙烯等聚酯纤维编织而成的一种大容积的运输包装袋，盛装重量一般在一吨以上。集装袋的顶部一般装有金属吊架或吊环等，以便于普通铲车或起重机的吊装或搬运。卸货时可直接打开袋底的卸货孔进行卸货。一般运输包装袋大部分都是由植物纤维和树脂纤维编织而成的，或由一种、几种挠性材料制成，其盛装重量一般在 50～100 千克，小型包装袋也称普通包装袋，这类包装袋一般按盛装重量的不同，通常用单层材料或多层材料制成。

包装袋按其所用材料划分，一般有单层材料包装袋、多层材料包装袋和编织袋等。单层材料包装袋主要是用一层挠性材料制成的，如纸袋、塑料袋和棉布袋等；多层材料包装袋主要用两层以下的挠性材料制成，可以是一种材料，也可以根据实际需要，采用不同的材料，例如多层牛皮纸袋等；编织袋是用植物纤维、化学纤维编织而成的包装袋，例如麻袋、棉织袋等。

2. 包装盒

包装盒是一种刚性或半刚性容器，呈规则几何形状，一般多为长方体，也有尖角或其他形状，容量一般较小，大约在 10 升以下，有关闭装置。大部分由纸板、金属、硬质塑料以及复合材料制成。

包装盒一般可分为固定包装盒和折叠包装盒两种。固定包装盒外形固定，在使用过程中不能折叠变形，通常由盒体和盒盖两个主要部分组成，此外，还包括其他附件。折叠包装盒可以折叠变形，外形以长方体最为普遍，一般是由纸板或以纸板为基材的复合材料制成，是一种成本较低的包装容器。

3. 包装箱

包装箱是一种刚性或半刚性容器，一般为长方体，内部容量通常大于 10 升，大多用纸板、木材、金属、硬质塑料以及复合材料制成。

包装箱的种类很多，常用的有瓦楞纸箱和木箱等。木箱主要有木板箱、框板箱和框架箱三种。木板箱一般用做小型运输包装容器，能装载多种性质不同的货物，其优点是能抗拒碰裂、溃散和戳穿，有较大的耐压强度，能承受较大负荷，制作方便。不足之处是箱体较重、体积较大、没有防水功能。框板箱是由条木与人造板材制成的箱框板，经过钉合而成的包装箱。框架箱是由一定截面的条木构成箱体的骨架。一般有敞开式框架箱和覆盖式框架箱两种形式。框架箱因其有坚固的骨架结构，所以具有极佳的抗震和抗扭力，有较大的耐压能力，而且装载量大。

4. 瓶

包装瓶通常有玻璃瓶和塑料瓶等。选用包装瓶的原则是便于装填包装的货物，便于搬运，适于在货架下陈列，能引起消费者喜爱，并方便使用者从瓶内取出内装货物等。

5. 罐

罐是一种小型包装容器，各处的横截面一般为相同图形，通常带有可密封的罐盖。罐按照制罐材料的不同可以分为金属罐和非金属罐两类。

2.3.5 包装机械

包装机械是完成全部或部分包装过程的机器。包装过程包括充填、裹包和封口等主要包装工序以及与其相关的工序。常用的包装机械有制袋充填封口包装机械、捆扎包装机械、热成型包装机械和收缩包装机械等。

2.3.6 包装技术与包装方法

工业包装技术可分为包括容器设计和标记外包装技术，包装容器设计不属于物流管理课程研究范畴，我们这里主要介绍标记外包装技术。

1. 一般包装方法

主要分为个包装、内包装（中包装）和外包装三个步骤。

个包装一般有机械性保护包装、防护剂保护包装、抗水包装、防水和防水气包装、可剥除的化合物保护包装等五种方法。

内包装是将个包装后的货物，置入内包装容器内，并适当加以衬垫的包装，进行衬垫包装的目的是为了吸收震动、防止货物在容器内发生移动和摩擦、避免货物与包装容器相撞。对于一些体积小的内包装件，还要进行中包装，以方便搬运及装箱，增加保护作用。

外包装的主要目的是方便储运，使产品获得足够的保护。一般来说，外包装容器需具有足够的强度，可以在储运中抗拒一切外力所带来的损害，同时，外包装容器的形状和尺寸必须方便储运作业。

2. 特殊包装方法

特殊包装方法包括防震、防潮（水）、防锈、防虫（鼠）、防腐和危险品包装技术等的内包装技术。这里我们主要介绍内包装技术。

（1）防震包装技术

此技术指为防止运输中震动或冲击而造成的物品损伤，一般情况下采取在内包装材料中插入防震材料，以吸收外部冲击力的方法。防震包装设计的主题是确定防震材料的种类和厚度。在设计上，还应该同时考虑成本问题，选择不同的材料、设计不同的衬垫形状都会影响成本。防震包装主要有全面防震包装、部分防震包装和悬浮式防震包装三种。

（2）防潮（水）包装技术

物品在流通过程中，因空气中的潮气侵蚀会变质、潮解、锈蚀、霉变，为防止上述现象发生的包装技术就是防潮包装技术。防水包装技术是防止水浸入包装物内部而采取的包装技术，它还可以分为耐浸水包装和耐雨水、飞沫的耐散水包装两类。

（3）防锈包装技术

防锈包装技术的首选技术是使用防锈剂，防锈剂有防锈油和气化性防锈剂两类。各种防锈油是在矿物中加入防锈添加剂后制成的，防锈油包装技术可以使金属表面与引起大气锈蚀的各种因素隔绝，达到防止金属被锈蚀的目的。用防锈油封装金属制品，要求油层要有一定的厚度，油层的连续性能好，涂层完整。气化性防锈包装技术就是用气相缓蚀剂（挥发性缓蚀剂），在密封包装容器中对金属制品进行防锈处理的技术。气相缓蚀剂是一种能减慢或完全停止金属在侵蚀性介质中的破坏过程的物质，它在常温下即具有挥发性，它在密封包装容器中，在很短的时间内挥发或升华出的缓蚀气体就能充满整个包装容器，同时吸附在金属制品的表面上，从而起到抑制大气对金属锈蚀的作用。

（4）防虫及防鼠包装技术

为了防止包装后的物品被昆虫损害，一般使用经过杀虫剂或驱虫剂处理过的包装材料，常选用的杀虫剂有有机磷酸酯系杀虫剂，驱虫剂有奈、对位二氯化苯、樟脑等，也可以采用真空包装、充气包装、脱氧包装等技术，使害虫失去生存环境，从而防止虫害。为了防止鼠害，使用药物处理过的涂布或混入毒药的纸、塑料薄膜等作为包装材料，但药剂有可能直接与内部物品接触，很不安全，所以包装时需要注意这些问题。

（5）防腐包装技术

包装防霉烂变质的措施通常是采用冷冻包装、真空包装或高温灭菌的方法。冷冻包装可减慢细菌活动和化学变化的过程，延长储存期，但不能完全消除食品的变质；高温杀菌法可消灭引起食品腐烂的微生物；有些经过干燥处理的食品包装，应防止水汽侵入以防腐，可选择水汽和气密性好的包装材料，采取真空充气包装。

（6）危险品包装技术

危险品有上千种，按其危险性质，可划分为十类，即爆炸性物品、氧化剂、压缩气体和液化气体、自然物品、遇水燃烧物品、易燃液体、易燃固体、毒害品、腐蚀性物品、放射性物品等，有些物品同时具有两种以上危险性能。

对易燃、易爆物品，如有强氧化性的，遇有微量不纯物或受热急剧分解引起爆炸的物品，防爆炸包装的有效方法是采用塑料桶包装，然后将塑料桶装入铁桶或木桶中，并应有自动放气的安全阀，当桶内到达一定气体压力时，能自动放气。

对黄磷等易自然的商品，可以把它装入壁厚不少于1毫米的铁桶内，桶内壁应涂耐酸保护层，桶内盛水，并使水面浸没商品，桶口严密封闭，每桶净重不超过50千克。

对有腐蚀性的商品，要注意商品和包装容器的材质发生化学变化。金属类的包装容器，要在容器壁涂上涂料，防止腐蚀性商品对容器的腐蚀。

对有毒商品的包装要明显地标明有毒标志。防毒的主要措施是包装严密不漏、不透气。

2.3.7　包装的合理化和标准化

网络经济的发展，使得商家的市场变得越来越广阔，随着网上交易的进行，原先只局限于有限地理范围的市场空间变得没有边界。这样也就产生了一定的问题，拿商品包装来说，每个国家对于商品的包装都有自己的规范，而各个国家的规范又不尽相同，所以，当商品从一个国家出口到其他国家的时候，可能就会因为这种规范的不同而产生一定的问题。而且，有些个别的企业为了自己生产的方便，自行设计了很多不规范的包装，这些都将成为产生问题的隐患。因此，有必要建立一种国际通行的包装标准，要求所有的生产厂商都去遵守并执行，这样，在网络经济的社会中，商品的流通才会畅通无阻。

1. 影响商品包装的因素

在设计商品包装的时候，必须详细了解被包装物本身的一些性质以及商品流通运输过程中的一些详细的情况，并针对这些情况，做出有针对性的设计。一般来说，影响商品包装的主要因素如下。

（1）商品的理化特性

即被包装商品本身的体积、重量以及它在物理和化学方面的特性。商品的形态可能各异，商品本身的性质也各不相同。所以，在设计商品包装的时候，必须根据商品本身的特点和国际通用的标准，设计出适合商品自身特点的包装。

（2）商品包装的保护性

即被包装商品在流通过程中需要哪些方面的保护，是否害怕力的冲击、震动，是否害怕虫害或者动物的危害，是否对于气象环境、物理环境以及生物环境有特殊的要求。针对这些特点，在设计商品包装的时候，要做到有的放矢。

（3）消费者的易用性

商品包装设计的主要目的是为了使消费者能够更好地使用商品。因此，只有设计易于使用，才能从更深层次上吸引消费者，占领更广阔的市场。

（4）商品包装的经济性

商品包装虽然从安全性方面来说是做得越完美越好，但是，从商品整体的角度来说，也不得不考虑其经济性，争取能够做到够用就好，以降低产品的成本。一般来说，商品的工业包装在设计的时候，应该更加注重它的商品保护的性质，不必太在意外在的美观。商品的商业包装的设计，则必须注意外观的魅力，以吸引顾客。所以，应该找到一个好的平衡点，使商品包装既能够达到要求，又能够节省成本。

2. 包装的合理化

包装作为现代物流的起点，对整个物流的过程起着重要的作用。因而，在设计商品包装的时候，必须进行认真的考虑，以实现商品包装的合理性。包装合理化的主要途径有如下几种。

（1）包装的轻薄化

由于包装只是起保护作用，对产品使用价值没有任何意义，因此在强度、寿命、成本相同的条件下，更轻、更薄、更短、更小的包装，可以提高装卸搬运的效率。而且轻薄短小的包装一般价格比较便宜，如果是一次性包装也可以减少废弃包装材料的数量。

（2）包装的单纯化

为了提高包装作业的效率，包装材料及规格应力求单纯化，包装规格还应标准化，包装形状和种类也应单纯化。

（3）符合集装单元化和标准化的要求

包装的规格和托盘、集装箱关系密切，也应考虑到和运输车辆、搬运机械的匹配，从系统的观点制定包装的尺寸标准。

（4）包装的机械化

为了提高作业效率和包装现代化水平，各种包装机械的开发和应用是很重要的。

3. 包装的标准化

商品包装标准就是针对商品包装的质量和有关包装质量的各个方面，由一定的权威机构所发布的统一的规定。这种包装标准一经正式颁布，就具有了权威性和法律性。一般来说，这些商品包装标准的制定都是根据当前包装科学的理论和实践，通过权衡商品流通的整个过程，经过有关部门的充分协商和讨论，对包装的材料、尺寸、规格、造型、容量以及标志等所做的技术性法规。所谓商品包装的标准化就是制定、贯彻和修改商品包装标准的整个过程。

随着科学技术的发展，商品包装科学也在不断地发展。所以，为了提高商品包装的质量，应该在生产、流通、技术、管理等各个环节不断推行商品包装标准，使商品包装能够定型化、规格化、系列化和最优化，从而通过实践推动商品包装标准的进一步完善。

商品包装标准化对于现代企业具有重要的意义。通过商品包装的标准化，可以大大减少包装的规格型号，从而提高包装的生产效率，便于商品的识别和计量。通过商品包装的标准化，可以提高包装的质量，节省包装的材料，节省流通的费用，而且也便于专用运输设备的应用。通过商品包装的标准化，可以从法律的高度促进可回收型包装的使用，促进商品包装的回收利用，从而节省社会资源，产生较大的社会和经济效益。

2.4　装　　卸

装卸（loading and unloading）是"物品在指定地点以人力或机械实施垂直位移的作业"（见 GB/T18354—2006）。商品装卸是随着商品运输和储存而附带发生的作业，比如在运输货物时，把货物装进或卸出卡车及货车的装卸作业，在保管货物时，从仓库或工厂出入库的装卸作业等。商品装卸作业本身并不能产生新的价值和新的效用，但是，在整个物流供应链中，商品装卸作业所占的比例很大，特别是在网络经济环境下，顾客要求企业提供"门到门"的送货服务，装卸作业发生的频率大大增加。因此，企业必须重视商品装卸这个作业过程，防止物流成本的增加。商品装卸作业一般是伴随着商品运输和商品储存而发生的，我们将其称为现代物流的接点。

2.4.1　装卸的功能

商品装卸作为伴随商品运输和商品储存而同时发生的商品作业，与商品运输和商品储存又有一定的不同。商品运输和商品储存可以产生商品的时间效用和空间效用，而商品装卸却不能创造出新的效用和价值。虽然商品装卸不能产生新的价值和效用，但是它仍然在物流系统中发挥着举足轻重的作用。这是因为，在企业的整个物流供应链，商品装卸是发生频率最高的一项作业，当商品运输或商品储存等作业发生的时候，商品装卸这项作业就会发生。它的质量好坏严重影响着物流成本的高低，而且，在商品的装卸过程中，还可能因为意外造成商品的损坏，它还会影响到商品的包装成本的大小。如果因为商品装卸的原因使得企业不能如期向顾客提交商品，那么，将大大地影响企业的形象，对于企业是一个非常大的损失。

因此，尽管商品装卸本身并不能产生新的效用和价值，但是，作为物流整个过程中的一个不可或缺的环节，它的重要性还是不容否定的。商品装卸作业是实现物流活动的效率化以及提高顾客满意度的一个重要方面。

2.4.2　装卸的种类

根据不同的指标可以将商品装卸分成不同的类别。

首先，从装卸形态来看，可以将商品装卸分成以下种类，如表2-2所示。

从表中可以看到，按照作业的场所分类，我们可以将商品装卸分为自用物流设施装卸和事业用物流设施装卸两类；按照运输设备分类，可以将其分为卡车装卸、火车装卸、船装卸、飞机装卸等几种；按照货物形态分类，可以将其分为单个物品装卸、集装货物装卸以及散装货物装卸三种；按照装卸机械分类，我们可以将其分为传送带装卸、吊车装卸、叉车装卸、装载机装卸等几种。

表2-2　商品装卸的分类

分　　类	种类及说明
按设施（场所）分类	自用物流设施装卸——在工厂、自用仓库、配送中心等货物的发货、进货设施场所中的装卸
	事业用物流设施装卸——在卡车终端、站、港湾、机场、仓库的装卸，分别叫终端装卸、车站装卸、港湾装卸、仓库装卸等
按运输设备分类	卡车装卸、火车装卸、船装卸、飞机装卸
按货物形态分类	单个物品装卸——冠以箱、袋等包装形态名称的装卸或者冠以宽大物品、长尺寸物品、重量物品等大物件名称的装卸
	集装货物装卸——为了装卸托盘、集装箱等集装货物而冠以使用的设备名或冠以集合包装等状态名称的装卸
	散装货物装卸——把粉粒体、液体等物品直接向输送设备、货物装运设备或储存设备的装取与出入库的装卸
按装卸机械分类	传送带装卸、吊车装卸、叉车装卸、各种装载机装卸

其次，从作业种类的角度来看，商品装卸可以分为与输送设备对应的"装进、卸下装卸"和与保管设施对应的"入库、出库装卸"两大类。而这两类装卸分别伴随着货物的"堆码、拆垛"、"分拣、配货"、"搬送、移送"三类基本的装卸作业，这些作业由于动作和装卸机械的不同而形成了不同的"作业方法"，如表 2-3 所示。

表 2-3 各种装卸作业方法

作 业 名		说 明
堆垛拆垛作业	堆放作业	把货物从预先放置的场所，移动到卡车之类的货物装运设备或仓库之类的固定设备的指定位置，再按要求的位置和形态放置货物的作业
	拆垛作业	堆放作业的逆作业
	高垛作业	主要指在仓库等固定设施的入库作业中，堆垛高度在 2 米以上的作业。将这样的堆垛状态叫高垛
	高垛取货作业	高垛作业的逆作业
分拣配货作业	分拣作业	在堆垛、拆垛作业的前后或在配货作业之前发生的作业，把货物按品种、出入先后、货物分类（分拣分类），再分别放到规定位置的作业
	配货作业	向卡车等输送设备装货作业前和从仓库等保管设施出库装卸前发生的作业，把货物从所定的位置，按品种、下一步作业种类、发货对象分类（配货分类）所进行的拆垛、堆放作业。这一作业又分成把分拣作业拣出的货物，按规定的配货分类集中起来的作业（选取方式或挑选方式）和以一定批量移动到一端的分拣场所，分别送到指定位置的作业（选种方式或分拣方式）两类
搬运移送作业	搬运作业	为了进行上述作业而发生的、以进行这些作业为主要目的的移动作业。搬送包括水平、垂直、斜行搬送以及几种组合的搬送
	移送作业	在搬送作业中，从设备、距离、成本等方面衡量，移动作业的比重较高

2.4.3 装卸的方法

常见的装卸作业方法主要有以下 9 种。

1. 单件作业法

逐件装卸搬运的人工方法，主要适用于三种情况，一是某些物资出于它本身特有的属性，采用单件作业法有利于安全；二是在某些装卸搬运场合，没有或难以设置装卸机械；三是某些物资体积过大，形状特殊。

2. 重力作业法

利用货物的位能来完成装卸作业的方法，如重力法卸车。

3. 倾翻作业法

将运载工具载货部分倾翻而将货物卸出的方法。

4. 集装作业法

将物资先进行集装，再对集装件进行装卸搬运的方法。主要包括集装箱作业法、托盘作业法、滑板作业法等。

5. 机械作业法

采用各种机械，采用专门的工作机构，通过舀、抓、铲等作业方式，达到装卸搬运的目的。

6. 气力输送法

利用风机在气力输运机的管道内形成单向气流，依靠气体的流动或气压差来输送货物的方法。

7. 人力作业法

完全依靠人力和人工，使用无动力机械来完成装卸搬运的方法。

8. 间歇作业法

在两次作业中存在一个空程准备过程的作业方法，包括重程和空程两个阶段，如门式和桥式起重机作业。

9. 连续作业法

在装卸过程中，设备不停作业，物资可连绵不断，持续流水般的实现装卸作业的方法，如带式输送机、链头装载机作业。

2.4.4 装卸合理化

装卸合理化是通过采用装卸机械化，改善装卸活动，从而提高物流活动总体功能的措施。装卸合理化的主要目标是节省时间、节约劳动力和装卸费用。

装卸合理化的基本原则如下：

（1）提高装卸搬运活性（见本章 2.5 节，搬运活性）。

（2）利用重力。

（3）利用装卸机械。

（4）物流的畅通。

（5）消除无效作业。

（6）推进集装化。

（7）总体物流合理化。

在日本，物流界为了改善商品装卸和整个物流过程的效率，曾经提出了一种称为"六不改善法"的物流原则，具体的内容如下。

（1）不让等——也就是要求通过合理的安排使得作业人员和作业机械闲置的时间为零，实现连续的工作，发挥最大的效用。

（2）不让碰——也就是通过机械化、自动化设备的利用，使得作业人员在进行各项物流作业的时候，不直接接触商品，减轻人员的劳动强度。

（3）不让动——也就是说通过优化仓库内的物品摆放位置和自动化工具的应用，减少物品和作业人员移动的距离和次数。

（4）不让想——也就是说通过对物流过程中的装卸作业进行分解和分析，实现作业的简单化（Simplification）、专业化（Specialization）和标准化（Standardization）的 3S 原则，从而使得作业过程更为简化，减少作业人员的思考时间，提高作业效率。

（5）不让找——通过详细的规划，把作业现场的工具和物品摆放在最明显的地方，使作业人员在需要利用设备的时候，不用去寻找。

（6）不让写——也就是通过信息技术以及条形码技术的广泛应用，真正实现无纸化办公，降低作业成本，提高作业效率。

通过各种先进技术的应用和先进理念的引入，商品装卸作业会逐步实现合理化，这样，必将大大提高整个物流过程的效率，从而提高企业整体的效率，实现最优化，更好地满足顾客的需求。

青岛港集装箱装卸工："一代人要有一代人的作为"

青岛港，前湾三期集装箱码头。

"地中海伊凡娜"安静地停泊在青岛港前湾三期集装箱码头81号泊位，高大的桥吊正在装卸货物。"它比航空母舰大多了。"码头操作一大队大队长刘勇说。这条长363.57米、高45米多的超级大货轮，吃水15.6米，载重逾13万吨，可搭载11 660个标准集装箱，是目前世界重量级货轮中的"第一梯队"。刘勇说，"在咱这码头上，能停靠世界上最大的集装箱货轮。"

不远处的82号泊位上，304米长的"戴克"号货轮刚刚停稳，系缆工正在系缆，这同样是一艘载重量极大的"巨无霸"。刘勇摊开一张表单，告诉记者，它从伊朗来，经大连至青岛，目的地是上海。面孔黝黑的刘勇颇有几分自豪地说，自己已在青岛港工作了26年，每天都能见到大量的货轮从欧洲、美国、西亚等国家和地区来到这里，又前往世界各地。

目前，青岛港与世界上130多个国家和地区的450多个港口有贸易往来。

系缆工将"戴克"号最后几根直径10余厘米的粗缆，合力套在码头粗大的铁桩上，完成了固定轮船工作，等待卸货。湿漉漉的缆绳浸透了世界各大洋的海水。很快，沿着与码头平行的铁轨，桥吊开了过来，停靠稳当，开始装卸。一辆辆拖车陆续开了过来，各装上一个集装箱，有序离开。港口有配套的物流设施，会将货物短时内分运到全国各地。

"货轮大都是各公司租赁的，时间就是金钱，咱青岛港集装箱装卸承诺'10小时完船保班'。"码头上，一名工人告诉记者，从轮船靠岸到装卸集装箱后离港，青岛港是世界上唯一一个承诺能在10小时内完成的港口。这个承诺的背后，是许振超等青岛港工人"一钩准"、"一钩净"、"无声响操作"等先进桥吊技术的支撑，是"振超效率"的打底。青岛港集装箱装卸效率、铁矿石卸船效率世界第一。许振超，这个初中毕业却闻名世界各大港口的中国工人，除了自己钻研技术，还带出了"王啸飞燕"、"显新穿针"、"刘洋神绳"等一大批具有社会影响的工作品牌。

"一代人要有一代人的作为，一代人要有一代人的贡献，一代人要有一代人的牺牲"。在青岛港，这个标语十分醒目。刘泽森在青岛港工作了10年，现任装卸班班长。他和工友每人有三样"必备装备"：一个开水杯、一截钢筋、一根安全带，它们一溜摆开放在岸边。天热，装卸工出力出汗多，有时要用钢筋撬重物，工作环境就是水泥、钢筋、轮船和海水。每天的工作都是如此。效率、品牌、兑现承诺、贡献，青岛港人用汗水和牺牲换来自豪。改革开放以来，青岛港吞吐量迅速增加，作为中国面向世界的窗口，它已成为太平洋西海岸重要的国际贸易口岸和海上运输枢纽，世界第七大港，集装箱世界第八大港。2010年，青岛港吞吐量超过3.5亿吨。

从高逾50米的桥吊俯视港区，码放整齐的各色集装箱一眼望不到头。

不远处的另一泊位上，一艘写着"COSCO"（中远集团）的货轮正在靠岸，寻找合适的停泊位置，然后驰向世界。

资料来源：人民网，经作者整理

2.5 搬 运

搬运（handling carrying）是在同一场所内，对物品进行水平移动为主的作业（见 GB/T18354—2006）。

2.5.1 搬运的形态

按场所，搬运可分为自用物流设施中的搬运，如工厂、仓库、配送中心等；营业用设施中的搬运，如港口、终点站、机场等。按运输工具分类，有卡车、货物列车、船舶、飞机等的搬运。按货物的包装形式、形状、式样分为三种，即个别搬运、单元装载搬运和散货搬运。如果以使用的搬运机械进行分类，有输送机搬运、起重机搬运、叉车搬运和装料器、输入器搬运等。

2.5.2 装卸搬运技术

装卸搬运技术很多，目前的装卸搬运技术主要表现在集装化技术上。集装化技术是指将两个以上重量轻、体积小的同种或异种货物组成重量和外形都一致的组合体的技术，具体表现在集装箱、托盘和滑板等方面的应用上。其目的是通过实现装卸搬运的自动化、标准化、系统化、批量化和通用化，提高装卸搬运的效率。

1. 集装箱

（1）集装箱的产生与发展

集装箱是在产业革命后，于 1830 年首先在英国铁路上出现的，当时主要的作用是进行大包装和集装吊具，此后，美、英等国的铁路都先后使用过。第二次世界大战后，在一些发达国家形成了以铁路为中心、包括公路在内的陆上中小型（1、2、3 吨）箱为主的、各国箱型标准自成体系的集装箱运输。

1957 年美国泛大西洋（后为海陆）航运公司开始了集装箱的海上运输，1964 年国际标准化组织集装箱技术委员会（ISO/TC104）制定了第一个集装箱外形和总重的国际标准，并为各国普遍接受，集装箱也得到了较大的发展。20 世纪 70 年代初，第三世界国家也发展了集装箱的海上运输。由于集装箱本身的特点及其所具有的优点，集装箱在后来得到了较大的发展，形成了联运的格局。集装箱的发展历史可以概括为三个阶段：第一阶段是 20 世纪 50 年代以陆运、中小型箱、国家标准箱为主的时代；第二阶段是以海运、大型箱、国际标准箱为主的发展阶段；第三阶段是以水路、铁路、公路联运，门对门服务为主的发展阶段。

（2）集装箱的结构

集装箱按结构可分为密闭式、通风式、折叠式和板式等。图 2-6 是集装箱的结构简图。

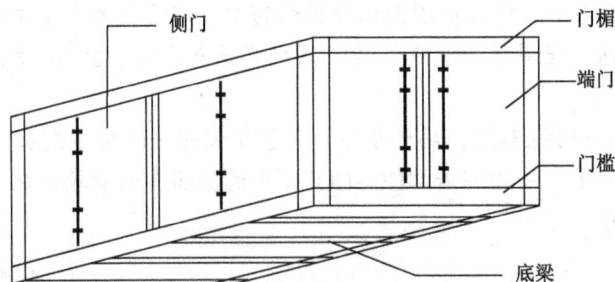

图 2-6 集装箱结构简图

2. 托盘

托盘是一种用于机械化装卸搬运和堆存货物的集装工具，一般由两层板中间夹以纵梁（或垫块）或单层铺板下设纵梁（或垫块、支腿）所组成。利用托盘可使货物紧密装载、避免碰撞、便于装卸。目前托盘已由原来在港口、车站和企业内部使用，发展到社会流通领域。

托盘的结构及种类详见本书第 12 章 12.2 节。托盘的发展由原来的装卸搬运发展到储存、运输以及售货等，托盘的使用大大提高了物流的效率。此外，装卸搬运技术的应用还有滑板、网袋、框架和半挂车等。

2.5.3　搬运活性

物料或货物平时存放的状态是各式各样的，可能是散放在地上的，也可能是装箱放在地上或放在托盘上等。由于存放的状态不同，物料的搬运难易程度也不一样。人们把物料和货物的存放状态对装卸搬运作业的难易程度称之为搬运活性。

搬运活性指数是用来表示各种状态下的物品的搬运难度。活性指数共分 0～4 共 5 个等级（见表 2-4）。

0 级：散乱堆放在地面上的货物。

1 级：包装好或捆扎好放置于地面上的货物。

2 级：放于集装箱或托盘内，或已组合成捆、进行预垫或预挂便于搬运机械操作的货物。

3 级：放于搬运车、台车或其他可移动挂车上的货物。

4 级：预置在动力车辆或传送带上，即刻进入运动状态或已处于运动状态中的货物。

由于搬运是在物流过程中反复进行的，因而其速度可能决定整个物流速度，每次搬运时间的缩短，多次搬运的累计效果则十分可观。因此，提高搬运灵活性对合理化搬运是很重要的因素。

表 2-4　活性的区分和活性指数

搬运活性指数	物品状态	作业说明	作业种类				还需要作业数目	已不需要的作业数目
			集中	搬起	升起	运走		
0	散放在地上	集中、搬起、升起、运走	要	要	要	要	4	0
1	集装箱中	搬起、升起、运走	否	要	要	要	3	1
2	托盘上	升起、运走	否	否	要	要	2	2
3	车中	运走	否	否	否	要	1	3
4	运动着的物品	不要	否	否	否	否	0	4

2.5.4　人体工程学与搬运

在物流领域，即使是现代化水平已经很高了，也仍然避免不了要有人力搬运的配合，因此，人力搬运合理化问题也是很重要的。

根据人体工程学研究得出的结论，采用不同搬运方式和不同移动重物方式，其合理使用体力的效果不同，如图 2-7 所示，在搬运小件物品时，以 B-1 方式即肩挑方式最省力，而以 B-7 方式最为费力；在移动重物时，以 Y-1 方式可能移动的质量最大，而以 Y-5 方式可能移动的质量最小。科学地选择一次搬运质量和科学地确定包装质量也可促进人力搬运的合理化。

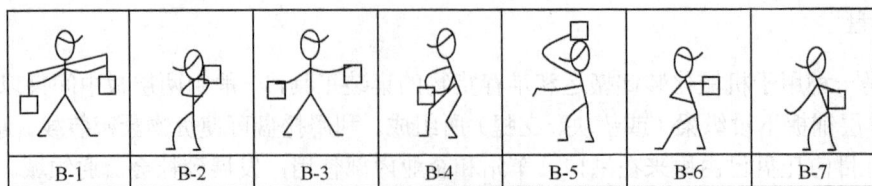

（1）搬运方式体力消耗比较

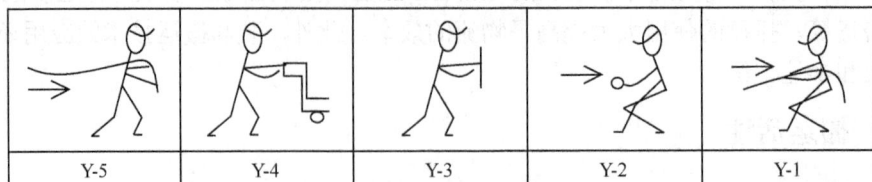

（2）移动方式的移动质量比较

图 2-7　人力搬运的合理化

2.5.5　搬运合理化

1．消除无效搬运作业

要提高搬运纯度，只搬运必要的物资，如有些物资要去除杂质之后再搬运比较合理；避免过度包装，减少无效负荷；提高装载率，充分发挥搬运机器的能力和装载空间；中空的物件可以填装其他小物品再进行搬运；减少倒搬次数，作业次数增多不仅浪费了人力、物力，还增加物品损坏的可能性。

2．提高搬运灵活性

放在仓库的物品都是待运物品，因此应使之处于易于移动的状态，称之为"搬运活性"。为提高搬运活性，应当把待运物品整理归堆，或是包装成搬运单元放在托盘上，或是装在车上，或是放在输送机上。

3．充分利用重力

由高处向低处利用重力移动，有利于节省能源，减轻劳力强度，如使物品在倾斜的辊道运输机上，在重力作用下移动。

4．合理利用机械

由于劳动力不足，应尽可能地使用搬运机械，使用机械可以把作业人员或司机从重体力劳动中解放出来，并提高劳动生产率。

5．保持物流的均衡顺畅

物品的处理波动大时会使搬运作业变得困难，但是搬运作业受运输等其他环节的制约，其节奏不能完全自主决定，必须综合各方面因素妥善安排，使物流量均衡，避免忙闲不均的现象。

6．单元装载

大力推行使用托盘和集装箱，推行将一定数量的货物汇集起来，成为一个大件货物以有利于机械搬运、运输、保管，形成单元装载系统。

2.5.6 装卸搬运特点

1. 装卸搬运是附属性、伴生性的活动

装卸搬运是物流每一项活动开始及结束时必然发生的活动，因而有时被人忽视，有时被视为其他操作不可缺少的组成部分。例如，一般而言的"汽车运输"，被实际包含了相随的装卸搬运，仓库中泛指的保管活动，也含有装卸搬运活动。

2. 装卸搬运是支持、保障性活动

装卸搬运的附属性不能理解成被动的，实际上装卸搬运对其他物流活动有一定决定性。装卸搬运会影响其他物流活动的质量和速度，例如，装车不当，会引起运输过程中的损失；卸放不当，会引起货物转换及下一步运输的困难。许多物流活动在有效的装卸搬运支持下，才能实现高水平。

3. 装卸搬运是衔接性的活动

在任何其他物流活动互相过渡时，都是以装卸搬运来衔接，因而，装卸搬运往往成为整个物流的"瓶颈"，是物流各功能之间能否形成有机联系和紧密衔接的关键，而这又是一个系统的关键。能否建立一个有效的物流系统，关键看这一衔接是否有效。比较先进的系统物流方式——联合运输方式就充分体现着这种衔接的有效性。

2.6 流 通 加 工

2.6.1 流通加工的概念

流通加工（distribution processing）是"物品在从生产地到使用地的过程中，根据需要施加包装、分割、计量、分拣、刷标志、拴标签、组装等作业的总称"（见 GB/T18354—2006）。流通与加工的概念本属于不同范畴。加工是改变物质的形状和性质、形成一定产品的活动；而流通则是改变物质的空间状态与时间状态。

流通加工的主要作用是为了弥补生产过程加工的不足，更有效地满足用户或本企业的需要，使产需双方更好地衔接，提高原材料、设备利用率和加工效率，为流通企业增加利益。流通加工是物流的一个组成部分，是生产加工在流通领域中的延伸，也是流通领域在职能方面的服务扩大。

2.6.2 流通加工的类型

流通加工的类型有以下几种。

1. 为提高运输效率，使物流合理化的流通加工

对于一些物品，由于自身的产品特点，在运输、装卸作业中，效率极低，极易发生损失。如铝制门窗框架、自行车、缝纫机等若在制造厂装配成完整的产品，在运输时将耗费很高的运输费用。一般都是把它们的零部件，如铝制门窗框架的杆材、自行车车架和车轮分别集中捆扎或装箱，到达销售地点或使用地点以后，再分别组装成成品，这样可使运输方便而且经济。而作为加工活动的组装环节是在流通过程中完成的。

2．为了满足用户需要的多样化的服务性流通加工

为了满足用户需要的多样化必须在流通部门按照顾客的要求进行加工，如平板玻璃以及铁丝等，在商店根据顾客所需要的尺寸临时配置。这种加工带有服务性，可以使生产型用户缩短生产流程，使生产技术密集程度提高，也可以使一般消费者省去烦琐的预处置工作，从而集中精力从事较高级的能直接满足需求的劳动。

3．为了综合利用的流通加工

为了综合利用在流通中将货物分解，分类处理。猪肉和牛肉等在食品中心进行加工，将肉、骨分离，其中肉只占65%左右，向零售店输送时就能大大提高输送效率；骨头则送往饲料加工厂，制成骨粉加以利用。

4．生产、流通一体化的流通加工

依靠生产企业与流通企业的联合，或者生产企业涉足流通，或者流通企业涉足生产，形成的对生产与流通加工进行合理分工、合理规划、合理组织、统筹进行生产与流通加工的安排，这就是生产、流通一体化的流通加工形式。这种形式可以促成产品结构及产业结构的调整，充分发挥企业集团的经济技术优势，是目前流通加工领域的新形式。

此外流通加工的类型还有为弥补生产加工不足的深加工，为提高原材料利用率的流通加工，为促进销售的流通加工，为保存产品为主要目的的流通加工等。

由此可见，流通加工这一环节的发展，使流通与加工总体过程更加合理化。流通加工的内容一般包括袋装、定量化小包装、挂牌子、贴标签、配货、拣选、分类、混装、刷标记等。生产的外延流通加工包括剪断、打孔、折弯、拉拔、挑扣、组装、改装、配套以及混凝土搅拌等。

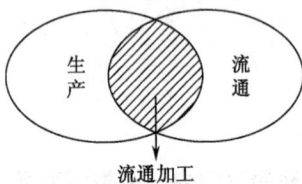

图 2-8　流通加工

对流通加工的属性目前尚有不同看法。但是它既属于加工范畴，也属于物流活动一部分，这一点是可以承认的。它们的关系如图 2-8 所示。

2.6.3　流通加工业务的管理

1．流通加工业务的投资管理

流通加工具有很多优越性，但是，任何事物都有它的两面性。由于流通加工是在产需之间增加了一个中间环节，所以它延长了商品的流通时间，增加了商品的生产成本，存在着许多降低经营效益的因素。因此，设置流通加工点，从事流通加工业务，必须进行可行性分析。分析的内容应包括如下几方面。

（1）设置流通加工点的必要性

流通加工是对生产加工的辅助和补充，是否需要这种补充，主要取决于两个方面：一是生产厂对某种产品的生产加工程度是否可直接满足用户需要；二是用户对某种产品有没有在流通领域进一步加工的要求。如果生产厂的产成品可以直接满足用户的消费需求，流通加工就没有必要；若生产厂的产成品虽然不能直接进入消费，但用户自己有进行再加工的能力，该流通加工也没有必要。只有当生产厂的产成品不能直接进入消费，用户又没有进一步加工能力时，流通加工才成为必要。当然，有时从社会效益和经济效益考虑，为了节约原材料、节约能源、组

织合理运输，设置流通加工环节也是必要的。

（2）设置流通加工环节的经济性

流通加工一般都是比较简单的加工，在技术上不会存在太大的问题，投资建设时重点要考虑的是经济上是否合理。流通加工的经济效益，主要取决于加工量的大小，加工设备和生产人员是否能充分发挥作用。如果流通加工任务饱满，生产连续进行，加工能力得到充分利用，就会产生效益；否则，如果任务量很小，生产时续时断，加工能力经常处于闲置状态，就可能出现亏损。所以进行加工量预测是流通加工点投资决策的主要依据。此外，还要分析该流通加工项目的发展前景，如发展前景良好，近期效益不理想也是可以接受的。

（3）投资决策和经济效果评价

流通加工项目的投资决策和经济效果评价，主要使用净现值法、投资回收期和投资收益率等。

2．流通加工的生产管理

根据流通加工业务的特点，必须加强对它的生产管理。对流通加工的生产管理是指对流通加工生产全过程的计划、组织、协调与控制，包括生产计划的制定，生产任务的下达，人力、物力的组织与协调，生产进度的控制等。在生产管理中特别要加强生产的计划管理，提高生产的均衡性和连续性，充分发挥生产能力，提高生产效率。要制定科学的生产工艺流程和加工操作规程，实现加工过程的程序化和规范化。对于集中下料类型的流通加工，应重视对原材料有效利用的管理，不断提高材料的利用率。

3．流通加工的质量管理

流通加工的质量管理，应是全员参加的、对流通加工全过程和全方位的质量管理。它包括对加工产品质量和服务质量的管理。加工后的产品其外观质量和内在质量都应符合有关标准。有些加工后的产品，没有国家标准，其质量的掌握，主要是满足用户的要求。但是，由于各用户的要求不一，质量宽严程度也就不同，所以要求流通加工必须能进行灵活的柔性生产，以满足不同的用户对质量的不同要求。

流通加工除应满足用户对加工质量的要求以外，还应满足用户对品种、规格、数量、包装、交货期、运输等方面的服务要求。对产品的流通加工绝不能违背用户的意愿，由加工单位自作主张，脱离用户的生产实际，这样对用户不仅无益反而有害。流通加工的服务质量，只能根据用户的满意程度进行评价。

2.6.4　流通加工的合理化

流通加工合理化的含义是实现流通加工的最优配置，以避免各种不合理的流通加工现象，使流通加工业务有其存在的价值，而且要做到正确设置各种流通加工环节，使流通加工业务最优化。

1．不合理流通加工的若干形式

（1）流通加工地点设置的不合理

流通加工地点设置即布局状况是关系到整个流通加工能否有效的重要因素。一般而言，为衔接单品种大批量生产与多样化需求的流通加工，加工地设置在需求地区，才能实现大批量的干线运输与多品种末端配送的物流优势。

即使是产地或需求地设置流通加工的选择是正确的，还存在一个在小地域范围的正确选址问题，如果处理不善，仍然会出现不合理。这种不合理主要表现在交通不便，流通加工与生产企业或用户之间距离较远，流通加工点的投资过高（如受选址的地价影响），加工点周围的社会环境条件不良等。

（2）流通加工方式选择不当

流通加工方式包括流通加工对象、流通加工工艺、流通加工技术、流通加工程度等。流通加工方式的正确选择实际上是指与生产加工的合理分工。本来应由生产加工完成的，却错误地由流通加工完成；本来应由流通加工完成的，却错误地由生产加工过程去完成，这都会造成不合理性。一般而言，如果工艺复杂，技术装备要求较高，或加工可以由生产过程延续或较易解决者都不宜再设置流通加工，尤其不宜与生产过程争夺技术要求较高、效益较高的最终生产环节。如果流通加工方式选择不当，就会出现与生产过程夺利的恶果。

（3）流通加工作用不大，形成多余环节

有的流通加工过于简单，或对生产及用户作用都不大，甚至存在盲目性，同样不能解决品种、规格、质量、包装等问题，相反却增加了环节，这也是流通加工不合理的一种形式。

（4）流通加工成本过高，效益不好

流通加工之所以能够有生命力，重要优势之一是有较大的投入产出比，因而有效地起着补充完善的作用。如果流通加工成本过高，则不能实现以较低投入实现更高回报的目的。除了一些必需的、从政策要求即使亏损也应进行的加工外，其他都应视为不合理的。

2. 流通加工合理化

为避免各种不合理的现象，对是否设置流通加工环节，在什么地点设置，选择什么类型的加工，采用什么样的技术装备等，需要做出正确抉择。目前，国内在进行这方面合理化的考虑中已积累了一些经验，取得了一定成果。

（1）加工和配送结合

这是将流通加工设置在配送点中，一方面按配送的需要进行加工，另一方面加工又是配送业务流程中分货、拣货、配货之一环，加工后的产品直接投入配货作业，这就无须单独设置一个加工的中间环节，不仅使流通加工有别于独立的生产，而且使流通加工与中转流通巧妙结合在一起。同时，由于配送之前有加工，可使配送服务水平大大提高。这是当前对流通加工做合理选择的重要形式。

（2）加工和配套结合

在对配套要求较高的流通中，配套主要来自各个生产单位，但是，完全配套有时无法全部依靠现有的生产单位，进行适当的流通加工，可以有效促成配套，大大提高流通的桥梁与纽带能力。

（3）加工和合理运输结合

流通加工能有效衔接干线与支线运输，促进两种运输形式的合理化。利用流通加工，在支线运输转干线运输或干线运输转支线运输这些本来就是必须停顿的环节，不进行一般的支转干或干转支，而是按干线或支线运输合理的要求进行适当加工，从而大大提高运输及运输转载水平。

（4）加工和合理商流相结合

通过加工有效促进销售，使商流合理化，也是流通加工合理化考虑方向之一。此外，通过简单地改变包装加工，形成方便的购买量，通过组装加工解除用户使用前进行组装、调试的难处，都是有效促进商流的例子。

（5）加工和节约相结合

节约能源、节约设备、节约人力、节约耗费是流通加工合理化重要的考虑因素，也是目前我国设置流通加工，考虑其合理化的较普遍形式。

对于流通加工合理化的最终判断，要看其是否能实现社会的和企业本身的两个效益，而且是否取得了最优效益。对流通加工企业而言，与一般生产企业一个重要的不同之处是，流通加工企业更应树立社会效益为第一观念，只有在补充完善为己任前提下才有生存的价值。如果只是追求企业的微观效益，不适当地进行加工，甚至与生产企业争利，这就有违于流通加工的初衷，或者其本身已不属于流通加工范畴。

2.7　配　　送

配送是在经济合理区域范围内，根据客户要求，对物品进行拣选、加工、包装、分割、组配等作业，并按时送达指定地点的物流活动（见 GB/T18354—2006）。配送功能是物流进入最终阶段，以配货、送货形式最终完成社会物流，并最终实现资源配置的活动。配送活动过去一直被视为运输活动中的一个组成部分或运输形式，所以未将其独立作为物流系统实现的功能，而是将其作为运输中的末端运输对待。但是，配送作为一种现代流通方式，特别是在现代物流中的作用非常突出，它集经营、服务、社会集中库存、分拣和装卸搬运于一身，已不是简单的送货运输，所以，在现代物流中已将其作为独立功能（详见第 4 章）。

杭烟物流　改革后重新起航

2002 年初，浙江省烟草公司杭州分公司（以下简称"杭烟"）积极探索用先进技术充实传统的营销体系，通过一年的实践，初步建立了配置合理、系统集成、信息管理、规范运作的专业化现代物流，为企业向现代流通体系的转变迈出了坚实的一步。

以"信息网络化、服务优质化、配送快捷化、管理工厂化"为工作导向，以"高效、低成本"为发展目标，在仓储管理上实行中心控制、分级管理制度，使用叉车、托盘、皮带输送机作为运输、存储连接设备，以减少人力操作，降低损耗。在送货服务上首先为不同型号、不同吨位的送货车统一形象，喷印"杭烟物流"的字样和图案。其次是规范送货员服务的程序、语言和停留时间。"杭烟"物流在各岗位内部管理上实行严格的工厂化制度，制定并下发《现场管理规定条例》、《"杭烟"物流管理 30 问》，使全员管理有章可循，使现代物流管理理念深入人心。

"杭烟"物流建立以来，随着各项功能的强化和不断完善，正日益显示出现代物流的强大优势，主要表现在：

（1）提升了卷烟销售网络的运行质量。现代物流使杭州烟草原有陈旧的垂直单一的"金字塔"营销模式转变为"扁平化"现代流通经营模式，商流、物流与市场"对接"，进一步拉近了与零售客户的距离，加强了企业对市场的应变能力，有效提升了卷烟销售网络的运行质量。

（2）降低了企业的经营成本。"杭烟"物流实行"一库制"集中配送，不仅有效降低了固定资产和相应人力、物理的消耗以及重复搬运、包装带来的损失，而且加快了销售过程中的物流速度，大大降低了库存沉淀和滞销卷烟给企业带来的资金周转费用和经营风险。当年，杭州烟草分公司日均库存量控制在 3 000 箱，较之原来下降30%左右，卷烟周转期控制在 13 天，库存资金占用明显降低。

（3）确保了经营行为的进一步规范。客观保证了杭州烟草更加规范、有序的销售卷烟，为杭州卷烟市场提供了公开、公平、公正的发展环境。

资料来源：《现代物流案例教学与实例》，经作者整理

2.8 物 流 信 息

物流信息是反映物流各种活动内容的知识、资料、图像、数据、文件的总称。物流信息是伴随着企业的物流活动的发生而产生的，企业如果希望对物流活动进行有效控制，就必须及时掌握准确的物流信息的情况。由于物流信息贯穿于物流活动的整个过程中，并通过其自身对整体物流活动进行有效地控制，因此，我们称物流信息为现代物流的中枢神经。

2.8.1 物流信息在现代物流中的地位

现代物流的首要目的就是要向顾客提供满意的服务；其次就是要实现物流总成本的最低化，也就是要消除物流活动各个环节的浪费，通过顺畅高效的物流系统实现物流作业的成本最优化。

如果仔细研究上述两个目标的话，我们不难发现，有时这两个目标是相互矛盾的。即若想为顾客提供最为满意的服务，那么可能就要增加物流的成本；而如果想要降低物流的总成本，那么可能就会带来服务水平的下降。因此，我们需要在这两个目标之间进行权衡，以找到一个最佳平衡点，力求整体效益的最大化。而物流信息的合理利用就能够帮助我们实现这个目标。通过物流信息的快速、准确地传递和共享，再通过高效的物流信息系统的控制，就能够达到提高运营效率、降低总成本的目的，从而在服务和成本两个目标之间找到最佳的平衡点。因此，信息在现代物流中起着举足轻重的作用，它关系到现代物流的整个过程。

2.8.2 现代物流信息的特征

在市场经济时代，随着人类需求向着个性化的方向发展，物流过程也在向着多品种、少批量生产和高频度、小批量配送的方向发展，因此，物流信息在现代物流的过程中也呈现出很多不同的特征。

第一，物流信息量大大增加。在新经济时代，高频度、小批量的配送使得包装、存储、运输、装卸等物流活动产生了大量的信息，这些信息都从不同角度反映着物流活动的整个过程，如果能对这些信息进行详细的分析和控制，那么必将大大提高物流活动的效率。随着信息技术的发展，获得并处理这些信息将变得更加容易，因此，这也将在另一方面促进物流信息量的增加。

第二，物流信息的来源更加广泛。在未来社会，企业间的关系将是个双赢的竞争关系，所以，通过企业之间密切的合作，可以为消费者提供更加优质的服务。对于企业的物流活动来说，也是如此。企业通过建立自己的物流网络，并运用 EDI 技术同相关的企业进行信息的交换和共享，这样，可以对自己的物流活动进行最优化的控制，实现社会效率的最优化。

第三，物流信息的更新速度加快。随着高频度、小批量配送商品比例的增加，各种物流活动所发生的频率也大大加快了，因此，各种活动产生物流信息的频率也大大增加了，这就表现

为物流信息的更新速度更快了。

第四，伴随物流活动产生的信息具有动态易变性。由于现代物流所面对客户的多样性，决定了物流信息将随物流活动不同阶段而动态变化，这就需要相应的信息管理系统应具备对动态信息的捕获和揭示能力。

2.8.3　物流信息的作用

在现代物流的管理活动中，信息的收集与管理起着关键作用。进行物流管理时，需要大量准确、即时的信息和用以协调物流系统运作的反馈信息。任何信息的遗漏和错误都将直接影响物流系统运转的效率和效果，进而影响企业的经济效益，因此，信息在现代物流过程中具有不可替代的重要作用。

首先，物流管理活动也是一个系统工程，采购、运输、库存以及销售等活动在企业内部互相作用，形成一个有机的整体系统。物流系统通过物质的流动、所有权的转移和信息的接受、发送与外界不断作用，实现对物流的控制。整个系统的协调性越好，内部损耗越低，物流管理水平越高，企业就越能从中受益。而物流信息在其中则充当着桥梁和纽带的作用。比如，企业在接收到商品的订货信息后，要检查商品库存中是否有商品存在，如果有，就可以发出配送指示信息，通知配送部门进行配送活动；如果没有库存，则发出采购或生产信息，通知采购部门进行采购活动，或由生产部门安排生产，以满足顾客需要。在配送部门得到配送指示信息之后，就会按照配送指示信息的要求对商品进行个性化包装，并反馈包装完成信息；物流配送部门则开始设计运输方案，进而产生运输指示信息，对商品实施运输；在商品运输的前后，配送中心还会发出装卸指示信息，指导商品的装卸过程；当商品成功运到顾客手中之后，还要传递配送成功的信息。因此，物流信息的传送连接着物流活动的各个环节，并指导各环节的工作，起着桥梁和纽带的作用。

其次，物流信息可以帮助企业对物流活动的各个环节进行有效的计划、组织、协调与控制，以达到系统整体优化的目标。每一步物流活动都会产生大量的物流信息，而物流系统则可以通过合理应用现代信息技术（如 EDI、MIS、POS、电子商务等），对这些信息进行分析和挖掘，而得到对于每个环节之后下一步活动的指示性信息，进而能够通过这些信息的反馈，对各个环节的活动进行协调与控制。例如根据客户订购信息和库存反馈信息安排采购或生产计划，根据出库信息安排配送或货源补充等。因此，利用物流信息，能够有效地支持和保证物流活动的顺利进行。

再次，物流信息有助于提高物流企业科学管理和决策水平。供应链上的物流管理主要是通过加强供应链中各活动和实体间的信息交流与协调，使其中的物流和资金流保持畅通，实现供需平衡的。现代物流管理中存在一些基本决策问题，如下所示。

1. 位置决策

即物流管理中的设施定位，包括物流设施、库存点和货源等，它代表了现代物流的基本策略，应在考虑需求和环境条件的基础上，通过优化进行决策。

2. 生产决策

主要根据物流在这些设施间的流动路径，合理安排各生产成员间的物流分配。良好的决策可以在各成员间实现良好的负荷均衡，使物流保持畅通。

3. 库存决策

库存决策主要关心库存的方式、数量和管理方法，是降低物流成本的重要依据。

4. 采购决策

根据商品需求量和成本合理确定采购批次、间隔和批量，以确保在不间断供给的前提下使成本最小化。

5. 运输配送决策

包括运输配送方式、批量、路径以及运输设备的装载能力等。

通过运用科学的分析工具，我们可以对物流活动所产生的各类信息进行科学分析，从而获得更多富有价值的信息。通过物流系统各节点间的信息共享，能够有效地缩短订货提前期，降低库存水平，提高搬运和运输效率，减少递送时间，提高订货和发货精度，及时高效地响应顾客提出的各种问题，从而极大地提高顾客满意度和企业形象，提高物流系统的竞争力。

最后，在现代物流活动过程中，还存在很多影响和制约因素，如环境因素、交通状况、地理气象以及道路设施状况等。要确保物流活动高效运转，就必须对这些因素进行动态跟踪和管理，因此，借助物流信息系统实现动态信息管理是确保物流系统高效运转的保证。

上海通用信息化建设

上海通用汽车有限公司成立于1997年6月12日，由上海汽车工业（集团）总公司、通用汽车公司各出资50%组建而成。在上海通用建立之初，其IT系统的关键部分主要是沿用通用全球核心公共系统标准，虽然覆盖从接订单到交货到用户的整个流程，但美中不足的是，由于通用核心公共系统是十多年前开发的，开发语言陈旧、系统庞大，比起目前新兴的技术系统，运行维护成本极高。再加上这套系统是从美国远程支持到上海，会产生时间差等问题，当上海通用出现问题时就很难得到及时解决。

为了解决这些问题，2001年11月6日，上海通用开始进行"用更加经济先进的新IT系统代替旧核心公共系统"的可行性研究。经过6个多月的测试，最终决定实施SAP的IS-AUTO系统，并选择惠普为IS-AUTO系统提供咨询和实施服务。

在惠普的帮助下，历时两年多的SAP IS-AUTO（汽车行业SAP解决方案）加上APO（高级计划优化器）项目成功在上海金桥南厂上线，其最大的价值就在于对整个供应链业务的整合。

IS-AUTO系统运行以后，销售订单从经销商那里传送到上海通用之后，先汇总到生产订单管理系统，然后通过生产计划系统制订物料计划，上线生产。这个过程完全是按需定制的。在这其中，用户可以随时了解到自己订的车的生产进度，并可以根据生产进度更改已有定制；而上海通用，则可以在车辆还在生产线上时就知道它是卖给谁的，车一下线就可以马上运出。"保守些计算，上了IS-AUTO系统后，我们的库存平均比以前减少了1~2天，财务运作效率提前了2~3天，经销商至少可以节约2天的财务成本。因为通过这个系统，经销商可以比以前提前两天获知汽车下线的信息，对他们来说大大提高了资金的周转率。"公司某位负责人如是说。

事实上，SAP IS-AUTO系统已经成为上海通用汽车IT系统的神经中枢，它覆盖了上海通用从接订单到给最终用户交车的整个流程，并且与经销商管理系统、供应链管理系统（e-Supply

System）、工厂底层管理系统（Plant Floor System）等形成紧密连接，其最大的特色是按需定制、柔性管理。

应用了 SAP IS-AUTO 系统的上海通用，成为国内首个、全球屈指可数的成功实现了全价值链整个应用 IT 系统的汽车公司，成为市场的领跑者。

资料来源：《现代物流案例教学与实例》，经作者整理

2.8.4　物流信息系统

随着物流系统的发展，物流信息量会变得越来越大，物流信息更新的速度也越来越快，如果仍对信息采取传统的手工处理方式，则会引发一系列信息滞后、信息失真、信息不能共享等瓶颈效应，从而造成整个物流系统的效率低下。因此，为了提高物流系统的整体效率，建立基于计算机和通信技术的物流信息系统将成为现代物流系统的必由之路。

1. 物流信息系统的概念

物流信息系统是指为了实现物流目的而与物流作业系统同步运行的信息管理系统。物流作业系统的启动往往需要从物流信息系统得到信息，无论多好的物流作业系统，如果不能与信息系统相默契，也难以很好地运转。从物流系统的整体角度看，信息流和物流是同时进行的，关键是两者内容要一致，必须信息先行。物流信息系统所要解决的问题主要包括以下几方面。

（1）缩短从接受订单到发货的时间。

（2）库存适量化。

（3）提高搬运和装卸的作业效率。

（4）提高运输效率。

（5）使接受订货和发出订货更为省力。

（6）提高接受订货和发出订货精度。

（7）防止发货、配送出现差错。

（8）调整需求和供给。

（9）回答信息咨询。

（10）提高成本核算与控制能力。

物流信息系统解决上述问题的目的都是为了提高对顾客的服务水平和降低物流总成本。需要注意的是，提高服务和降低物流总成本之间存在"效益背反"关系，而物流信息系统起着控制物流各种机能并加以协调的作用。

2. 物流信息系统的基本功能

物流系统的各个层次以及不同作业环节之间是通过信息流紧密联系在一起的，因此，物流信息系统中都需要具备以下基本功能。

（1）数据的收集和录入

首先，物流信息系统用某种方式记录下物流系统内外的有关数据，集中起来并转化为物流信息系统能够接收的形式并输入系统中。

（2）信息的存储

数据进入系统之后，经过整理和加工，成为支持物流系统运行的物流信息，这些信息需要暂时存储或永久保存，以供使用。

（3）信息的传播

物流信息来自物流系统内外有关单元，又为不同的物流职能所用，因此，克服空间障碍的信息传输是物流信息系统的基本功能之一。

（4）信息的处理

物流信息系统的最基本目标就是将输入数据加工处理成物流信息。信息处理可以是简单的查询和排序，也可以是复杂的模型求解和预测。信息处理能力的强弱是衡量物流信息系统能力的一个重要方面。

（5）信息的输出

物流信息系统的目的是为各级物流人员提供信息。为了便于人们的理解，系统输出的形式应力求易读易懂、直观醒目，这是评价物流信息系统的主要标准之一。

物流信息系统应向信息采集的在线化（如采用条码技术、射频技术等）、信息存储的大型化（如采用大型关系数据库）、信息传输的网络化（基于 Intranet/Extranet/因特网）、信息处理的智能化（采用知识推理、专家系统、神经网络等）以及信息输出的图形化（采用表格、曲线、图表等）方向发展。

3. 物流信息系统的结构

按垂直方向，物流信息系统可以划分为三个层次，即管理层、控制层和作业层。从水平方向，信息系统贯穿供应物流、生产物流、销售物流、回收物流和废弃物流的运输、仓储、搬运、装卸、包装、流通加工等各个环节，如图 2-9 所示呈金字塔结构。可见物流信息系统是物流领域的神经网络，遍布物流系统的各个层次、各个方面。

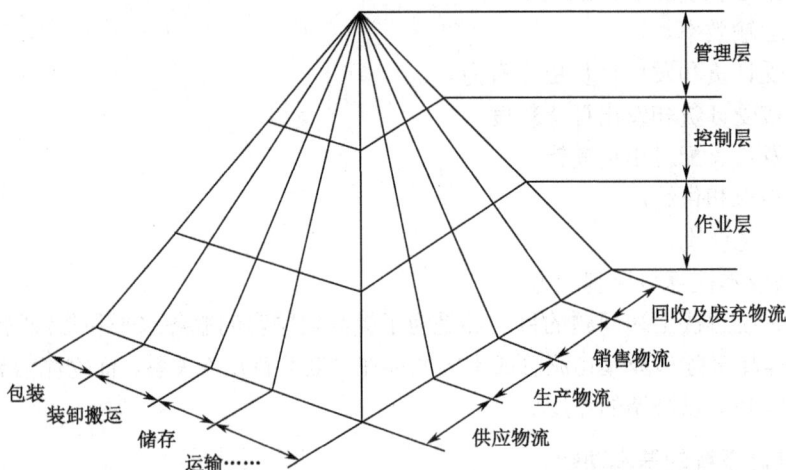

图 2-9　物流信息系统的结构

4. 物流信息系统的内容及其发展

随着工业和技术的不断进步，物流作业的方式也发生了很大的变化，我们可以将其大致分为四个阶段，即人工时代、机械化阶段、自动化阶段以及集成化阶段。配合物流作业方式的变化，我们也可以将物流信息系统的发展分为四个阶段：人工作业阶段、合理化和计算机应用阶段、自动化信息整合阶段以及智能化信息整合阶段。在不同的阶段，物流信息系统具有不同的功能，发挥着不同的作用。物流信息系统在不同阶段所涵盖的内容及其发展如表 2-5 所示。

表2-5 物流信息系统不同阶段的发展

发展阶段	人工作业阶段	合理化和计算机应用阶段	自动化信息整合阶段	智能化信息整合阶段
状态说明	1. 人工制单 2. 用人工方式进行数字统计、汇总 3. 人工转账 4. 具有简易管理功能	1. 事物作业合理化 2. 报表单据合理化和标准化 3. 引进计算机制单 4. 计算机汇总统计 5. 计算机结算 6. 计算机提供各项管理报表 7. 各计算机之间彼此独立、拥有独立的数据库	1. 计算机软硬件集成化 2. 建立数据库管理系统 3. 做信息统计分析、制定各类决策 4. 系统对外联网做信息接收、储存、转换、输出	1. 引入人工智能 2. 引入专家系统 3. 经营决策计算机
主要内容	1. 制作出入库凭证 2. 制作财务、会计凭证 3. 制作结算单 4. 人事薪金计算和制单 5. 人工制作会计账目 6. 人工填写库存账册	1. 订单信息处理系统 2. 出入库处理系统 3. 库存管理系统 4. 会计总账系统 5. 人事考核和薪金管理系统 6. 采购管理系统 7. 应收、应付账款管理系统 8. 票据、发票管理系统	1. 订单信息处理系统（包括通过网络的订购） 2. 销售预测系统 3. 物资管理系统 4. 车辆调派系统 5. 运输线路选择、规划系统 6. 供应商管理系统 7. 财务成本核算系统 8. 银行转账、结算系统 9. 信息系统的集成化连接 10. 绩效考核管理系统	1. 建立后勤支持系统 2. 物流动态分析系统 3. 安全库存量自动控制系统 4. 仓库规划布局系统 5. 车辆运输自动调度系统 6. 仓库软硬件设备、人力使用分析控制系统

物流信息系统的发展，对于整个物流系统的发展，乃至整个企业的发展，都具有十分重要的意义。随着信息技术的发展，物流信息系统在技术方面将会得到很大的发展。特别是在今天，随着因特网的广泛应用，基于因特网的物流信息系统将是今后发展的一个主要趋势。

另外，对于企业自身来说，今后的物流信息系统将向社会系统化的方向发展。随着社会的进步，各企业间的关系将日趋紧密，企业自身的发展也要求企业之间从原先的竞争状态向合作状态发展，对物流系统来说，更是如此。企业的物流系统必须与供应商、批发商、零售商以及顾客紧密相连，并在这个网络中进行信息的传递与共享，这就必然会加强企业之间以及企业与客户之间的联系，同时，也标志着企业的物流系统必须建立在社会整体的物流系统之上。因此，物流信息系统的社会化趋势也就在所难免了。

物流信息管理功能包括进行与上述各项活动有关的计划和预测以及对物流动态信息（运量、收、发、存数）及其有关的费用、生产、市场信息的收集、加工、整理和提炼等活动。对物流信息活动的管理，要求建立信息系统和信息渠道，正确地选定信息点和内容以及信息的收集、汇总、统计和使用方式，以确保信息的可靠性和及时性。

除了上述传统的物流服务外，现代物流配送还需要有增值性的物流服务（Value-Added Logistics Services），增值性的物流服务包括以下几层含义和内容。

（1）增加便利性的服务

一切能够简化手续和操作的服务都是增值性服务。在提供现代物流服务时，推行一条龙门到门服务，提供完备的操作或作业提示、免培训、免维护、省力化设计或安装、代办业务、一张面孔接待客户、24×7全天候营业、自动订货、传递信息和转账以及物流全过程追踪等服务，这些都是对现代商贸有用的增值性服务。

（2）加快反应速度的服务

快速反应（Quick Response）已经成为物流发展的动力之一。传统的观点和做法是将加快反应速度变成单纯对快速运输的一种要求，但在需求方对速度的要求越来越高的情况下，它也变成了一种约束，因此，具有重大推广价值的增值性物流服务方案，应该是优化现代商贸系统配送中心和物流中心网络，重新设计适合现代商贸的流通渠道，以此来减少物流环节、简化物流过程，提高物流系统的快速反应性能。

（3）降低成本的服务

企业可以寻找能够降低物流成本的物流方案，包括采取物流共同化计划，同时，如果具有一定的商务规模，比如，阿里巴巴（Alibaba）、贝塔斯曼（Bertelsmann）和亚马逊（Amazon）这些具有一定销售量的电子商务企业，可以通过采用比较适用但投资比较少的物流技术和设施设备，或推行物流管理技术，如运筹学中的管理技术、条形码技术和信息技术等，提高物流的效率和效益，降低物流成本。

（4）延伸服务

企业增值性物流延伸服务，向上可以延伸到市场调查与预测、采购及订单处理；向下可以延伸到配送、物流咨询、物流方案的选择与规划、库存控制决策建议、货款回收与结算、教育与培训、物流系统设计与规划方案的制作等。

关于结算功能，物流的结算不仅仅是物流费用的结算，在从事代理、配送的情况下，物流服务商还要替货主向收货人结算货款等。关于需求预测功能，物流服务商应该负责根据物流中心商品进货、出货信息来预测未来一段时间内的商品进出库量，进而预测市场对商品的需求，从而指导订货。关于物流系统设计咨询功能，第三方物流服务商要充当现代商务经营者的物流专家，因而必须为经营者设计物流系统，为它选择和评价运输商、仓储商及其他物流服务供应商。国内有些专业物流公司正在进行这项尝试。关于物流教育与培训功能，物流系统的运作需要现代商务经营者的支持与理解，通过向经营者提供培训服务，可以培养他与物流中心经营管理者的认同感，可以提高经营者的物流管理水平，可以将物流中心经营管理者的要求传达给经营者，也便于确立物流作业标准。

在以上物流系统功能中，有些基本功能需要经验和实力，有些增值功能则需要智慧和远见。在基本功能中，配送和储存分别解决了商务过程中供给者与需要者之间场所和时间的分离问题，分别是物流创造"空间效用"及"时间效用"的主要功能要素，因而在物流系统中处于主要功能要素的地位。延伸服务最具有增值性，但也是最难提供的服务，能否提供此类增值服务现在已成为衡量一个物流企业是否真正具有竞争力的标准。

2.9 案例分析

2.9.1 盖世理——环保仓储稳步践行

盖世理是成立于1987年的英国地产开发商，是沃尔玛的全资子公司。其业务已经发展至全球7个国家，开发了超过460万平方米的仓储空间，作为沃尔玛的全资子公司，盖世理在中国业务的拓展理所当然得到了这家全球零售巨头的支持。稳定的客户关系也使得盖世理得以在这个良好的平台上淋漓尽致地施展自己的才华，开创了让业界耳目一新的仓储空间开发理念。而这一切的核心就是可持续发展的、环保的仓储空间运营及管理。

1. 沃尔玛配送中心

在盖世理所设计的诸多仓储中，已投入使用的沃尔玛配送中心，就很好体现了盖世理在推进仓储空间可持续发展策略的成功践行。

该配送中心分为 W1、W2、W3 三个区域。W1 被称为稳定库存区，主要是保证常规货物的正常库存水平，由物流中心配合供应商进行正常的补货作业。该仓库使用了透明采光板，面积约为整个屋顶面积的 3.5%。采光板由于采用了新材料，在保证足够的强度的前提下，其熔点也低于屋顶材料，如果遇到火灾，这些采光板会提前熔解，有利于迅速排烟。库区内用于夜间照明的灯具，也采用比普通灯具节能 25%～30% 的 T5 级别的光源。 W2、W3 为快速货物分拨区，即所谓的 "cross stocking" 区域，主要承担南北两个方向货物的拆包、集货、统一配送等业务。

由于北方冬季寒冷，仓库内的温度可低至零度以下，为了确保正常作业，仓库内还专门安装了使用天然气的供暖装置，天然气在特制的装置中燃烧之后，其热量通过反射板进行供暖。由于天然气是洁净的能源，所以燃烧后不会污染室内空气。同时考虑到办公场所常年 24 小时运作，短时间内用电量不大，但时间长的特色，配送中心配备了一台 10 千瓦的风力发电机和50 平方米的太阳能采光板，每年可发电约 7 300 千瓦时，用于满足园区门口收发室和门卫室全年的用电需要，包括空调、照明等。此外配送中心还配备了十套太阳能热水器，每天可供热水1.7 吨。通过这些节能节电设施，沃尔玛位于天津的配送中心每年可减少 31 吨二氧化碳的排放。

与此同时，盖世理还宣布将在华交付总面积 10 万多平方米的可持续仓储空间，并致力于在广州、成都、北京等地开发新项目。这也标志着全球知名的工业及物流地产开发商正在以高涨的热情投入中国物流基础设施的新一轮建设中来。这一轮的投资建设高峰和前几年各地一哄而起的物流园区建设有明显的不同，诸多差异中，其中在设计理念上的超前眼光令人眼前一亮。

2. 领先的持续性发展战略

盖世理对外宣布，将在 2010 年实现领先的持续性战略，其碳益（Carbon Positive）是该战略的核心（碳益指通过减少二氧化碳的排放而取得的社会效益和经济效益，目前以经济手段推动和促进全球减排已成为各国政府的共识，并被证明是有效手段。这个手段最主要的就是碳交易，包括欧盟主导的碳排放权配额交易和《京都议定书》框架下的 CDM（清洁发展机制）交易等。国际上碳交易日趋活跃，欧盟的碳配额交易规模占全球碳市场的 87%）。

盖世理计划在 2010 年前实现在开发的所有的仓储空间中始终贯彻环境友好和可持续发展的战略，目标包括以下几个部分：

（1）节约能源：所有开发的项目中有 35% 的项目实现碳益，即全球项目的二氧化碳排放总量减少 35%。

（2）减少废弃物：全球项目中 50% 的建筑实现废物再利用或再循环。

（3）节约水资源：全球项目中 70% 的建筑可以百分之百重新利用雨水。

（4）环境友好：全球项目中 70% 的场所能改善生物多样性及居住环境。

（5）控制污染：在建设中不采用破坏人类和生态环境的材料。

当前物流活动对环境的影响，逐步为社会界所认识。各种运输模式都会对环境带来负面影响。据估算，在汽车总的废气排放中，大约35%~40%为卡车的废气排放。物流企业在油价高企、竞争激烈的背景下，面临降低成本、提供优质服务、履行社会责任的多重压力。节能减排不仅基于企业自身的迫切需求，也将成为企业履行社会责任的重要组成部分。

目前，节能减排已经成为全世界，全人类的行动纲领，在一些国家，如日本，节能减排的总体目标进一步细化为每一个企业必须达到的一项项指标，日本的部分企业还建立了环境会计审核制度，用于促进企业节能减排各项指标的实现。

作为一个快速发展中国家，中国正在环境问题上面临越来越大的挑战，可持续发展及和谐发展已经上升为国家战略。但具体到运作层面，国内尚缺乏考核的体系和可操作性。盖世理在天津项目上的运作，除了在激烈竞争的中国市场竖立自己的品牌特征之外，还为业界带来了全新的经营理念，这些理念，作为企业发展的全球战略，同样在其他地区不折不扣的执行着。

盖世理最近中标在英国北斯塔福德郡建设总价5 000万英镑的世界上最环保的商业和物流园区之一的查泰莱园区（Chatterley Valley），这也提升了盖世理在可持续性方面的可信度。该园区将在真正意义上成为一个碳益开发项目——这座物流园区将拥有属于自己的生物燃料发电厂。园区另一项值得关注的特点是，到达园区的汽车将通过动能收集板用动能发电，而这些电将用于驱动电动公交车、汽车甚至自行车。

盖世理全球采购及可持续发展总监 Jonathan Fenton Jones 先生说："在盖世理，我们认为，盈利、保护环境以及为所在社区带来改变这三者并不相互冲突且缺一不可。""在过去五年中，盖世理共建造了120万平方米高效、可持续的仓储空间，每年能为我们的客户降低93万英镑的运营费用。盖世理在可持续发展方面所得到的认可，使我们能在包括印度、中国和墨西哥在内的世界各地赢得新业务并为客户提供高效、节省的仓储解决方案。"

盖世理目前在中国的长三角和环渤海两大经济圈的四个物流仓储项目正在开发中，分别位于昆山、南京、嘉兴和天津，该公司计划在今年交付10万多平方米的可持续配送空间，并在上海、广州、成都、北京等地开发新项目，从而将版图延伸到珠三角与中西部地区，同时进一步巩固华北市场。

在前年的东京物流展上，环保作为物流业未来发展的一个方向被再一次明确提出，由此引发了对人类社会因越来越频繁的社会交往导致物流活动加剧，从而对环境带来的不利影响的思考和对策。作为以降低成本，提高效益为出发点的物流业来说，自身的可持续发展、环境友好的需求将进一步明朗化。

在盖世理的眼中，环保不再是一个噱头。

案例思考

1. 盖世理仓储项目具有哪些特点？
2. 环保型仓储相对于传统仓储具有怎样的优势？
3. 结合案例，简要说明环保型仓储的重要意义。

2.9.2　中国移动通信产品"绿色包装"开启通信产品包装新时代

2008年7月30日，在举国企盼的体育盛会——北京2008奥林匹克运动会召开前夕，中国移动在节能减排工作上的又一项创新成果和重点推进措施——"绿色包装"的启动仪式在北京举行。目前，中国移动的首批"绿色包装"已经在广西、海南两省完成试点，并取得了预期效果。

有资料显示，环境污染、资源枯竭和人口剧增已构成了当代社会必须解决的三大难题，其中关于环保的占了两项。一场以保护环境和节约资源中心的"绿色革命"，正在全球兴起。物流行业亦不例外，绿色物流已经是不得不考虑的问题。

而绿色物流包装的基础点在于材料，其材料与一般包装材料的不同点就是它具有良好的环境性能，对人体和环境不造成危害或者能减少危害，通常是指易降解、易回收、能进行资源有效循环利用的材料。绿色包装材料是发展绿色包装的关键，研究开发无公害的绿色包装材料是当前世界各国关注的热点。对物流包装来说一个重要的问题就是开发高强度、大板面、环境性能好、无公害、易回收再利用、轻量化的绿色运输包装材料。它已成为决定绿色运输包装顺利发展的技术关键，越来越受到各方的重视。

中国移动推行的"绿色包装"不仅仅是一种革命性的包装，更是一套完整的物流体系，包括包装、物流、循环利用等重要环节，中国移动在进行"绿色包装"产品研发的同时，也完成了《中国移动通信产品"绿色包装"技术规范》、《中国移动循环回收利用包装经济性评估模型》、《中国移动"绿色包装"包材回收利用方案》三个重要技术文件的研究和编制，这些技术文件为"绿色包装"体系顺利推广和发展提供了理论保障。

据介绍，该包装体系是电信行业内首次全面深度关注包装物流环节的生态环境友好性、人身健康安全性、生命周期经济性以及生产使用便捷性，采用可循环再生利用的代木材料，推行拼装化、标准化、精细化和适度设计的创新研发成果。

中国移动从 2007 年开始全面推进旨在及节能减排的"绿色行动计划"，努力成为行业节能减排的倡导者和推动者，采取有效措施减少企业资源消耗和对环境的影响，提高资源利用率，与价值链伙伴深度合作，共同打造移动通信绿色产业链，在行业内率先提出到 2010 年单位业务量能耗同比 2005 年下降 40%的"绿色行动计划"。

中国移动推行的"绿色包装"是中国移动与合作伙伴联合开发的可重复利用的物流体系，旨在减少传统设备运输方式对木箱的大量使用；同时建立通用、高效、节约的包装运输标准和体系，保证包装的可重复使用。"绿色包装"采用可拼装的周转架，强调适度包装，适度防护，强调包装材料重复利用，突破了传统的材料再生循环理念，是一项包装的设计革命。它具有材料轻、环保，包装方式简洁、方便，包装标准统一、流程高效三大特点。

中国移动通过对"绿色包装"的广泛使用，将给中国乃至全球的节能减排和环境保护工作以极大的贡献，以中国移动一年采购的通信产品的包装统计，中国移动每年将减少木材消耗 5.7 万立方米，相当于每年少砍伐森林 670 公顷；每年将减少运输燃油消耗 137 万升，节约电能 393 万度，折合减少二氧化碳排放 12 万吨，相当于 4 万台中国普通家用轿车年二氧化碳排放量。据测算，如果全球移动运营商都使用这一方案，每年将节省木材消耗 64 万立方米，相当于少砍伐森林 7 500 公顷。

启动仪式上，中国移动邀请华为、上海贝尔阿尔卡特、大唐电信、爱立信、烽火通信、摩托罗拉、诺基亚西门子通信、北电网络、中国普天、新邮通信、中兴通讯 11 家 GSM 和 TD-SCDMA 移动通信设备供应商一起举行了通信产品"绿色包装"启动仪式和倡议书发布仪式，中国移动与合作伙伴共同倡议全球电信同行共同加入"绿色包装"的队伍中来，减少木材的消耗，保护森林，保护我们的绿色家园。

本次中国移动"绿色包装"启动仪式对中国移动乃至整个通信行业的节能减排工作将会有十分重大的现实意义和深远的历史意义！它体现了中国移动对环境保护的重视，对政府节能减排工作的支持和响应，随着"绿色计划行动"的不断深入开展，中国移动与合作伙伴将创建以节能减排为特色的新型合作模式，共同保护绿色生态环境，携手迈入绿色通信时代，为建设资源节约型、环境友好型的和谐社会而不懈努力。

案例思考

1. 说明商品包装和物流包装的关系。
2. 结合案例，说明绿色包装的意义。

第 3 章

仓储管理与库存控制

作为物资流通中的不可缺少的环节，仓储管理与库存控制是物流系统的一个重要的子系统。通过库存控制决策活动，利用一定量的储备，保证生产经营活动的持续进行，并减免生产经营活动中库存冗余和缺货的现象。随着人们对库存系统重要性的认识，存储论及其应用已成为现代化物流管理的重要内容之一。根据 1974 年美国对一些企业不完全的统计资料表明，运用库存理论的企业已达 90.7%，我国近年来，在一些工业企业中，从我国经济发展的国情出发，ABC 分类管理、各种确定型与随机型的库存控制方法应用于我国物资存储工作的实践，有的企业已建立了包括库存管理在内的物资管理信息系统，库存管理水平得到不断提高。

本章对仓储管理和库存管理的基本知识、库存物资管理的 ABC 分类管理技术、独立需求库存控制模型和非独立需求库存控制系统模型进行了介绍。

3.1 仓储管理基本知识

3.1.1 仓储管理的含义

"仓"也称为仓库，为存放物品的建筑物和场地，可以为房屋建筑、大型容器、洞穴或者特定的场地等，具有存放和保护物品的功能；"储"表示收存以备使用，具有收存、保管、交付使用的意思，当适用有形物品时也称为储存。"仓储"则为利用仓库存放、储存未即时使用的物品的行为。简言之，仓储就是在特定的场所储存物品的行为。

仓储管理就是对仓库及仓库内的物资所进行的管理，是仓储机构为了充分利用所具有的仓储资源提供高效的仓储服务所进行的计划、组织、控制和协调过程。具体来说，仓储管理包括仓储资源的获得、仓储商务管理、仓储流程管理、仓储作业管理、保管管理、安全管理多种管理工作及相关的操作。

仓储管理是一门经济管理科学，同时也涉及应用技术科学；故属于边缘性学科。仓储管理的内涵是随着其在社会经济领域中的作用不断扩大而变化。仓储管理，即库管。是指对仓库及其库存物品的管理，仓储系统是企业物流系统中不可缺少的子系统。物流系统的整体目标是以最低成本提供令客户满意的服务，而仓储系统在其中发挥着重要作用。仓储活动能够促进企业提高客户服务水平，增强企业的竞争能力。现代仓储管理已从静态管理向动态管理了生了根本性的变化，对仓储管理的基础工作也提出了更高的要求。

3.1.2　仓储管理的基本任务

（1）利用市场经济手段获得最大的仓储资源的配置。

（2）以高效率为原则组织管理机构。

（3）以不断满足社会需要为原则开展商务活动。

（4）以高效率、低成本为原则组织仓储生产。

（5）以优质服务、讲信用建立企业形象。

（6）通过制度化、科学化的先进手段不断提高管理水平。

（7）从技术到精神领域提高员工素质。

3.1.3　仓储作业

1．企业仓储活动的类型

企业可以选择自建仓库、租赁公共仓库或采用合同制仓储为库存的物料、商品准备仓储空间。

（1）自有仓库仓储，相对于公共仓储而言，企业利用自有仓库进行仓储活动可以更大程度地控制仓储，管理也更具灵活性。

（2）租赁公共仓库仓储，企业通常租赁提供营业性服务的公共仓储进行储存。

（3）合同制仓储，合同仓储公司能够提供专业、高效、经济和准确的分销服务。

一个企业是自建仓库还是租赁公共仓库或采用合同制仓储需要考虑以下因素：周转总量、需要的稳定性、市场密度。

2．仓储作业的一般业务程序

（1）签订仓储合同。

（2）验收货物。

（3）办理入库手续。

（4）货物保管。

（5）货物出库

3．仓储管理的主要内容

（1）订货、交货。

（2）进货、交货时的检验。

（3）仓库内的保管、装卸作业。

（4）场所管理。

（5）备货作业。

产品在仓储中的组合、妥善配载和流通包装、成组等活动就是为了提高装卸效率，充分利用运输工具，从而降低运输成本的支出。合理和准确的仓储活动会减少商品的换装、流动，减少作业次数，采取机械化和自动化的仓储作业，都有利于降低仓储作业成本。优良的仓储管理，能对商品实施有效的保管和养护，并进行准确的数量控制，从而大大减少仓储的风险。

3.2 库存管理基本知识

3.2.1 库存的定义

库存（stock）是"储存作为今后按预定的目的使用而处于闲置或非生产状态的物品。广义的库存还包括处于制造加工状态和运输状态的物品"（见 GB/T18354—2006）。库存改变了企业生产经营的模式，改变了企业面向市场的方式。库存具有狭义和广义两种含义。

狭义的观点认为，库存仅仅指的是在仓库中处于暂时停滞状态的物资。

从广义的观点看，库存表示用于将来目的、暂时处于闲置状态的资源。因而需要明确两点：其一，资源停滞的位置，可以是在仓库里、生产线上或车间里，可以是在非仓库中的任何位置，如汽车站、火车站及机场码头等类型的流通节点上，甚至也可以是在运输途中；其二，资源的闲置状态可能由任何原因引起，而不一定是某种特殊的停滞。资源闲置的原因大体有：主动的各种形态的储备；被动的各种形态的超储、完全的积压。

库存系统是指用来控制库存水平、决定补货时间及订货批量大小的整套制度和控制手段。

传统上，制造性库存是指对公司产品有贡献或组成产品一部分的物资。制造性库存一般可以分为：原材料、产成品、备件、低值易耗品以及在制品。在服务行业，库存一般指用于销售的有形商品以及用于管理的低值易耗品。

在制造业和仓储保管中，库存分析的目的是为了规范以下两个问题：1）什么时候进行订货；2）订购量是多少。许多公司都努力与供应商建立长期供需关系，以便该供应商能为企业全年的需求提供服务。这样一来，问题就从"何时"与"订多少"转化为"何时"与"运送多少"。

3.2.2 库存的功能

"库存是一个必要的恶魔"。也就是说，库存的存在有利有弊。库存的作用主要是能有效地缓解供需矛盾，尽可能均匀地保持生产，甚至还有"奇货可居"的投机功能。

企业持有库存、维持库存的原因，主要表现在企业对资源的平衡利用上。

1. 客户资源平衡

为了保护企业免受无法预料的顾客需求的变化，防止因短缺而遭受损失，企业必须持有一定的库存，就像一个调节阀（见图 3-1）。但顾客需求总是难以预测的，并且由于产品寿命周期的不断缩短及市场不断出现新的竞争性产品的原因，顾客需求的不确定性增加了。持有一定量的库存有利于调节供需之间的不平衡，防范由于不稳定的物流引起人员与设备的停工，保证企业按时或快速交货，从而避免或减少由于库存缺货或供货延迟带来的损失，这对企业改善顾客服务质量具有重要作用。

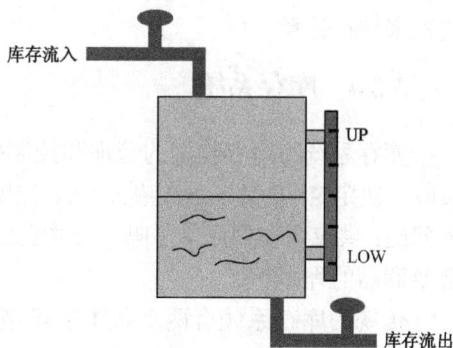

图 3-1 库存就是一个调节阀

2. 生产资源平衡

在许多情况下，供应的数量和质量，供应的成本及交货期存在着很大的不确定性，而库存具有保持生产过程连续性（节省作业交换费用）、分摊订货费用、快速满足客户订货需求的作用。库存有助于缓解具有不同生产速率的生产制造环节，协调生产资源在时间和空间上的衔接。

批量库存不仅降低了企业生产调整的频率，而且提高了机器设备的利用率。库存对于实施良好的客户服务，通过保持生产速率以合理的规模安排生产，从而保持企业的竞争力具有重要的意义。

3. 运输资源平衡

运输企业提供的规模经济鼓励企业运输大量产品，因而持有大量库存。实际上，许多承运人通过向托运人提供各种折扣来鼓励大批量运输。

面对复杂的市场环境，库存并不是一种必然的祸害，而是一种非常有用的减震器。库存的存在，有利于平衡客户资源、生产资源和运输资源，减少资源震荡带来的危险。

3.2.3 独立需求与非独立需求库存

按需求的类型可以将库存问题分成两种，独立性需求和相关性需求。独立性需求和相关性需求的概念是美国 J·A·奥列基博士（Joseph A. Orlicky）提出的，同时他还指出订货点法只适用于独立性需求的物资。

独立性需求是指将要被消费者消费或使用的制成品的库存，如自行车生产企业的自行车的库存。制成品需求的波动受市场条件的影响，而不受其他库存品的影响。这类库存问题往往建立在对外部需求预测的基础上，通过一些库存模型的分析，制订相应的库存政策来对库存进行管理，如什么时候订货，订多少，如何对库存品进行分类等。为了确定独立需求物资的生产数量，公司经常依赖销售和市场研究部门，其职员将使用各种各样的工具，包括：顾客调查、预测工具、经济方面和社会方面的趋势。由于独立需求是不确定的，所以库存中必须留有额外的数量。

相关性需求库存是指将被用来制造最终产品的材料或零部件的库存。自行车生产企业为了生产自行车还要保持很多种原材料或零部件的库存，如车把、车梁、车轮、车轴、车条等。这些物料的需求彼此之间具有一定的相互关系，例如一辆自行车需要有两个车轮，如果生产 1 000 辆自行车，就需要 1 000×2 = 2 000 个车轮。这些物料的需求不需要预测，只有通过相互之间的关系来进行计算。

3.2.4 库存系统

库存系统为库存物资的管理和控制提供了组织机构和经营策略。该系统负责物资的定购和接收：决定定购时机，对定购什么、定购多少和向谁定购等事项进行追踪。该系统必须回答以下问题：供应商收到订单了吗？货物已经发出了吗？日期准确吗？是否建立了再订货及退还不必要商品的程序？

传统的库存系统有两个基本的模型：定量订货模型（也称经济订货批量，EOQ 或 Q 模型）和定期订货模型（也有不同称谓，如定期系统、定期盘点系统、固定订货间隔期系统以及 P 模型）。

两者的区别是，定量订货模型是"事件驱动"，而定期订货模型是"时间驱动"。也就是说，定量订货模型当到达规定的再订货水平的事件发生后，就进行订货，这种事件有可能随时发生，主要取决于该物资的需求情况。相比而言，定期订货模型只限于在预定时期期末进行订货，是由时间来驱动的。

运用定量订货模型时（当库存量降低到再定购点时，就进行订货），必须连续监控剩余库存量。因此，定量订货模型是一种永续盘存系统，它要求每次从库存里取出货物或者往库存里添加货物时，必须刷新记录以确定是否已经到再订货点。而在定期订货模型中，库存盘点只是在盘点期发生。两种系统的其他区别如表 3-1 所示。

表 3-1　定量订货模型与定期订货模型的区别

特　征	Q 定量订货模型	P 定期订货模型
定购量	每次定购量相同	每次定购量不同
何时定购	在库存量降低到再定购点时定购	盘点期到来时定购
库存记录	每次出库都做记录	只在盘点期记录
库存大小	比定期订货模型小	比定量订货模型大
维持所需时间	由于记录持续，所以较长	由于记录不连续，所以较短
物资类别	昂贵、关键或重要物资	一般物资

从表中可以看出，定量订货模型和定期订货模型主要有以下几个特点：

1）定期订货模型平均库存较大，以防在盘点期发生缺货情况；定量订货模型没有盘点期。

2）因为平均库存量较低，所以定量订货模型有利于贵重物资的库存。

3）对于重要的物资如关键维修零件，定量订货模型将更适用，因为该模型对库存的监控更加密切，这样可以对潜在的缺货更快地做出反应。

4）由于每一次补充库存或货物都要进行记录，维持定量订货模型需要的时间更长。

库存先人一步——记安吉天地整车物流

安吉天地汽车物流有限公司（以下简称安吉天地）是由上海汽车工业销售总公司（SAISC）和国际著名跨国集团——TPG 集团下属的荷兰天地物流控股有限公司各出资 50%组建而成的国内首家汽车物流合资企业。在长期的业务发展中，安吉天地越来越认识到，现在的市场竞争已不再是耽搁企业的竞争，而越来越体现在高效供应链的竞争。对上海通用五菱汽车股份有限公司整车物流解决方案的成功实施，再一次印证了安吉天地的这一理念。

上海通用五菱汽车股份有限公司（以下简称 SGMW）成立于 2002 年 6 月。目前，公司在全国还没有设置中转库，所有商品车下线后都经总库直接发往全国各地经销商。在这一状态下，低效的物流运作所带来的弊端不断呈现出来。一是 SGMW 整车物流运作由公司内部负责运营，缺乏专业化管理基础。二是 SGMW 对承运商的管理十分薄弱。三是 SGMW 商品车虽属汽车市场低端产品，质量无法与中高档汽车相提并论，但不少用户对车辆的期望值仍接近于中高档商品车，因此对物流质量的控制要求有一个飞跃。

而作为战略支撑的重要平台——物流能力显然已经成为制约其跨越式发展的最大瓶颈。在这种情况下，SGMW 领导层果断做出决策——将整车物流运作整体外包。

从 2004 年 3 月 1 日起，安吉物流全面接管 SGMW 的整车物流。根据 SGMW 的现实条件，安吉天地改变传统的 VLSP 和 VTSP 分开运作的服务模式，采用 VISP+VTSP 一体化管理团队运作的创新服务模式，将仓储、运输、IT 系统、质量、克服、内部管理等环节以充分集成的"一体化"平台形式进行运作。"平台"中实现各项资源充分共享，建立精简高效的组织架构，在满足客户需求的基础上，实现最少的投入产生最大的效益。

在实际运作中，安吉天地专门成立了规划优化科，旨在充分运用现代物流以及多学科的理论与实践，积极探索研究新工艺、新方法，以求不断优化流程，改善运作绩效。

在仓储方案上，安吉天地主要实施了 VDC 规划和 VSC 规划。

在安吉天地的物流解决方案中，VDC 的规划设计是整个仓储方案的第一步，VDC 的主要功能区包括入库收车检验区、装车中心、PDI（Pre-Delivery Inspection，发运前检查）区、清洁区、合格区、待处理区等。安吉物流根据多年的专业化经验和柳州当地的特点，特别在以下方面做出了针对性设计。

一是装车中心。SGMW 原有的仓库没有设置类似装车中心的功能区，只有一个简单的装车平台。安吉天地针对 SGMW 整车物流的特点，精心设计了一个具有当地特色的装车中心。此外，在装车中心的一侧设置了办公区，在办公区的附近集中有各主要功能区。从而确保各项工作能有效的管理与监控，并在第一时间处理突发事件。二是入库检验区。原有仓库没有入库检验这一环节，商品车下线后直接入库，安吉天地提出了入库检验区这一规划，从源头上杜绝了生产因素的质损进入物流环节。三是库区道位管理。安吉天地制定了严格的库区道位管理，在仓储管理系统的支持下，做到实物和系统数据——对应，确保商品车存放在科学、正确、安全的位置。

此外，安吉天地还在运输系统设计、提高客户服务、完善质量保障体系等方面制定了严格的解决方案。从而使 SGMW 的物流运作大获成功，并得到 SGMW 领导的高度认可。

资料来源：《现代物流案例教学与实例》，经作者整理

3.3 库存物资的管理与控制技术

3.3.1 ABC 分类管理技术

库存物资的分类管理技术有很多，这里主要介绍一种比较简单、实用的库存物资分类管理方法——ABC 分类管理法。**ABC 分类管理法是指"将库存物品按设定的分类标准和要求分为特别重要的库存（A 类）、一般重要的库存（B 类）和不重要的库存（C 类）三个等级，然后针对不同等级分别进行控制"**（见 GB/T18354—2006）。ABC 分类管理法是实施储存合理化的基础，在此基础上可以进一步解决各类的结构关系、储存量、重点管理和技术措施等合理化问题。而且，通过在 ABC 分析的基础上实施重点管理，可以决定各种物资的合理库存储备数量及经济地保有合理储备的办法，乃至实施零库存。

1. ABC 分类管理技术理论基础

库存 ABC 分类管理法的基本原理是：由于各种库存品的需求量和单价各不相同，其年耗用金额也各不相同。那些年耗用金额大的库存品，由于其占压组织的资金较大，对组织经营的影响也较大，因此需要进行特别的重视和管理。ABC 库存分类法就是根据库存品的年耗用金额的大小，把库存品划分为 A、B、C 三类。A 类库存品的年耗用金额占总库存金额的

75%～80%，品种数却只占总库存品种数的 15%～20%；B 类库存品的年耗用金额占总库存金额的 10%～15%，其品种数占总库存品种数的 20%～25%；C 类库存品的年耗用金额占总库存金额的 5%～10%，其品种数却占总库存品种数的 60%～65%。

库存货物 ABC 分类可分为数据收集、统计汇总、制作 ABC 分析表、绘制 ABC 分类管理图和确定管理方法等几个步骤（图 3-2 是一个典型的 ABC 分类管理图）。

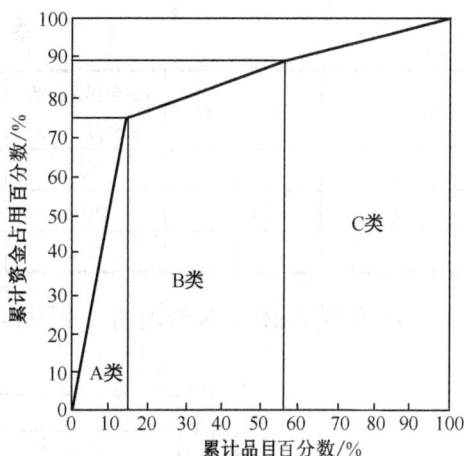

图 3-2　ABC 分类管理图

2. ABC 分类管理技术应用举例

现举例阐述 ABC 分类管理法的具体应用。

例 3-1　某企业全部库存商品共计 3 424 种，按每一品种年度销售额从大到小顺序，排成如表所列的 7 档，统计每档的品种数和销售金额（见表 3-2）。用 ABC 分类管理法确定分类，并给出各类库存物资的管理方法。

表 3-2　产品销售明细表

每种商品年销售额 X	品 种 数	销 售 额
$X > 6$	260	5 800
$5 < X \leq 6$	68	500
$4 < X \leq 5$	55	250
$3 < X \leq 4$	95	340
$2 < X \leq 3$	170	420
$1 < X \leq 2$	352	410
$X \leq 1$	2 424	670

（1）数据收集，引用表 3-2 给定数据。

（2）统计汇总，根据该题给定数据，做出汇总表（见表 3-3）。

表 3-3　ABC 分析汇总表

每种商品年销售额 X	品种数	占全部品种的百分比（%）	品种累计	占全部品种的累计百分比（%）	销售额	占销售总额百分比（%）	销售额累计	占销售总额的累计百分比（%）
$X > 6$	260	7.6	260	7.6	5 800	69.1	5 800	69.1
$5 < X \leq 6$	68	2.0	328	9.6	500	6.0	6 300	75.1
$4 < X \leq 5$	55	1.6	383	11.2	250	3.0	6 550	78.1
$3 < X \leq 4$	95	2.8	478	14.0	340	4.1	6 890	82.1
$2 < X \leq 3$	170	5.0	648	18.9	420	5.0	7 310	87.1
$1 < X \leq 2$	352	10.3	1 000	29.2	410	4.9	7 720	92.0
$X \leq 1$	2 424	70.9	3 424	100.0	670	8.0	8 390	100.0

（3）根据 ABC 分类标准，制作 ABC 分析表（见表 3-4）。

表 3-4　ABC 分析表

分　类	品　种　数	占全部品种的百分数（%）	品种累计百分数（%）	销　售　额	占销售总额的百分数（%）	销售额累计百分数（%）
A	328	9.6	9.6	6 300	75.1	75.1
B	672	19.6	29.2	1 420	16.9	92.1
C	2 421	70.8	100	670	8	100

（4）绘制 ABC 分类管理图（见图 3-3）。

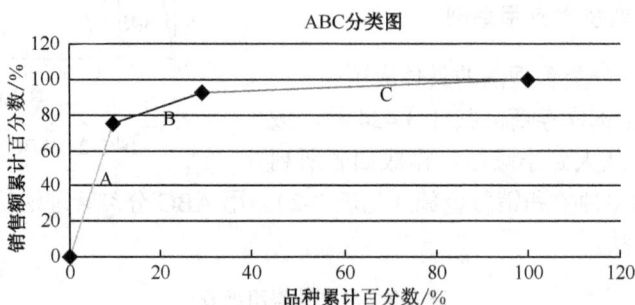

图 3-3　ABC 分类管理图

（5）确定管理方法。

1）对于 A 类商品的管理方法如下。

① 每件商品皆作编号。

② 尽可能正确地预测需求量。

③ 少量采购，尽可能在不影响需求下减少库存量。

④ 请供货单位配合，力求出货量平稳化，以降低需求变动，减少按库存量与供应商协调，尽可能缩短前置时间。

⑤ 采用定期订货的方式，对其存货必须作定期检查。

⑥ 必须严格执行盘点，每天或每周盘点一次，以提高库存精确度。

⑦ 对交货期限加强控制，在制品及发货也须从严控制。

⑧ 货品放至于易于出入库的位置。

⑨ 实施货品包装外形标准化，增加出入库单位。

⑩ A 类商品的采购需经高层主管审核。

2）对于 B 类商品的管理方法如下。

① 采用定量订货方式，但对前置时间较长，或需求量有季节性变动趋势的货品宜采用定期订货方式。

② 每 2～3 周盘点一次。

③ 中量采购。

④ 由采购需经中级主管核准。

3）对于 C 类商品的管理方法如下。

① 采用复合制或定量订货方式以求节省手续。

② 大量采购，以便在价格上获得优惠。

③ 简化库存管理手段。

④ 安全库存须较大，以免发生库存短缺。

⑤ 可交现场保管使用。

⑥ 每月盘点一次。

⑦ 采购仅需基层主管核准。

3.3.2 独立需求库存控制模型

现在讨论最简单的存储模型，即需求不随时间变化的确定型存储模型，这类模型的有关参数如需求量、提前订货时间是已知确定的值，而且在相当长一段时间内稳定不变。显然这样的条件在现实经济生活中是很难找到的。实际上，只要我们所考虑的参数的波动性不大，就可以认为是确定型的存储问题。经过数学抽象概括的存储模型虽然不可能与现实完全等同，但对模型的探讨将加深我们对存储问题的认识，其模型的解也将对存储系统的决策提供帮助。

1. 确定型存储控制型模型

经济订货批量（Economic Order Quantity，EOQ）是"通过平衡采购进货成本和保管仓储成本核算，以实现总库存成本最低的最佳订货批量"（见 GB/T18354—2006）。经济订货批量模型又称整批间隔进货模型，该模型适用于整批间隔进货、不允许缺货的存储问题，即某种物资单位时间的需求量为常数 D，存储量以单位时间消耗数量 D 的速度逐渐下降，经过时间 T 后，存储量下降到零，此时开始订货并随即到货，库存量由零上升为最高库存量 Q，然后开始下一个存储周期，形成多周期存储模型。

（1）经济订货批量的概念

由于需求量和提前订货时间是确定已知的，因此只要确定每次订货的数量是多少或进货间隔期为多长时间，就可以做出存储策略。由于存储策略是使存储总费用最小的经济原则来确定订货批量，故称该订货批量为经济订货批量。

（2）EOQ 模型

1）模型假设：存储某种物资，不允许缺货，其存储参数为

T：存储周期或订货周期（年或月或日）。

D：单位时间需求量（件/年，或件/月，或件/日）。

Q：每次订货批量（件或个）。

C_1：存储单位物资单位时间的存储费（元/件·年、元/件·月或元/件·日）。

C_2：每次订货的订货费（元或万元）。

t： 提前订货时间为零，即订货后瞬间全部到货。

2）建立模型：存储量变化状态如图 3-4 所示。

一个存储周期内需要该种物资 $Q = DT$ 个，图中存储量斜线上的每一点表示在该时刻的库存水平，每一个存储周期存储量的变化形成一个直角三角形，一个存储周期的平均存储量为 $1/2Q$，存储费为 $1/2C_1QT$，订货一次订货费为 C_2，因此，在这个存储周期内存储总费用为 $1/2C_1QT + C_2$。

由于订货周期 T 是变量，所以只计算一个周期内的费用是没有意义的，需要计算单位时间的存储总费用 C_Z，即

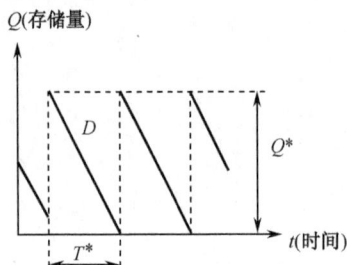

图 3-4　存储量变化状态图

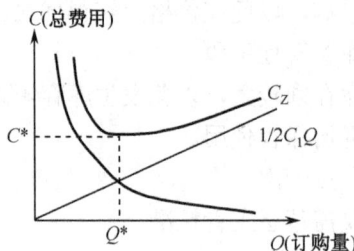

图 3-5　存储费用曲线图

$$C_Z = 1/2C_1Q + C_2/T$$

将 $T = Q/D$ 代入上式，得

$$C_Z = 1/2C_1Q + C_2D/Q$$

显然，单位时间的订货费随着订货批量的增大而减小，而单位时间的存储费随着订货批量 Q 的增大而增大，如图 3-5 所示，可以直观看出，在订货费用线和存储费用线相交处，订货费和存储费相等，存储总费用曲线取得最小值。

利用微分求极值的方法，令 $dC_Z/dQ = 1/2C_1 - C_2D/Q^2 = 0$，即得到经济订货批量 Q^*：

$$Q^* = \sqrt{\frac{2C_2D}{C_1}}$$

由经济订货批量公式及 $Q^* = TD$，可得到经济订货间隔期：

$$T^* = \sqrt{\frac{2C_2}{DC_1}}$$

将 Q^* 值代入 $C_Z = 1/2C_1Q + C_2D/Q$ 式，得到按经济订货批量进货时的最小存储总费用：

$$C^* = \sqrt{2DC_1C_2}$$

需要说明的是，前面在确定经济订货批量时，做了订货和进货同时发生的假设，实际上，订货和到货一般总有一段时间间隔，为保证供应的连续性，需要提前订货。

设提前订货时间为 t，日需要量为 D，则订购点 $s = Dt$，当库存下降到 s 时，即按经济订货批量 Q^* 订货，在提前订货时间内，以每天 D 的速度消耗库存，当库存下降到零时，恰好收到订货，开始一个新的存储周期。

另外，以实物计量单位如件、个表示物质数量时，Q^* 是每次应订购的物资数量，若不是整数，可四舍五入后取整。

对于以上确定型存储问题，最常使用的策略就是确定经济订货数量 Q^*，并每隔 T^* 时间即订货，使存储量由 s^*（往往以零计算）恢复到最高库存量 $S = Q^* + s$。这种存储策略可以认为是定量订购制，但因订购周期也固定，又可以认为是定期订购制。

例 3-2　某车间需要某种标准件，不允许缺货，按生产计划，年需要量 10 000 件，每件价格 1 元，每采购一次的采购费为 25 元，年保管费率为 12.5%，该元件可在市场上立即购得，问应如何组织进货？

解：经济订货批量：

$$Q^* = \sqrt{\frac{2C_2D}{C_1}} = \sqrt{\frac{2 \times 25 \times 10000}{0.125}} = 2000（件）$$

经济订货周期：

$$T^* = \sqrt{\frac{2C_2}{DC_1}} = \sqrt{\frac{2 \times 25}{10000 \times 0.125}} = 0.2（年）=73（天）$$

如以 D 表示某种物资的年需用量，V 表示该物资的单价，C_2 为一次订货费，r 表示存储费率，即存储每元物资一年所需的存储费用，则得到经济订货批量的另外一种常用形式：

$$Q^* = \sqrt{\frac{2DC_2}{rV}}$$

（3）EOQ 模型的敏感性分析

EOQ 模型中所涉及的物资需用量、存储费、订货费等存储参数，一般是根据统计资料并估计计划期的发展趋势而确定的，往往与实际情况有一些误差，依据这些参数计算的经济订货批量自然不够十分准确；另外，经济订货批量往往不是整数，而实际订货时，常常要求以一定的整数如整桶、整吨等单位进行订货。为此，我们需要分析模型的各项参数发生偏差时对经济订货批量 Q 的影响程度，以及经济订货批量的偏差对存储总费用的影响程度，从而考查 EOQ 模型的可靠程度和实用价值，即对 EOQ 模型进行敏感性分析。

物资存储中通常还会遇到其他一些附加条件，如物资单价按订货批量不同有一定的折扣；所存储物资占用流动资金有一定数额限制；仓库库容有一定限制；多种物资同时订购等。这些模型的表现形式更为复杂一些，但在具体分析时都是本着综合平衡各种费用和成本，使总的存储费用最低。这里不做详细介绍。

2. 随机型存储控制型模型

上述库存模型都建立在两个假定条件下：一是假定需求量保持不变，均匀出库；二是假定订货后按时交货。但是由于各种因素的影响，往往使订货不能按时送达，发生随机性的延迟拖后，从而发生缺货现象。为了保证仓库的库存量基本按规定日期得到补充，需要把订货点提前，这就是仓库管理中订货点的提前问题；也可能由于生产系统的生产不均衡，需求量突然增加，使存货提前用完，出现缺货现象。为了消除或弥补这种随机波动的影响，需要对需求量和订货点提前期的历史资料进行统计分析，确定一个安全库存量。

由于供需随机波动产生的两个问题，确定型库存模型已不能反映这些变化，因此必须建立新的随机型库存模型。

（1）缺货情况与安全库存量

在定量订货方式中，每当库存量降至订货点 s 时，即按一定批量 Q（$Q = S - s$）订货补充（见图 3-6）。如果订货后交货并在交货期间无过量使用，并不动用安全库存量 ss；如果订货后不按时交货，出现延误时间，将要动用安全库存量，以应付延误时间内的用量；如果在订货到交货期间，出现过量使用，库存量下降速率增加，则也要动用安全库存量，以应付缺货情况。

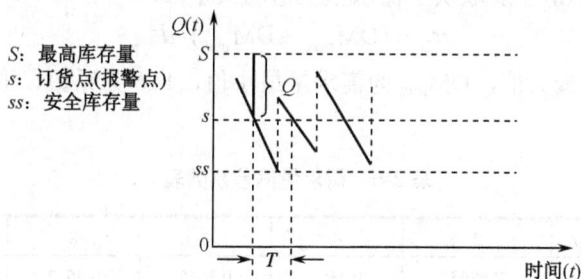

图 3-6　存储量状态变化图

前面所讨论的平均库存量没有考虑安全库存量。在考虑安全库存量的情况下，平均库存量应增加安全库存量，对于一次到货的情况，有

$$\overline{Q} = \frac{1}{2}Q + ss$$

其中，Q 表示订货量，ss 表示安全库存量。

对于分批均匀进货的情况，则有

$$\overline{Q} = \frac{1}{2}(P - D)\frac{Q}{P} + ss$$

其中，Q 表示订货批量，P 表示每日的进货数量，D 表示每日的需求量，且 $P > D$。

（2）订货点的确定

需求量和提前订货时间随机波动，订货点的库存量就需要根据历史的波动数据求得平均 $\overline{D}$ 和平均提前订货时间 $\overline{t}$，或者根据最大提前时间来计算。为了抵消随机波动的影响，此时就要增加安全库存量 ss，计算方法是：

订货点库存量 = 日（月）平均需要量 × 平均提前订货时间 + 安全库存量

即

$$Q_k = D\overline{t} + ss$$

或

订货点库存量 = 平均需要量 × 最大提前期 + 安全库存量

即

$$Q_k = Dt_{max} + ss$$

（3）安全库存量的确定

安全库存量是指为防止因订货期间需求量增长和到货延误所引起的缺货而设置的储备量。安全库存量是最低库存量，在正常情况下一般不动，若一经动用，则应在下批订货到达时立即补齐，安全库存量又称为保险库存量、固定库存量。

1）根据需求量和提前订货时间随机变化情况确定安全库存量

安全库存量一般只是在需求量和提前订货时间有随机变化的情况下才予以考虑，并要控制到最低限度。安全系数法是从保险储备对需求的保证程度，即安全系数来确定安全库存量的方法，是在提前订货时间与需求量均服从正态分布的前提下应用的，其计算公式为

安全库存量 = 安全系数 × 平均提前订货时间的开平方 × 需求量变化偏差值

即

$$ss = \alpha\sqrt{t_{max}}\,\sigma_D$$

式中，安全系数 α 决定于生产中允许缺货的概率，一般 $\alpha = 0.5\sim2.5$，如生产中不允许缺货（缺货概率小于 3%），α 值应大，可令 $\alpha > 2$；如允许缺货（待料期间可用其他加工零件调节，不影响生产任务的完成），这时 α 值应小，取 0.5～2。

需求量变化偏差值 σ_D 主要取决于需求量差值的大小：

$$\sigma_D = (DM_{max} - DM_{min})/d^2$$

式中，DM_{max} 为需求量最大值，DM_{min} 为需求量最小值，$1/d^2$ 为系数，取决于所引用资料来源的数目 n，可查表 3-5。

表 3-5　需求量偏差系数表

需求量偏差数据资料来源数目 n	2	4	6	8	10	12
系数 $1/d^2$	0.8865	0.4857	0.3646	0.3512	0.3249	0.3069

例 3-3　某厂原材料库，上一年按月实际需要量如表 3-6 所示，最大提前期为 2 个月，安全系数 $\alpha = 1.65$，求安全库存量和订货点库存量。

表 3-6　实际需要量表

月份	1	2	3	4	5	6	7	8	9	10	11	12	全年总量
需要量	162	173	167	180	181	172	170	168	167	174	170	168	2 052

解：月平均需求量：
$$\overline{D} = \frac{2052}{12} = 171 \text{ 单位}$$

$$\sigma_D = (DM_{max} - DM_{min})/d^2 = (181 - 162)/d^2$$

查表 3-5，$n = 12$ 时，$1/d^2 = 0.3069$，代入上式得
$$\sigma_D = (181 - 162)/d^2 \times 0.3069 = 5.83 \text{ （单位）}$$

安全库存量：　$ss = \alpha\sqrt{t_{max}}\sigma_D = 1.65 \times \sqrt{2} \times 5.83 = 14 \text{（单位）}$

订货点库存量：　$Q_k = \overline{D}t_{max} + ss = 171 \times 2 + 14 = 356 \text{（单位）}$

2）根据预定服务水平确定安全库存量

若订购时间及实际需求量 D_i 的随机波动可以确定为某种统计分布，且需求量的统计资料比较可靠和完备，则可运用数理统计方法，从满足预定的某一服务水平（不缺货概率）出发，来确定必要的保险储备量。实践表明，很多物资订购期间实际需求量出现的概率是服从正态分布的。因此，这里将按正态分布的原理来确定安全库存量，其计算公式为

$$ss = \alpha\sigma$$

式中，σ 为订购期间实际需求量的标准差，它反映实际值对其均值的离散程度：

$$\sigma = \sqrt{\frac{\sum(D_i - \overline{D})^2 f_i}{\sum f_i}}$$

式中：f_i 为需求量 D_i 相应的出现次数，α 为库存控制中设定的安全系数，它可根据预定的服务水平（不缺货概率），查正态分布表得出。表 3-7 给出了一些常用数据。服务水平（即不缺货概率）= 1 - 允许缺货概率。允许缺货概率可根据企业长期经营的经验作概略规定。如服务水平不低于 98%，即表示在 100 个订货期间内，允许缺货次数不得多于 2 次。

表 3-7　安全系数表

服务水平	0.9988	0.99	0.98	0.95	0.90	0.80	0.70
安全系数 α	3.5	2.33	2.05	1.65	1.29	0.84	0.53

例 3-4　某物资仓库对过去 50 个实际需求量 D_i 进行的统计分析，如表 3-8 所示，如要求服务水平不低于 98%，试确定安全库存量。

表 3-8　需求量分布

实际需求量 D_i（件）	70	80	90	100	110	120	130
出现次数 f_i	1	2	9	25	10	2	1

解：设原始数据基本符合正态分布。

首先计算订货期间实际需求量的标准差 σ：

$$\overline{D} = \frac{\sum D_i}{n} = \frac{70+80+90+100+110+120+130}{7} = 100(件)$$

$$\sigma = \sqrt{\frac{\sum(D_i - \overline{D})^2 f_i}{\sum f_i}} = \sqrt{\frac{(70-100)^2 \times 1 + (80-100)^2 \times 2 + \cdots + (130-100)^2 \times 1}{1+2+\cdots+1}}$$

$$= \sqrt{\frac{5300}{50}} \approx 10.3$$

其次根据服务水平不低于 98%，查正态分布表（见表 3-7），得 $\alpha = 2.05$。

最后求安全库存量 ss：

$$ss = \alpha\sigma = 2.05 \times 10.3 \approx 21$$

由表 3-8 可以看出，如安全库存量 21 件时，只有当订货期间的实际需求量出现 130 件时才会发生缺货（需求量 130 > 平均值 100 + 安全值 21），其缺货概率为 $f_7 / \sum f_i = 1/50 = 2\%$，不缺货概率为 98%。因此安全库存量为 21 件时，就可以满足服务水平不低于 98% 的要求。

3.3.3　非独立需求库存控制系统模型

非独立需求库存控制模型即物料需求计划模型。**物料需求计划（Material Resources Planning，MRP）是"制造企业内的物料计划管理模式。根据产品结构各层次物品的从属和数量关系，以每个物品为计划对象，以完工日期为时间基准倒排计划，按提前期长短区别各个物品下达计划时间的先后顺序的管理方法"**（见 GB/T18354—2006）。它是生产企业用来制订物料需求计划、进行生产管理的一种方法。它不但可以制订出企业的物料投产计划，还可以用来制订外购件的采购计划，非常适合于在加工、制造、装配企业中使用。配合使用计算机，可以迅速制订出比较详细复杂的生产计划和采购计划。因此，许多大型的企业，都把使用 MRP 作为自己坚定不移的目标。这些使用 MRP 的企业，一般都能够获得比较好的效果。切实按照其制订的计划去执行，既可以保证产品在装配时不发生缺货，保障企业生产的正常进行，而且还可以保证采购的产品库存量不高也不低，刚好可以满足生产计划规定的需要，不会造成库存积压也不会造成缺货。还能使得库存管理井井有条，节省保管费用，节省计划人员等。

1. MRP 的原理

MRP 基本的原理是，由主生产进度计划（MPS）和主产品的层次结构逐层逐个地求出主产品所有零部件的出产时间、出产数量。把这个计划称为物料需求计划。其中，如果零部件靠企业内部生产的，需要根据各自的生产时间长短来提前安排投产时间，形成零部件投产计划；如果零部件需要从企业外部采购的，则要根据各自的订货提前期来确定提前发出各自订货的时间、采购的数量，形成采购计划。确实按照这些投产计划进行生产和按照采购计划进行采购，就可以实现所有零部件的出产计划，从而不仅能够保证产品的交货期，而且还能够降低原材料的库存，减少流动资金的占用。MRP 的逻辑原理，如图 3-7 所示。

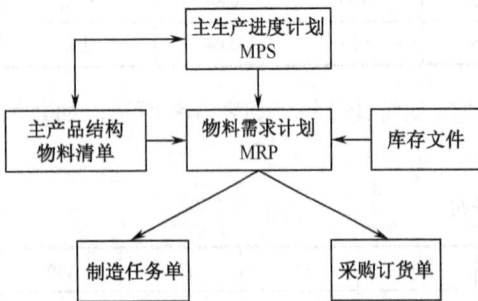

图 3-7　MRP 逻辑原理图

由图 3-7 可以看出，物料需求计划 MRP 有三个输入文件，分别是主生产进度计划（MPS）、物料清单（BOM）和库存文件。

（1）主生产进度计划 MPS（Master Production Schedule）

它一般是主产品的一个产出时间进度表，主产品是企业生产的用以满足市场需要的最终产品，一般是整机或具有独立使用价值的零件、部件、配件等。它们一般是独立需求产品，靠市场的订货合同、订货单或市场预测来确定其未来一段时间（一般是一年）的总需求量，包括需求数量、需求时间等。把这些资料再根据企业生产能力状况经过综合调配平衡，把它们具体分配到各个时间单位中去。这就是主产品出产进度计划。这个主产品出产进度计划是 MRP 系统最主要的输入信息，也是 MRP 系统运行的主要依据。

主产品出产进度计划来自企业的年度生产计划。年度生产计划覆盖的时间长度一般是一年，在 MRP 中用 52 周来表示。但是主产品的出产进度计划可以不一定是一年，要根据具体的主产品的出产时间来定。但是有一个基本原则，即主产品出产进度计划所覆盖的时间长度要不小于其组成零部件中具有的最长的生产周期。否则，这样的主产品出产进度计划不能进行 MRP 系统的运行，因此是无效的。例如，有一个产品出产计划表，可以视为产品 A 的主生产计划表，如表 3-9 所示。

表 3-9　产品 A 的出产进度表

时间（周）	1	2	3	4	5	6	7	8
产量（件/周）	25	15	20		60		15	

（2）主产品结构和物料清单 BOM（Bill of Materials）

物料清单（BOM）主要反映出主产品的层次结构、所有零部件的结构关系和数量组成（如图 3-8 为产品泵的产品结构和物料清单）。根据这个文件，可以确定主产品及其各个零部件的需要数量、需要时间和它们相互间的装配关系。

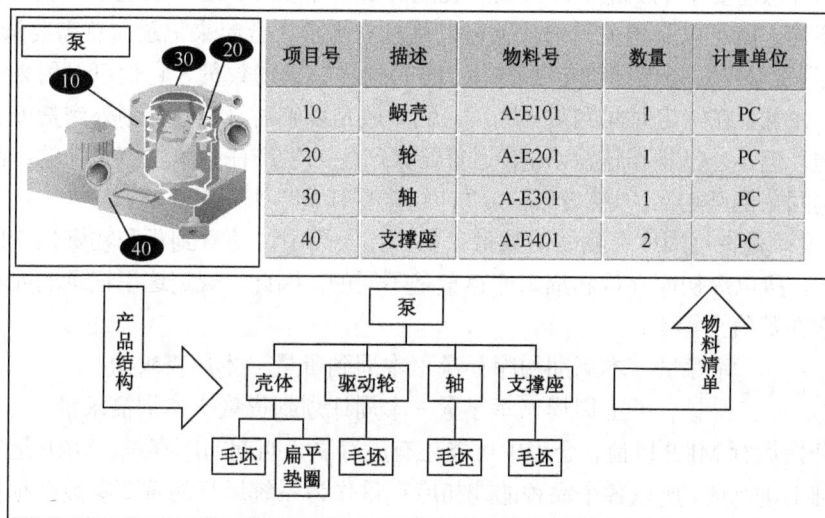

图 3-8　泵的产品结构和物料清单

产品结构树提供了产品的结构层次、所有各层零部件的品种数量和装配关系。在实践过程中，常常用一个自上而下的结构树来表示。每一层都对应一定的级别，最上层是 0 级，即主产品级，0 级的下一层是 1 级，对应主产品的一级零部件，这样一级一级往下分解，一直分解到最末一级 n 级，一般是最初级的原材料或者外购零配件。每一层各个方框都标有三个参数：

1）组成零部件名。

2）组成零部件的数量，指构成相连上层单位产品所需要的本零部件的数量。

3）相应的提前期，所谓提前期，包括生产提前期和订货提前期。所谓生产提前期，是指从发出投产任务单到产品生产出来所花的时间。而订货提前期是指从发出订货到所订货物采购回来入库所花的时间。提前期的时间单位要和系统的时间单位一致，也以"周"为单位。有了这个提前期，就可以由零部件的需要时间而推算出投产时间或采购时间。

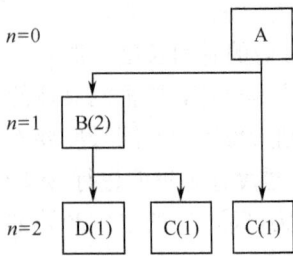

图 3-9　A 产品结构树

例如，主产品 A 的结构树如图 3-9 所示。它由两个部件 B 和一个零件 C 装配而成，而部件 B 又由一个外购件 D 和一个零件 C 装配而成。A、B、C、D 的提前期分别是 1、1、3、1 周，也就是说，装配一个 A 要 1 周时间（装配任务要提前 1 周下达），装配一个 B 要提前 1 周下达任务单，生产一个 C 要提前 3 周下达任务单，而采购一个 D 要提前 1 周发出订货单。A 产品结构分成 3 层，A 为 0 层（$n=0$），B、C 为 1 层（$n=1$），D、C 为 2 层（$n=2$）。

（3）库存文件

它包含有各个品种在系统运行前期初库存量的静态资料，但它主要提供并记录 MRP 运行过程中实际库存量的动态变化过程。由于库存量的变化，是与系统的需求量、到货量、订货量等各种资料变化相联系的，所以，库存文件实际上提供和记录各种物料的所有各种参数随时间的变化。

这些参数有如下几种。

1）总需要量：是指主产品及其零部件在每一周的需要量。其中主产品的总需要量与主生产进度计划一致，而主产品的零部件的总需要量根据主产品出产进度计划和主产品的结构文件推算而得出的。总需要量中，除了以上生产装配需要用品以外，还可以包括一些维护用品，如润滑油、油漆等。既可以是相关需求，也可以是独立需求，合起来记录在总需要量中。

2）计划到货量：是指已经确定要在指定时间到达的货物数量。它们可以用来满足生产和装配的需求，并且会在给定时间到货入库。它们一般是以临时订货、计划外到货或者物资调剂等得到的货物，但不包括根据这次 MRP 运行结果产生的生产任务单生产出来的产品或根据采购订货单采购回来的外购品。这些产品由"计划接受订货"来记录。

3）库存量：是指每周库存物资的数量。由于在一周中，随着到货和物资供应的进行，库存量是变化的，所以周初库存量和周末库存量是不同的。因此，规定这里记录的库存量都是周末库存量。它在数值上等于：

$$库存量 = 本周期初库存量 + 本周到货量 - 本周需求量$$
$$= 上周周末库存量 + 本周计划到货量 - 本周需求量$$

另外在开始运行 MRP 以前，仓库中可能还有库存量，叫期初库存量。MRP 运行是在期初库存量的基础上进行的，所以各个品种的期初库存量作为系统运行的重要参数必须作为系统的初始输入要输入系统之中。

库存量是满足各周需求量的物资资源。在有些情况下，为了防止意外情况造成的延误，还对某些关键物资设立了安全库存量，以减少因紧急情况而造成的缺货。在考虑安全库存的情况下，库存量中还应包含安全库存量。

产品库存文件，包括了主产品和其所有的零部件的库存量、已订未到量和已分配但还没有提走的数量。制定物料需求计划有一个指导思想，就是要尽可能减少库存。产品优先从库存物资中供应，仓库中有的，就不再安排生产和采购。仓库中有但数量不够的，只安排不够的那一部分数量投产或采购。

MRP 有两个输出文件，即投产计划和产品采购计划，根据产品投产计划和采购计划组织物资的生产和采购，生成制造任务单和采购订货单，交制造部门生产或交采购部门去采购。

2. MRP 处理示例

例 3-5 某企业要求在第 5 周和第 10 周分别交货 100 件 X 产品，产品 X 的产品结构树如图 3-16 所示，已知该产品及其零部件的库存量与提前期如表 3-10 所示，问该如何组织生产，即制造任务单和采购订货单该如何下达？

表 3-10　零部件的库存量与提前期

产　品　项	期初库存量	提　前　期	备　　　注
X	45	2	订购或出产无批量限制
X1	15	2	订购或出产无批量限制
X2	30	1	订购或出产无批量限制
X21	60	1	订购或出产无批量限制
X22	40	1	订购或出产无批量限制
M1	0	2	已在两周前发出 130 个的订单

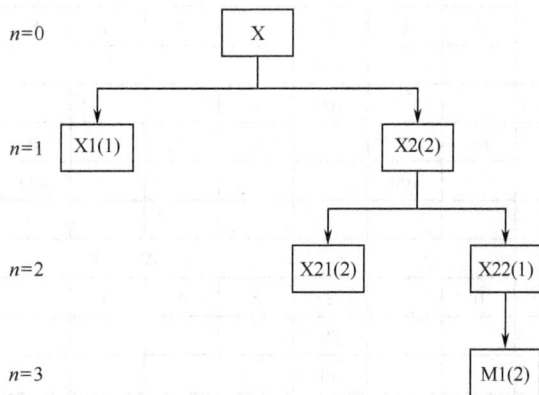

图 3-10　X 产品结构树

根据以上所列信息，我们知道最终产品了 MRP 的三个输入文件，即主生产进度计划 MPS为第 5 周和第 10 周分别交货 100 件 X 产品；主产品结构和物料清单；库存文件。可以根据这三个输入文件，列表计算各零部件的加工和采购计划，如表 3-10 所示。

表 3-11　X 产品的各部件 MRP 处理表

项目：X（0 级）	周　次										
提前期：2	0	1	2	3	4	5	6	7	8	9	10
总需要量						100					100
计划到货量						55					100
库存数量	45	45	45	45	45	0	0	0	0	0	0

（续表）

项目：X（0级）	周　次										
提前期：2	0	1	2	3	4	5	6	7	8	9	10
计划补充订购（或加工）数量				55					100		

项目：X1（1级）	周　次										
提前期：2	0	1	2	3	4	5	6	7	8	9	10
总需要量				55					100		
计划到货量				40					100		
库存数量	15	15	15	0	0	0	0	0	0	0	0
计划补充订购（或加工）数量		40					100				

项目：X2（1级）	周　次										
提前期：1	0	1	2	3	4	5	6	7	8	9	10
总需要量				110					200		
计划到货量				80					200		
库存数量	30	30	30	0	0	0	0	0	0	0	0
计划补充订购（或加工）数量			80					200			

项目：X21（2级）	周　次										
提前期：1	0	1	2	3	4	5	6	7	8	9	10
总需要量			160					400			
计划到货量			100					400			
库存数量	60	60	0	0	0	0	0	0	0	0	0
计划补充订购（或加工）数量		100					400				

项目：X22（2级）	周　次										
提前期：1	0	1	2	3	4	5	6	7	8	9	10
总需要量			80					200			
计划到货量			40					200			
库存数量	40	40	0	0	0	0	0	0	0	0	0
计划补充订购（或加工）数量		40					200				

项目：M1（3级）	周　次										
提前期：2	0	1	2	3	4	5	6	7	8	9	10
总需要量		80					400				
计划到货量		130					350				
库存数量	0	50	50	50	50	50	0	0	0	0	0
计划补充订购（或加工）数量					350						

最后，将上述表格中计划补充订购（或加工）数量一栏，按订购和加工分别汇总，得到明细采购订货单和明细制造任务单，见表 3-12 和表 3-13。

表 3-12　明细采购订货单

采 购 计 划	周 次									
	1	2	3	4	5	6	7	8	9	10
项目: X1	40					100				
项目: X21	100					400				
项目: M1				350						

表 3-13　明细制造任务单

加 工 计 划	周 次									
	1	2	3	4	5	6	7	8	9	10
项目: X			55					100		
项目: X2		80					200			
项目: X22	40					200				

以上例子是一个 MRP 的处理示例，我们在这里假设订购或出产没有批量限制，现实情况可能不是这样，如供应 X1 部件的供应商要求每次订货至少要达到 100 件，因为模具不能频繁更换，生产车间生产 X2 的最少批量为 150 件等，这样问题会变得稍微复杂一些，但原理还是一样，我们按上面的 MRP 处理表仍然可以求解。

3.4　案 例 分 析

3.4.1　海信的零库存管理和物流理念

海信电器股份有限公司汤业国总经理凭借"零库存管理"，获得首届营销人金鼎奖的中国杰出销售总经理奖。据他介绍，零库存管理的核心在于必须尽快地制造更好的产品，并有一个反应迅速的营销体系，以更迅速地把它们交到消费者手中，周期尽可能缩到最短，有效库存降到最低。这样可以大大提高了资金周转率，很好地降低了经营风险，并能及时提供给消费者高质量的"保鲜"产品。

海信的零库存管理是建立在整个企业数字化管理的基础上的。它每年都要事先做好下一年的年度计划，如年度的销售额、产量、市场占有率、销售网点等。而且海信早在 1995 年就开始兴建有专人负责的销售网络，现在它的产品在市场上总共有 20 个型号，每个型号仓库里有多少台，分公司仓库里有多少台，以及分公司下辖的网点有多少台机器，都有准确的统计数据，而且通过海信投巨资兴建的遍布全国的完善的网络，每一天销售多少台机器都有能一清二楚，这样使调配资源有充分的依据。同时，为确保各管理环节的落实，他们还实行百分制考核，包括市场销售人员，每个月都要打分，对每个人的任务的完成时间，完成程度都落到实处，绝不能有虚假。

举个例子：根据市场需求给某个厂家下 5 000 台的订单，比如说好至少要 5 天，那么一天 1 000 台，仓库中相应料的供应量就是 5 000，正好够生产车间干 5 天，然后接下一个订单。循环往复，每个生产周期衔接得恰到好处。

2003 年，海信上 ERP 项目的时候，与海信合作的是 HP 咨询。HP 咨询项目顾问在对海信实际考察后，对其基础管理工作赞不绝口。他们说：找我们咨询的企业很多，包括海信的竞争对手。我在未接触海信之前，对海信的基础管理并不熟悉，尤其是仓库。到你们这里后，你们的仓库我有一个想不到——只有竞争对手的"四分之一"大，换句话说你们的竞争对手有你们仓库的四个大。"

2003 年，海信上 ERP 项目的时候，与海信合作的是 HP 咨询。HP 咨询项目顾问在对海信实际考察后，对其基础管理工作赞不绝口。他们说：找我们咨询的企业很多，包括海信的竞争对手。我在未接触海信之前，对海信的基础管理并不熟悉，尤其是仓库。到你们这里后，你们的仓库我有一个想不到——只有竞争对手的"四分之一"大，换句话说你们的竞争对手有你们仓库的四个大。"

1999 年，海信的"零库存管理模式"在汤业国执掌海信电器帅印的时候就享誉中国的彩电业，但当时仅仅是一种管理模式的探索，虽然取得了一些成绩，更多的经营管理研究者和同行也只能在报纸或者网站上阅读到海信关于"零库存管理模式"的只言片语。经过近几年的锤炼，2006 年初，海信集团董事长周厚健在海信集团经济工作会议上明确表示"海信的资金周转和占用管理已经成为海信的核心竞争力之一"。

从 1999 年到 2005 年，短短的六年，是海信历史上发展最快的几年。这几年里，黑色家电——海信彩电荣登销售额占有率榜首数月，海信冰箱、海信空调快速发展，白色家电的龙头老大——科龙也终于融入海信的怀抱。也就在这几年，海信进一步发展了"零库存管理模式"，丰富了其内涵和外延，跳出传统"零库存"的概念，形成了自己独特的资金占用和周转管理体系，并且把它们锤炼成自己的"核心竞争力"，为海信的成功立下了汗马功劳。

由于实施零库存管理，海信一直没有积压过时的高价产品，海信目前的库存只有 20 万元，保证拿出来的都是新产品，而新产品的价格和市场的价位水平是相匹配的，而这种价格对于其他企业已经形成库存的产品是有优势的。也正由于此，海信在价格战中能够根据市场环境及自身实力做出相应的调整。

案例思考

1. 从文章中可以看出海信是通过哪些手段来实现零库存的？
2. 可以结合本章内容谈谈这些手段的作用吗？

3.4.2 虚拟服装工厂——美特斯·邦威

你很难想象得到美特斯·邦威经历的跳跃式发展，1995 年的时候只有一千多万元的销售规模，2001 年的销售额接近 8 亿元，2002 年已经有 15 亿元，2003 年将近 20 亿元，2004 年突破 25 亿元，2008 年上市后实现营业总收入 44.74 亿元，净利润 5.88 亿元。你可以看到这些数字在曲线图上的表现形式近乎为直线，但很少有人相信这是一家没有工厂的中国服装企业创造的。"你完全可以用一个最简单的词来解释它：'借鸡生蛋'，现在浙江的许多大企业已经开始学习虚拟经营了"，周成建这样解释自己的成功。

1995 年周成建在温州开第一家专卖店的时候，就打出了"我做衣，你出价"这样的招牌，而且还花了四万元买了红地毯铺满了温州的五马路。就这样，美特斯·邦威的"虚拟经营"之路开始了。而虚拟经营作为理论由肯尼思·普瑞斯等美国学者于 1991 年提出后很短的时间里，周成建就已经成为行家里手了。但周坦陈，当时他并不懂什么虚拟经营，只是凭经商的感觉罢了。

周成建在总结美特斯·邦威不足十年间销售额增长了 300 倍的经验时曾表示："作为个体工商户，在积累的资本非常有限的情况下，如果不采用虚拟运营这种方式，有可能就走不到今天这样的规模。这么多工厂都要自己去建的话，起码需要好几年的时间，更何况还有近千家专卖店呢！而且即便不算时间，每家生产企业至少要几千万元的投资，我们旗下有 100 多家生产企业，这算下来也是一个天文数字。"而解决这些问题的关键是美特斯·邦威完成了从统计条码到代理商、门店的销售系统的数字化这一跳跃过程。

除了美特斯·邦威这块当时还不算太响的招牌外，周成建几乎没有什么值得炫耀的东西。做服装销售，最关键的是反应速度和控制成本，如何提高企业对市场的反应速度，了解市场、满足市场以及如何尽可能地降低企业的库存成本，是摆在美特斯·邦威面前的两大难题。

在将产品进行编码进而统计后，周成建发现了可以令企业快速行进的利器——利用信息技术加强供应链管理，将公司的仓库前移，使得产品出厂的时候就处在销售渠道之中。根据这个想法，美特斯·邦威帮助其加工厂实现信息化，实时了解工厂的生产进度。譬如说当公司知道一周内将会有什么产品生产出来时，就在自己内部的电子商务网站上发布这些产品的信息，接着全国各地的代理商就可以通过网络订货，而公司在获得这些信息并加以整理后就可以直接指导工厂进行发货。

美特斯·邦威公司内部有计划管理处和市场部两个部门来负责实时获取外界的市场信息。计划管理处的人员每天就是盯着各个专卖店的销售情况，并根据这些数字随时变更生产订单；同时市场部门不断优化这些数字，使其更丰满和准确。譬如不同地区对于某一颜色的衣服有不同的需求。

这样，随着网络和系统的不断健全，企业可以随时获取市场反馈信息，并迅速反馈到加工厂。例如，美特斯·邦威本来预计生产 20 万件某类产品，但是从市场得知 20 万件的数字并不合理，就可以很快让工厂停止生产、减少损失。目前，从生产厂发货到产品面市大概只需要一周的时间。在这期间美特斯·邦威所要抓的只是资金和信息两项工作，而至于实际的产品可能从头至尾都没有见到过。周成建认为，这就是企业未来发展的方向，也是不断加剧的竞争使得资源共同体共同发展和生存的道路。

今天，每个特许加盟的美特斯·邦威专卖店都在这一包括电子商务系统、门店管理系统、销售时点系统的平台内，再加上打通各 OEM 厂商的 ERP，仅有 300 余人的美特斯·邦威总部在 40 余人的计算机中心的支持下，从容地控制着 1 000 余家专卖店和 100 余家远在江苏和广东的 OEM 生产工厂。对于整个供应链来讲，专卖店可以从网上查看新货品的实物照片来快速订货，美特斯·邦威总部可实时考核每个专卖店的销售业绩（甚至可以细到每一件服装卖出时的天气情况及消费者情况），对于整条供应链的进、销、存数据进行经营分析，以便及时做出促销、配货、调货的经营决策。这不仅提高了市场反应能力，也为货品、资金的快速周转提供了保证，提高了资金使用的效率。

现在的美特斯·邦威不仅利用"虚拟库存"帮助供应链的上下游化解库存风险，而且开始通过提高整条供应链的资金利用效率来放大自有资金的杠杆效应，一个极有说服力的现象是，美特斯·邦威 2008 年将近 45 亿元的销售额较 2000 年 5 亿元的销售额提升了 9 倍，但自有资金的占用比例却反而有所下降。

案例思考

1. 美特斯·邦威是怎样用信息技术加强供应链管理的？
2. 美特斯·邦威是用什么手段来调动和控制多门店和 OEM 厂商的？
3. 资金和信息是"虚拟经营"的两条主线，美特斯·邦威是怎样调配的？

第4章

配送与配送中心

国内外的物流实践证明，发展专业化、社会化、现代化的物流配送中心是实现"第三利润源泉"的有效途径。

本章介绍现代配送的含义、种类、作业目标、配送过程、配送的意义与作用，以及现代配送模式与选择策略；另外还介绍了现配送中心的含义、特点以及配送中心的种类和构成，并阐述了配送中心的设置原则、方法以及建立配送中心的途径。

4.1 配送概述

4.1.1 配送的含义

1. 配送的含义

配送（Distribution）是"在经济合理区域范围内，根据用户要求，对物品进行拣选、加工、包装、分割、组配等作业，并按时送达指定地点的物流活动"（见 GB/T18354—2006）。配送将"配"和"送"有机结合起来，是一种特殊的、综合的物流活动方式，是商流与物流相结合，包含物流若干功能要素的一种物流方式。

2. 配送与物流的区别

在《中华人民共和国国家标准·物流术语》中对物流的定义是：物品从供应地向接收地的实体流动中，根据实际需要，将运输、储存、装卸、搬运、包装、流通加工、配送、信息处理等功能有机结合来实现用户要求的过程；对于配送的定义是：在经济合理区域范围内，根据用户要求，对物品进行拣选、加工、包装、分割、组配等作业，并按时送达指定地点的物流活动。

配送与物流有着明显的差别，主要区别体现在以下几方面。

（1）从辐射范围看。物流辐射范围大，配送辐射范围小。

（2）从作业在供应链的位置看。物流作业一般发生在供应链上游和前端靠近制造商的地方，配送一般发生在下游和末端靠近最终消费者的地方。

（3）从包含的具体作业看。物流包括运输、储存、装卸、搬运、包装、流通加工、物流信息处理及一些增值服务，配送则除包含上述作业之外，还包括分拣、拣选等标志性作业。

（4）从处理的流体特征看。物流处理的流体具有少品种、大批量、少批次等特点，配送则相反，具有多品种、小批量、多批次等特点。

当然，物流和配送的联系十分紧密，配送可以认为是物流的缩影，物流包括的所有的作业配送，另外，配送包含在物流之中，当一条供应链的物流渠道很短，比如，在商品从工厂直接送到销售门店的情况下，物流和配送就合二为一，这时，这种作业可以称为物流，也可称为配送，物流和配送在这种场合已经合并起来。

4.1.2　配送的特点

与传统配送相比较，现代配送具有以下几方面的特点。

1．虚拟性

虚拟性是指在信息网络构筑的虚拟空间中进行的配送活动（配送的虚拟性源于网络的虚拟性），它通过对配送活动的现实虚拟，生成各种虚拟的环境，作用于人的视觉和听觉等，人们不仅可以看到配送活动的图像，而且可以进行配送的操作演示，产生身临其境的感觉。虚拟现实（Virtual Reality）是一种可创建和体验虚拟世界的计算机系统，企业利用虚拟现实系统有如下好处：一是可以建立配送中心的订货虚拟系统，科学合理确定订购品种和规模；二是企业可以建立库存信息系统，虚拟反映库存品种和规模，以科学合理确定库存的品种和规模，规划库存的利用效率；三是可以建立虚拟配货装配系统，以科学合理的配货与装配、合理的人力分布、合理的装卸和设备分配，来选择合理的运输工具；四是可以建立虚拟送货系统，以科学合理确定运输线路和时间等。此外，网络经济的虚拟性的特点可使企业对配送活动进行有效的实时监控，保证配送环节的合理衔接，提高配送效率。

2．高效性

虚拟性的特点可使企业根据实际情况建立一套完整有效的信息自动处理系统，将一些程序化的活动通过信息自动传递来实现，企业可根据用户的需求情况，通过信息传递系统调整库存数量和结构，调节订货数量和结构，进而调整配送作业活动；而对于一些非程序的活动，可通过信息自动传递系统进行提示或预报，调节配送，提高信息的传输和配送效率。

虚拟性的特点也可使企业建立一套有效的计算机辅助决策系统，将一些程序化的活动借助计算机辅助决策系统来完成，提高决策效率。

此外，基于网络的信息系统也可迅速有效地完成信息的交流、单证的传输以及配送过程中的支付。

3．低成本性

现代网络信息技术不仅使配送双方节约了成本，而且也使整个社会的配送成本大大降低。

首先，现代配送节约了配送双方的库存成本。在现代配送的情况下可以有效地利用现代信息技术及交易等优势，减少配送双方的库存规模；同时对于社会来说，库存水平也有所降低，使库存管理的成本和费用相对下降。

其次，现代配送降低了配送双方的销售成本。提供配送的一方可实现促销成本及送货成本的降低，需要配送服务的一方可实现信息采集成本等的降低，节约自建配送系统的投资及相应的管理费用。

第三，现代配送降低了配送双方的结算成本及单证传输成本。

第四，现代配送降低了租金成本。一是它可使企业合理地确定配送场地的面积和地点，提高配送场所的利用率，降低配送场所的使用成本；二是它可使企业相应地减小办公场地的面积，因为在电子技术高度发达的今天，企业可以充分地利用网络管理的方法与技术对配送活动进行管理，所以，需要的面积远远小于传统配送管理的面积。

4. 个性化

个性化特点是现代配送能根据用户的不同需求提供一对一的配送服务，更好地满足不同用户的配送需求。个性化服务在配送中的应用、推广和发展，将开创配送服务的新时代。它不仅使普通的大宗配送业务得到发展，而且能够适应用户需求多样化的发展趋势和潮流。

个性化服务的实现主要是通过共同筛选技术和神经网络匹配技术来进行的。共同筛选技术可以把用户需求配送习惯、喜好的配送方式等与其他用户需求配送习惯、喜好的配送方式等加以比较，以确立用户下一次对配送的具体要求。神经网络匹配技术通过模仿人的大脑程序，识别复杂数据中的隐含模式，使提供配送服务者能够迅速地与每一位用户通信和交流，从而满足用户提出的特殊配送要求。

4.1.3　配送的基本活动

配送过程是指配送的工作过程，在实际的运作过程中，由于产品形态、企业状况及顾客要求存在着差异，所以配送过程也会有所不同，甚至会存在着较大的差异。但从一般意义上来考察，一个较为完整的配送工作流程包括集货、储存、分拣、配货、配装、配送运输和送达服务以及按照客户需要进行的流通加工（如图4-1所示）。

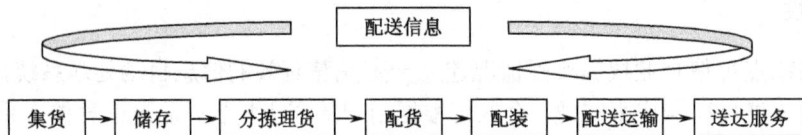

图 4-1　配送工作流程

1. 集货（Goods collection）

集货是将分散的或小批量的物品集中起来，以便进行运输、配送的作业活动。

集货是配送的重要环节，为了满足特定客户的配送要求，有时需要把从几家甚至数十家供应商处预订的物品集中，并将要求的物品分配到指定容器或场所。集货是配送的准备工作或基础工作，配送的优势之一就是可以集中客户的需求进行一定规模的集货。

2. 储存

储存是进行配送的第二环节，也是进行配送的一个重要而必要的环节。配送中的储存有储备及暂存两种形态。储备是按一定时期配送规模要求合理的储存数量，它形成了配送的资源保证；暂存是在进行配送过程中，为方便作业，在理货场所进行的货物储存。一般来说，储备的结构相对稳定而暂存的结构易于变化；储备的时间相对较长，而暂存的时间较短。

3. 分拣（Sorting）、理货（Tallying）

分拣是将物品按品种、出入库先后顺序进行分门别类堆放的作业活动。理货是货物装卸中，对照货物运输票据进行的理（点）数、计量、检查残缺、指导装舱积载、核对标记、检查包装、分票、分标志和现场签证等工作。

分拣和理货是配送不同于其他物流形式的功能要素，也是配送成败的一项重要支持性工作。它是完善送货、支持送货准备性工作，是不同配送企业在送货时进行竞争和提高自身经济效益的必然延伸。所以，分拣也可以说是送货向高级形式发展的必然要求，有了分拣，就会大大提高送货服务水平。有关分拣线设备结构见第 12 章。

4. 配货

配货是使用各种拣选设备和传输装置，将存放的物品，按客户要求分拣出来，配备齐全，送入指定发货地点的作业活动。

5. 配装

在单个客户配送数量不能达到车辆的有效载运负荷时，就存在如何集中不同客户的配送货物，进行搭配装载以充分利用运能、运力的问题，这就需要配装。配装与一般送货不同之处在于，通过配装送货可以大大提高送货水平及降低送货成本，所以配装也是配送系统中有现代特点的功能要素，也是现代配送不同于以往送货的重要区别之一。

6. 配送运输

运输中的末端运输、支线运输，和一般运输形态的主要区别在于配送运输是距离较短、规模较小、额度较高的运输形式，一般使用汽车做运输工具。与干线运输的另一个区别是，配送运输的路线选择问题是一般干线运输所没有的，干线运输的干线是唯一的运输线，而配送运输由于配送客户多，一般城市交通路线又较复杂，如何组合成最佳路线，如何使配装和路线有效搭配是配送运输的特点，也是难度较大的工作。

7. 送达服务

将配好的货运输到客户还不算配送工作的结束，这是因为送达货和客户接货之间往往还会出现不协调，使配送前功尽弃。因此，要圆满地实现运到之货的移交，有效地、方便地处理相关手续并完成结算，还应讲究卸货地点、卸货方式等，如到交运管理部办理停车卸货证等。送达服务也是配送独具的特殊性。

8. 配送加工

配送加工是按照配送客户的要求所进行的流通加工。

在配送中，配送加工这一功能要素不具有普遍性，但往往是有重要作用的功能要素。这是因为通过配送加工，可以大大提高客户的满意程度。

配送加工是流通加工的一种，但配送加工有它不同于一般流通加工的特点，即配送加工一般只取决于客户要求，其加工的目的较为单一。

4.1.4　配送的种类

1. 按配送商品种类及数量划分

配送按配送商品的种类及数量划分，主要有以下几种。

（1）多品种、少批量配送

多品种、少批量配送是按照用户的需要，将所需的各种货物配备齐整后，由配送地送达目的地的一种配送方式。该配送方式符合现代消费者多样化需求的发展趋势，是许多国家推崇的一种配送方式。

在实际配送过程中，这种方式对配送的作业水平和管理水平有较高的要求，它不仅要求配送方的配送设备及作业程度要达到相当的规模和水平，而且要求配送方的管理水平也要达到一个较高的程度，保证各作业环节的协调性。而且，这种方式的配送成本一般较高。

多品种、少批量配送方式一般适合于综合配送中心所进行的配送，从社会总产品的角度来考察，一般适合于消费资料及生产资料的二、三类产品。从库存角度来看，一般适合于 B 类产品和 C 类产品。从距离上来看，一般适合于短距离的配送。

信息技术的应用将会使多品种、少批量配送方式的作业和管理难度得到降低。企业间可充分利用电子商务的技术对其进行虚拟管理和作业，合理地选择运输工具和线路进行货物的配装和运送，提高配送作业的效率。

（2）少品种、大批量配送

一般来说，当用户所需货物的品种较少、需求量较大且相对稳定时，可采取这种配送形式。这种配送形式因批量较大，一般不需要对货物进行配装，可直接进行配送。

在实际配送过程中，这种配送形式相对于多品种、少批量配送形式来说，配送作业的难度较小，配送成本也相对较低。一般适合 A 类产品的配送，配送距离也相对较长。这种配送适合的专业性配送中心进行的配送和对供应方进行的配送。

（3）成套配送

当用户尤其是装配型企业需要多种零配件和配套设备时，可采用成套配送形式，按其生产节奏定时定量将企业所需要的货物送到生产装配线。这种配送形式有利于生产企业实现库存的最小化，方便生产企业的生产作业。

2. 按配送时间及数量划分

按配送时间及数量划分，主要有以下几种。

（1）定时配送

定时配送是按规定时间间隔所进行的配送。这里的时间间隔是指用户需求的时间间隔，一般相对固定。配送方在用户需求的时间间隔内定时地向用户配送商品。在实际配送过程中，配送方可通过现代信息技术准确地安排配送作业计划，合理确定配送的设备和人员。即使在用户需求的时间及配送的品种和数量发生变化时，配送方仍能依据现代信息技术迅速地调节原作业计划，及时调配设备和人员，并通知作业层，调整作业过程。

（2）定量配送

定量配送是按规定的批量在一个指定的时间范围内进行的配送。由于配送的数量相对固定，时间范围相对宽松，配送方可以在有效的时间范围内利用现代信息技术进行备货、装配和配送，合理使用配送设备，节约运力和选择运输时间和线路，提高配送效率，节约配送成本。

（3）定时定量配送

定时定量配送是按规定的时间、规定的货物品种和数量进行的配送。这种配送兼有定时配送和定量配送的特点，一般作业的难度较大，成本较高。信息技术的应用将会使其作业的难度和配送成本大大降低。

（4）定时定量定点配送

这是在配送过程中用户所普遍需求的配送形式。即将准确的货物数量在规定的时间送到规定的目的地。它不仅要求配送方有较高的管理能力，而且要有较强的配送能力。传统的解决办法是增加管理人员的数量，提高管理人员的工作强度，并且要相应地增加配送设备的投资，以提高配送能力。而在现代配送中，通过现代信息技术的应用及对现实的虚拟，由计算机来进行分析和规划，不仅可减少管理人员的数量，而且也可降低管理人员的工作强度；同时，也可合理地利用现有设备，相对地减少为提高配送能力所进行的配送设备的投资，提高配送的效率，降低配送成本，满足用户的需求。

（5）即时配送

这是一种比较特殊的配送，其表现在用户对配送提出的一些临时性突发需求，要求配送方完全按照其所要求的时间、品种和数量随机进行配送的一种方式。对于配送方来说，要么满足用户的要求，进行即时配送，要么拒绝客户的要求。前一种情况增加了配送方的作业难度和成本，但提高了企业的服务水平和信誉；后一种情况企业的声誉和形象将不可避免地受到影响，甚至会丧失客户。目前，市场竞争日趋激烈，市场需求迅速变化，如何满足客户即时配送的要求是一个摆在配送企业面前的棘手问题，也是现代配送需要研究的一个问题。

3. 按配送地点划分

按配送地点划分，配送形式主要有配送中心配送、仓库配送和商店配送等。

（1）配送中心配送

其组织者是专职从事配送业务的配送中心，一般来说，这种方式规模较大，功能齐备，配送能力较强，配送距离也较长，大都和用户有固定的配送关系。其不仅可以承担工业企业生产用主要物资配送、大型工程项目需求的物资配送以及对商业企业实行的补充性配送等，而且还可以承担对专职配送点的货物补充性配送。配送中心要较好地完成上述职能，建立配送中心的信息系统尤其是建立基于网络的信息系统是十分必要和有效的，通过信息系统不仅能更科学地进行管理、制定配送作业计划，而且可以更有效地处理好配送中心与用户的关系，搞好配送中心与各配送点的衔接和协调，提高配送效率，降低配送成本。

（2）配送点配送

配送点是在某一特定区域设置的专门从事该区域配送业务的网点。一般来说，配送点是配送中心的分支机构或下属机构，不独立对外进行商业活动，配送业务主要通过网络接受上级的指令，进行配送。业务的地理区域也较小，距离也较近，配送的品种、数量较少，一般为小件商品，配送设备主要为运输设备和必要的仓储设施。

（3）仓库配送

即以仓库为地点而进行的配送。它是在保持仓库原有功能的前提下，增加配送功能。一般来说，规模较小，综合能力相对较弱，配送的专业化程度也较低。

（4）商店配送

其组织者是通过企业的经营网点，一般与零售相结合，配送规模和半径都较小，大都是卖出即配送。

（5）生产企业配送

其组织者是生产企业，一般来说，配送的产品往往都是一些适用性较强或自身生产的产品，同时，需求方都是最终用户。

此外，配送按专业化程度划分，有综合配送与专业配送；按经营形式划分，有销售配送、供应配送、代存代供配送和销售供应一体化配送；按加工程度划分，有加工配送和非加工配送等。

配送概念的内涵

1. 配送提供的是物流服务，因此满足顾客对物流服务的需求是配送的前提。

2. 配送是"配"与"送"的有机结合。

所谓"合理地配"是指在送货活动之前必须依据顾客需求对其进行合理的组织与计划。只有"有组织有计划"地"配"才能实现现代物流管理中所谓的"低成本、快速度"地"送"，进而有效满足顾客的需求。

3. 配送是在积极合理区域范围内的送货。

配送不宜在大范围内实施，通常仅局限在一个城市或地区范围内。

资料来源：百度百科，词条：配送，经作者整理

4.2 现代配送模式及选择

4.2.1 配送模式

配送模式是企业对配送所采取的基本战略和方法。根据国内外的发展经验及我国配送理论与实践，目前，国内主要形成了以下几种配送模式。

1. 自营配送模式

自营配送模式是指企业物流配送的各个环节由企业自身筹建并组织管理，实现对企业内部及外部货物配送的模式。这种模式有利于企业供应、生产和销售的一体化作业，系统化程度相对较高。既可满足企业内部原材料、半成品及成品的配送需要，又可满足企业对外进行市场拓展的需求。这种模式的不足之处表现在，企业为建立配送体系的投资规模将会大大扩大，在企业配送规模较小时，配送的成本和费用也相对较高。

一般而言，采取自营性配送模式的企业大都是规模较大的集团公司，如浙江省烟草公司杭州分公司自建自营的物流配送中心。这其中有代表性的是连锁企业的配送，它们基本上都是通过组建自己的配送系统来完成企业的配送业务，实现包括对内部各场、店的配送和对企业外部顾客的配送。

2. 共同配送模式

（1）共同配送模式的含义

共同配送是物流配送企业之间为了提高配送效率以及实现配送合理化所建立的一种功能互补的配送联合体。进行共同配送的核心在于充实和强化配送的功能，共同配送有利于实现配送资源的有效配置，弥补配送企业功能的不足，促使企业配送能力的提高和配送规模的扩大，更好地满足客户需求，提高配送效率，降低配送成本。

（2）共同配送模式的原则

共同配送的核心在于充实和强化配送的功能，提高配送效率，实现配送的合理化和系统化。因此，作为开展共同配送的联合体成员，首先要有共同的目标、理念和利益，只有这样才能使

联合体有凝聚力和竞争力，才有利于共同目标和利益的实现。

开展共同配送、组建联合体有以下几个原则：① 坚持功能互补的原则；② 坚持平等自愿的原则；③ 坚持互惠互利的原则；④ 坚持协调一致的原则。

需要注意的是，在开展共同配送、组建联合体的过程中，要避免行政干预，谨防"拉郎配"的做法。

（3）共同配送的可行性论证

企业在树立了共同配送的理念之后，就要进行共同配送，组建共同配送联合体，必须进行共同配送的可行性论证，论证的内容主要包括以下几点。

第一，环境分析。主要包括宏观环境和微观环境分析。宏观环境主要包括经济环境、法律环境和自然环境等，重点应以经济环境为主，这主要包括交通、通信及仓储等。微观环境主要包括对合作对象的分析，即在共同配送的目标范围内，是否有可供选择的合作对象，着重在功能、区域及配送理念上进行分析。

第二，服务对象论证。主要从组建共同配送联合体，开展共同配送所提供的服务、形成的配送网络和竞争优势等方面来分析探讨，确定自己的目标市场及所达到的目标。

第三，组织论证。主要分析开展共同配送的组织管理模式、方法以及组织保证。

第四，技术论证。主要包括与共同化有关的技术及企业间资源、设备和管理技术的论证，同时还包括与共同配送信息系统相关的安全技术、支付技术及网络技术的论证。

（4）共同配送的实施步骤

共同配送的实施主要包括以下几个步骤：

第一，选择联合对象；

第二，组建谈判小组，做好谈判准备；

第三，签订合作意向书及合同，并进行公证；

第四，组建领导班子，拟定管理模式；

第五，正式运作。

（5）共同配送的运作方式

在实际运作过程中，由于共同配送联合体的合作形式、所处环境、条件以及客户要求的服务存在的差异，因此，共同配送的运作过程也存在着较大的差异，在网络信息支持下，共同配送的一般运作过程如图 4-2 所示。

（6）共同配送的类型

在实际运行过程中，共同配送的种类是多种多样、互不相同的，大体可归纳为：按联合体组织的紧密程度来划分，有紧密型、半紧密型和松散型；按所承担的任务划分，有资源型和管理型；按配送角色划分，有功能型、集货型、送货型和集送型等。

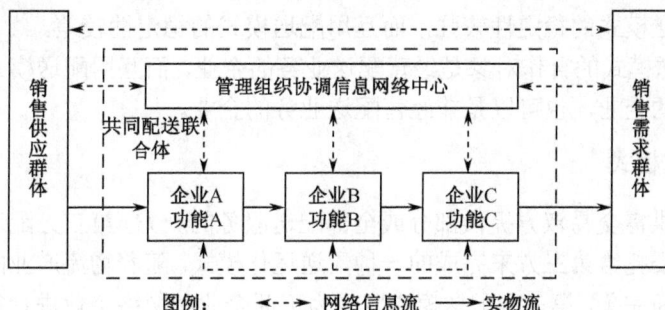

图 4-2　共同配送的一般运作过程

3. 互用配送模式

（1）互用配送模式的含义

互用配送模式是几个企业为了各自利益，以契约的方式达成某种协议，互用对方配送系统而建立的配送模式。其优点在于企业不需要投入较大的资金和人力，就可以扩大自身的配送规模和范围，但需要企业有较高的管理水平以及与相关企业的组织协调能力。互用配送模式比较适合于电子商务 B2B 的交易方式。

（2）互用配送模式的形式

一般来说，互用配送模式的基本形式如图 4-3 所示。

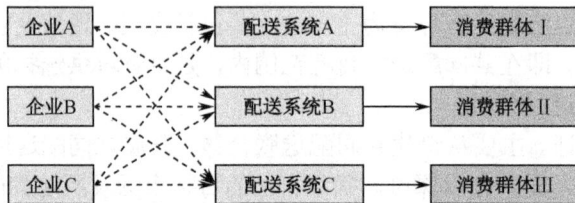

图 4-3　互用配送模式的基本形式

在网络经济环境下，由于企业与消费者之间可直接通过网络进行信息交流与订货，互用配送模式的形式就转换成以网络控制为主的配送形式，图 4-4 表示了电子商务互用配送模式的基本形式。

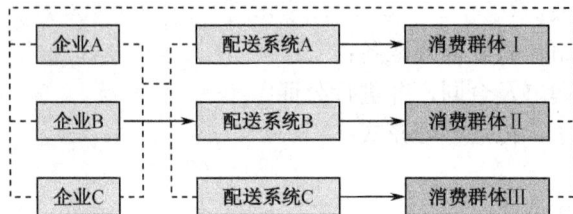

图 4-4　电子商务互用配送模式的基本形式

（3）互用配送模式的特点

与共同配送模式相比较，互用配送模式的特点如下。

第一，共同配送模式旨在建立配送联合体，它以强化配送功能为核心，而互用配送模式旨在提高自己的配送功能，它以企业自身服务为核心。

第二，共同配送模式旨在强调联合体的共同作用，而互用配送模式旨在强调企业自身的作用。

第三，共同配送模式的稳定性较强，而互用配送模式的稳定性较差。

第四，共同配送模式的合作对象是经营配送业务的企业，而互用配送模式的合作对象既可以是经营配送业务的企业，也可以是非经营配送业务的企业。

4. 第三方配送模式

第三方就是为供需交易双方提供部分或全部配送服务的一方，第三方配送模式是指交易双方把自己配送业务委托给第三方来完成的一种配送运作模式。随着物流产业的不断发展以及第三方配送体系的不断完善，第三方配送模式应成为工商企业和网络企业进行货物配送的首选模式和方向。第三方配送模式的运作方式如图 4-5 所示。

图 4-5　第三方配送模式的运作方式

4.2.2　现代配送模式的选择

企业在进行电子商务时,选择配送模式主要考虑以下几方面的因素:配送对企业的重要性、企业的配送能力、市场规模与地理范围、保证的服务及配送成本等,一般来说,企业选择配送模式的方法主要有以下几种。

1. 矩阵图决策法

矩阵图决策法主要是存在两个不同因素的组合,利用矩阵图来选择配送模式的一种决策方法。其基本思路是选择决策因素,然后通过其组合形成不同区域或象限再进行决策。这里我们主要围绕配送对企业的重要性和企业配送的能力来进行分析,如图 4-6 所示。

在实际经营过程中,企业根据自身的配送能力和配送对企业的重要性组成了上述区域,一般来说,企业可按下列思路来进行选择和决策。

在状态 I 下,配送对企业的重要性程度较大,企业也有较强的配送能力,在配送成本较低、地理

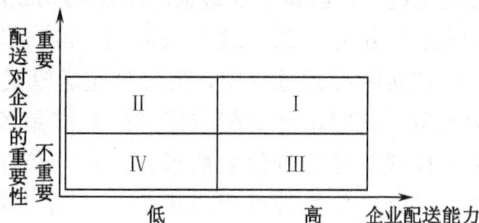

图 4-6　矩阵图决策法

区域较小但市场相对集中的情况下,企业可采取自营配送模式,以提高顾客的满意度和配送效率,并与营销保持一致。

在状态 II 下,配送虽对企业的重要程度较大,但企业的配送能力较低,此时,企业可采取的策略是寻求配送伙伴来弥补自身在配送能力上的不足。可供选择的模式有三种:第一种是加大投入,完善配送系统,提高配送能力,采用自营配送模式;第二种是进行一些投入,强化配送能力,采用共同配送模式;第三种是采取第三方配送模式,将配送业务完全委托专业性的配送企业来进行。一般说来,在市场规模较大,相对集中且投资量较小的情况下,企业可采取自营配送模式,若情况相反,则可采取第三方配送模式。

在状态 III 下,配送在企业战略中不占据主要地位,但企业却有较强的配送能力,此时,企业可向外拓展配送业务,以提高资金和设备的利用能力,既可以采取共同配送的模式,也可以采取互用配送模式。若企业在配送方面具有较大竞争优势,也可适当地调整业务方向,向社会化的方向发展,成为专业的配送企业。

在状态 IV 下,企业的配送能力较强,且不存在较大的配送需求,此时企业宜采取第三方配送模式,将企业的配送业务完全或部分委托给专业的配送企业去完成,而将主要精力放在企业最为擅长的生产经营方面,精益求精,以获得更大的收益。

2. 比较选择法

比较选择法是企业通过对配送活动的成本和收益等进行比较而选择配送模式的一种决策方法。一般有确定型决策、非确定型决策和风险型决策等。

（1）确定型决策

确定型决策是指一个配送模式只有一种确定的结果，只要比较各个方案的结果，即可做出选择配送模式的决策。例如某一企业为扩大销售，有三种配送模式可供选择，各配送模式所需的配送成本与可能实现的销售额如表4-1所示。

表4-1 不同配送模式所需成本及预计销售额

配 送 模 式	成本费用（万元）	销售额预计数（万元）
自营配送模式	10	220
互用配送模式	8	180
第三方配送模式	5	140

这类问题一般为单目标决策，此时企业可以运用价值分析来进行选择，即直接利用公式 $V = F/C$ 来计算各种配送模式的价值系数，式中 V 为价值系数，F 为功能（此例为销售额预计数），C 为成本费用。根据计算结果，某一种配送模式的价值系数越大，说明该种模式的配送价值就越大，就是企业最佳的配送模式或满意模式。此例中，自营、互用、第三方配送模式的价值系数分别为22、22.5、28，企业应采取第三方配送模式。

在实际经营过程中，企业对配送模式的选择往往还要考虑很多因素，甚至进行多目标定量决策。此时，评价配送模式的标准是各模式的综合价值，一般可用综合价值系数来表示，某一模式的综合价值系数越大，说明该模式的综合价值就越大，就是企业所要选择的配送模式。综合价值系数可用公式 $V = \sum M_i F_i$ 来计算，式中 V 为综合价值系数，M_i 为分数，F_i 为权数。

例 4-1 某企业在选择配送模式时主要考虑了四个因素，如表4-2所示。

表4-2 选择不同配送模式与多目标决策

配送模式	成本费用（万元）	销售额预计数（万元）	利润总额（万元）	客户满意度%
	0.1	0.3	0.4	0.2
自营配送模式	10	220	25	98
互用配送模式	8	180	17	97
第三方配送模式	5	140	15	99

根据以上资料计算，各模式的综合价值系数分别为

$V_{自营} = 5/10×0.1 + 220/220×0.3 + 25/25×0.4 + 98/99×0.22 = 0.95$

$V_{互用} = 5/8×0.1 + 180/220×0.3 + 17/25×0.4 + 97/99×0.2 = 0.76$

$V_{第三方} = 5/5×0.1 + 140/220×0.3 + 15/25×0.4 + 99/99×0.2 = 0.73$

可以看出，自营配送模式的综合价值系数最大，是企业所要选择的配送模式。

需要注意的是，在利用确定型决策、选择配送模式时，要明确以下几个方面的问题：一是决策的目标要明确；二是至少要有两个可供选择的配送模式；三是未来有一个确定的自然状态或一组确定的约束条件；四是各备选方案的自然状态或约束条件的效益值可以确定出来。

（2）非确定型决策

非确定型决策是指一个配送模式可能出现几种结果，而又无法获知其概率时所进行的决策。其条件是决策者期望的目标明确，存在着不以决策者意志为转移的两种以上状态，具有

两个或两个以上可供选择的配送模式，不同模式在不同状态下相应的损益值可以获得。非确定型决策作为一种决策方法，虽带有较大的主观随意性，但也有一些公认的决策准则可供企业参考。下面我们通过事例来说明非确定型决策的不同决策准则以及企业如何对配送模式的进行选择。

例 4-2　某企业计划通过提高配送效率，以满足客户对配送的要求，同时扩大经营规模。现可供选择的配送模式有三种，由于在未来几年内，企业对用户要求配送的程度无法做出准确的预测，只能大体估计为三种情况，而且估算出三种模式在未来几年内三种自然状态下的成本费用（见表 4-3），但不知道这三种情况的发生概率，问该如何决策？

表 4-3　不同配送要求采用不同配送模式时成本预计值　　　　单位：万元

自然状态	配送模式		
	自　营	互　用	第　三　方
配送要求程度高	90	70	65
配送要求程度一般	50	35	45
配送要求程度低	10	13	30

第一种方法是按乐观准则来决策。首先从每种模式中选择一个最小成本视为必然发生的自然状态。然后在这些最小成本的模式中，再选择一个最小成本的模式作为满意方案。此例中，三种模式的最小成本分别为 10 万元、13 万元、30 万元。其中，自营配送模式的成本最低，应可作为企业满意的模式。这种决策方法一般适用于把握较大和风险较小的情况。

第二种方法是按悲观准则来决策。首先从每种方案中选择一个最大成本作为评价模式的基础，其实际上是对每个局部模式持悲观态度，从不利的角度出发，把最大成本作为必然发生的自然状态，将非确定型问题变为确定型决策问题来处理。然后，再从这些最大的成本之中选择成本最小的模式。此例中，三种模式的最大成本分别为 90 万元、70 万元、65 万元。其中，第三方配送模式的成本最小，可作为企业满意的模式。在现实经济生活中，这种决策方法一般适合于把握性小和风险较大的情况。

第三种方法是按折中准则或赫维斯准则来决策。赫维斯认为决策者不应极端行事，而应在两种极端情况中求得平衡。具体的方法是根据决策者的估计，确定一个乐观系数 α，α 的取值范围为 $0 < \alpha < 1$。给最好的结果和最坏的结果分别赋以相应的权数 α 和 $(1-\alpha)$，中间结果不予考虑。本例是计算折中成本值，公式为

$$折中成本值 = \alpha \times 最小成本值 + (1-\alpha) \times 最大成本值$$

在决策中，决策者根据分析，估计客户对配送程度要求高的大概占 40%，客户对配送要求程度低的大概占 60%，即乐观系数为 0.4。此时三种模式的折中成本值就分别为 42 万元、35.2 万元、44 万元。根据计算结果可以看出，互用配送模式的成本最低，可作为企业选择的模式。

第四种方法是按等概率准则或拉普拉斯准则来决策。拉普拉斯认为，在非确定型决策中，各种自然状态发生的概率是未知的，若按最好或最坏的结果进行决策，都缺乏依据。解决的办法是给每种可能出现的结果都赋以相同的权数，若有几种自然状态，则每种自然状态发生的概率都相等，且其和为 1。然后计算出各个方案（配送模式）在各种自然状态下的加权平均值，并根据决策（指标）的性质来进行决策。在本例中，各种自然状态发生的概率为 1/3，各种模

式的成本加权值分别为 50 万元、39.3 万元和 46.7 万元。可以看出，互用配送模式的加权成本值最小（39.3 万元），可作为企业选择的模式。

第五种方法是按最小后悔值准则（也称沙万奈准则）来决策。这种决策方法是以每个模式在不同自然状态下的最小成本值为理想目标。如果在该状态下，没有采取这一理想模式，而采取了其他模式，致使成本增加，就会感到"后悔"，这样每个自然状态下的其他模式成本值与它在理想值之差所形成的损失值，就称为"后悔值"。然后按模式选出最大的后悔值，在最大的后悔值中再选出后悔值最小的成本值，其对应的模式就是企业所要选择的模式，这种决策方法是较为保险的一种方法。

根据此例所给的资料，计算出各种状态下各模式的后悔值，如表 4-4 所示。

表 4-4　不同配送模式和要求下的后悔值计算　　　　　　　　　　单位：万元

自然状态	配送模式		
	自　营	互　用	第　三　方
配送要求程度高	90（90－65＝25）	70（70－65＝5）	65（65－65＝0）
配送要求程度一般	50（50－35＝15）	35（35－35＝0）	45（45－35＝10）
配送要求程度低	10（10－10＝0）	13（13－10＝3）	30（30－10＝20）

根据表 6-4 的计算结果，可以看出，三种模式的最大后悔值分别为 25、5 和 20。其中互用配送模式是最小值为 5，此时企业可选择该模式为满意的模式。

从上面介绍的五种准则可以看出，同一问题按不同的准则来决策，决策的结果也存在着差异。因为，企业在用不确定型决策方法来选择配送模式时，还应该考虑其他方面的因素。

（3）风险型决策

风险型决策是指在目标明确的情况下，依据预测得到的不同自然状态下的结果及出现的概率所进行的决策。由于自然状态并非决策所能控制的，所以，决策的结果在客观上具有一定的风险，故称为风险型决策。风险型决策通常采用期望值准则。一般是先根据预测的结果及出现的概率计算期望值，然后根据指标的性质及计算的期望值结果进行决策。产出类性质的指标，一般选择期望值大的方案；投入类性质的指标，一般选择期望值小的方案。

例 4-3　某企业计划通过加强配送效率，提高客户满意度来扩大产品的销售量，现有三种配送模式可供企业选择，各种资料如表 4-5 所示，问企业应选择哪种配送模式。

自营模式销售额：　　1 000×0.5 + 800×0.3 + 500×0.2 = 840（万元）

互用模式销售额：　　1 200×0.5 + 700×0.3 + 400×0.2 = 890（万元）

第三方模式销售额：　1 500×0.5 + 1 000×0.3 + 300×0.2 = 1 110（万元）

表 4-5　不同市场需求不同配送模式下的销售额　　　　　　　　单位：万元

市场需求规模	概　　率	销　售　量		
		自　营	互　用	第　三　方
大	0.5	1 000	1 200	1 500
一般	0.3	800	700	1 000
小	0.2	500	400	300

由此可见，三种配送模式的销售量分别为 840 万元、890 万元和 1 110 万元。第三方配送模式的期望值最大，为 1 110 万元，故该模式可作为企业比较满意的模式。

4.3 配送中心概述

4.3.1 配送中心的概念

从目前的情况来看，"配送中心"这个词汇不断出现在各个领域，有一些国家已经给"配送中心"以标准化的定义，我国的《物流术语》国家标准亦对其进行了明确定义。但是，多数领域还是根据个人的理解使用"配送中心"一词。即使在前些年，我国流通领域对国外研究比较多的内部杂志《国外物资管理》，在"配送中心"一词的使用上也有差异，同一期不同的文章、不同作者所讲的"配送中心"有时候并不指代同一事物。实际上"配送中心"的称谓，在国外都还没有完全规范化。因此，搞清"配送中心"的含义，对于正确开展配送、正确进行配送中心的规划建设，是非常重要的。

在欧美一些国家，配送中心多指那些经过改造且经济功能已综合化和完善化的"流通性仓库"，因此理论界也有人把配送中心称为"物流设施"或"物流基地"。根据中国物资出版社出版的《现代物流学》（王之泰，1995）介绍，日本的《市场用语词典》把配送中心说成是"一种物流节点"，它"不以储藏仓库这种单一的形式出现，而是发挥配送职能的流通仓库，也称为基地、节点或流通中心"；日本的《物流手册》把配送中心定义为"是从供应者手中接受多种大量的货物，进行倒装、分类、保管、流通加工和情报处理等作业，然后按照众多需要者的订货要求备齐货物，以令人满意的服务水平进行配送的设施"；我国研究物流科学的专家在给配送中心下定义时也提出过类似的称谓，将配送中心称为为"从事货物配备……和组织对用户送货，以高水平实现销售或供应的现代物流设施"。然而，不管人们从哪个角度去认识和描述配送中心（亦即无论把配送中心视为从事配送活动的经济组织，还是将它称为组织送货等活动的物流设施），有一点是不容忽视的，那就是"配送中心是配送活动的聚集地和发源地，同时，也是物流运动的枢纽"。

国外对配送中心的说法大体有以下几种。

"配送中心是从事货物配备（集货、加工、分货、配货）和组织对用户的送货，以提高水平实现销售或供应的现代流通设施。"

"配送中心是从供应者手中接受多种大量货物，进行倒装、分类、保管、流通加工和情报处理等作业，然后按照众多需要者的订货要求备齐货物，以令人满意的服务水平进行配送的设施。"

"配送中心是一种物流节点，它不以储藏仓库这种单一形式出现，而是发挥配送职能的流通仓库。"

以上仅仅是一些权威性书籍中对配送中心定义性的提法。为了更全面地认识配送中心，这里再引述一些文章和书籍中有助于全面认识配送中心的一些描述：

"专门从事配送工作的物流节点称配送中心。"

"配送中心是直接与顾客相联系的末端节点。"

"配送中心是典型的流通性仓库。"

"配送中心（仓库）是用以储存货物的场所。""配送中心（仓库）是货物从制造厂商至零售商之间的中间储存节点，配送中心就是一个为集中和分散货物，着重于使货物迅速流转的仓库。"

"根据不同经营者和不同的业务内容，配送中心还被称为流通中心、运输中心和货物储藏场所等多种名称。"

以上不同国家、不同领域、不同产业、不同学者对于配送中心的不同认识和描述，反映了在"效率优先"的市场经济环境下，人们主要追求的是配送中心带来的效益，而不是过分拘泥于形式，这应该说是一种有益的现象。但是概念的过分混乱和长期不能求同就会降低配送中心推广和指导作用，也会使一个新的经济现象失去应有的理性，从而使发展受挫。我国国家标准《物流术语》中，**配送中心的定义是："从事配送业务具有完善的信息网络的场所或组织。应基本符合下列要求：（1）主要为特定客户或末端客户提供服务；（2）配送功能健全；（3）辐射范围小；（4）提供高频率、小批量、多批次配送服务。"**（见 GB/T18354—2006）。

4.3.2 配送中心的产生基础

现代配送中心是集现代通信技术、信息技术、计算机技术和网络技术为一体的配送中心。通过这些技术在配送中心活动中的应用，不仅有利于提高配送中心的科学管理水平，而且也有利于降低配送中心的成本和费用，更好地完成社会赋予配送中心的任务与职能。

现代配送中心的产生与发展，不仅是配送中心与物流发展的需要，也是社会经济发展和消费者消费水平不断提高的需要。现代配送中心产生与发展的基础，主要体现在以下几方面。

1. 技术基础

因特网是现代配送中心产生与发展的技术基础。

因特网是一种集通信技术、信息技术、计算机技术和网络技术等为一体的网络系统，它将不同机型的计算机和不同类型的网络互联起来，构成一个整体，实现资源与信息的共享。其特征是开放、共享、互动、虚拟和费用低廉。人们可以通过因特网的开放性实现信息的共享；通过因特网的互动性实现网上信息的传输；通过因特网的虚拟性进行现实的虚拟设计与规划；另外，因特网的费用低廉也可以降低各种活动的成本。

因特网的这些优势为人们进行商务活动提供了非常便利的条件，也构成了物流活动的技术基础。对于配送中心来说，它不仅能以更低的成本进行物流信息的收集与处理，实现与外部及内部的流通和物流单证的传输，而且也可以通过建立虚拟的配送中心系统，实现物流的科学管理以及物流资源的合理配置，进行物流作业，提高物流设备的使用效率和物流的整体效率。这些都为配送中心提高服务水平和客户满意度、开拓物流市场、扩大物流经营规模和提高经济效益奠定了良好的基础。

2. 理论基础

分流理论、效益背反理论、供应链理论等构成了现代配送中心产生和发展的理论基础。

一项商贸活动一般是由商流、物流、信息流和资金流这四部分所组成的，在交易初期，这四个部分是相互交织在一起的。随着社会分工和专业化的发展，虽然这四个组成部分依然构成了交换活动的不同方面，完成着交换活动所赋予的不同职能，但它们又逐渐分离，形成了各自独有的运行方式，构成和规律也有所不同。在这种分离过程中，职能的分离特别是商流和物流职能的分离，成为物流学科赖以存在的前提条件。而物流职能的完成又是由许多物流功能来进行的，这些功能衔接和协调成了传统配送中心产生和发展的重要条件和先决条件，也成了传统配送中心生产和发展的基础条件。网络经济的产生和发展又赋予配送中心新的职能，配送中心不仅要具备传统条件下集聚和发散货物的职能，而且也要具备现代条件下物流信息集聚和发散的职能，并通过先进的通信技术、网络技术和计算机技术等完成这些职能。

经济学中的"效益背反"理论认为，在一项社会经济活动中，构成该项活动的若干要素之间存在着交替损益的矛盾，即在某一个功能要素优化和利益发生的同时，必然会存在着另一个或另几个功能要素利益损失的现象，此涨彼消，此盈彼亏。这种现象和矛盾也同样存在于物流领域，且尤为普遍和严重，解决这一矛盾的有效方法就是综合考虑各要素之间的关系，使其协调起来。配送中心作为各种功能要素的集聚中心，这一任务显然落到了它的肩上，而且也只有配送中心才能有效地解决这一矛盾。同时，现代通信技术、信息技术、计算机技术和网络技术的发展也为配送中心有效地解决这一矛盾提供了技术条件和方法，也为现代配送中心的发展奠定了坚实的理论基础。

供应链理论认为，物流是从采购开始，经过生产、销售等一系列活动到达用户的，在这一过程中，形成了由一定流量组成的环节单个"链"，即供应链。链中各环节不是彼此分割的，而是通过链的链接成为一个整体。在社会经济生活中，包含着无数个单个供应链。各个供应链独立地按照自己的方式和规律运动，又相互交织在一起，构成了整个社会的物流运动。在这些供应链的运动过程中，配送中心成为它们相互交织的接点，成为它们运动的协调中心，也成为降低整个社会物流成本和费用的关键，要完成这一任务，配送中心必须实现现代化、网络化以及信息化，由传统的配送中心转向现代配送中心。

此外，成本中心理论、利润中心理论、服务中心理论以及社会化理论也为现代配送中心的产生和发展提供了理论支持。

3. 市场基础

物流规模的不断增长，市场需求观念的变化及市场竞争的加剧，构成了现代配送中心产生和发展的市场基础。

随着社会经济的发展，物流规模呈现出不断扩大的发展趋势，物流费用也已成为产品成本的一个重要组成部分。据统计，目前我国一般工业品从产品出厂经过装卸、储存、运输等各个物流环节到消费者手中的流通费用占商品价格的 50%左右。而新鲜水果、易变质食品以及某些化工产品的流通费用有的高达售价的 70%～80%。我国汽车零配件生产的加工装配时间仅占2%，而 98%的时间是原材料、零配件的储存、装卸和搬运时间。自 1979 年以来，英国物料搬运中心多次进行全国性的调查，调查表明，物流费用占整个国民经济总支出的 39%，在生产与流通领域，物流费用占总支出的 63%。美国《企业物流》报道，20 世纪 80 年代以来美国企业年平均支付的物流费用已超过总销售收入的 25%。所以，一些发达国家的企业已把降低流通费用，特别是将物流费用做获取利润的第一源泉，作为提高整个国民经济效益的重大措施和一个新的经济增长点。

4.3.3　现代配送中心与传统仓库的区别

一般来看，配送中心是在仓库的基础上形成和发展起来的，因而，配送中心与仓库在许多方面有相似之处，如储存与保管等。但就总体而言，配送中心与仓库却有着较大的差异，这主要表现在以下几个方面。

第一，从功能上看，配送中心的功能相对齐全，不仅包括货物的接收、分拣、整理、保管、装卸和发运等功能，而且也包括货物的订购、组织、物流信息的交互与处理，以及货物的加工、包装等功能，而仓库的主要功能是进行货物的保管。

第二，从作用上看，配送中心的核心在于提高物流效率，降低物流费用，而仓库的核心在于货物的储存保管，保证商品的使用价值不受损失。

第三，从规模上看，配送中心的规模一般较大，而仓库的规模一般较小。

第四，从运动过程来看，配送中心的动态性强于仓库。

第五，从管理来看，配送中心的整体性和系统性比仓库更强，管理水平也较高。

第六，从信息方面来看，配送中心也是物流信息的集聚和发散中心，物流信息更全面系统，流动性也更强。

4.3.4　配送中心的作用

在现代物流活动中配送中心的作用是十分明显的，可以归纳以下几个方面。

1. 使供货适合市场环境的变化

各种商品的市场需求在时间、季节、需求量上都存在大量随机性，而现代生产、加工无法完全在工厂、车间来满足和适应这种情况，必须依靠配送中心来调节，以适应生产与消费之间的矛盾与变化。

2. 经济高效地组织储运

从工厂企业到销售市场之间需要复杂的储运环节，要依靠多种交通、运输、库存手段才能满足，传统的以产品或部门为单位的储运体系明显存在不经济和低效率等问题。故建立区域、城市的配送中心，能够批量进发货物，能够组织成组、成批、成列直达运输和集中储运，有利于降低物流系统成本，提高物流系统效率。

3. 提供优质的保管、包装、加工、配送、信息服务

现代物流活动中由于物资物理、化学性质的复杂多样化、长距离、长时间、多起点多终点、地理与气候的多样性，对保管、包装、加工、配送、信息提出了很高的要求，只有集中建立配送中心，才有可能提供更加专业化、更加优质的服务。

4. 促进地区经济的快速增长

配送中心同交通运输设施一样，是经济发展的保证，是吸引投资的环境条件之一，也是拉动经济增长的内部因素，配送中心的建设可以从多方面带动经济的健康发展。

5. 对于连锁店的经营活动是必要的

配送中心可以帮助连锁店实现配送作业的经济规模，使流通费用降低；减少分店库存，加快商品周转，促进业务的发展和扩散。批发仓库通常需要零售商亲自上门采购，而配送中心解决了分店的后顾之忧，使其专心于店铺销售额和利润的增长，不断开发外部市场，拓展业务。此外，还加强了连锁店与供方的关系。

Life Tech 大力投资中国——中国配送中心在沪成立

2011 年 8 月 30 日，Life Technologies 董事长兼首席执行官卢瑞格（Gregory Lucier）先生来到上海浦东外高桥，参加新落成的 Life Technologies 中国配送中心（CDC）的开幕仪式。中

国配送中心是 LIFE 今年在亚洲成立的第三家配送中心，另两家则是在班加罗尔成立的印度配送中心（IDC）以及在新加坡成立的亚洲配送中心（ADC）；中国配送中心的总面积将近 3 700 平方米（相当于 40 000 平方英尺），相比原来的仓库足足扩大了五倍，确保他们可以更加贴近客户，有助于他们实现不限全球任何地点，对全球库存产品实现 3～5 天交付订单的公司目标。中国配送中心将发挥极为重要的作用，可确保 LIFE 的品牌可以传遍世界每个角落，并通过各种高级研发工作，帮助他们实现塑造创新发现和改善生活水平的企业追求。

资料来源：仪器信息网资料中心，经作者整理

4.4　配送中心的类型及基本功能

4.4.1　现代配送中心种类

1. 按运营主体不同划分

（1）以制造商为主体的配送中心

这种配送中心里的商品 100%是由自己制造的，用以降低流通费用、提高售后服务质量并及时地将预先配齐的成组元器件运送到规定的加工和装配工位。从商品制造到生产出来后条码和包装的配合等多方面都较难控制，所以按照现代化、自动化的配送中心设计比较容易，但不具备社会的要求。

（2）以批发商为主体的配送中心

商品从制造者到消费者手中之间的传统流通有一个环节叫批发。一般是按部门或商品类别的不同，把每个制造厂的商品集中起来，然后以单一品种或搭配向消费地的零售商进行配送。这种配送中心的商品来自各个制造商，它所进行的一项重要的活动是对商品进行汇总和再销售，而它的全部进货和出货都是社会配送的，社会化程度高。

（3）以零售业为主体的配送中心

零售商发展到一定规模后，就可以考虑建立自己的配送中心，为专业商品零售店、超级市场、百货商店、建材商场、粮油食品商店、宾馆饭店等服务。这种配送中心的社会化程度介于前两者之间。

（4）以仓储运输业为主体的配送中心

以仓储运输业为主体的配送中心，有时也称为第三方配送中心。这种配送中心最强的是运输配送能力，地理位置优越，如港湾、铁路和公路枢纽，可迅速将到达的货物配送给用户。它提供仓储储位给制造商或供应商，而配送中心的货物仍属于制造商或供应商，配送中心只是提供仓储管理和运输服务。这种配送中心的现代化程度往往较高。

2. 按配送中心的经济功能分类

（1）供应型配送中心

供应型配送中心是专门向某些用户供应货物，充当供应商角色的配送中心。

在现实生活中，有很多从事货物配送活动的经济实体，其服务对象主要是生产企业和大型商业组织（超级市场或联营商店），他们所配送的货物以原料、元器件和其他半成品为主，客观上起着供应商的作用，这些配送中心类似于用户的后勤部门，故属于供应商配送中心。在物

流实践中，那些接受客户委托，专门为生产企业配送零部件以及专为大型商业组织供应商品的配送中心，均属于供应型配送中心，我国上海地区 6 家造船厂共同组建的钢板配送中心、服务于汽车制造业的英国 HONDA 斯温登配件中心、美国 SUZUKI MOTOR 洛杉矶配件中心，以及德国 MAZDA MOTQR 配件中心等物流组织，就是这种配送中心的典型代表。

由于供应型配送中心担负着向多家用户供应商品（其中包括原料、材料和零配件等）的任务。因此，为了保证生产和经营活动的正常进行，这种类型的配送中心一般都建有大型的现代化仓库并储存一定数量的商品，占地面积一般都比较大。以欧美汽车制造业配送中心为例，成立于 1987 年 3 月的英国斯温登 HONDA 汽车配件配送中心，其占地面积为 15 万平方米，总建筑面积 7 000 平方米，经营的配件有 6 万种。该配送中心存储货物的能力，大型配件可达 1 560 间格，小型配件为 5 万箱左右。位于美国洛杉矶的 SUNUKI 汽车配件中心占地面积 4 万平方米，总建筑面积 8 200 平方米，经营的汽车配件达 1 万种。

（2）销售型配送中心

以销售商品为主要目的，以开展配送为手段而组建的配送中心，属销售型配送中心。

在竞争日趋激烈的市场环境下，许多生产者和商品经营者为了扩大自己的市场份额（即提高商品的市场占有率），采取了种种降低流通成本和完善其服务的办法和措施，其中包括代替客户（或消费者）理货、加工和送货等，为用户提供系列化、一体化的后勤服务（包括售前和售后服务）。与此同时，改造和完善了物流设施（如改造老式仓库），组建了专门从事加工、分货、拣货、配货、送货等活动的配送组织——配送中心。很明显，上述的配送中心完全是围绕着市场营销（销售商品）而开展配送业务的。从本质上看，这种配送中心所从事的各种物流活动是服务（或从属）于商品销售活动的。

因隶属单位不同，销售型配送中心又可细分为三种。

第一种是生产企业或称制造商为了直接销售自己的产品及扩大自己的市场份额而建立的销售型配送中心。在国外，特别是在美国，这种类型的配送中心数量很多。据有关资料，美国加工业的配送中心（如美国 KEEBLER 芝加哥配送中心，美国 MARYKAY COSMTICS 公司所属的配送中心）均为这种类型的配送中心。

第二种是专门从事商品销售活动的流通企业为了扩大销售而自建或合作建立起来的销售型配送中心。近几年，在我国一些试点城市所建立或正在建立的生产资料配送中心，多属于这种类型的物流组织。

第三种是流通企业和生产企业联合建立的销售型配送中心。这种配送中心类似于国外的"公共型"配送中心。

（3）储存型配送中心

这是一种有很强储存功能的配送中心。实践证明，储存一定数量的物资（包括原料和成品）乃是生产和流通得以正常进行的物资保障。从商品销售的角度来看，在买方市场条件下，由于企业在销售商品的过程中，不可避免地会出现时滞现象。因此，客观上需要有储存环节予以支持；而从生产的角度看，在卖方市场条件下，生产企业常常需要储存一定数量的生产资料，以保证生产连续运转和应付急需。在这种情况下，同样需要设立储存环节予以支持。再从物流运动本身来看，要大范围、远距离、高水平地开展配送活动，客观上也要求配送组织储存一定数量的商品。在实际生活中，有一些大型配送中心是在发挥储存作用的基础上组织、开展配送活动的，这样的配送中心多起源于传统的仓库。在国内外，这种类型的配送中心也不乏其例：中国物资储运总公司天津物资储运公司唐家港仓库即是国内储存性配送中心的雏形，而瑞士

GIBA-GEIGY 公司所属的配送中心，美国福来明公司的食品配送中心则是国外储存型配送中心的典型。上述的瑞士配送中心拥有规模居世界前列的储存仓库，可储存 4 万个托盘。美国福来明公司的食品配送中心的建筑面积为 7 万平方米，其中包括有 4 万平方米的冷库和冷藏库、3 万平方米的杂货仓库。它经营的商品品种有 8.9 万个，其中有 1 200 个品种是业务委托方——美国独立杂货商联盟开发的。

3. 按功能划分

（1）集货中心

集货是将零星货物聚集成批量货物的一种经济活动，专门从事这种活动的配送中心一般称为集货中心。建立集货中心的目的是使原来分散的、小批量的、规格质量混杂的不容易进行批量运输和销售的货物，经过集货中心处理，形成批量运输的起点，从而实现大批量、高效率、低成本和快速的物流运作。

一般来说，集货中心主要设置在生产区域，在该区域，生产的规模一般较大，但每一个生产点的产量都相对有限。在大多数情况下，集货中心所进的货物大都是包装程度较低，甚至可能是没有经过包装的小批量货物，由于进货距离较近，进货成本也相对较低。集货中心通过对这些货物进行加工、包装等物流处理，并按不同的需求和产品的性质组合成较大的包装，再进行储存和规模运输，以实现物流费用的降低。

集货中心的物流处理程序如图 4-7 所示。

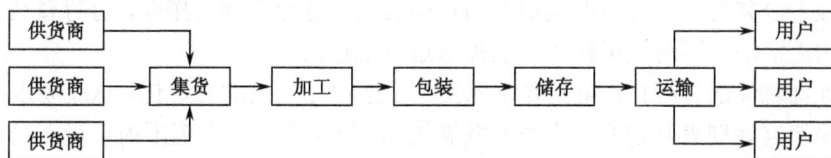

图 4-7 集货中心物流流程图

集货中心要有效地完成自身的职能，应具有以下主要设施。一是要具有与其业务相关的设备，这主要包括进货计量检查设备、加工设备、分拣设备及运输设备和包装、捆扎设备等；二是要具备相应的储存设施。

集货中心必须设置自身的网络系统，以更好地实现内部之间、内部与外部之间的沟通，实现对物流的网络化和信息化管理。

（2）配送中心

专门从事物流配送业务活动的物流中心称为配送中心。如果说集货中心的主要功能是实现货物的集中，那么，配送中心主要的功能则是实现货物的分散。通过对货物储存、分拣、整理、配送和配装等一系列物流活动送交给用户。配送中心是目前物流中心数量较多的一种，其物流处理过程如图 4-8 所示。

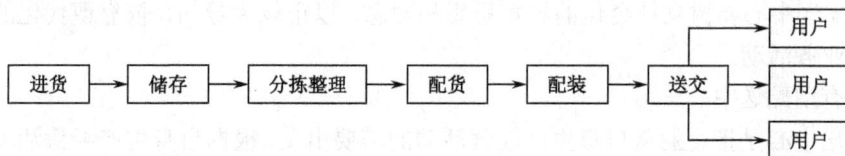

图 4-8 配送中心的物流处理过程

配送中心一般应具有存储设施，为提高配送能力和减少存储设施占用的土地面积，存储设施常采用各种存取便利的货架。为便于分货及配货，配送中心应具有传送装置、货物识别装置、分支输送机构及暂存设施等分货理货设备。为便于配送和装卸，配送中心还应具有运输车辆和装卸设备，有时还需配置一些专用性较强的设备，如能左右两面全部敞开的翼形车、能将后门全开而又不影响接靠站台的后部卷帘门式车等。此外，配送中心还应建立自己的电子商务系统，以对货物进行电子化、信息化和网络化的运作。

（3）集配中心

集配中心是包含集货中心和配送中心为一体的配送中心。它既具有集货的功能，也具有配送的功能。

此外，还有以货物转运为主的转运中心；以储备为主的储备中心；以物流加工为主的加工中心。

4．按物流设施的归属划分

（1）公共型配送中心

公共型配送中心是以整个社会系统的要求出发，根据社会物流规模的数量及交通通信状况等条件的开放式经营型的专门从事物流活动的配送中心。

一般来说，公共配送中心主要建立在中心城市。这是因为中心城市具有市场发达、物流规模量大、用户相对集中、信息集中、地理位置优势、交通运输和通信设施等方面的优势。在具体的经营过程中公共配送中心主要是根据用户的委托，进行货物的接受、分拣整理、储存及包装等一系列物流活动，同时也可按用户的需求进行配送活动。

要实现社会物流的合理化，第一要实现公共配送中心布局的合理化。这就要求根据国民经济的总体发展战略规划来制定配送中心的发展规划，统一在全社会范围内合理布局公共配送中心。一方面在大城市，特别是工农业生产发达、内外贸易繁荣的交通枢纽地区，建立大型的公共配送中心，进行货物的吞吐和集散等物流业务，为国民经济的发展建设服务；另一方面在中小城市和工商贸易活动较发达的地区，建立中小型的公共配送中心，专门从事货物的储存、运输以及配送等物流服务，为市场主体的经营活动提供物流服务。

第二，要加强流通体制的改革，实现配送中心的社会化。其核心问题就是要彻底打破现有配送中心的管理体制，特别是隶属于不同系统、不同地区配送中心的行政关系，使配送中心树立为社会提供物流服务的思想。具体措施是将目前分别隶属于中央各部委的配送中心和地方的配送中心企业，依据各配送中心的实际情况，分别转化成或以提供某一专业职能为中心的公共配送中心，或以提供某种水平物流为中心的公共配送中心，或以提供某一区域服务为中心的公共配送中心。

第三，采取必要的倾斜政策，适当加大对公共配送中心的投资建设。在公共配送中心的发展和建设过程中，国家应采取必要的倾斜政策和措施，适当地加大对公共配送中心的投资规模。

第四，配送中心要树立社会化的经营思想和理念，以市场为导向，依靠现代化的手段和方法从事物流业务活动。

（2）自有型配送中心

自有配送中心是指企业从自身生产经营活动的需要出发，根据自身生产经营活动的规模和区域等条件，建立专门为企业自身提供物流服务的配送中心。在实际运作过程中，企业各部门将自身活动所涉及的物流业务全部交由物流部门（中心）来进行，以便其他部门能集中精力搞好自身的本职工作，提高工作效率。

一般来说，自有配送中心主要有以下几方面的特点：第一，自有配送中心是为企业的营销活动提供配送支持；第二，专业化程度较高，主要是提供与企业生产经营活动相关的专业化物流服务，比如，某类商品的物流服务等；第三，区域半径相对较小，主要分布在用户相对集中的地区，而对于用户相对分散、需求规模较小的地区，大都委托公共配送中心来完成相关的物流服务；第四，相对于公共配送中心来说，规模一般都较小；第五，自主性相对较小，其业务大都服从于企业总体的需要以及各业务部门的需求。

由于自有配送中心是根据企业自身生产经营活动而设立的配送中心，因此，在实际的运作过程中，自有配送中心要协调处理好以下几方面的关系：一是要协调处理好配送中心与企业总部及各业务部门的关系；二是要协调好配送中心与企业客户之间的关系；三是要协调处理好配送中心内部各部门之间的关系。杭烟物流配送中心就是一种自有型配送中心。

（3）合作型配送中心

这种配送中心是由几家企业合作兴建、共同管理的物流设施，多为区域性配送中心。合作型配送中心可以是企业之间联合发展，如中小型零售企业联合投资兴建，实行配送共同化；也可以是系统或地区规划建设，达到系统或地区内企业的共同配送；或是多个企业、系统、地区联合共建，形成辐射全社会的配送网络。北京粮食系统的八百佳物流中心即为区域内联合之一例，上海市政府、流通主管部门所规划发展的百货、粮食、副食等四大配送中心为区域内联合之一例。另外，还可以对原有不规范、无规范、无效率的配送中心进行联合重组，向规模化发展，赋予新的生命力。

5. 按综合程度划分

这里的综合程度主要包括两个方面：一是指配送中心在服务项目上的综合程度，主要包括物流的信息服务以及实物运作等；二是指配送中心在提供货物种类上的综合程度。

（1）综合配送中心

是指能提供多种货物物流服务项目的配送中心。一般来说，综合配送中心除具有以上两方面的特征外，还具有以下几方面的主要特点：第一，规模大；第二，服务的区域范围广；第三，社会化程度较高；第四，大都设置在交通和通信发达的中心城市及货物的集散地。

（2）专业配送中心

是指能提供一类或几类货物物流业务或能提供一种或几种物流服务项目的配送中心。一般来说，专业配送中心相对于综合配送中心来说，具有以下几方面的特点：第一，规模相对较小；第二，服务的区域范围较窄；第三，专业化程度较高，专业性较强；第四，既可设在交通和通信发达的中心城市及货物的集散地，也可设置在中小城市。

6. 按地理区域划分

（1）城市配送中心

城市配送中心是只能向城市范围内的众多用户提供配送服务的物流组织。由于在城市范围内货物的运距比较短，因此，这类配送中心在从事（或组织）送货活动时，一般都使用载货汽车。又由于使用汽车配送物资时机动性强、供应快、调度灵活，因此，在实践中依靠城市配送中心能够开展少批量、多批次、多用户的配送活动，也可以开展"门到门"式的送货业务。

因为城市配送中心的服务对象多为城市圈里的零售商、连锁店和生产企业，所以一般来说，它的辐射能力都不太强。在流通实践中，城市配送中心多是采取与区域配送中心联网的方式运作的。我国一些试点城市所建立的配送中心（如北京食品配送中心、无锡市各专业物资配送中心），绝大多数都属于城市配送中心。

（2）区域配送中心

这是一种辐射能力较强、活动范围较大，可以跨市、跨省进行配送活动的物流中心。美国沃尔玛公司下属的配送中心、荷兰 NEDLLOYD 集团所属的"国际配送中心"，以及欧洲其他国家批发公司所属的配送中心（如瑞典的 DAG AB 公司所属乔鲁德市布洛配送中心）就是这种性质的物流组织。区域配送中心有三个基本特征。其一，经营规模比较大，设施和设备齐全，并且数量较多，活动能力强。如前所述，美国沃尔玛公司的配送中心，建筑面积 12 万平方米，投资 7 000 万美元，每天为分布在 6 个州的 100 家连锁店配送商品，经营的商品有 4 万种；荷兰的"国际配送中心"，业务活动范围更广，该中心在接到订单 24 小时之内即可将货物装好，仅用 3～4 天的时间就可以把货物运到欧洲共同体的客户手中。目前，该中心不仅在国内外建立了许多现代化的仓库，而且装备了很多现代化的物流设备。其二，配送中心的批量比较大而批次较少。例如，有的区域配送中心每周只为用户配送 3 次货物，但每次配送的货物都很多。其三，在配送实践中，区域配送中心虽然也从事零星的配送活动，但这不是其主要业务。很多配送中心常常向城市配送中心和大的工商企业配送商品，因而，这种配送中心是配送网络或配送体系的支柱结构。

4.4.2 配送中心的基本功能

配送中心是专门从事货物配送活动的经济组织。换个角度来说，配送中心又是集加工、存货、理货、送货等多种职能于一体的物流节点。正如物流专业人士所言，"配送中心实际上是集货中心、分货中心、加工中心功能之综合"。具体来说，配送中心应该具备以下几种功能。

1. 储存功能

配送中心的服务对象是为数众多的生产企业和商业网点，如超级市场和连锁店。配送中心的职能和作用是：按照用户的要求及时将各种配装好的货物送交到用户手中，满足生产需要和消费需要。为了顺利而有序地完成向用户配送商品（货物）的任务和更好地发挥保证生产和消费需求的作用，通常，配送中心都要兴建现代化的仓库并配备一定数量的仓储设备，储存一定数量的商品。某些区域性大型配送中心和开展"代理交货"配送业务的配送中心，不但要在配送货物的过程中存储货物，而且它所存储的货物数量更大、品种更多。

上述配送中心所拥有的存储能力及其储存货物的事实表明，存储功能是这种物流组织的重要功能之一。

2. 分拣功能

作为物流节点的配送中心，其服务对象（即客户）是为数众多的企业（一般而言，配送中心的服务对象少则几十家，多则数百家数千家）。在这些为数众多的客户中，彼此之间存在着很多差别，不仅各自的性质不同，而且经营规模也不一样。其次，在订货或进货的时候，不同的客户对于货物的种类、规格、数量等会提出不同的要求。面对这种情况，为了有效地进行配送，配送中心必须采取适当的方式对组织进来的货物进行拣选，并且在此基础上，按照配送计划分装和配装货物，即配送中心的货物分拣功能。

3. 集散功能

在物流实践中，配送中心凭借其特殊的地位和以其拥有的各种先进设施和设备，能够将分散在各个生产企业的产品（即货物）集中到一起，而后，经过分拣、配装向多家用户发运。与此同时，配送中心也可以做到把各个用户所需要的多种货物有效地组合（或配装）在一起，形成经济、合理的货载批量。配送中心在流通实践中所表现出的这种功能即（货物）集散功能，也有人把它称之为"配货、分放"功能。

集散功能是配送中心所具备的一项基本功能。实践证明，利用配送中心来集散货物，可以提高车辆的满载率，降低成本。

4. 衔接功能

通过开展货物配送活动，配送中心能把各种工业品和农产品直接运送到用户手中，可以起到生产和消费的媒介作用。这是配送中心衔接功能的一种重要表现。此外，通过集货和存储货物，配送中心又有平衡供求的作用，能有效地解决季节性货物的产需衔接问题，这是配送中心衔接功能的另一种表现。在人类社会中，生产和消费并非总是等幅度增长和同步运动的。一般来说，有很多工业品（如煤炭、水泥产品）是按照计划批量均衡生产的，而其消费则带有很强的季节性，另有一些产品恰恰相反，其消费是连续进行的，而其生产却是季节性的。这种现象表明，就某些产品而言，生产和消费存在着一定的时间差。由于配送中心有吞吐货物的能力和具备存储商品的功能，因此，它能调节产品供求关系，进而解决生产消费之间的时间差。从这个意义上说，配送中心是衔接生产和消费的中介组织。

5. 加工功能

为了跨大经营范围和提高配送水平，目前，国内外许多配送中心都配置了各种加工设备，由此而形成了一定的加工能力。加工货物是某些配送中心的重要活动，这些配送组织能够按照用户提出的要求，根据合理配送商品的原则，将组织进来的货物加工成一定规格、尺寸和形状，由此而成了加工功能。配送中心具备上述功能，积极开展加工业务，不但大大方便了用户、省却了后者不少烦琐劳动，而且也提高了物资资源的利用率和配送效率。此外，对于配送活动本身来说，加工功能客观上则起着强化其整体功能的作用。

嘉兴烟草：打造具有自身特色的物流体系

卷烟配送中心是典型的供应型配送中心。狭小的仓库、陈旧的设施，这是以前浙江省嘉兴市烟草专卖局（公司）卷烟物流配送中心的真实写照。随着行业现代物流建设步伐的不断加快，原来的卷烟物流配送中心已经无法满足全市卷烟集中储存、集中分拣的需要。为此，嘉兴市局（公司）决心走出一条具有自身特色的卷烟物流配送中心建设之路。

经过领导小组研究发现，科学管理是行业现代物流发展的有力保障。除了管理的有效保障之外，要想让卷烟物流配送中心真正有效运行起来，信息化建设不可或缺。在"适则优"的指导思想下，嘉兴市局（公司）提出，卷烟物流配送中心的建设绝不能贪大求洋，在建设过程中应讲成本，主要包括建设成本和运行成本。

在嘉兴烟草人看来，只有从实际出发，打造具有自身特色的烟草物流体系，才能更好地推动行业现代物流建设的可持续发展。

资料来源：物流师考试试题，经作者整理

4.5 案 例 分 析

4.5.1 花儿为什么这样红——走进残奥会花卉配送中心

随着北京残奥会奖牌的不断产生，颁奖仪式上赠送给选手们的美丽花束进入了人们的视野。残奥会的颁奖花卉有什么要求？花束的制作过程是怎样的？下面请随国际在线记者徐珊一同到残奥会花卉配送中心去探个究竟。

北京残奥会花卉配送中心位于丰台区花乡草桥，受北京奥组委委托，配送中心承担着第29届奥运会和北京残奥会颁奖花卉的设计、制作及配送的任务。在北京残奥会正式比赛的第一天，走进这里，工作人员正在紧张有序地准备着。北京奥运花卉配送中心执行总经理林凤军告诉记者：“我们今天配送出去应该是110束，然后今天的制作应该是200束。是这样，我们有一个配送任务表，我们基本上每天的实际运用多少，配送量是多少，包括哪个时间段，做得很详细。”

在记者到达的时候，颁奖用的花束已经开始装箱运送。北京奥运会的颁奖花卉“红红火火”见证了无数奖牌的诞生，它是由主花9支“中国红”月季和各6支的火龙珠、假龙头、芒叶、玉簪叶和书带草为配花配叶组成的。残奥会的颁奖花束与奥运会的颁奖花束有什么不同呢，在配送中心现场进行技术指导的北京林业大学王莲英教授告诉我们，残奥会的颁奖花束还是延续了奥运颁奖花束“红红火火”的主题风格和形式，只是做了一点微微的变动：“微微的调动就是增加了黄绿色的这个叫金叶女贞的叶子，增加了这个蓝紫色的鼠尾草这一种花。增加它的目的是什么呢？就是让鼠尾草的线条更轻盈一点；另外金叶女贞的颜色配上这个红的，红配黄，喜洋洋，更明亮一点。就是让所有穿任何服装的运动员拿在手里头也是非常鲜艳的。”

展示在记者面前的残奥会颁奖花束确实非常的亮丽夺目，然而为了保持花朵的夺目与新鲜，却是一个烦琐而细心的制作流程。林凤军经理介绍说：“整体运作过程应该是我们从基地采摘，收集回来保鲜，保鲜完整理，整理以后我们入冷库，入完冷库回来以后我们由整理小组再整理花材。整理花材以后把整理好的花材分给制作组；制作组做完以后就给包装组；包装组做完以后我们还有检验组，检验合格的我们要装箱，装好箱以后我们放到保鲜柜里，然后再根据我们的配送任务表给他配送。”

林经理表示，在配送的过程中还要做到专人、专车，专对一个场馆的服务，在场馆颁奖前的四个小时，颁奖花束准时送达，颁奖前半个小时开箱取出花束。包括取出花束的先后顺序，取花角度，都是有讲究的。在这样细心的工作下，花卉配送中心在奥运会期间配送的3 000束花没有一束出现过花朵蔫掉的状况。谈到残奥会的花卉配送，林经理表示，尽管奥运会是配送16天，残奥会配送时间缩短到10天，但是难度却加大了；“残奥会实际就是配送十天，这十天的量和十六天的量没有减少还增加了，这样就把我们的工作量增加了，增加以后呢，就是配送的量也大，制作的量也大了，然后配送的时间又比较短，针对这种情况，为了延长花的保鲜度只有延长我们的工作时间，才能保证花的质量。”现场的工作人员都表示，为了确保两个奥运同样精彩，他们会做到两个奥运的颁奖花束同样鲜艳。

知道了整个残奥会颁奖花束的制作和运输过程，您是否在颁奖时刻会关注颁奖花束呢？小小的一束花，背后却是凝结了园艺师、制作者、配送人员大量的心血与汗水。在北京残奥会期间，将有3 000束颁奖花束展现在残奥会的颁奖台上，花卉中心的工作人员说，他们要通过花束将美好的祝福献给获奖运动员，将具有中国特色的花卉文化展现给世界。王莲英教授说："鲜花代表着美好幸福，运动员取得了优异的成绩，送上这束花，这是最好的一种祝福。"

案例思考

1. 在残奥会花卉的配送中最重要的环节是什么？
2. 残奥会花卉的配送过程中是否有风险？如果有，应该怎么克服？

4.5.2 上海新华传媒的新一代图书物流配送中心

2005 年初，上海新华传媒股份有限公司（简称"新华传媒"）决定建设新的图书物流配送中心，以满足不断增长的业务需求。经过一番深入细致的调研，最终选择北京伍强科技有限公司作为该项目的系统集成商。上海新华传媒物流中心自 2006 年 8 月正式开始动工，到 2007 年 10 月 22 日建成并成功上线运行，仅用了 14 个月，成为国内建设周期最短的图书配送中心项目。该中心建筑面积 30 000 平方米，可以达到年配送 40 亿码洋的目标。物流系统采用高度信息化和适度自动化相结合的方式：一方面，集成化的图书供应链一体化管理系统和物流管理系统有机结合，实现了商流、物流、资金流的高度集成；另一方面，现代化的拣选、输送和分拣系统，使物流中心的各个作业环节和作业过程井然有序，高效流畅。

由于该项目系统设计采用了多项创新技术，建成后的上海新华传媒物流中心创造了我国图书配送中心建设的多项新记录，备受业界瞩目。

1. 系统构成与设计创新

新华传媒物流中心位于上海市闸北区沪太路和汶水路交汇处，紧邻中环线，地理位置十分优越。该项目总占地面积 38 亩，建筑面积 36 000 平方米，其中物流中心 30 000 平方米；总投资 1.3 亿元，其中物流系统及设备投资 4 000 万元。系统设计能力年配送 40 亿码洋，其中，一般图书 26 亿码洋，一般图书退货 4 亿码洋，教材 4 亿码洋，音像制品 3 亿码洋，文教用品 3 亿码洋。

物流系统共由 5 个子系统构成。

教材处理系统：负责处理教材的到货、储存和配发业务。

一般图书处理系统：负责处理图书的接收、翻理、直配、储存、拣选、配送业务。

一般图书销退处理系统：负责处理图书销退过程中的接收、分类、退社、上架各环节的业务。

音像处理系统：负责处理音像制品的到货、储存和配发业务。

文教用品处理系统：负责处理文教用品的到货、储存和配发业务。

新华传媒物流中心通过广泛应用电子标签和 RF 无线技术，结合自动分拣与自动输送系统，实现了无纸化与部分自动化作业，大大提高了作业效率与准确率。同时，物流中心特别强调了信息化建设，采用了世界著名的仓储管理系统 INFOR SSA 4000 实现统一的库存管理，该系统与企业 ERP 系统共同构成了新华传媒的信息系统。值得一提的是，在物流中心信息系统建设的同时，新华传媒还进行了商流系统的建设。尽管难度很大，但实际运行结果表明，上海新华传媒信息化建设获得了巨大成功。位于物流中心的主机房主要有 4 台高端小型机服务器和大容量磁盘柜，组成双机热备份系统，负责商流和物流业务，目前这在国内还是不多见的。

由于采用了多项先进的信息技术与物流技术，集成一体化成为该中心物流系统的突出特点，其中包括：物流、信息流、资金流一体化，图书、教材、音像、文教用品、退货一体化，图书到货、翻理、编目、入库一体化，图书添配、直配拣选和打包复核一体化，以及图书入库、直配、拣选、称重、分拣自动化。

特别值得称道的是，新华传媒物流中心的建设始终以创新为主题，创新体现在系统设计的各个方面：

（1）教材采用全直配模式，采用优先分配终端算法，推行面向学校发货的一站式服务，全面解决教材配送中由于季节明显、中间环节多，导致占地大、浪费大的问题；

（2）图书收货、翻理、新书注册实现流水线作业，在节约到货翻理空间的同时，大大提高了作业效率，缩短了翻理时间；

（3）图书直配采用电子标签系统和 RF 技术相结合的方式，直配品种和直配能力没有限制，解决了图书直配难题；

（4）创造性地提出二段式上架策略，大大提高了系统能力，并使系统处理能力摆脱了过去与品种密切相关的约束；

（5）图书储存按照班组设计，高效率实现配送按班组进行；货架设计采用集成化设计思想，结合图书自身特点和图书存储特点，高效率解决了储存和 ABC 移库问题；

（6）并包计算采用模糊成件算法，既考虑路线优化问题，又考虑拣选效率和最长路线问题，并从根本上消除了零包现象。此外，拣选与直配实现了自动并包；

（7）图书销退运用二次分类算法和电子标签辅助技术，彻底解决了长期困扰新华书店的退货难题；

（8）图书拣选复核采用重量复核技术，在对数以万计的图书进行分析的基础上，运用统计学原理，对图书误差进行了深入分析，找出了影响图书重量复核精度的关键因素，即图书重量的系统误差，提炼出重量复核的计算方法，从根本上解决了重量复核的关键问题；复核精度在判断正确拣选时保持在 90% 以上，在判断错误拣选时保持在 99.9% 以上，大大提高系统的处理能力；

（9）供应链管理与物流系统实现一体化，为科学决策、以市场需求拉动采购提供技术支持；此举将深刻影响目前新华书店的采购模式，大幅度节约物流成本，节约国家资源，并提高了配送服务水平与满足率。

2. 技术亮点

新华传媒物流中心是目前国内采用新技术最多的图书物流配送中心，有效地解决了长期困扰我国图书配送领域的诸多问题。其技术创新点主要包括如下方面。

（1）到货翻理系统

到货翻理系统包括图书到货、图书整理、图书编目、图书分配等多项业务，是图书物流配送中心设计的重点和难点之一。新设计的到货翻理系统具有占地面积小、自动化程度高、翻理效率高、翻理时间短等优势。

（2）到货直配系统

图书直配与交叉转运（Cross Docking）模式相类似，但又有不同。图书到货直配通常占新华传媒物流中心到货量的 50%～65%，是图书物流配送系统设计的关键。由于品种太多，图书直配存在很大困难，主要是一书多店问题和一书一店问题的矛盾很难协调。

新华传媒物流中心一般图书未来每天到货品种要求达到 6 000 种以上，到货码洋超过 800

万。到货直配系统针对一书多店和一书单店的特点，分别采用摘果式配送和播种式配送技术，并综合运用 RF 技术和 DPS 电子标签技术，很好地解决了以往系统作业效率低的问题。

（3）高密度的货架系统

新华书店图书中心一般要求库存品种超过 25 万种，是图书物流系统的主要特点，对货架设计提出了很高的要求。

新设计的图书储存系统采用阁楼式货架，大大提高了空间的利用率，并在货架设计上采用不同大小的货位设计，充分满足图书的高效储存要求。大宗图书采用托盘货位，充分体现了系统设计的灵活性。

（4）图书重量复核技术应用

对拣选出的图书进行复核是图书配送中的难题，采用扫描复核，不仅成本高，同时还难以保证准确性。因此，采用其他技术进行复核成为研究的重点，而重量复核就是其中一种技术。

北京伍强科技公司运用统计学原理对图书的重量误差进行了深入分析，并找出了决定重量复核技术可行的关键因素，最终将重量复核技术应用到新华传媒物流中心，并取得了预期的效果。

（5）基于二次分类的图书退货系统

退货约占一般省店发货量的 25%～30%。目前，中国有大约 570 家出版社，一般供应商约 1 500 家，每年出版新书约 12 万种，再版图书 10 万种。一般图书的退货处理比发货难度大很多，长期以来没有得到彻底解决。

图书退货要解决部分图书从新华书店退回到出版社或供应商，其他部分上架再销售的问题。新华传媒物流中心采用的二次分类法是一种具有独创性的系统设计。

简单来说，二次分类就是先将图书按照出版社（供应商）和品种分为若干大类，然后再在大类中进行第二次分类，以实现图书到出版社（供应商）或到物流中心储存货位的目的。

（6）基于路线优化的模糊成件算法

由于新华传媒物流中心面积达 3 万平方米，如果不加分析和优化，一个包件最长拣选路线将超过 600 米，拣选时间和周转箱行走时间将超过 30 分钟，其他辅助时间也将达到 30 分钟。这是物流中心设计所应避免的，因此必须对拣选路线进行优化。

其实，对于一个周转箱（一件图书）来说，其装箱容量本身就是一个区间：一般要求码洋在 800～1 200 之间，长宽高的大致尺寸在 200×300×400 毫米左右，质量在 15～20 千克。这是模糊成件的基本前提。

模糊成件为路线优化提供了良好的机会，在满足基本成件原则的基础上，选择较短的路线将会得到很好的总体效果。此外，模糊成件使成件效果非常好，可以在很大程度上消除零包。这是一般系统很难做到的。

（7）多楼层提升机系统冗余设计

新华传媒物流中心输送系统特别是提升机系统的冗余设计，保障了整个物流系统的可靠性。

3. 作业流程（以一般图书为例）

一般图书配送是图书物流中心的工作重点和难点。新华传媒物流中心一般图书配送分为入库翻理作业区、图书到货直接配送区、图书储存区、大宗图书储存区和图书分拣打包复核区。一般图书储存区设计各种规格货位 12.25 万个，可以满足 40 万个品种、共 2.5 亿码洋的储存要求。

（1）入库翻理

每天到货量通常为 700～850 万码洋（35～45 万册），种次将达到 6 000 个以上，其中新书约 600 种。最大的订单一次送货可达 400 个种次，约 30 万码洋。

入库翻理就是将图书按类分开，对新书进行编目注册，完成上架、直配拆分等工作，是图书物流的关键内容。而新书在线编目是本系统设计的关键技术之一，将整体翻理速度提高了一倍以上，使单本图书的翻理时间至少缩短了 3 个小时。

（2）直配

对于一书多店情形，采用电子标签辅助的摘果方式处理，大大提高了拣选速度。系统设计了 8 个区域共 1 050 组电子标签，可以完成每天约 3 000 件的直配任务。

对于一书一店情形，采用 RF 辅助按门店和按班组播种方式，设计了 4 个区域共 480 个播种点，大大提高了播种的效率，取得了很好的效果。

（3）上架

上架区域包括：二段式货架区域、播种区域、摘果区域、一般图书储存区、大宗图书储存区。整个系统的上架操作均采用 RF 技术支持，使上架简单而准确。

RF 操作要求扫描周转箱号获得目标地址系列，扫描书号获得对品种的确认，扫描货位号获得最后确认。

（4）拣选

系统的发货是按照波次进行的，这样可以更加有效地提高服务水平，并减少对资源（如暂存区域、分拣路线）的需求。

拣选的主要操作是按区域拣货，全部储存区域设计了 23 个拣选区域。一次拣选可以对多个周转箱，并采用模糊成件算法，可以使拣选路径达到最短。

（5）分拣

分拣采用 POP UP 型自动分拣设备，设计了 13 个出口，对应 13 条路线。每小时最大可完成 1 200 件图书的分拣。

（6）打包复核

打包复核是拣选作业的最后复核环节。采用重量复核技术解决拣选自动复核问题。重量复核分为图书标定、周转箱标定、动态测量和模糊判定等几个环节，最后系统根据实际测量结果完成对拣选正确性的判断。此外，系统还设计了人工复核程序，以满足特定情况下图书人工复核的需要。

包装分为周转箱包装和纸包装两种情况，由系统自动确定。

（7）发货

拣选完成的订单经过检查无误后即可以进入发运程序。发运是按照路线进行的。

案例思考

1. 认真阅读案例并结合所学的物流知识，说说新华传媒的图书物流配送中心有哪些创新？
2. 这种新一代图书物流配送中心给新华传媒带来了哪些便利？
3. 根据自己的理解，谈谈是否还可以改进？

第**5**章

物流成本

现代物流之所以被称为"第三利润源泉"，是因为在流通领域存在许多不应有的费用支出。物流成本的降低会促使企业经营效益的提高，因此，如何控制企业的物流运作成本，已成为现代物流研究的重要而紧迫的课题。

本章主要介绍现代物流成本的概念、理论、特征、分布与种类，并阐述企业物流成本的构成以及影响企业物流成本的主要因素。

5.1 现代物流成本概述

5.1.1 物流成本的概念及内容

物流成本（Logistics Cost）是"物流活动中所消耗的物化劳动和活劳动的货币表现"（见GB/T18354—2006）。即产品在实物运动过程中，如包括包装、运输、储存、流通加工、物流信息等各个环节所支出的人力、财力和物力的总和。

对企业而言，物流成本是指企业内部与物流相关活动的成本总和。物流成本能将企业物流经济成果量化，是直观地体现物流经济效益的一个重要指标。因为企业可以通过对物流成本的计算和管理，有意识地控制物流成本占企业生产总成本的份额，促进企业物流作业的改进并尽可能达到合理化，以最恰当的成本换取所期望的产品或服务在质量方面的竞争优势，配合企业获取最大利润。

物流成本的内容主要由以下三方面构成：

第一，伴随着物资的物理性流通活动发生的费用以及从事这些活动所必需的设备设施的费用；

第二，完成物流信息的传达和处理过程所发生的费用以及从事这些活动所必需的设备设施的费用；

第三，对上述活动进行管理所发生的费用。

本章中把所研究的企业假设为包含有供应物流，生产物流，销售物流和逆向物流整个过程的企业，主要是生产制造型企业，而不是物流企业。按照企业物流的过程，其包含的物流成本内容如图5-1所示。

与企业供应物流有关的物流成本有：订货处理成本、运输成本、原材料的验收费用、搬运成本、原材料仓储保管成本、库存成本、人工成本等。

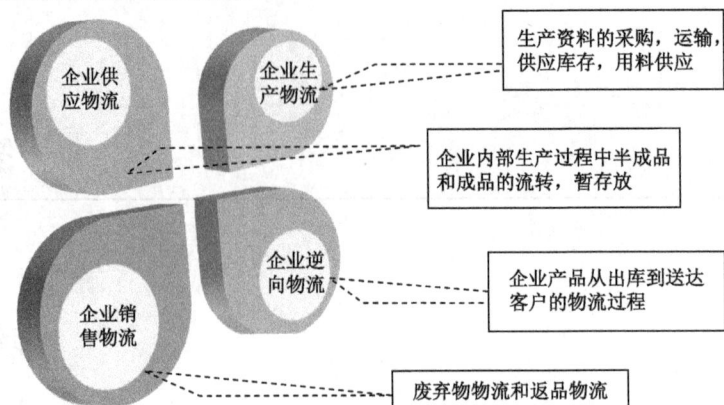

图 5-1　企业中不同物流形式的相关物流成本

与企业生产物流有关的物流成本有：包装、原材料物料搬运成本、投产准备费、燃料动力费等。

与企业销售物流有关的物流成本有：装卸成本、运输成本、产成品库存成本、仓储成本、订单处理成本、人工成本等。

与企业逆向物流有关的物流成本有：运输成本、仓储成本、库存成本、环境成本等。

5.1.2　有关物流成本的几个理论

1. 物流成本冰山理论

日本早稻田大学西泽修教授认为："由于物流成本大多混入其他费用之中，从物流过程中所支付的运费和保管费，很难看出费用水平的全貌，就像冰山的一角"。世界现行的财务会计制度和核算制度，都不可能掌握物流的实际费用，所以人们对物流费用的了解就像只看到了"冰山的一角"，有一定的虚假性。这就是"物流冰山说"。

企业一般只把支付给外部运输、仓库企业的费用列入成本（如图 5-2 所示）。实际上，这些费用在整个物流费用中确实犹如冰山一角。因为物流基础设施建设费和企业利用自己的车辆运输、自己的库房保管货物或由自己的工人进行包装、装卸等费用都没列入物流费用科目之内。企业向外部支付的物流费用只是很小的一部分，真正的大宗费用是企业内部发生的物流费。

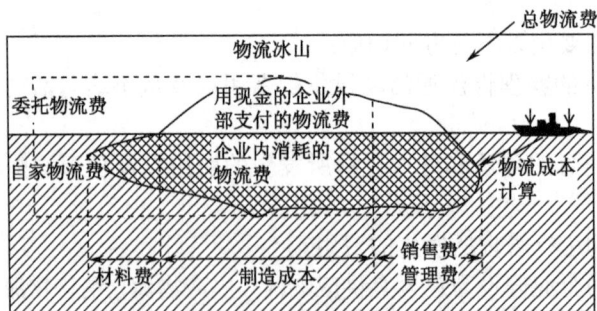

图 5-2　物流成本冰山理论示意图

"物流成本冰山"说之所以成立，体现在三个方面。

（1）物流成本的计算范围太大。包括采购与供应物流、厂内物流、生产物流、销售物流、回收和废弃物流成本的核算。

（2）物流成本计算牵涉的环节太多。运输、保管、包装、装卸以及信息等各物流环节中，以哪几个环节作为物流成本的计算对象，其结果差别相当大。

（3）物流成本的支付方式多种多样。向外支付的运输费、燃料费、与物流相关人员的人工费、折旧费、物流设备维修费等。此类问题都与物流费用的大小直接相关，就其复杂程度而言，物流费用确实只是露出水面的冰山一角。

2. 第三利润泉源说

"第三利润源泉"也是西泽修教授最早提出的，主要描述了物流管理的潜力和效益。在生产力相对落后、社会产品处于供不应求的阶段，需大力通过设备更新改造、扩大生产能力、增加产品数量、降低生产成本来创造企业剩余价值，此即第一利润。当产品充斥市场，转为供给大于需求，销售达到瓶颈时，也就是第一利润达到一定极限，很难持续发展时，便采取扩大销售的办法来寻求新的利润源泉，这就是第二利润。然而，当销售也达到了一定极限时，发现物流不仅可以帮助扩大销售，而且是一个很好的新利润增长源泉时，便发展成了西泽修教授的"第三利润源泉"说。

所谓第三利润源是相对第一利润源和第二利润源而言的。第一利润源是以"降低生产成本，节约物化劳动消耗"为途径，实现利润最大化；第二利润源是以"提高劳动效率，降低活劳动消耗"为途径，实现利润最大化；第三利润源不同于前两者，主要是以"降低物流费用"为途径，实现利润最大化，因此人们又把现代物流管理称为第三利润源泉。

3. 经济的黑暗大陆理论

1962 年美国管理大师彼得·德鲁克（Peter F. Drucker）在《财富》杂志上发表"经济的黑暗大陆"（*The Economy's Dark Continent*）一文。文中指出：消费者在支付的商品价格中，约 50%是与商品流通有关的费用，所以物流是降低成本的最后领域。物流是"经济的黑暗大陆"，也是"一块未被开垦的处女地"，这就是物流"黑暗大陆说"。

目前，我国的物流费用平均达到 40%，蔬菜食品类达到 30%～60%；而广东珠三角鲜活类商品物流费用大约占货价的 40%～60%，容易变质食品的流通费用有时竟高达商品销售价的 70%。据专家测算，物流过程占用的时间几乎占整个生产过程的 90%。

4. 社会物流成本占 GDP 的比重理论

社会物流成本占 GDP 的比重是用来衡量社会物流成本水平高低的基本指标。社会物流成本的统计范围包括三大部分：一是运输费用；二是库存维持费用；三是物流管理费用。

运输费用包括企业使用专业运输服务、支付给各种专业运输业者（包括物流子公司）的运输费用和企业使用自己的运输工具和运输设施开展运输活动所支出的费用。

库存持有费用包括用于存货的保管费用（人工费、设施折旧、材料费、水电费等）和存货所占用资金的成本。前者包括支付给仓库企业的费用和企业自己从事货物保管所发生的费用；后者参考金融机构贷款利率和资本投资回报率确定一个固定比例，乘以存货金额。

管理费用包括用于物流管理，物流信息系统及其运营方面支出的费用。管理费用的计算可以根据历史经验确定一个固定比例，乘以运输费用和库存持有费用的总和；或确定一个固定比例，乘以制造业和流通业的 GDP 贡献值。

由于各个国家的经济结构，产业发展水平和物流活动效率等方面存在着差距，因此，反映在社会物流成本占 GDP 的比重上也有所不同（如图 5-3 为 1999 年主要国家和地区物流成本占 GDP 的比重）。

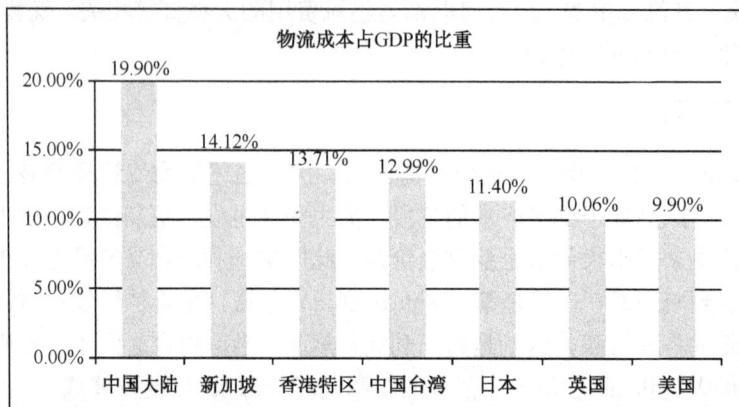

图 5-3　主要国家和地区物流成本占 GDP 的比重[①]

社会物流成本的统计，离不开企业物流成本的统计，只有在企业物流成本的统计趋于科学合理，并且有了一套完整的统计体系的情况下，才有可能从宏观上准确把握物流成本的水平。

现行的社会物流成本的统计方法，是站在货主企业，也就是物流需求方的角度去计算汇总物流费用的支出。社会物流成本占 GDP 的比重，从国际范围来看，呈现下降的趋势，如图 5-4 所示，美国与中国的物流成本占 GDP 的比重均略有下降。这种现象说明，随着企业物流活动的合理化和效率化水平的提高，在创造同等规模社会财富的情况下，在物流活动领域耗费的资源得到降低，资源配置的合理化程度得到提高。

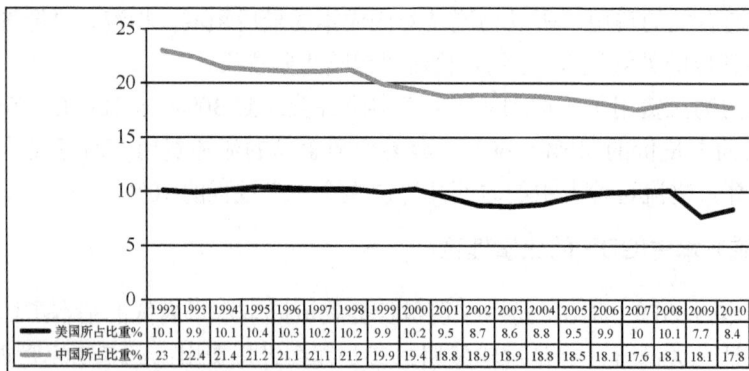

	1992	1993	1994	1995	1996	1997	1998	1999	2000	2001	2002	2003	2004	2005	2006	2007	2008	2009	2010
美国所占比重%	10.1	9.9	10.1	10.4	10.3	10.2	10.2	9.9	10.2	9.5	8.7	8.6	8.8	9.5	9.9	10	10.1	7.7	8.4
中国所占比重%	23	22.4	21.4	21.2	21.1	21.1	21.2	19.9	19.4	18.8	18.9	18.9	18.8	18.5	18.1	17.6	18.1	18.1	17.8

图 5-4　美国与中国历年物流成本占 GDP 的比重

5.1.3　现代物流成本的特征

物流成本作为企业成本的一个组成部分，除了具备一般成本所有的特征（如消耗性、可量化、可比较等），更具有交替损益性和隐含性等特点。

---

① 资料来源于《国际经贸信息物流周刊》，2000 年 5 月 22 日。

1. 物流成本的交替损益性

"交替损益"一词源自英语 Trade-off（最优均衡），其本来的含义是："若两种目的对于同一种资源会产生两种不同的结果时，为了更好地完成一种目的，就可能需要对另一目的的完成做出部分牺牲，这种目的间的关系，就是'交替损益'关系"，有时我们也称这种现象为"二律背反"或"效益背反"规律。从现代物流的角度出发，所谓交替损益可以理解为改变物流系统中任一要素的都会影响到其他要素；系统中任一要素的增益都将对系统其他要素产生减损作用。

在企业的物流系统中典型的交替损益关系有：物流服务水平和物流成本之间存在交替损益关系；构成物流系统的各子系统之间存在交替损益关系；各子系统的活动费用之间存在交替损益关系；个别职能和个别费用之间存在交替损益关系等。

（1）物流服务与成本的交替损益关系

物流的功能及其在商品流通中的地位决定了物流的基本任务是满足顾客对于商品的时间效用和空间效用的需求。因此，物流系统的基本产出即为物流服务，物流系统产出的多少，可以用服务水平的高低来衡量与评价。

在物流过程中，为了提供有关的服务，开展各项业务活动，必然要占用和耗费一定的活劳动和物化劳动，这些活劳动和物化劳动的货币表现即为物流成本，也称物流费用。物流成本包括物流各项活动的成本，如商品包装、运输、储存、装卸搬运、流通加工、配送、信息处理等方面的成本与费用。这些成本和费用之和构成了物流的总成本，也是物流系统的总投入。

从物流服务和成本追求的目标来说，两者之间存在着一种矛盾对立的状态。从物流服务的角度来讲，要求物流提供尽可能高的服务水平和服务标准；而从成本的角度来讲，又要求物流过程产生尽可能低的成本。这样，在高水平、高标准的服务需求和低物流成本之间就产生对立矛盾，存在着一种"二律背反"的状态。因为高水平、高标准的服务要求有大量的库存、足够的运力和充分的仓容，这些势必产生较高的物流成本，而低的物流成本所要求的则是少量的库存、低廉的运费和较少的仓容，这些又必然会减少服务项目，降低服务水平和标准。所以，将物流系统目标订为"谋求"最高的服务水平和最低的物流成本只是一种理想化、绝对化的目标，在现实中两者是不可能同时成立的。

根据物流服务与成本间的关系，在物流管理中既不能片面地强调服务水平而不计成本，不考虑经济效益，也不能单纯地追求降低成本而忽视生产和销售的需要。以前曾有人提出把在任何时间、任何地点、任何数量上都满足顾客的要求作为物流服务的标准。应该承认，这样的服务标准确实很高，但只能在不考虑成本的前提下才办得到，从物流管理的观点来看，这是一种"无原则"的服务标准，既不现实又不可取。而物流管理中的另一个偏向则是不管生产和销售的要求，单纯地追求最低的成本，比如为了降低运输费用，采取大批量集中运输却不顾市场销售需要，以致延长了运输时间，造成市场缺货，导致企业销售损失，并影响企业的信誉等。这种以牺牲企业生产和销售利益而换来的低成本是毫无意义的，是管理上的本末倒置。

在管理中，当我们谋求的某一项目标可以达到，而另一项目标却不能够同时达到时，就应权衡利弊，进行抉择，用综合的方法求得两者之间的平衡，以取得最佳的综合经济效益。所以，物流管理的任务是在服务与成本之间寻找平衡点，正确协调和处理两者之间的关系。

（2）构成物流系统的各子系统之间的交替损益关系

物流活动中包装、运输、储存、装卸搬运、流通加工、配送、信息处理等诸项活动要素相互联系、相互制约、相互结合共同组成了一个有机的整体——物流系统。由于系统的相关性产生了物流成本交替损益的关系，各子系统的功能如果不均匀，物流系统的整体能力将受到影响。如搬运装卸能力很强，但运输力量不足，会产生设备和人力的浪费；反之如装卸环节薄弱，车、船到达车站、港口后不能及时卸货，也会带来巨大的经济损失。所以物流总成本虽然是由物流各项要素成本组成，但它与各项要素成本之间并不是简单的正比或反比的关系，而是各项成本相互影响、相互作用的综合结果。

物流系统各子系统的优化并不等于、也不能代替物流大系统的优化，因此在物流管理中必须把所有相关的物流成本放到同一场所，用"总成本"这个统一尺度来计算，从综合经济效益上衡量，比较总的损益、得失，才能做出正确的决策。

（3）在运输方式的成本上存在交替损益关系

这里以空运和铁路运输作为两种运输方式的典型，说明运输方式的成本存在交替损益关系。空运速度快、成本高，铁路运输速度慢，运输成本低，即每吨千米的费率，空运要比铁路运输高得多。但如果对物流全部成本加以判断，情况会有所不同。

因为任何一种运输方式总是存在运费和保管费的交替损益关系，所以对不同运输方式进行交替损益的比较，不仅应考虑运输，还要考虑保管费。

从订货到把货物交付到收货人手里的时间称为前置时间（Lead Time），空运的前置时间与铁路相比为1:10，由于供货的前置时间短，因而当货物的需求发生变化时，可以迅速地采取相应的对策解决问题，同时发生货物损耗的概率也较低。因此，利用空运可以减少货物的库存量，且保管费用低。与之相反，使用铁路运输尽管运输费用低，但前置时间长，保管费用高。因此，在物流系统选择运输方式的成本问题时，要考虑交替损益的问题，使运费和保管费在整体上达到最优。

（4）商品库存成本与缺货成本之间存在着交替损益关系

当接受订货时，库内无货称为"缺货"，缺货发生的比率称为"缺货率"；当顾客订货时立即从库存品中直接提货的比率称为"服务率"。服务率在流通领域是一个重要概念，服务率低不仅会导致销售机会的丧失，还可能给企业带来声誉上的不良影响，甚至导致在销售领域内的失败，因此企业往往为了保证"服务率"而保有较多的库存。但这种做法很可能导致库存量过剩而增大商品的库存成本，占压了过多的库存资金和潜在的库存风险，对经营企业也是很不利的。在物流系统中应当设立合理的服务率。库存费用和缺货率的交替损益关系如图5-5所示。

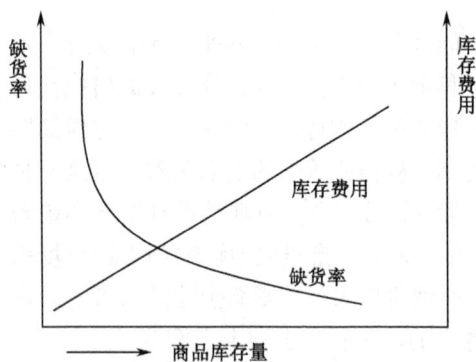

图5-5　库存费用和缺货率的交替损益

这四个例子只是物流成本之间存在交替损益性的一个说明。在实际工作中，可以发现物流环节成本间普遍存在这样的特征，因此，对于物流成本，不能只关注个别成本的问题，要根据成本的交替损益性全面掌握成本的变化，力图使"交替损益"的结果实现总成本的最低。

2. 物流成本的隐含性

日本学者西泽修的物流成本的"冰山理论"，指的就是物流成本存在着的隐含性特征。我们认为造成物流成本"隐含"的原因主要有如下两方面。

一方面，企业物流过程的复杂性导致物流成本计算的不完全性。企业物流过程包括原材料采购物流、工厂零部件厂内物流、从工厂到仓库和配送中心的成品物流、从配送中心到商店的商品物流等，这导致物流成本的计算范围很广泛。如此广泛的范围，在计算中极易忽略其中的某一部分，不同企业包括的计算范围不同，它们物流费用的高低就会相距甚远，而且缺乏可比性。

另一方面，企业的各项费用的习惯性归属导致了物流成本的"隐含"。哪些费用应该列入物流成本中的问题，一直没有一个统一的标准。向外部支付的运输费、保管费、装卸费等费用一般都容易列入物流成本，可是本企业内部发生的与物流相关的费用是否也该列入物流成本中，哪些应该列入物流成本中，长期以来企业形成了一些费用归集的习惯做法。如有很多企业把销售物流成本计算在产品成本中，有企业把购买原材料所支付的物流费用计算在原材料费用中，也有企业把自用运输费和自用保管费分别记入销售费和一般管理费的相关费用中，对于与物流有关的利息是和其他利息一起计入营业外费用中。

此外，物流成本的"隐含"还可能因为一些例外物流费用发生了，却因未得到相应的重视而未能"浮出水面"。比如由于供应链较长而引起的额外存货费用，额外包装费用和包装不良引起的货损，仓储不当引起的货损风险费用，货物不合格返退供应商而引起的额外时间和支出，日益增加的信息、交通和人员费用支出，通货膨胀和汇率风险费用等。这些费用的产生往往存在着一定程度的不可预测性而难以控制。

正因为物流成本的"隐含性"，物流成本的管理才显得如此重要。可以说，物流成本的管理工作中一个非常重大的任务就是要把隐藏着的物流成本充分挖掘出来，尽可能地了解成本的全貌，然后再根据成本发生的实际情况采取相应的管理措施。

物流成本的交替损益性和隐含性这两个特征使得成本复杂化，这给成本的测算和管理带来了相当大的难度。为此，在进行物流成本管理时，必须采用归纳推理的逻辑方法，合理确定成本，并坚持系统的观点，从整体上降低物流成本。

奥康的降低物流成本的方案

对皮鞋行业季节性的产品，如果能及早出货就意味着抢先占领了市场，相反就会形成积压。积压下来的鞋子将会进行降价处理或打回总部，如此一来，利润减少，物流成本加大。奥康将一年分为 8 个季，鞋子基本上做到越季上市。一般情况下，在秋季尚未到来的半个月前，秋鞋必须摆上柜台。这样可以满足市场需求、减少库存、增加利润。

奥康在物流配送方面采用了用友 U8 系统，并着手建立了全国营销的分销系统，使各个部门都可以了解到公司产品的库存总数、当天销售、累计销售、某一类型产品的数量及尺码，总部对一些畅销品种能马上做出反应，打好时间战，产品的南货北调迅速完成。促进了总部的决策活动与全国物流整体把握，把全国物流风险降低，提高整体的经济效益。

奥康现在除了在中国台湾、香港、澳门三地没有设立营销机构外，在全国 31 个省市、自治区都拥有自己的营销网络，106 个营销机构，2 000 多家连锁专卖店，1 000 多家店中店，并在意大利的米兰成立了境外分公司，在西班牙的马德里设立办事处。强大的终端网络，促使奥康物流"能流"、"速流"。

资料来源：《物流案例与实训》，经作者整理

5.2　现代物流成本的分类

针对物流成本可以从以下几个方面来分类。

5.2.1　按其范围划分的物流成本

物流成本按其范围，有广义与狭义之别。

从狭义上讲，物流成本是指由于物品实体的场所（或位置）位移而引起的有关运输、包装、装卸等费用。

从广义上讲，物流成本是指包括生产、流通、消费全过程的物品实体与价值变换而发生的各种费用。它具体包括了从生产企业内部原材料协作件的采购、供应开始，经过生产制造过程中的半成品存放、分类、储存、保管、配送、运输，最后到消费者手中的全部过程所发生的所有费用。因此，要进行物流成本管理，明确物流成本计算的范围和对象，就成为必须解决的首要问题。

5.2.2　按其经济内容划分的物流成本

企业的生产经营过程，也是物化劳动和活劳动的耗费过程。因而生产经营过程中发生的物流成本，按其经济内容可划分为以下几个方面。

（1）固定资产折旧费：包括使用中的固定资产应计提的折旧和固定资产大修理费用。

（2）材料费：包括一切材料、包装物、修理用配件和低值易耗品等。

（3）燃料动力费：包括各种固体、液体、气体燃料费，水费，电费等。

（4）工资：包括职工工资和企业根据规定按工资总额的一定比例计提的职工福利费、职工教育费、工会经费等。

（5）利息支出：指企业应计入财务费用的借入款项的利息支出减利息收入后的净值。

（6）税金：只应计入企业管理费用的各种税金，如房产税、车船使用税、土地使用税、印花税等。

（7）其他支出：指不属于以上各要素的费用支出，如差旅费、租赁费、外部加工费及保险费等。

此类分类方式的作用为：第一，可以反映企业一定时期内生产经营中发生了哪些费用，数额各是多少，据以分析企业各种费用的构成和水平；还可以反映物质消耗和非物质消耗的结构和水平，有助于统计工业净产值和国民收入。第二，这种分类反映了企业生产经营中材料和燃料动力及职工工资的实际支出，因而可以为企业核定储备资金定额、考核储备资金的周转速度，以及为编制材料采购资金计划和劳动工资计划提供资料。但这种分类不能说明各项成本的用途，因而不便于分析成本的支出是否节约、合理。

5.2.3　按供应链划分的物流成本

按供应链划分，物流成本可分为供应物流成本、生产物流成本、销售物流成本、退货物流成本、废弃物流成本。

1．供应物流成本

供应物流成本是指企业为生产产品购买各种原材料、燃料、外购件等所发生的运输、装卸、搬运等方面的费用。

2．生产物流成本

生产物流成本是指企业在生产产品时由于材料、半成品、成品的位置转移而发生的搬运、配送、发料、收料等方面的费用。

3．销售物流成本

销售物流成本是指企业为了实现商品价值，在商品销售过程中发生的有关运输、包装、推销等方面的费用。

4．退货物流成本

退货物流成本是指企业产品由于质量、规格、型号不符以及不按合同发货，造成退货所发生的有关运输、包装等方面的费用。

5．废弃物流成本

废弃物流成本是指企业某些资产和产品因自然灾害、物理性能、质量事故而毁损后进行处理、拆卸、输送、整理所发生的费用。

需要注意的是，从企业的性质来分析，不同企业的物流供应链是不相同的。一般来说，物流企业的物流供应链主要有供应物流成本、销售物流成本、退货物流成本，有的物流企业还包括废弃物流成本；生产企业的物流供应链主要有供应物流成本、生产物流成本、销售物流成本、退货物流成本，有的生产企业还包括废弃物流成本；商业企业的物流供应链主要有供应物流成本、销售物流成本、退货物流成本；网站物流成本的构成因其采取的物流模式不同而存在着差异。

5.2.4　按计入营业成本的方式划分的物流成本

1．直接成本

指与某一特定的物流成本对象存在直接关系的成本。大部分的直接材料、直接人工成本均属于直接成本。

2．间接成本

指与某一特定成本对象没有直接关系的成本。它为多种成本共同消耗，不能直接计入某一特定成本对象的成本中。

5.2.5　按特性划分的物流成本

按物流成本的特性分类，可分为变动成本和固定成本。

1．变动成本

在企业物流活动中，企业发生的资源耗费与物流业务量的变化而近似成比例变化的成本，如包装材料的消耗、工人的工资、能源消耗等。

2．固定成本

在一定的业务量范围内，企业发生的资源耗费与业务量的增减变化无关的成本，如物流设备折旧费、管理部门的办公费等。

3．混合成本

还有一些成本，在企业的物流活动中，既不与物流业务量的变化成正比变化也不保持不变，而是随着物流业务量的增减变动而适当变动的成本，如物流设备的日常维修费、辅助费等。对于混合成本，可按一定方法将其分解成变动成本和固定成本两部分。

5.2.6　按是否具有可控性划分的物流成本

按物流成本是否具有可控性，可将物流成本分为可控成本与不可控成本。

1．可控成本

可控成本是指考核对象对成本的发生能够控制的成本。例如，包装部门的经营管理水平与包装材料的耗用量相关，而与包装设备的折旧费无关。所以，包装材料费是包装部门的可控成本，而包装设备折旧费则是不可控成本。

2．不可控成本

不可控成本是指考核对象对成本的发生不能予以控制，因而不予负责的成本，如上述的包装设备的折旧费。

可控成本与不可控成本是相对的不是绝对的。对于一个部门来说是可控的，而对另一个部门来说是不可控的。但从整个企业来考察，一切费用都是可控的，只是这种可控需分解落实到相应的责任部门。

5.2.7　按支付方式划分的物流成本

按支付的方式划分，物流成本可分为本企业支付的物流成本和其他企业支付的物流成本。

1．本企业支付的物流成本

本企业支付的物流成本是指企业在供应、销售、退货等阶段，因运输、包装、搬运等发生的由企业自己支付的物流成本。它又可以进一步分为自己支付和委托支付的物流费。自己支付的物流成本又可分为材料费、人事费、业务费、维修费、一般经费和特殊经费。

2．其他企业支付的物流成本

其他企业支付的物流成本是指由于企业采购材料、销售产品等业务而发生的有关供应者和购买者支付的各种包装、发运、运输、验收等物流成本。

5.3　物流成本的构成

5.3.1　物流成本的计算对象

本节以物流成本项目、物流范围和物流成本支付形态作为物流成本计算对象。

1. 成本项目类别物流成本

成本项目类别物流成本指以物流成本项目作为物流成本计算对象,具体包括物流功能成本和存货相关成本。其中,物流功能成本指在包装、运输、仓储、装卸搬运、流通加工、物流信息和物流管理过程中所发生的物流成本。存货相关成本指企业在物流活动过程中所发生的与存货有关的资金占用成本、物品损耗成本、保险和税收成本。

2. 范围类别物流成本

范围类别物流成本指以物流活动的范围作为物流成本计算对象,具体包括供应物流、企业内部物流、销售物流、回收物流和废弃物流等不同阶段所发生的各项成本支出。

3. 形态类别物流成本

形态类别物流成本指以物流成本的支付形态作为物流成本计算对象。具体包括委托物流成本和企业内部物流成本。其中企业内部物流成本的支付形态具体包括材料费、人工费、维护费、一般经费和特别经费。

5.3.2　物流成本构成

物流成本指物流活动中所消耗的物化劳动和活劳动的货币表现。即产品在包装、运输、储存、装卸搬运、流通加工、物流信息、物流管理等过程中所耗费的人力、物力和财力的总和以及与存货有关的资金占用成本、物品损耗成本、保险和税收成本。本部分内容依据国家标准《企业物流成本构成与计算》(GB/T20523—2006)编写。

1. 物流成本项目构成

按成本项目划分,物流成本由物流功能成本和存货相关成本构成。其中物流功能成本包括物流活动过程中所发生的包装成本、运输成本、仓储成本、装卸搬运成本、流通加工成本、物流信息成本和物流管理成本;存货相关成本包括企业在物流活动过程中所发生的与存货有关的资金占用成本、物品损耗成本、保险和税收成本。具体内容如表 5-1 所示。

表 5-1　企业物流成本项目构成表

物流功能成本	物流运作成本	成本项目	内容说明
		运输成本	一定时期内,企业为完成货物运输业务而发生的全部费用,包括从事货物运输业务的人员费用、车辆(包括其他运输工具)的燃料费、折旧费、维修保养费、租赁费、养路费、过路费、年检费、事故损失费、相关税金等
		仓储成本	一定时期内,企业为完成货物储存业务而发生的全部费用,包括仓储业务人员费用、仓储设施的折旧费、维修保养费、水电费、燃料与动力消耗费等

		成本项目	内容说明
物流功能成本	物流运作成本	包装成本	一定时期内，企业为完成货物包装业务而发生的全部费用，包括包装业务人员费用、包装材料消耗、包装设施折旧费、维修保养费，包装技术设计、实施费用以及包装标记的设计、印刷等辅助费用
		装卸搬运成本	一定时期内，企业为完成装卸搬运业务而发生的全部费用，包括装卸搬运业务人员费用、装卸搬运设施折旧费、维修保养费、燃料与动力消耗费等
		流通加工成本	一定时期内，企业为完成货物流通加工业务而发生的全部费用，包括流通加工业务人员费用、流通加工材料消耗、加工设施折旧费、维修保养费、燃料与动力消耗费等
	物流信息成本		一定时期内，企业为采集、传输、处理物流信息而发生的全部费用，指与订货处理、储存管理、客户服务有关的费用，具体包括物流信息人员费、软硬件折旧费、维护保养费、通信费等
	物流管理成本		一定时期内，企业物流管理部门及物流作业现场所发生的管理费用，具体包括管理人员费用、差旅费、办公费、会议费等
存货相关成本	资金占用成本		一定时期内，企业在物流活动过程中负债融资所发生的利息支出（显性成本）和占用内部资金所发生的机会成本（隐性成本）
	物品损耗成本		一定时期内，企业在物流活动过程中所发生的物品跌价、损耗、毁损、盘亏等损失
	保险和税收成本		一定时期内，企业支付的与存货相关的财产保险费以及因购进和销售物品应交纳的税金支出

2. 物流成本范围构成

按物流成本产生的范围划分，物流成本由供应物流成本、企业内物流成本、销售物流成本、回收物流成本及废弃物流成本构成。具体内容如表 5-2 所示。

表 5-2　企业物流成本范围构成表

成 本 范 围	内 容 说 明
供应物流成本	指经过采购活动，将企业所需原材料（生产资料）从供给者的仓库运回企业仓库为止的物流过程中所发生的物流费用
企业内物流成本	指从原材料进入企业仓库开始，经过出库、制造形成产品以及产品进入成品库，直到产品从成品库出库为止的物流过程中所发生的物流费用
销售物流成本	指为了进行销售，产品从成品仓库运动开始，经过流通环节的加工制造，直到运输至中间商的仓库或消费者手中的物流活动过程中所发生的物流费用
回收物流成本	指退货、返修物品和周转使用的包装容器等从需方返回供方的物流活动过程中所发生的物流费用
废弃物流成本	指将经济活动中失去原有使用价值的物品，根据实际需要进行收集、分类、加工、包装、搬运、储存等，并分送到专门处理场所的物流活动过程中所发生的物流费用

3. 物流成本支付形态构成

按物流成本支付形态划分，企业物流总成本由委托物流成本和内部物流成本构成。其中内部物流成本按支付形态分为材料费、人工费、维护费、一般经费和特别经费。具体内容如表 5-3 所示。

表 5-3　企业物流成本支付形态构成表

成本支付形态		内 容 说 明
企业内部物流成本	材料费	资材费、工具费、器具费等
	人工费	工资、福利、奖金、津贴、补贴、住房公积金等
	维护费	土地、建筑物及各类物流设施设备的折旧费、维护维修费、租赁费、保险费、税金、燃料与动力消耗费等
	一般经费	办公费、差旅费、会议费、通信费、水电费、煤气费等
	特别经费	存货资金占用费、物品损耗费、存货保险费和税费
委托物流成本		企业向外部物流机构所支付的各项费用

5.3.3　物流成本计算

1. 物流成本表表式

本章中物流成本计算以物流成本项目、物流范围和物流成本支付形态三个维度作为成本计算对象。物流成本表包括成本项目、范围和支付形态三个维度，具体包括主表（企业物流成本表，见表 5-4）和附表（企业内部物流成本支付形态表，见表 5-5）。

表 5-4　企业物流成本表（主表）

编制单位：　　　　　　　　　　年　　月　　　　　　　　　　单位：元

范围及支付形态 成本项目			供应物流成本			企业内物流成本			销售物流成本			回收物流成本			废弃物流成本			物流总成本		
			内部	委托	小计	内部	委托	小计	内部	委托	小计	内部	委托	小计	内部	委托	小计	内部	委托	合计
物流功能成本	物流运作成本	运输成本																		
		仓储成本																		
		包装成本																		
		装卸搬运成本																		
		流通加工成本																		
		小计																		
	物流信息成本																			
	物流管理成本																			
	合计																			
存货相关成本	资金占用成本																			
	物品损耗成本																			
	保险和税收成本																			
	其他成本																			
	合计																			
物流总成本																				

表 5-5 企业内部物流成本支付形态表（附表）

编制单位：　　　　　　　　年　　　月　　　　　　　　单位：元

内部支付形态 成本项目			材 料 费	人 工 费	维 护 费	一般经费	特别经费	合　　计
物流功能成本	物流运作成本	运输成本						
		仓储成本						
		包装成本						
		装卸搬运成本						
		流通加工成本						
		小计						
	物流信息成本							
	物流管理成本							
	合计							
存货相关成本	资金占用成本							
	物品损耗成本							
	保险和税收成本							
	其他成本							
	合计							
物流成本合计								

2. 物流成本计算方法

（1）基本思路

1）可从现行成本核算体系中予以分离的物流成本

对于现行成本核算体系中已经反映但分散于各会计科目之中的物流成本，企业在按照会计制度的要求进行正常成本核算的同时，可根据本企业实际情况，选择在期中同步登记相关物流成本辅助账户，通过账外核算得到物流成本资料；或在期末（月末、季末、年末）通过对成本费用类科目再次进行归类整理，从中分离出物流成本。

2）无法从现行成本核算体系中予以分离的物流成本

对于现行成本核算体系中没有反映但应计入物流成本的费用即存货占用自有资金所产生的机会成本，根据有关存货统计资料按规定的公式计算物流成本。

（2）具体方法和步骤

1）可从现行成本核算体系中予以分离的物流成本

对现行成本核算体系中已经反映但分散于各会计科目之中的物流成本，应按以下步骤计算。

第一步，设置物流成本辅助账户，按物流成本项目设置运输成本、仓储成本、包装成本、装卸搬运成本、流通加工成本、物流信息成本、物流管理成本、资金占用成本、物品损耗成本、保险和税收成本二级账户，并按物流范围设置供应物流、企业内物流、销售物流、回收物流和废弃物流三级账户。对于内部物流成本，还应按费用支付形态设置材料费、人工费、维护费、一般经费、特别经费费用专栏。上述物流成本二级账户、三级账户及费用专栏设置次序，企业可根据实际情况选择。

第二步，对企业会计核算的全部成本费用科目，包括管理费用、营业费用、财务费用、生产成本、制造费用、其他业务支出、营业外支出、材料采购、应交税金等科目及明细项目逐一进行分析，确认物流成本的内容。

第三步，对于应计入物流成本的内容，企业可根据本企业实际情况，选择在期中与会计核算同步登记物流成本辅助账户及相应的二级、三级账户和费用专栏，或在期末（月末、季末、年末）集中归集物流成本，分别反映出按物流成本项目、物流范围和物流成本支付形态作为归集动因的物流成本数额。

第四步，期末（月末、季末、年末），汇总计算物流成本辅助账户及相应的二级、三级账户和费用专栏成本数额，按照表 5-4、表 5-5 的内容要求逐一填列。

2）无法从现行成本核算体系中予以分离的物流成本

对于现行成本核算体系中没有反映但应计入物流成本的费用即存货占用自有资金所产生的机会成本，其计算步骤如下：

第一步，期末（月末、季末、年末）对存货按在途和在库两种形态分别统计出账面余额；

第二步，按照公式存货资金占用成本 = 存货账面价值×企业内部收益率（或一年期银行贷款利率）计算出存货占用自有资金所产生的机会成本，并按供应物流、企业内物流和销售物流分别予以反映；

第三步，根据计算结果，按照表 5-4、表 5-5 的内容要求填列。

3. 物流间接成本分配原则

在计算物流成本时，对于单独为物流作业及相应的物流功能作业所消耗的费用，直接记入物流成本及其对应的物流功能成本，对于间接为物流作业消耗的费用，为物流作业和非物流作业同时消耗的费用、为不同物流功能作业共同消耗的费用以及为不同物流范围阶段消耗的费用，应按照从事物流作业或物流功能或物流范围阶段作业人员比例、物流工作量比例、物流设施面积或设备比例以及物流作业所占资金比例等确定。

ABC 成本法在企业物流成本核算和管理中的应用

以作业为基础的成本计算（1988 年）（Activity Based Costing，简称 ABC 法）是由美国芝加哥大学的青年学者库伯（Robin Cooper）和哈佛大学教授开普兰（Robert S Kaplan）在斯托布斯的思想上提出的。

ABC 成本法理论基础是：*产品消耗作业，作业消耗资源并导致成本的发生*。作业成本突破了产品这个界限，而把成本核算深入到作业层次；它以作业为单位收集成本，并把"作业"或"作业成本池"的成本按作业动因分配到产品（如图 5-6 所示）。

因此，应用作业成本法核算企业物流并进而进行管理可分为如下四个步骤：（1）界定企业物流系统中涉及的各个作业；（2）确认企业物流系统中涉

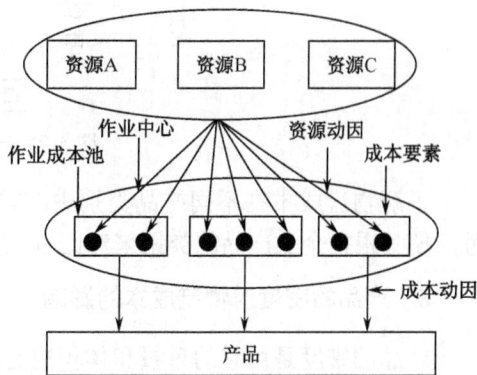

图 5-6　作业成本模型

及的资源；（3）确认资源动因，将资源分配到作业；（4）确认成本动因，将作业成本分配到产品或服务中。

资料来源：陈小龙、朱文贵、张显东. ABC 成本法在企业物流成本核算和管理中的应用.

物流技术，2002（9），经作者整理

5.4 影响企业物流成本的因素

影响企业物流成本的方面很多，在对企业的物流成本实施有效的管理之前，全面地了解其影响因素将会使管理活动针对性强，达到事半功倍的效果。本节归纳了五大方面的影响因素，并分别进行深入分析。

5.4.1 企业产品与物流成本

由于企业的产品（包括原材料、半成品和产成品）是企业的物流对象，因此，企业的产品是首先要考虑的影响物流成本的因素。企业产品的种类不同，属性不同，在重量、体积、价值和物理、化学性质方面都有不同的特点。这些特点的不同组合，对企业的物流活动如仓储、运输、物料搬运的成本问题均会产生不同的影响。我们可以从以下方面对产品属性和物流成本关系进行深入分析。

1. 产品的种类与物流成本的关系

种类的差别，决定了其他一切的差别，产品也是如此。如图 5-7 中的数字统计了物流成本在 6 种不同产品分类中占销售额的百分比。其中食品和消费品占销售额的比重最大，达 32%，其次是主要金属产品，所占比重也将近 30%，而最低的化工产品和塑料物流成本比重不到 15%。

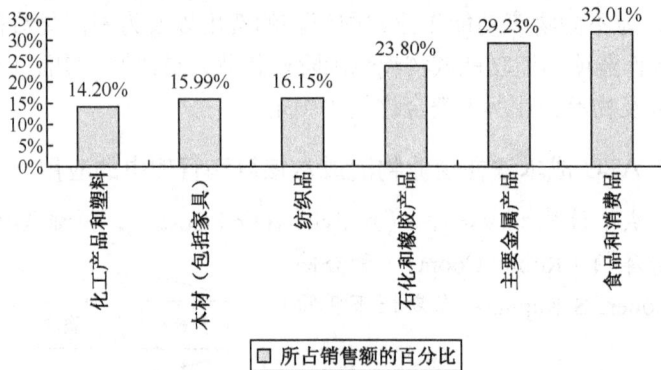

图 5-7 产品与物流成本的关系

了解物流成本在不同产品类别中的差异，其意义在于为企业物流成本管理者提供一个参考，使其根据企业产品的类别来对比本企业的物流成本实际发生情况，而不是盲目对比。

2. 产品的密度对物流成本的影响

产品的密度是由它的重量和体积决定的。产品的运输成本、仓储成本一般以重量或以体积作为计量单位来计算，所以产品密度对物流成本有直接的影响。它们之间的关系如图 5-8 所示。

随着产品密度增加，即产品重量体积比增大，仓储和运输成本占销售价格的比重呈现降低趋势。

把产品的密度和物流成本的这种关系运用到成本管理的实践中，通常是通过减少产品的体积来降低成本。例如，生产家具的厂商可以事先不对家具进行装配，而是以各个组成部分的散装形式运输到销售地再进行装配，这样做可以通过减少包装体积来达到运输成本降低的目的。

另外有一种做法是对零散的产品进行集装，也就是对要运输的产品进行适当的包装，这可以视为增加了产品总体密度，这样做一方面可以缩小体积降低运输和仓储的成本，另一方面还可以加大对产品的保护，减少产品破损索赔的概率。

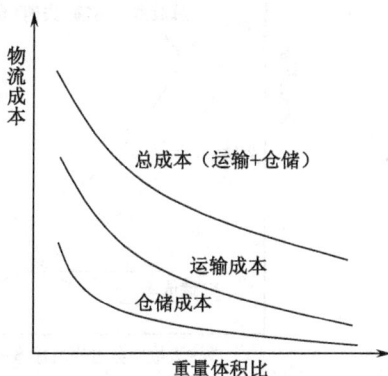

图 5-8　产品的密度对物流成本的影响

3. 产品的价值对物流成本的影响

产品的价值不同，需要的物流成本的支持也存在差异。虽然运输成本、仓储成本一般是按重量和体积计算的，但价值高的产品的物流成本都相对比一般产品高。如在国际物流中海运费率的一条重要原则是：高价值商品的运费率要高于低价值商品的运费率。因为运输成本和仓储成本都含有保险费，保险费是按照产品的价值比率来计算的，而且存储成本包含的库存维持成本也是按产品价值的一定比率计算的，这些都增加了产品的物流成本；而且出于服务和保险的考虑，价值高的产品的运输方式日益倾向于选择航空运输，这也使得运输成本呈增加的趋势。

产品的价值对物流成本的影响还表现在产品价值和重量之间的关系上。价值低，重量大的产品，如煤炭、沙子等，由于生产中所需此类原材料的运输量极大，因此难以避免运输成本在产品价值中所占比重会偏大。相反，价值高、重量小的产品如珠宝、高科技产品等，存储成本较高而运输成本相对较低。另外，虽然有些企业的产品单位价值不高，但它的产销量较大，在这种类型的企业中，资金成了最主要的生产要素，资金的周转速度很重要，如生产低端家电产品的企业就是此类典型。这决定了在运输方面要求快速完成整个流通的周期过程，这样会引起运输成本的增加，再加上用户的需求在区域上通常表现为点多量少，需要在各个销售地区设立配送中心，从而也增加了仓储配送成本。

4. 产品的可替代性

产品的可替代性指的是在一定范围内一种产品的使用价值可用另一种商品来替代。企业生产的产品可替代性强，意味着如果本企业的产品的价格相对高，或处于暂时缺货的状态，客户会很容易选择其他品牌的产品。因此可替代性强的产品竞争除了品牌竞争之外，更要重视服务的竞争。企业物流管理此时的作用就在于在产品的分拨计划中，考虑通过运输服务的选择、仓储服务的选择或两者兼用来降低此类产品的失销成本，保住现有的客户群。

如图 5-9 分别是在仓储成本不变的条件下提高运输成本来改善运输服务层次水平，以及在运输成本不变的情况下，维持较大的库存水平来保证对客户提供现货的能力。可见，企业的产品若可替代性强，应该在顾客服务水平上下工夫，在物流方面的策略就是通过适当提高运输成本或库存成本来增加产品的可得性，以保证企业整体利润的实现。

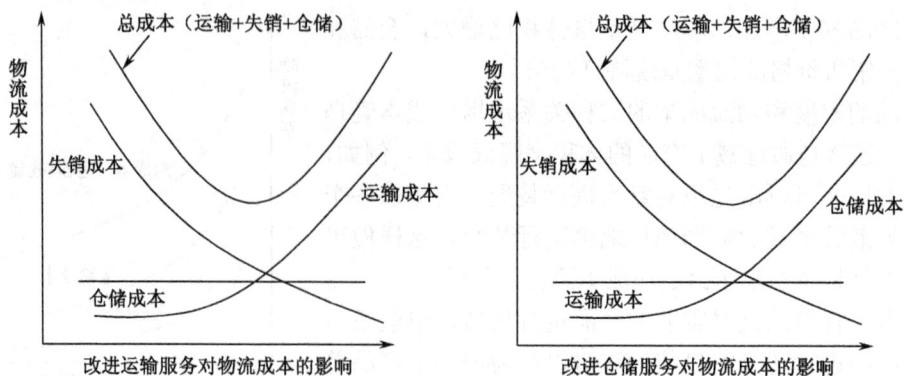

图 5-9　改进运输或仓储服务对物流成本的影响

5. 产品的风险性

产品的风险性是指产品本身存在的易燃性、易损性、易腐性和易于被盗等方面的特性。产品的风险性会对物流活动有特定的限制，从而引起物流成本的上升。如精密度高的产品，对保管和养护条件的要求较高，这无疑对物流的各个环节如运输、搬运、仓储都提出很高的物质要求而引起物流成本的增加；再如新鲜的水果、鲜花需要冷藏储存和运输，通常需要使用费用高昂的航空运输；而产品价值高的产品在运输、仓储时的防盗措施必不可少。总之，由于产品的风险性而在物流过程中引起特殊防护作业，会增加企业的物流分拨总成本。

以上是从产品的特征属性这个因素来讨论产品对物流成本的影响的，我们还可以从产品的类别：如从营销学的角度看，把产品分为便利消费品、选购消费品和特殊产品等，不同类别的产品的分销渠道不同，为之付出的物流成本水平因此也各见高低；从产品的生命周期看，在产品的引入、成长、成熟和衰退四个阶段的物流成本也会出于企业的物流战略支持需要而不同。

5.4.2　物流环节对物流成本的影响

物流过程的主要环节有运输、储存、装卸搬运、包装、流通加工、配送、物流信息处理等，其中最基本的环节是改变物料存在的时间和场所，即运输和储存活动。如果把物流环节视为有一定"长度"的话，其长度包括从供应者到接收者的整个流程的长度，从经济的角度考虑，这个长度应该用时间来衡量。对商品流通渠道和物流环节的选择，是影响物流成本很重要的两个方面。

从企业采购物流和生产物流来看，物流的环节是从企业的原材料、辅助材料、零件采购开始，到在生产过程中这些材料经过各个生产车间及各道操作工序的转换而形成的，它们对物流的时间要求是必须能及时满足下一生产过程的需要，即除了要考虑过多工序造成的成本外，更要考虑保证生产的顺利进行。有资料显示，在物料形成产品的总生产时间中，真正的加工时间只有 10%～20%，80% 以上的时间都消耗在物料运输、等待时间（如在库时间、设备调整准备时间）。所以，针对企业的生产物流而言，要充分考虑工序的先后，科学布置车间的设施，设计好物流路线，尽量减少物流的迂回和倒流，同时使物料搬运量最小。而企业的销售物流，由于它不但有着经济寿命周期，同时还有自然寿命，所以流通的环节消耗的时间很重要，必须小于这两个时间，否则商品的价值就不能很好地实现，甚至可能因为使用价值的灭失而导致价值的灭失。所以销售物流的环节应尽可能少，在运输中强调最好要"最短流通长度"，要"直达直线运输"、"四就直接运输"（即不经过商业环节、就车站、就码头、就仓库直拨直运）的原因就在于此。

物流环节的多少，经历时间的长短直接影响着物流成本的大小。一般而言，对于物流环节，原则是中间的环节尽可能减少，在中间环节停留的时间也要尽可能少，每段运输距离尽可能短，而运输速度尽可能提高。物流环节成本直接影响着商品成本，在实际工作中必须重视消除多余环节，加强关键环节的管理，挖掘物流环节中存在的成本降低空间。

5.4.3 物流服务对物流成本的影响

物流服务是企业物流系统的产出，对企业而言的物流管理对客户而言就是顾客服务。顾客服务随着市场竞争的加剧，越来越成为企业创造持久竞争优势的有效手段。而企业管理者也发现加强企业物流管理对于顾客服务的满意度的重大意义所在。

企业的物流成本的降低受到物流服务水平的制约。顾客所期望的物流服务水平是企业做出任何一项降低物流成本决策时必须考虑的因素。物流管理者必须全面衡量客户服务需求，决不能为了降低成本而无视服务。如果连顾客可以接受的最低服务水平都达不到，服务付出的回报值是零，甚至会造成企业的声誉损失和机会丧失等负面影响。与此相反，物流服务水平的高低设定也必须重视其对物流成本水平的影响程度。例如为改进顾客服务水平，通常使用溢价运输，这对总成本的影响是双方面的：运输成本曲线将向上移动以反映更高的运输费用；库存费用曲线将向下移动以反映由于较低的临时库存而导致平均库存的减少。在一般情况下，这些成本变化后的净值是总成本的增加，但如果改进服务能增加收入，则这样的成本调整（增加）通常可视为是合理的。不过，决不能为提供更令人"满意"的服务而导致物流成本的急剧增加，而且其增加值大于长期销售收入增长所创造的利润。因此，需要在物流服务水平、总物流成本及企业的总利润之间做投入产出的效益对比分析。

正因为服务水平的提高对于企业的收入增加有着直接的影响，所以考虑物流服务与物流成本之间的权衡时，应更加重视从促进企业利润最大化而不是成本最小化的角度出发，首先对比不同的物流服务水平对于销售收入的影响，然后再根据被认为对销售收入贡献明显（即最优）的服务水平来计算出物流成本，而后再考虑这个物流成本的降低的方法（不从服务水平降低的角度进行考虑）。

但确定最优的物流服务水平并不容易。不仅要确定物流服务水平和销售收入之间的关系，还要确定物流服务水平与物流成本之间的关系。如图 5-10 反映出了销售收入和物流成本随物流服务水平变动的树叶状关系图。销售收入和物流服务之间存在着的边际收入递减关系曲线和物流成本与物流服务之间的正向递增关系曲线之间距离最大的点对应的物流服务水平是能带来企业利润最大化的最优选择。

事实上，评估不同的物流服务水平及相应的成本之间的关系，这也是企业在制定物流战略时必须考虑的问题。提供多少基本客户服务，必须通过对相对成本和收益的论证决定。除此之外，还取决于一系列因素，诸如竞争情况，物流定位为核心竞争力的程度，客户对于企业的物流绩效的敏感度，以及一个企业完成许诺的能力等。

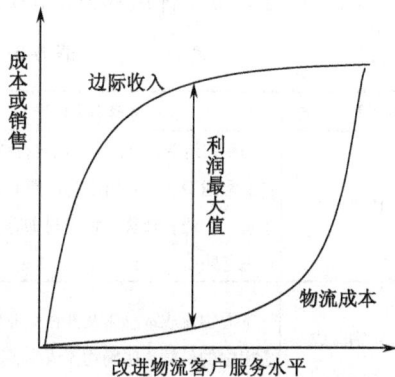

图 5-10 成本收入和服务水平的关系图

总之，物流服务应该是物流成本的一项内涵。任何降低物流成本的策略考虑都要把物流服务的水平涵盖其中。

经营中的尴尬局面

在一家街头的零售店里，某饮料企业的一位理货员来给店里送货，以下是他和零售店老板之间的对话。企业理货员："张老板，我来给您送货。"零售店店主："你们公司送货怎么这么慢呢？我订的货应该在昨天就送到了！还有怎么你们送来的货与我的订单内容不一样啊？我要的是150毫升的饮料，你送的是500毫升的；数量也不对，我要30瓶，你们只拿了20瓶！真是乱七八糟的！产品不对！时间也不对！我要退货！"

从中我们不难看出，这样漏洞百出的物流工作和粗糙的物流服务无疑会使公司信誉受损害，从而造成营业额的大幅下跌。在市场竞争日趋激烈的今天，频繁出现以上问题的企业是很难生存的。为了避免这些情况，企业物流部门应当做到保持适当的库存、进行及时的货品补充、制订合理的客户配送计划。此外，在物流服务中出现问题时，物流部门应马上采取对策加以解决。

如今物流工作已成为了企业增强竞争力的一个有力的武器。物流部门的业务水平对提升企业的经营、确保利润的实现有很重要的意义。推动物流工作的效率化和合理化是企业生存重要的战略。

资料来源：物流师资格考试试题，经作者整理

5.4.4　核算方式对物流成本的影响

我国尚未建立起企业物流成本的核算标准，各企业不同的会计记账需要导致了对于物流成本目前存在着很多不同的核算方式，从而导致了各企业的物流成本除了"量"的差异外，还存在着"质"的差异。在日本，虽然对物流成本的核算已经有了一套成型的标准（日本运输省1997年制订的《物流成本统一计算标准》），但该标准并不是只统一了一种标准，而是提供了三种不同类别的核算方式的标准，从不同角度对物流成本进行归集和对比，以指导和适应不同企业对于物流成本核算的要求。

表5-6是对这三种核算方法的比较。

表5-6　不同核算方法对物流成本的影响

核算标准	1、以支付形态为标准	2、以物流功能为标准	3、以适用对象为标准
具体含义	分别按运费、保管费、包装材料费、自家配送费（企业内部配送费）、人事费、物流管理费、物流利息等支付形态记账	分别按包装、配送、保管、搬运、信息、物流管理等功能计算物流费用	按企业的物流成本不同的适用对象进行成本归集（一般可以按照商品、顾客、地域等作为物流成本的适用对象）
对物流成本的影响	掌握物流成本总额及其在企业整体费用中的份额，明确物流成本各形态的比重并使之合理化	对比各个功能的成本耗费情况，并由此计算出标准物流成本（单位个数、重量、容器的成本），通过作业管理，设定合理化目标	可以对不同类别的商品、顾客和地域的物流成本进行对比分析，以指导不同物流战略的制订
相互关系	第一种标准是最基础的核算方法，第二种方法以第一种为基础，第三种方法又以第二种为基础		

核算方式的不同必然会导致成本的差异。所以我国应该尽快建立起物流成本核算标准，最起码在同一行业内应该有统一的物流成本核算方式，只有这样，成本核算才具可比性，从而更好地指导成本管理。

当然，影响企业物流成本的因素除了以上的几个大方面外，还有一些其他因素，比如企业信息化程度的因素等，但以上分析的这五大因素是我们考察一个企业的物流成本时都必须注意的重要方面，只有对这些不同的方面有所掌握，才有可能抓住物流成本管理的主要方面，保证企业有效地开展物流成本管理工作。

5.5　案 例 分 析

5.5.1　沃尔玛利用物流配送节约成本

2008 年沃尔玛的年销售额连续三年在福布斯排名冠军，相对于汽车制造、IT、高科技电子等高利润行业，它是一个利润率极低的零售商，能连续三年第一，堪称奇迹。沃尔玛之所以能够迅速增长，并且成为世界 500 强之首，这与沃尔玛在节省成本以及在物流运送、配送系统方面的成就是分不开的。沃尔玛把注意力放在物流运输和配送系统方面，并使其成为沃尔玛公司的焦点业务。

1. 注重物流投入

沃尔玛 2003 年在物流方面的投资是 1 600 亿美元，2004 年增长到 1 900 亿美元，仅 2004 年用于物流配送中心建设的资金就高达 250 亿美元。而上海联华这个国内数一数二的零售商仅 100 多亿元。沃尔玛早在 20 世纪 80 年代初就花了 7 亿美元发射了一颗卫星，专门用于物流工作，因此沃尔玛能通过卫星在两小时内把全球商场内的货物通通盘点一次。沃尔玛公司的新任 CEO 就来自于物流部门，由此可见物流和配送在公司中的重要性。

2. 实施"无缝点对点"

沃尔玛的经营哲学是"以最佳服务，最低的成本，提供最高质量的服务"。在物流运营过程中，要尽可能降低成本，让利于消费者，沃尔玛向自己提出了挑战，其中的一个挑战就是要建立一个"无缝点对点"的物流系统，能够为商店和顾客提供最迅速的服务。这种"无缝"的意思是指使整个供应链达到一种非常顺畅的链接。

3. 建立良好的循环系统

为了使成本最低，沃尔玛建立了物流循环系统。实践证明，如果物流循环是比较成功的，那么在顾客购买了某种商品之后，这个系统就开始自动地进行供货。

沃尔玛的物流循环系统中的可变性使得卖方和买方（工厂与超市）可以对于这些顾客所买的东西和订单能够进行及时的补货，配送中心应当从供货商那里就可以直接拿到货。这个系统与配送中心联系在一起，沃尔玛的配送中心实际上是一个中枢。供货商只提供给配送中心，不用直接给每个超市，因此这个配送中心可以为供货商减少很多成本。

沃尔玛降低配送成本的另外一个方法就是与供应商一起来分担。供货商们可以送货到沃尔玛的配送中心，也可以直接送到超市当中，这两者进行比较，如果供货商们采用集中式的配送方式，就可以节省很多钱，而供货商就可以把省下来的这部分利润，让利于消费者。同时供货商们也可以为沃尔玛分担一些建立配送中心的费用。通过这样的方法，沃尔玛就从整个供应链中，将这笔配送中心的成本费用节省下来，实现了低投入高产出。

4. 完善的补货系统

沃尔玛之所以能够取得成功，是因为沃尔玛在每个超市都有一个补货系统。它使得沃尔玛在任何一个时间点都可以知道现在这个超市中有多少货品正在运输过程中、有多少是在配送中心等。同时它也使沃尔玛可以了解，沃尔玛某种货品前一周卖了多少、去年卖了多少，而且可以预测将来可以卖多少。

沃尔玛之所以能够了解得这么细，就是因为沃尔玛有 UPC 统一的货品代码。超市中所有的产品都要有一个统一的产品代码叫 UPC 代码。在沃尔玛的所有超市中，都不需要用纸张来处理订单。

5. 建立开放式的平台

沃尔玛每个星期可以处理 120 万箱的产品。沃尔玛公司的超市众多，每个超市的需求各不相同，沃尔玛的配送中心能够根据超市的需要，自动把产品分类放入不同的箱子中。沃尔玛所有的系统都是基于 UNIX 系统的一个配送系统，这是一个非常大的开放式的平台，不但采用传送带，还采用产品代码，以及自动补货系统和激光识别系统，这样，员工可以在传送带上取到自己所负责的超市所需的商品。员工根据信号灯的提示来确定商品应被送往的超市并拿取这些商品，并将取到的这些商品放到一个箱子中。这样，所有这些超市都可以在各自所属的箱子中放入不同的货品。由于供应链中的各个环节都可以使用这个平台，因此节省了拣选成本。

6. 建立自己的运输车队

沃尔玛的物流部门实行全天候的运作，而且是每天 24 小时，每周 7 天的运作。众所周知，沃尔玛的产品卖得非常多，因此运输车队对物流的支持是非常必要的，要确保超市所需的商品不断地流向沃尔玛的商店，这样物流就没有任何停止的过程。

在整个物流过程中，最昂贵的就是运输这部分，运输车队省下的成本越多，那么整个供应链中所节省的钱就越多，让利给消费者的部分也就越多。因此沃尔玛采用一种尽可能大的卡车，这种汽车一般比集装箱运输卡车要更长或者更高。

沃尔玛的车辆都是自有的，这些司机也是沃尔玛的员工。他们在美国各个州之间的高速公路上运行，车中的每立方米都填得满满的，这样非常有助于沃尔玛节省成本。沃尔玛在注重车辆管理的同时还注重对员工的管理，沃尔玛的车队大约有 5 000 名非司机员工，还有 3 700 多名司机。沃尔玛采用全球定位系统，来对车辆进行定位。因此，在任何时候，调度中心都可以知道这些车辆在什么地方，离超市还有多远，同时他们也可以了解到某个产品运输到了什么地方了，还有多长时间才能运到超市。

另外，让供应商采用沃尔玛的运输系统，由他们自己完成运输，因为沃尔玛的运输成本比供货商低，采用沃尔玛的物流配送系统可以对供货商进行成本上的节省，而且从厂商到货架的过程，沃尔玛增加的部门并不会增加运作的成本，合理安排反而会降低运作的成本。

案例思考

1. 根据案例分析，谈谈沃尔玛为什么将物流重心放在运输和配送环节。
2. 结合案例，试分析沃尔玛主要通过哪些举措来降低企业的物流成本。

5.5.2　中远物流的财务精益化管理

作为中远集团第一个"精益管理年"的试点单位之一，作为中国物流百强榜首企业，作为"2006 年度最佳第三方物流公司"，中远物流在精益管理方面一直在努力做着探索和尝试，力争有效整合资源，控制成本，优化流程，以提高核心竞争力并最终实现利润最大化。尤其是财务工作上，中远物流抓住重组、合资的契机，走出了一条颇具特色的精益管理之路。

中远物流经过重组改制后，在业务结构上、管理体制上和市场竞争环境上发生了很大变化。为实现中远物流全面、健康和可持续发展，尤其需要"精益管理"的长效机制，使管理工作能适应新变化，向集约化、系统化、精益化方向转变。在这个过程中，中远物流财务管理工作，紧紧围绕实现公司效益目标，建立精益化财务管理的长效机制，充分发挥财务管理在公司经营和管理链条中的运营作用，初步建成了满足第三方物流业务和其他业务发展需要，适应境内境外双重监管体系要求的会计核算体系和财务管理体系，为中远物流持续、稳健、快速发展起到了切实的保障作用。

1．加强成本管理　强化预算控制

精益管理的基本理念是利润来源于降低成本的不断追求之中，成本是利润决定因素中，企业最能直接控制的要素。中远物流财务管理工作始终重视成本管理，结合全面预算管理工作的实施，主要从以下几方面抓好成本的控制工作。

（1）加强成本构成要素的分析控制

2005 年下发了《中远物流有限公司经济活动分析管理办法》，要求系统内部各级公司实行月度经济活动分析，并统一规定了经济活动分析的内容、结构，特别是就其中成本构成要素进行明细分类，要求逐项进行纵向、横向比较分析。

（2）借用外脑

对物流业的成本明细进行重新划分界定。组织财务人员参加交通会计协会、上海海运学院的物流成本定义课题小组。结合企业实际划分标准，采纳专家意见，对物流成本类会计科目进行了重新设定，并逐一明确定义；制定了《物流业务成本管理办法》下发全系统统一执行。

（3）进一步强化预算的刚性控制机制

根据集团总公司关于提高预算编制质量加强预算控制的要求，参考集团总公司制定的预算编制考核细则，在系统内建立了财务预算考核指标体系，并纳入企管奖考核的范畴，强调预算编制的协同性和执行上的刚性原则。系统各公司在预算编制和调整过程中，基本上都可以做到多部门多环节共同参与预算的编制工作，同时在预算的执行过程中对成本费用的支出能够采用刚性控制的原则。

（4）在条件成熟的重点物流项目中推进全面预算管理

2005 年制定了中远物流实施全面预算管理的三年推进方案，根据计划，已在条件成熟的物流项目中推进了全面预算的试点工作，从业务流程各环节对物流项目预算进行掌控，有效控制了项目成本的过快增长，促进了项目管理向精细化方向发展，在一定程度上也降低了物流项目的经营风险。

为配合中远物流对第三方物流业务实施事业部考核的要求，2006 年中远物流财务工作继续以重点物流项目预算控制为重点，在物流分部逐步推进全面预算绩效考核体系，推动动态预算体系的建立，从制度上、措施上保障成本费用的有效控制，达到降本增效的目的，保障核心工作的顺利完成。

2. 统一制度规范　优化流程再造

精益化管理贯彻持续改进的理念。"减少成本、彻底排除浪费"之后的流程再造工程，始终是中远物流建立精益化管理长效机制的主线。流程优化再造是一个系统工程，财务部将其分为三部实施。

（1）规范全系统财务制度体系

财务部启动了财务制度建设的整体部署，通过制定有效的执行、监督机制，不断修改、完善、汇编各种财务管理制度，并在全系统内贯彻落实等措施，提升了整个系统公司的财务管理水平。修订和完善了《中远物流有限公司会计核算办法》，并制定了一系列的配套制度，推出涉及资金管理、业务结算、运费管理、分部报表、净额转全额、截止性调整等方面的管理细则，另外为细化对业务分部的管理，初步制定了第三方物流业务会计核算制度和财务管理制度。近两年来先后制定并完善了 39 项规章制度及具体实施细则。

（2）规范会计核算流程体系

物流业务的快速发展对核算体系提出了更新、更高的要求，2005 年针对会计核算体系推出了系统性的修订工作，为满足现代物流业务的需要，重新调整了科目设置。在全系统推广业务流程、财务流程再造工程，结合 SAP 的上线工作，汇集全系统的业务、商务、财务精英优化完善了 51 个业务流程。使得业务分界的划分更加明确，从流程上为正确编制分部报表起到了保障作用；使各业务分部的核算做到了标准统一、科目统一，提高了系统公司各业务分部核算的准确性，同时提高了各区域公司间业务分部数据的可比性。

（3）以 SAP 上线为契机，对再造的流程进行实质检验

2005 年结合 SAP 在中远物流总部及上海区域上线的机会，将梳理后的 51 个业务流程和统一的会计科目在其他没有上线的区域进行了推进，为 2006 年在系统公司全面铺开奠定了基础，同时对财务信息披露系统的进一步建设提供了有力的保障。

3. 结合 TMT 计划实施　持续推进精益管理

中远物流在 2005 年 8 月启动了全面强化物流业务管理的 TMT 计划。TMT 计划的目的是实现物流业务从粗放管理向精细管理转变，从规模型发展向规模效益型发展转变，全面提升以技术、管理、人才培训为核心的整体竞争力，最终实现物流业务的全面、协调、可持续发展。中远物流财务工作结构 TMT 计划实施，持续推进精益管理。

通过 TMT 计划的实施，对财务、商务以及具体业务人员进行了相关财务知识培训，如：ABC 成本法、预算、项目收益成本核算、投资评估等内容。培养全员的全面预算观念、成本控制观念以及精益化管理的观念等。

在 TMT 计划的实施过程中，通过大规模的业务、商务、财务管理调研、通过大量的实务案例分析，反复校验 SAP 蓝图资料中物流业务的流程，针对物流业务专门制定《中远物流有限公司物流业务会计核算办法》、《中远物流有限公司物流业务会计核算办法》、《中远物流有限公司重点物流项目管理和监测纲要》等 11 项财务制度。

通过 TMT 计划的实施，切实推进了财务全面预算管理模式。通过 TMT 计划的实施，在物流业务板块初步实施全面预算绩效考核体系，以重点物流项目预算管理为重点，推进动态预

算体系的建立，推行项目预算批复制，从制度上、措施上保障物流分部业务成本费用的有效控制，达到降低增效的目的。

配合 TMT 计划的实施，持续不断地加强精益化管理工作，逐步建立和完善了物流业务、商务、财务三位一体的运营控制体系，促进物流财务管理的规范化、标准化和专业化。

精益管理要"精益求精，尽善尽美"，中远物流财务管理工作的脚步没有因取得的成绩而停下来。财务部根据公司的发展规划，制定了未来几年中远物流财务工作的中心指导思想：即本着"服务于生产"的根本原则，"围绕一个核心，健全五个体系"，建立精益财务管理的长效机制。紧紧围绕实现公司效益目标这一核心，充分发挥财务在公司经营和管理链条中的运营作用，推动效益保障体系的良好运作，实现公司效益最大化。五个体系建设分别是：财务信息披露系统的建设、风险防控系统建设、成本控制体系（精细化控制体系）建设、财务运营体系建设和财务保障系统建设。通过五个体系的建设，建立起精益财务管理的长效机制，持续改进和不断创新财务管理工作，在企业经营中能发挥更大的效力，并为今后进一步完善全面预算管理体系，精益化绩效考核体系分析模型，更有效的资本运营奠定坚实的基础。

案例思考

1. 结合案例，谈谈你对精益管理的理解。
2. 根据案例，试分析中远物流在财务精益管理上采取了哪些措施。
3. 结合案例和所学知识，你认为中远物流在成本控制上可具体采取哪些方法？

第 **6** 章

物流系统

物流系统是指在一定的时间和空间里，由所需输送的物料和包括有关设备、输送工具、仓储设备、人员以及通信联系等若干相互制约的动态要素构成的具有特定功能的有机整体。

本章主要阐述物流系统的概念、一般模式、构成及特点，物流网络的概念和组成，物流节点的功能与类型，物流线路类型及路线选择模型。

6.1　物流系统概论

"系统"这个词来源于古希腊 System，有"共同"和"给以位置"的含义。现代关于系统的定义很不统一，一般可以理解为"系统是由两个以上相互区别或相互作用的单元之间有机结合起来，完成某一功能的综合体"。系统中每一个单元也可以称为一个子系统。系统与系统的关系是相对的，一个系统可能是另一个更大系统的子系统，而一个系统也可以继续分成更小的系统。在现实中一个机组、一个工厂、一个部门、一项计划、一个研究项目、一套制度等都可以视为一个系统。

6.1.1　物流系统的概念及一般模式

由定义可知，系统的形成应具备以下条件，即系统是由两个或两个以上要素组成；各个要素都具有一定的目的；各要素间相互联系，使系统保持相对稳定；系统具有一定结构，以保持系统的有序性，从而使系统具有特定的功能。

系统是相对外部环境而言的，它和外部环境的界限往往是模糊过渡的，所以严格地说系统是一个模糊集合。外部环境向系统提供劳力、手段、资源、能量、信息，称为系统的"输入"。将系统的"输入"进行必要的转换处理活动，使之成为有用的产成品，供外部环境使用，称之为系统的"输出"。输入、处理和输出是系统的三要素。如一个工厂输入原材料，经过加工处理，得到一定产品作为输出，这就成为生产系统。外部环境因资源有限、需求波动、技术进步以及其他各种变化因素的影响，对系统加以约束或影响，这些因素称为系统的"干扰"因素。此外，输出的成果不一定是理想的，可能偏离预期目标，因此要将输出的信息及时返回给输入，以便调整和修正系统的活动，这称为系统的"反馈"。系统的一般模式如图 6-1 所示。

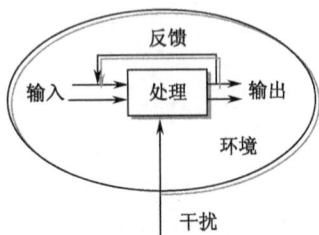

图 6-1　系统的一般模式

物流系统（Logistics System）是由两个或两个以上的物流功能单元构成的，以完成物流服务为目的的有机集合体。

物流系统同样具备系统的一般要素，即具备输入、处理（转换）、输出、干扰（限制和制约）、反馈等功能。结合现代信息技术发展的特点以及行业发展趋势，我们认为，现代物流系统是信息化、现代化、社会化和多层次的物流系统。该系统主要是指针对现代物流企业的需要，采用网络化的计算机技术和现代化的硬件设备、软件系统及先进的管理手段，严格地、守信用地进行一系列分类、编配、整理、分工和配货等理货工作，定时、定点、定量地交给没有范围限制的各类用户，满足其对商品的需求。物流系统的一般模式如下图 6-2 所示。

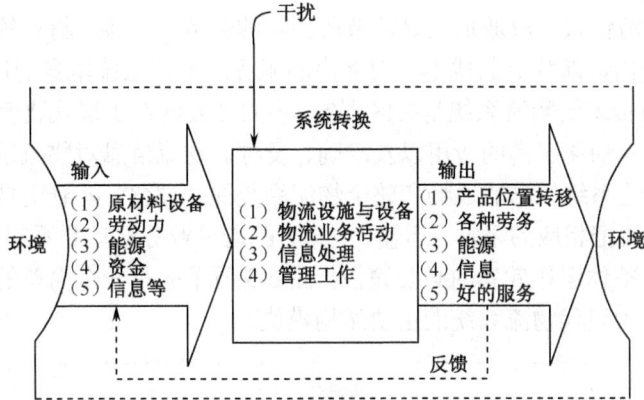

图 6-2 物流系统的一般模式

1. 输入

也就是通过提供资源、能源、设备、劳力等手段对某一系统发生作用，统称为外部环境对物流系统的输入，输入包括原材料、设备、劳力、能源等。

2. 处理（转换）

它是指物流本身的转换过程。从输入到输出之间所进行的生产、供应、销售、服务等活动中的物流业务活动称为物流系统的处理或转换。具体内容有：物流设施设备的建设；物流业务活动，如运输、储存、包装、装卸、搬运等；以及信息处理及管理工作。

3. 输出

物流系统与其本身所具备的各种手段和功能，对环境的输入进行各种处理后所提供的物流服务、物流成本与运作效率称为系统的输出。如产品位置与场所的转移；各种劳务，如合同的履行及其他服务等；以及能源与信息等。

4. 干扰（限制和制约）

外部环境对物流系统施加一定的约束称之为外部环境对物流系统的制约和干扰。具体有资源限制，能源限制，资金与生产能力限制；市场价格和需求变化的影响；仓库容量；物流作业能力；以及政策变化等。

5. 反馈

物流系统在把输入转换为输出的过程中，由于受系统各种因素的限制，不能按原计划实现，需要把输出结果返回给输入，进行调整，即使按原计划实现，也要把信息返回，以对工作做出评价，这称为信息反馈。信息反馈的内容包括各种物流活动分析报告；各种统计报告数据；典型调查；国内外市场信息与有关动态等。

6.1.2 物流系统的构成

1. 物流系统的构成

如前所述，物流系统是由采购运输、储存、包装、装卸、搬运、配送、流通加工、信息处理等各环节所组成的，它们也可以称为物流的子系统。作为物流系统的输入是输送、储存、装卸、搬运、包装、物流情报、流通加工等环节所消耗的劳务、设备、材料等资源，经过处理转化，变成全系统的输出，即物流的成本、对客户的服务水平、系统本身的运作效率等。

现代物流系统与传统的物流系统是有区别的，不同之处就在于现代物流系统突出强调一系列电子化、机械化、自动化工具的应用以及准确、及时的物流信息对物流过程的监督，它更加强调物流的速度、物流系统信息的通畅和整个物流系统的合理化。随着交易过程中实物流的流动，利用畅通的信息流把相应的采购、运输、仓储、配送等业务活动联系起来，使之协调一致，是提高现代物流系统整体运作效率的必要途径。图 6-3 所示的是一个简单的现代物流系统，其中虚线框中的内容即为现代物流系统的主要结构模块。

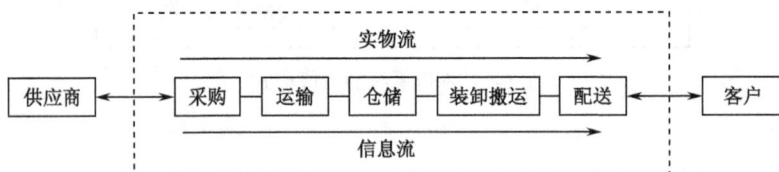

图 6-3　现代物流系统结构示意图

现代信息技术、电子商务技术、计算机技术和网络技术对物流系统结构的影响主要表现在以下几个方面。

（1）中介逐渐消失

由于网上客户可以直接面对制造商并可获得个性化服务，所以，传统物流渠道中的批发商和零售商等中介将被逐步取代，但是区域销售代理将受制造商委托逐步加强其在渠道和地区性市场中的地位，作为制造商产品营销和服务功能的直接延伸。

（2）运输范围的扩大和速度的提高

由于网上时空的"零距离"特点与现实世界的反差增大，客户对产品的可得性的心理预期加大，以致企业交货速度的压力变大。因此，物流系统中的港、站、库、配送中心、运输线路等设施的布局、结构和任务将面临较大的调整。如尤尼西斯公司在 1988 年采用了 EDI 的 MRP 系统后，将其欧洲区的 5 个配送中心和 14 个辅助仓库缩减为 1 个配送中心。在企业保留若干地区性仓库以后，更多的仓库将改造为配送中心。由于存货的控制能力变强，物流系统中仓库的总数将减少。随着运管政策的逐步放宽，更多的独立承运人将为企业提供更加专业化的配送服务，配送的服务半径也将加大。

（3）组织结构趋向分散

由于信息共享的即时性，使制造商在全球范围内进行资源配置成为可能，所以，其组织结构将趋于分散并逐步虚拟化。当然，这主要是那些拥有品牌的、产品在技术上已经实现功能模块化和质量标准化的企业。

（4）特殊物流系统趋于隐形化

由于大规模的电信基础设施的建设和发展，将使那些能够在网上直接传输的产品的物流系统隐形化。这类产品主要包括书报、音乐、软件等，即已经数字化的产品的物流系统将逐步与网络系统重合，并最终被网络系统取代。

2. 物流系统中存在的制约关系

（1）物流服务与物流成本间的制约关系

要提高物流系统的服务水平，物流成本往往也要增加。比如采用小批量即时运货制，就要增加费用；要提高供货率即降低缺货率，必须增加库存即增加保管费。

（2）构成物流服务子系统功能之间的约束关系

个子系统的功能如果不均匀，物流系统的整体能力将受到影响。如搬运装卸能力很强，但运输力量不足，会产生设备和人力的浪费；反之如搬运装卸环节薄弱，车、船到达车站、港口后不能及时卸货，也会带来巨大的经济损失。

（3）构成物流成本的各环节费用之间的关系

如为了降低库存采取小批量订货，则因运输次数增加而导致费用上升，运费和保管费之间有制约关系。

（4）各子系统的功能和所耗费用的关系

任何子系统功能的增加和完善必须投入资金。如增加信息系统功能，必须购置硬件和计算机开发软件。增加仓库的容量和提高进出库速度，就要建设更大的库房并实现机械化、自动化。在实际中必须在财力许可的范围内改善物流系统的功能。

6.1.3　物流系统的特点

现代物流配送系统是对整个物流系统实行统一信息管理和调度，按照用户订货要求，在物流基地进行理货工作，并将配好的货物送交收货人的一种物流方式。这种体系要求物流系统提高服务质量、降低物流成本及优化资源配置，提高系统的运作效率。为了达到上述目的，现代物流系统需要具备以下主要特点。

1. 功能集成化

现代物流系统着重于将物流与供应链的其他环节进行集成，包括物流渠道与商流渠道的集成、物流渠道之间的集成、物流功能的集成、物流环节与制造环节的集成等。物流系统的竞争优势主要取决于它的功能整合与集成的程度。

在现代信息技术时代，物流发展到集约化阶段，这种一体化配送中心不仅提供仓储和运输服务，还必须开展配货、配送和各种提高附加值的流通加工服务，也可按客户的需要提供其他服务。现代供应链管理通过整合从供应者到消费者供应链的运作，使物流达到最优化。

企业追求全面的系统的综合效果，而不是单一的、孤立的片面效果。作为一种战略概念，供应链也是一种产品，而且是可增值的产品，其目的不仅是降低成本，更重要的是提供用户期望以外的增值服务，以产生和保持竞争优势。从某种意义上讲，供应链是物流系统的充分延伸，是产品与信息从原料到最终消费者之间的增值服务。

2. 系统具有复杂性、动态性

现代物流系统与传统物流系统相比更为复杂，它要求物流系统提供更加完备、迅速和灵活的服务，并随时保持物流信息的畅通，因此具有快捷和灵活要求的物流系统将比以往的物流系统更为复杂，而且需要具有一定的柔性，以随时根据环境和需求变化进行动态调整。

3. 服务系列化

现代物流配送系统除强调物流配送服务功能的恰当定位与完善化、系列化以及传统的储存、运输、包装和流通加工等服务外，还在外延上，向上扩展至市场调查与预测、采购及订单处理，向下延伸至物流配送咨询、物流系统方案的选择与规划、库存控制策略建议、货款回收与结算、教育培训等增值服务，从而在内涵上提高了以上服务对决策的支持作用。

4. 手段现代化、流程自动化

现代物流配送系统使用先进的技术、设备与管理为销售提供服务，生产、流通和销售的规模越大、范围越广，物流配送技术、设备及管理越现代化。而物流系统流程自动化是指运送规格标准，仓储、货箱排列装卸、搬运等按照自动化标准作业，商品按照最佳路线配送等。

5. 组织网络化和规模化

因特网的无边界性特点导致了客户配送区域的离散性与不确定性，显然，过于分散的配送网络不利于物流企业实施集中的批量配送。但随着现代通信技术、网络技术和连锁经营业的发展，构建跨地区的物流网络已经成为可能。为了保证对产品提供快速、全方位的物流支持，现代物流系统就需要建立全国性、规模性的物流网络，保证整个物流网络具备最优化的库存水平及库存分布。

6. 经营市场化

现代物流系统的具体经营采用市场机制，无论是企业自营物流，还是委托第三方物流企业承担物流工作，都必须确保整个物流系统以最小的输入得到最佳的物流服务效果，并且以服务市场为首要宗旨。从当前物流的现状来看，物流系统不仅要为本地区服务，而且还要作长距离的服务。因此，如何满足市场需要便成了物流系统的中心课题。

此外，物流系统不仅要与生产厂家保持紧密的伙伴关系，而且要直接与客户联系，客户的需求信息起着沟通厂商和客户的桥梁作用。

7. 目标分散性

在经济一体化、信息全球化日益明显的今天，网络企业要十分注意企业的灵活性和相对独立性，不要将企业的业务高度集中在一两个点上或一两个大城市，要分散目标，分散风险。而网络企业的目标分散也导致了物流系统的目标分散性。

8. 企业信息化

在网络经济时代，要提供最佳的服务，物流系统必须要有良好的信息处理和传输系统。物流信息化不仅包括存储、运输等物流活动的信息管理和信息传送，还包括为物流过程中的各种决策活动提供支持，即充分利用计算机分析物流数据、进行决策、降低成本并提高效率。

大型的物流配送公司现在一般都建立了 ECR 和 JIT 系统。所谓 ECR（Efficient Customer Response），即有效客户信息反馈。一般仓库商品的周转次数每年为 20 次左右，若利用客户信息反馈这种有效手段，可增加到 24 次，使仓库的吞吐量大大增加。通过 JIT（Just In Time）系统，可从零售商店很快地得到销售反馈信息。配送不仅实现了内部的信息网络化，而且增加了配送货物的跟踪信息，从而大大提高了物流企业的服务水平，降低了成本，增强了竞争力。

9. 管理法制化

管理法制化是指宏观上，物流企业要有健全的法规、制度和规则；微观上，新型物流企业要依法办事，按章行事。

6.1.4　物流系统的目标与需求分析

在设计和管理物流系统时，首先应把握物流系统的 5S 目标：

服务性（service），在为用户服务方面要求做到无缺货、无货物损伤和丢失等现象，且费用便宜。

快捷性（speed），要求把货物按照用户指定的地点和时间迅速送到。

有效地利用面积和空间（space saving），虽然我国土地费用比较低，但也在不断上涨，特别是对城市市区面积的有效利用必须加以充分考虑，应逐步发展立体设施和有关物流机械，使空间得到有效利用。

规模适当化（scale optimization），应该考虑物流设施集中与分散的问题是否适当，机械化与自动化程度如何合理利用，情报系统的集中化所要求的计算机等设备是否具备等。

库存控制（stock control），库存过多则需要更多的保管场所，而且会产生库存资金积压，造成浪费。因此，必须按照生产与流通的需求变化对库存进行控制。

上述物流系统化的内容简称为"5S"，要发挥物流系统化的效果，就要进行研究，把从生产到消费过程的货物量作为一贯流动的物流量看待，依靠缩短物流线路，使物流作业合理化、现代化，从而降低其总成本。

物流系统需求分析包括以下三大内容。

1. 全面分析物流需求状态

物流需求状态分析就是收集企业物流绩效的信息和特征以全面描述现在的物流，目的在于提供现实环境下，企业物流需求的真实情况。

要清晰地了解企业物流环境状况，包括企业生产经营的发展，企业的市场与行业竞争状况，企业的人、财、物、信息以及管理状况，企业的政策环境影响等。简单地说，就是企业内部和外部影响企业物流运作管理的要素状况。

要清楚地描述企业现在的物流运作状况，包括企业物流运作的历史绩效，可用的数据、战略、运作和策略性的政策及实践，以及每一个物流功能。

要全面准确描述企业物流技术的应用与能力状况，包括运输、储存、加工、包装和信息处理的物流技术应用和技术能力。

2. 科学分析物流需求发展

确认企业物流需求发展的可能性和改进机会。在某种意义上，分析企业物流需求发展，就是在需求状态分析基础上对各种可能机会进行认真的审视，并努力寻求改进机会，以通过新的发展设计而获取变化带来的潜在利益。

分析企业物流需求的发展重点。一个企业物流需求的发展，总是伴随企业生产经营发展而改变，一个特定时期里，企业物流需求的重点会有所不同。对物流需求发展的分析就要求能准确分析和预测发展重点，以确定未来物流战略的目标。

要清晰描述企业物流需求发展的改进方案，包括满足未来企业物流需求的物流程序和系统，以未来技术和竞争实践为基准的合适的物流设计，以及物流新理论和新技术的创新与应用等。

3. 系统分析物流需求成本/效益

物流需求范畴的成本/效益分析。主要是就物流需求自身的投入产出而言，包括物流需求评估，物流改进设计，方案实施人员及其他资源配置等方面的投入与该物流系统运作产生的能满足需求的物流价值之比较。

企业生产经营范畴的成本/效益分析。主要是指满足企业物流需求的效益应从整个企业生产经营的绩效来分析。物流运作系统在产生直接物流价值的同时，也通过生产经营活动实现了间接的物流价值。

企业物流需求成本/效益的构成分析。不同的企业里，会因为生产经营活动的差别，出现企业物流需求的差别，导致物流需求成本与效益的构成变化。

对企业物流需求的成本/效益分析不仅要从总量上、从范畴上、从时间上进行分析，更应从结构上进行变动分析。主要包括物流成本构成及其变化分析、物流效益构成及其变化分析、以及物流成本与物流效益构成及其变化分析。

青岛啤酒的物流系统目标

1998 年第一季度，青岛啤酒的年产量不过 30 多万吨，但是库存就高达 1/10，维持在 3 万吨左右。这导致了资金效率低、仓库需求大、储存空间协调不当、没有办法完全实现先进先出。

于是青岛啤酒企业集团提出了以"新鲜度管理"为系统目标的物流管理系统思路，开始建立新的物流管理系统。新鲜度管理的物流系统目标提出："让青岛人民喝上当周酒，让全国人民喝上当月酒"。这个目标不但能够实现库存降低、流动资金降低、损耗降低的目的，更重要的是面向消费者的实际需要，在实现消费者满意的新鲜度目标的同时，达到解决库存问题的目的。

实施的方法是：以提高供应链运行效率为目标的物流管理改革，建立集团与各销售点物流、信息流和资金流全部有计算机网络管理的快速信息通道和智能化配送系统。这样一来，实现了全国的订货，产品从生产厂直接运往港、站；省内的订货，从生产厂直接运往客户仓库。同时对仓储的存量规定做了大幅度压缩，规定了存量的上限和下限，上限为 12 000 吨，低于下限发出要货指令，高于上限不再安排生产，这样使仓库成为生产调度的"平衡器"。

资料来源：道客巴巴，物流经典企业案例及分析，经作者整理

6.2   物流网络概述

6.2.1   物流网络的概念

物流网络是"物流过程中相互联系的组织、设施与信息的集合"（见 GB/T18354—2006）。它是由制造工厂、仓库、物流配送中心、零售商以及在各机构之间流动的物质产品组成的实体网络以及流动的信息所组成的信息网络的集合。物流网络构造就是通过网络分析，优化确定整个物流供应链中的工厂、物流配送中心、仓库等设施的位置、数量，使物流系统合理化，在保证一定的物流服务水平的条件下降低物流成本。

6.2.2   物流网络的组成

物流网络是由物流节点（Node）和线路（Line）组成的，有时线路也称为通道或连线。

1. 物流节点

物流节点又称物流节点，是物流网络中连接物流线路的结节之处。物流节点是物流网络的重要组成部分，是组织各种物流活动，完成各种物流功能，提供物流服务的重要场所，其合理布局不但对于降低企业物流成本，提高物流效率，改善物流服务水平具有重要作用，而且对于提高社会物流效率，降低全社会物流成本，发展社会经济，改善人民生活水平也具有重要意义。因此，建设适应企业发展的物流节点，不但有利于企业物流资源的有效整合，发挥企业整体优势，实现物流一体化运营，提高物流经营的规模效益，而且有助于整个社会物流的合理化。物流节点构成系统一般包含四个层次。

第一层：供应方

供应方指的是广义的概念，包括原材料供应商、产成品半成品供应商等组成的供应实体。供应方将物料、产品通过干线运输送达大型物流中心（Logistics Center，LC），以便集中所在区域的物流供应，更好的发挥共同配送的功能，提高供应物流效率，降低供应成本。

第二层：物流中心（LC）

物流中心是具有储存、分拣、流通加工、增值包装、订单处理和废弃物回收处理和信息处理等功能、辐射范围广的大型区域性货物集散中心，主要面向社会服务。每个区域物流中心根据订单信息向其供应方发出订货指令，对运达货物进行必要的物流处理后，根据所在区域内配送中心（DC）或中转站（Cross Docking Center，CDC）的订单信息，进行分货、配货、拣选和货物发运工作。区域物流中心所处理的物流对象一般是大批量、少品种、少批次的货物，进出库比较频繁。

第三层：配送中心（DC）和中转站

配送中心是具有完善信息网络、配送功能健全、辐射范围小的物流节点，配送物品多为小批量、多品种、个性化商品，主要为特定的用户服务，服务对象包括零售商、店铺和最终消费者等。中转站是指不经过仓库或站点，在同种或不同运输工具之间直接进行换装换载的物流设施节点，又叫货运站、转运站等。中转站所处理的货物是从区域物流中心运来后不经存储，直接换装到另一种运输工具，并送往客户处。中转站的设置目的是为了避免入库、出库、发运这样多余的流程，实现各种运输方式的无缝对接，从而建立一种更加顺畅的物流通道。

第四层：需求方

需求方是指包括零售商、店铺、最终消费者在内的需求群体。

2. 物流配送线路

在物流网络系统中，物流节点和物流线路是整个物流系统实体要素中最重要的部分。其中，物流线路作为物流系统必不可少的组成部分，是衔接各个物流节点，扩大节点辐射范围的重要基础设施，各种物流线路的有效衔接对实现物流系统的高效运作至关重要，对经济发展起到极大的促进作用。

经济的发展要求规划一体化物流线路体系。所谓一体化的物流线路，是指公、铁、空、水等各种货运通道能够形成合理配置、合理分工、高效衔接、有机配合的通道体系。图6-4所示的物流网络构成体系充分考虑到各种货运通道的有效衔接，体现了一体化、高效化的原则。

要规划一体化的城市物流线路体系，首先需要加快各种通道的发展，实现铁路、公路、航空等通道的有机配置，尤其应当强调铁路运输主通道的作用，公路运输的延伸、辐射到户的作用，以及航空货运的补充完善作用，从而形成完善的立体化综合物流线路体系。

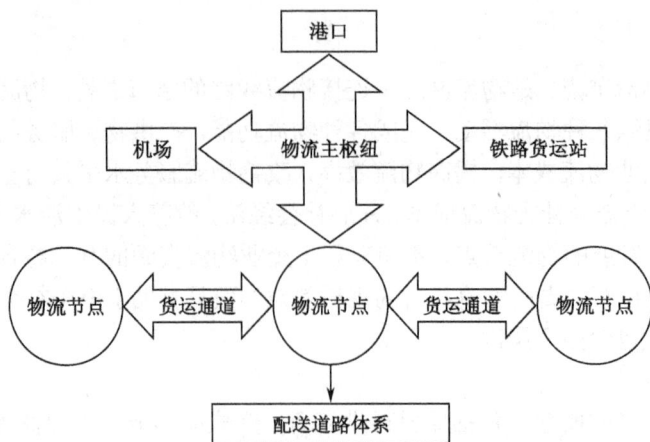

图 6-4　物流网络构成体系

其次，应当提高各通道的通过能力。要成为区域乃至全国的物流枢纽，通道必须有足够大的通过能力作为保障。因此必须通过多种方式与途径扩大运能，提高公路、铁路主通道的通过能力，以适应未来物流发展的需要。同时，航空运输要迅速发展，需要根据航空货物的主要流向与流量，相应增加航线，完善机场配套设施。

最后，各种物流线路的有机衔接与配合至关重要。物流线路的有机衔接与配合主要是指由各种运输方式组成的结构合理、四通八达的现代化综合交通运输体系，即针对城市交通现状，对各种运输通道进行综合、统筹、全面地规划，形成有机衔接，构成畅通的物流系统。

海尔集团的"一流三网"

海尔集团自 1999 年开始进行以"市场链"为纽带的业务流程再造，在以订单信息流为中心，带动物流、商流、资金流的运动中，海尔集团通过对观念的创新与机制的再造，构筑起海尔的核心竞争能力。其中在物流领域：海尔集团创新了一套富有特色的"一流三网"的同步流程模式。所谓"一流，是以订单信息流为中心；"三网"，分别是全球供应链资源网络、全球配送资源网络和计算机信息网络。"三网"同步流动，为订单信息流引导的价值增值过程提供支持。

目前已在全国建立 42 个配送中心，形成遍布全国大中城市的海尔产品销售网络。该网络系统可调配车辆 1 万辆以上，每天可将 5 万台定制产品配送到 1 550 个海尔专卖店和 9 000 多个营销点。在中心城市可以做到 8 小时配送到位，幅射区内 24 小时配送到位，全国 4 天以内到位。海尔销售网点深入到农村，约有 6 万多个村，形成了自营物流网络体系。

"一流三网"使海尔实现三个零的目标，即零库存、零距离、零营运资本，给海尔带来了能够在市场竞争中取胜的核心竞争力。

资料来源：张瑞敏，物流给了我们什么，企业管理，2001（7），经作者整理

6.3　物流节点

物流过程是由许多运动和停顿过程的组合。与之相对应，物流网络也是由执行运动使命的线路和节点两种基本元素所组成。线路与节点的相互关系、相对配置以及其结构、联系方式的不同，形成了不同的物流网络。物流网络水平的高低、功能的强弱，取决于网络中两个基本元

素及其配置。

全部物流活动都是在线路和节点进行的。其中，在线路上进行的活动主要是运输，包括集货运输、干线运输、配送运输等。物流功能要素中的其他所有功能要素，如货物储存、分拣、理货、配货、分放、倒装、分装、装卸搬运、简单加工等活动，都是在节点上完成的，并且物流线路上的活动也是靠节点进行组织和联系的。所以，从这个意义来讲，物流节点是物流系统的核心，如果脱离了节点，物流线路上的运动必然陷入瘫痪。

6.3.1　物流节点的功能

1. 物流处理功能

物流节点是物流网络的重要组成部分，是仓储、保管、物流集疏、流通加工、配货、包装等活动的基地和载体，是完成各种物流功能，提供物流服务的重要场所。

2. 衔接功能

物流节点不仅将各个物流线路连接成一个系统，使各个线路通过物流节点形成相互贯通的网络，而且将各种物流活动有效的联系起来，使各种物流活动通过物流节点的整合实现无缝链接。

3. 信息功能

物流节点是整个网络物流信息收集、处理，传递的集中地。在现代物流网络中每一个节点都是物流信息的一个节点，若干个这种类型的信息点和物流信息中心结合起来便形成了管理整个物流活动的信息网络。

4. 管理功能

物流网络的管理设施和机构基本集中设置于物流节点之中。物流节点是集管理调度、信息物流处理为一体的物流综合设施，整个物流系统运转的有序化、合理化、效率化都取决于物流节点的管理水平。

6.3.2　物流节点的类型

物流节点的形式很多，仓库、堆场、航空港、港口、货运站以及目前讨论得比较多的配送中心、物流中心和物流园区都属于物流节点。在这里主要阐述后三种物流节点。

1. 配送中心

2007 年 5 月开始施行的新修订的《物流术语》国家标准对配送中心是这样定义的：**配送中心是从事配送业务具有完善的信息网络的场所或组织。应基本符合下列要求：1）主要为特定客户或末端客户提供服务；2）配送功能健全；3）辐射范围小；4）提供高频率、小批量、多批次配送服务**（见 GB/T18354—2006）。

有关配送中心的特点、功能和分类请参考本书第 4 章。

2. 物流中心

（1）物流中心的概念

物流中心（Logistics Center）与配送中心（Distribution Center）都是英译而来的，都是现

代物流网络中的物流节点。在现代物流网络中，这些节点不仅执行一般的物流职能，而且越来越多地承担指挥调度、信息处理、作业优化等神经中枢的职能，是整个物流网络的灵魂所在。因此，又被称为物流中枢或物流枢纽。近年来，物流中心也由于这一特殊职能得到越来越多人的重视。

2007年5月开始施行的新修订的《物流术语》国家标准对物流中心是这样定义的：**物流中心是从事物流活动的具有完善的信息网络的场所或组织。应基本符合下列要求：1）主要面向社会提供公共物流服务；2）物流功能健全；3）集聚辐射范围大；4）存储、吞吐能力强；5）对下游配送中心客户提供物流服务**（见 GB/T18354—2006）。

由上述两则定义和其特点可以看出：物流中心是综合性、地域性、大批量的物资位移集中地，它集商流、物流、信息流和资金流为一体，成为产销企业间的中介。配送中心是以组织配送或供应，执行实物配送为主要职能的流通型节点，它既有集货中心（集零为整）的职能。又有分货中心（化整为零）的职能。为了优质、高效地配送，它还有较强的流通加工能力，也可以说配送中心是集货中心、分货中心和加工中心的高度综合。由此可见，配送中心作为物流中心的一种主要形式，其称呼与物流中心等同也是很自然的。

除此之外，在国内还有一些人把物流中心用狭义和广义来区分，他们认为广义的物流中心应包括货运车站、港口和卡车终点站、商品集散中心、企业拥有的物流设施等，这些功能各异的事物都可被视为物流中心，其所涵盖的内容和范围十分广泛。而狭义的物流中心则排除了货运车站、港门设施和道路等物流基础设施部分，它是指为实施商品高效流通而建立的组织管理、控制、调配的物流中枢据点。狭义物流中心的主要概念是指物流的管理效能与行为。

按照现代物流观点来看物流中心，与其说是物流据点，倒不如说是一种"流通工厂"。但是流通工厂与生产工厂大不相同，生产工厂可根据生产计划使生产作业标准化、均衡化，做到生产作业标准化、流程化；而物流中心（流通工厂）要以对需求订单做出快速反应为首要条件，要确保对需求波动性的应变和与配送业务的连动性及同步化，减少对各种需求订单的错误处理和缺货，以提高物流服务水平。因此，传统的物流仓库是以提高商品的保管效率为中心，而物流中心的主要着眼点却放在如何提高响应速度和分拣操作效率等方面。

（2）物流中心的作用

在现代物流体系中，如果把物流网络用环和分支点来表示，那么环主要是指运输，即汽车、火车、船舶及飞机等运输；分支点（连接点）主要是指工厂、店铺、物流中心等物流发生地和集中地。在物流网络中，物流中心所起的作用是作为商品周转、分拣、配货、保管和流通加工等活动的据点，克服在流通过程中所产生的时间和空间障碍，促进商品按顾客要求顺利转移。

1）商品集散中心的作用

将零星产品集中成批量商品，称其为"集货"。在生产厂数量很多，每个生产厂产量有限的地区，只要这一地区某些产品总量达到一定规模，就可以设置起聚集作用的物流中心。随着市场经营规模的扩大，生产与消费之间的距离越来越远，流通渠道也越来越复杂，特别是在强调差异化营销的时代，商品流通呈现出多批次、少批量的趋势，这样从整个运输过程来看，就必然分化为大量商品统一输送的干线运输和都市内终端配送，这两者在输送管理的方法和手段上都有差异。如此多样、复杂的物流体系显然是生产企业自身无法完全控制管理的。具体来看，在干线运输中，如果由单个企业直接承担小规模商品运输，不仅因为平均运送商品量较少造成成本增加，而且由于运输次数频繁，造成过度使用道路、堵塞交通、污染环境等现象，也增加了社会成本。相反，如果在干线运输的源头或厂商集散地建立物流中心，在中心内统一集中各中小企业的商品，加以合理组合，再实施干线运输，既发挥了物流规模效益，使成本得以降低，又有效地抑制了社会成本的上升。同样，干线运输的商品再在运输消费地附近的配送中心统一进行管理，并安排相应的小型货车进行配送，这样可以大大提高物流的效率。

2）商品分拣、配货中心的作用

随着流通体系的不断完善和营销渠道的进一步细分，在商品、原材料进货或发货方面，越来越显现出多样化、差异化的趋势。在这种趋势下，商品的分拣、配货职能愈显得日益重要。商品分拣与配货对保证商品的顺利流动，建立合理、高效的物流网络系统具有积极的意义。而物流中心正是专门从事分拣、配货工作的机构或物流据点，例如，把各个不同工厂生产的商品调运至物流中心，通过对各用户订单的处理，按客户要求的种类、数量进行集中配置在一起，然后，再通过物流中心向各类用户（批发商或零售商）发货，这样可以大大节约商品分拣、配货的作业量。对于连锁形式的零售业来说，利用物流中心的分拣、配货功能直接配送到货架，同样可以节约大量的费用，并能提高整个连锁业的竞争力，有利于实施企业整体的发展战略。除此之外，物流中心的分拣、配送职能对整个社会的发展和产业的利益也有重要影响。因为商品的分拣和配货上作是集中在物流中心统一完成的，而非每个企业各自完成的，这就实现了商品配送的集约化，有效地避免分散运输、迂回运输和不合理运输等现象，实现总物流成本下降和社会效益最好的目标。

3）流通加工中心的作用

商品从生产地到消费地的过程中要经过很多流通加工作业，特别是在开展集中配送后，在消费地附近需要把大批量运达的商品按照用户要求进行细分，诸如小件包装、分割、计量、组配、价格贴付、标签贴付、商品检验等操作，这些作业都需要在物流中心内进行；除此之外，随着商品零售业的不断发展，特别是便利店的快速兴起及普及化，物流中心的流通加工功能，如蔬菜冷藏加工、食品速冻加工、食品保鲜及食品加工等功能，也得到了进一步的发挥。在生产资料需求相对集中的地方，对原材料进行深加工，例如，平板玻璃的开片套裁、钢板剪板加工、水泥预制件或商品混凝土的加工等，既实现了销售，又强化了服务，由此可见，物流中心的流通加工功能在市场需求差异化不断增强、现代零售业竞争日益激烈的今天，开始变得越来越重要，已成为现代物流的基本功能之一。

4）调节供需矛盾的作用

在现代经济社会中，由于社会生产与商品消费都按着各自的规律进行，所以商品生产与消费之间存在着各种矛盾。诸如有些商品生产是均衡的，而消费是不均衡的（如饮料的生产与消费）；而有些商品的生产是不均衡的，但消费却是均衡的（如粮食的生产与消费）。因此，在商品生产与消费之间存在着时间上的分离，即生产与消费不同步。同理，生产与消费在空间上也是分离的，即此地生产，彼地消费。此外还存在季节、地区间的供需矛盾等。物流中心就可以充分发挥时空的调节机能和价格的调整功能，消除时空差存在的矛盾与分离，有效地衔接产需，调节供求矛盾。应当指出的是，物流中心所具有的调节保管功能与传统的仓库保管是有区别的。物流中心的调节保管职能与企业经营战略紧密相连，是一种企业管理职能，而仓库的保管只是一种静态的商品储存活动，其本身并不具有经营管理活动的性质。

5）商品在库管理中心的作用

在现代世界上，任何一个有一定经济规模的国家，为了保证国民经济的正常运行，保证企业生产经营工作的正常开展，保证市场的正常运转，以仓库为储备的形式是不可缺乏的，总还有一批仓库或储备中心以储备为其基本职能。在我国这种类型的储备中心还占有主要成分。近年来，随着企业生产规模的不断扩大，产品成本的不断下降，很多企业都提出压缩库存和零库存管理的想法和做法。为了削减库存量并实现零库存管理，众多企业提出要建立能实现在库集约化管理的物流中心，这种物流中心在削减各企业库存量的同时，也使各企业节约大量仓储费用和存储空间。特别是连锁经营的快速发展，这种物流中心为各连锁店提供了强有力的支持，使批发商和零售商有可能实现了零库存管理和商品集中在库管理。

3. 物流园区

物流园区作为物流业发展到一定阶段时产生的新兴物流集疏方式，在日本、德国等发达国家已经得到了快速发展，我国不少地区目前也正在大力发展物流园区，以此来推动本地区的经济和社会的发展。

（1）物流园区的概念

物流园区（Distribution Park）是"为了实现物流设施集约化和物流运作共同化，或者出于城市物流设施空间布局合理化的目的而在城市周边等各区域，集中建设的物流设施群与众多物流业者在地域上的物理集结地"（见 GB/T18354—2006）。

物流园区有时也称物流基地。物流园区最早出现在日本东京，近几年来在我国也开始出现，它是政府从城市整体利益出发，为解决城市货运功能紊乱，缓解城市交通拥挤，减轻环境压力，顺应物流业发展趋势，实现"货畅其流"，在郊区或城乡结合部主要交通干道附近专辟用地，通过逐步配套完善各项基础设施、服务设施，提供各种优惠政策，吸引大型物流（配送）中心在此聚集，使其获得规模效益，降低物流成本，同时减轻大型配送中心在市中心分布所带来的种种不利影响。简言之，物流园区是对物流组织管理节点进行相对集中建设与发展的，具有经济开发性质的城市物流功能区域；同时，也是依托相关物流服务设施降低物流成本，提高物流运作效率，改善企业服务有关的流通加工、原材料采购、便于与消费地直接联系的生产等活动，具有产业发展性质的经济功能区。

物流园区本身主要是一个空间概念，与工业园区、科技园区、高教园区等概念一样，具有产业一致性或相关性，且集中连片的物流用地空间。理解这个概念要注意物流园区与物流中心之间的联系和区别。物流园区是物流中心的空间载体，与从空间角度所指的物流中心往往是一致的。但是，它不是物流的管理和经营实体，而是数个物流管理和经营企业的集中地。

专家对物流园区的不同定义

国家计委综合运输研究所副所长汪鸣说：物流园区是对物流组织管理节点进行相对集中建设与发展的、具有经济开发性质的城市物流功能区域；同时，也是依托相关物流服务设施降低物流成本，提高物流运作效率，改善企业服务有关的流通加工、原材料采购以及便于与消费地直接联系的生产等活动、具有产业发展性质的经济功能区。其外延方面：作为城市物流功能区，物流园区包括物流中心、配送中心、运输枢纽设施、运输组织及管理中心和物流信息中心，以及适应城市物流管理与运作需要的物流基础设施；作为经济功能区，其主要作用是开展满足城市居民消费、就近生产、区域生产组织所需要的企业生产和经营活动。根据上述定义，现代物流园区主要具有两大功能，即物流组织管理功能和依托物流服务的经济开发功能。

中国交通运输协会常务副会长、北京中交协物流研究院院长王德荣说：物流园区是指在物流作业集中的地区，在几种运输方式衔接地，将多种物流设施和不同类型的物流企业在空间上集中布局的场所，也是一个有一定规模的和具有多种服务功能的物流企业的集结点。其包括8

个功能：即综合功能、集约功能、信息交易功能、集中仓储功能、配送加工功能、多式联运功能、辅助服务功能、停车场功能。其中，综合功能的内容为：具有综合各种物流方式和物流形态的作用，可以全面处理储存、包装、装卸、流通加工、配送等作业方式以及不同作业方式之间的相互转换。

资料来源：百度百科，词条：物流园区，经作者整理

（2）物流园区的特点

物流园区是一种物流企业集中布局的场所。它提供一定种类、一定规模、较高水平的综合物流服务。它的特点主要有以下几点。

1）作为物流基础设施，物流园区的建设具有投资大、资金回收期长的特点，单独的企业难以承担物流园区的基础建设。尤其在目前我国物流市场还远未达到成熟阶段的情况下，物流企业数量多、规模小，无法形成对物流园区建设的集中投资建设。

2）建设物流园区的核心目标是实现集约化和规模效应，单独企业的物流配送中心不能满足这个要求。从每个企业自身的角度来看，对物流园区的选址及功能定位都各有不同的需求。但是如果不能把众多企业的需求统一起来，就无法实现物流业的集约化和规模效应。统一物流企业的需求和集中建设资金的方法有多种多样，例如日本是由多个企业共同组成的社团来进行物流园区的建设和管理，我国深圳市政府则担任起了公用的物流基础设施建设的组织管理职责。

3）物流园区可能会干扰城市的正常生活，并对城市环境具有一定的负面影响，因此物流园区的建设需要政府部门进行统一规划。对物流企业来讲，物流园区距离城市中心区越近，运输线路越短，运输成本就越低；而对城市居民来讲，如果物流园区离城市中心区过近，将会增大城市道路交通的压力，干扰城市生活。如何解决这个矛盾，需要市政管理部门及交通运输管理部门进行统筹规划、统一管理。

（3）物流园区的作用

作为城市物流功能区，物流园区包括物流中心、配送中心、运输枢纽设施、运输组织及管理中心和物流信息中心，以及适应城市物流管理与运作需要的物流基础设施；作为经济功能区，其主要作用是开展满足城市居民消费、就近生产、区域生产组织所需要的企业生产和经营活动。对于物流园区的主要作用可以概括为以下几点。

1）物流园区的集约作用

① 量的集约：将过去许多个货站、场集约在一处。

② 货物处理的集约：表现在将过去多处进行分散的货物处理集约在一处。

③ 技术的集约：表现在物流园区中采用类似生产流方式的流程和大规模处理设备。

④ 管理的集约：即可以利用现代化手段进行有效地组织和管理。

2）物流园区的有效衔接作用

主要表现在实现了公路、铁路、航空、港口等不同运输形式的有效衔接。

3）物流园区对联合运输的支撑作用

主要表现在对已经应用的集装、散装等联合运输形式，通过物流园区使这种联合运输形式获得更大的发展。

4）物流园区对于联合运输的扩展作用

受过去条件的限制，联合运输仅只在集装系统等领域才获得了稳固的发展，其他散杂和分散接运的货物很难进入联合运输的领域。采用物流园区之后，可以通过物流园区之间的干线运

输和与之衔接的配送、集货运输使联合运输的对象大为扩展。

5）物流园区对提高物流水平的作用

主要表现在缩短了物流时间，提高了物流速度，减少了多次搬运、装卸、储存环节。提高了准时服务水平，减少了物流损失，降低了物流费用。物流园区对改善城市环境的作用主要表现在减少了线路、货站、货场、相关设施在城市内的占地，减少车辆出行次数，集中进行车辆出行前的清洁处理，从而起到减少噪声、尾气、货物对城市环境的污染。

6）物流园区对促进城市经济发展的作用

主要表现在降低物流成本对降低企业生产成本从而促进经济发展方面的作用，以及完善物流系统在保证供给、降低库存从而解决企业后顾之忧方面的作用。

（4）物流园区的分类

在建设物流园区经验方而，德国、日本和我国台湾省走在了世界的前列。根据他们的经验和物流园区的功能，可以把物流园区分为四大类：按物流服务地域，可分为国际性物流园区、全国性物流园区、区域性物流园区和城市物流园区；按服务对象，可分为为生产企业服务的物流园区、为商业零售业服务的物流园区、面向全社会的社会型物流园区；按主要功能，可以分为配送中心型物流园区、仓储型物流园区、货运枢纽型物流园区。货运枢纽型物流园区，又可以分为：1）为港区服务的物流园区——港口物流园区；2）为陆路口岸服务的物流园区——陆路口岸物流园区；3）为区域物流服务的物流园区——综合物流园区。从专业化的角度讲，可分为行业物流园区和第三方物流园区。有的学者认为，物流就其功能而言，主要是服务，因此物流园区的分类过细也是不适宜的，因为服务的对象、范围、内容等方面都有综合性的要求。对物流园区划分种类除了研究和设计的方便外，更重要的是突出物流园区规划设计的综合性、系统性和前瞻性。

以深圳物流园区规划为例来说明。结合深圳物流的实际，深圳物流园区的分类可以根据物流中心分类来进行。从主要功能上讲，深圳的物流园区主要可以分为两大类型：1）配送中心型物流园区；2）货运枢纽型物流园区。货运枢纽型物流园区又可分为三类：1）为港区服务的物流园区——港口物流园区；2）为陆路口岸服务的物流园区——陆路口岸物流园区；3）为区域物流服务的物流园区——综合物流园区。在深圳市物流与物流用地现状及其预测和规划研究工作的基础上，结合深圳城市物流与地域空间结构特点，根据物流园区规划布局的目的与原则，经过综合分析和统筹考虑，对深圳市物流园区的总体规划布局为：1）配送中心型物流园区：配送中心型物流园区以服务于城市消费物流为主，是城市消费品配送服务中心集中的地方。受深圳城市组团结构的影响，结合实际用地条件，深圳消费物流规划布局了四个物流园区，分别为：笋岗——清水河物流园区、航空城物流园区、南山物流园区和龙岗物流园区；2）港口物流园区：深圳主要分东、西两大港区，因此，在西部港的前海湾和东部的盐田港后方陆域各为西部港和盐田港规划了一个为港口物流服务的物流园区，主要作为港口物流集散、拆箱、拼箱、处理和简单加工的场所；3）陆路口岸物流园区：陆路口岸物流是深圳物流量比较大而集中的物流，也是目前存在的问题比较多和需要加强管理和增强服务的物流，目前还没有为口岸公路物流专门服务的场地。因此建议，结合华南集装箱联运项目，在梅林关外开辟一个为通香港陆路口岸物流服务的物流园区，作为口岸集装箱货运接驳、拼箱、拆箱、联检的基地和口岸物流的集散中心；4）综合物流园区：平湖物流园区是深圳市和龙岗区政府基于平湖的铁路交通区位优势而开发建设的，将它定位于主要服务于区域物流的"综合物流园区"，其主要功能是依托铁路，作为发展公铁联运、水铁联运的中转物流园区，同时也作为经铁路运进深圳的大批量消费性物资的集中供、配货点。

深圳七大物流园区

盐田物流园区属枢纽型园区，远期规划规模为保税物流园区 113 公顷，集装箱堆场区 70 公顷，仓储区 147 公顷，停车场及相关配套服务设施规模 10 公顷。功能定位是依托盐田保税物流园区试点，充分发挥保税物流园区的政策优势及码头的区位优势，促进区港一体化发展，通过发展保税仓储、国际采购配送、国际中转、转口贸易以及流通性简加工等国际物流业务，形成华南地区辐射内外、多功能、区港一体化运作的综合国际物流节点，最终实现向自由港的方向转型。具有存储、配载、运输方式的转换以及物流信息服务等多种功能。

前海湾物流园区是一个综合物流中心，在深圳物流业具有战略性地位，远期规划规模为867 公顷。

航空物流园区远期规划规模 116 公顷，功能定位是依托蛇口、赤湾等西部港区，以供应链管理和第三方物流服务为目标，形成深圳和香港两地物流企业聚集基地，承担国际、市域、区域三个层次的货物分拨、配送，具备国际中转、国际配送、国际采购等多种功能的物流园区。该园区重点开发多功能仓储基地、集装箱堆场以及汽车转运中心项目。

笋岗—清水河物流园区主要功能仍为城市区域配送中心，重点辐射罗湖、福田两区，远期规划规模 60 公顷。

龙华物流园区定位于区域性的陆路口岸物流园区，远期规划规模约为 53 公顷。

新规划的大铲湾物流园区近期才开始开发建设，主要功能定位是服务于未来大铲湾港的港口集装箱国际物流园区，远期规划规模为 283 公顷。

平湖物流园区作为国内最早建设的综合性物流园区，核心定位为深圳市综合枢纽型物流园区，远期规划规模为集装箱多式联运功能区 100 公顷、货运枢纽区 25.5 公顷，仓储配送功能区 126 公顷。主要服务东、西部港区中远距离货物集散、内地—香港中转物流，城市部分消费物流中转，以及公铁联运和配送服务为主要功能的综合物流园。

资料来源：《深圳市现代物流业"十一五"发展规划》，经作者整理

（5）物流园区的功能

物流园区具有两大功能，即物流组织管理功能和依托物流服务的经济开发功能。前者一般包括：货物运输、分拣包装、储存保管、集疏中转、市场信息、货物配载、业务受理等，而且多数情况下是通过不同节点将这些功能进行有机结合和集成体现的，从而在园区形成一个社会化的高效物流服务系统。物流园区是物流组织活动相对集中的区域，在外在形态上不同园区有相似之处，但是，物流的组织功能因园区的地理位置、服务地区的经济和产业结构及企业的物流组织内容和形式、区位交通运输地位及条件等存在较大不同或差异。后者包括物流基础设施项目的经济开发功能，而物流园区的经济开发功能首先体现在物流基础设施及经营所产生的经济开发上，基础设施项目的建设对经济发展具有开发性的功能和作用。

1）新建设施的开发功能

物流园区一般从区域经济发展和城市物流功能区的角度进行建设，具有较大的规模，国内目前较大的物流园区一般占地均在千亩之上，经济发达国家更有占地在数平方千米之多。因此，物流园区的开发和建设，将因在局部地区的大量基本建设投入，而带动所在地区的经济增长。此外，现代物流在我国尚处于发展初期，物流管理技术的落后和现代物流基础设施的缺乏，均是阻碍物流快速发展的因素，加快物流园区大量、大规模基础设施的建设，将对改善物流发展

环境及基础条件，培育物流产业有重要意义和作用。以物流业在国民经济中的地位，物流园区将因带动物流业发展而产生新的经济增长点，从而开发出经济发展新领域。

2）设施及资源的整合功能

开发和建设物流园区，将因物流组织规模较大和管理水平较高等因素而对既有物流设施在功能上产生替代效应，在既有设施已客观存在局部过剩的情况下，物流园区并非简单的重复建设，而是通过在功能设计和布局上对当前及未来物流组织管理的适应，并通过规模化和组织化经营，实现对既有设施的合理整合。

简言之，物流园区的功能可以概括为八个方面，即综合功能、集约功能、信息交易功能、集中仓储功能、配送加工功能、多式联运功能、辅助服务功能、停车场功能。

6.3.3 物流节点的布局方法

配送中心一旦建成后，在一个较长的时期内其位置是很难改变的，因此，科学合理地确定配送中心的位置对于配送中心的物流运作十分重要。

配送中心位置的选择一般包括单一配送中心位置的选择和多个相关配送中心位置的选择。

1. 单一配送中心选址

一元网点布局，是指在计划区域内设置网点的数目唯一的物流网点布局问题。在流通领域中，一元网点布局问题实际并不多，较多的则是多元网点布局问题。不过，对于多元网点布局，为了使模型简单化、计算工作量减少，有时将它变换成一元网点布局问题来处理。因此，了解和掌握一元网点布局的处理方法也是十分必要的。

（1）一元网点布局的图解法

图解法是早期的一种古典方法，它是韦伯（Weber）提出来的，所以也叫韦伯图解法。该方法利用二维坐标图进行直接分析，先在图上以资源点和需求点为中心画出等成本线，然后由等成本线画出总成本等位线。总成本等位线必收敛于总成本最小点，则此点为网点最佳设置点。

由于一元网点布局问题在计划区域内只设置一个网点，则网点规模可根据需求预测确定。因此，网点规模是已知的，与网点规模有关的网点设置成本和仓储费用也是固定不变的，而且与网点位置无关。绘制成本曲线时可不考虑此两项费用，只考虑运杂费。

现举例说明韦伯图解法的求解过程。

某计划区域内有一资源点 A 和两需求点 B_1、B_2，需设置网点 D。A 点的资源量为 3 500 单位，B_1 的需求量为 1 000 单位，B_2 的需求量为 2 500 单位。假定运输费率已知，且与运输距离呈非线性关系。

先分别以 A、B_1、B_2 为中心画出运输成本等位线（运输成本为运输费率与运输量之乘积），如图 6-5 中的虚线所示。虚线旁边的数字为等位线上的运输成本。根据图中三束等位线，对平面上的任意点一一求出运输总成本。如点 x，由 A 点至 x 点的运输成本为 42，点 x 至 B_1、B_2 的运输成本分别为 12 和 32。由此知 x 点的总运输成本为 72。这时，再由各点的总成本绘出总成本等位线，图中实线所示。在图中可以看到，本例中总成本等位线收敛于 A 点，即最佳点位置正好与资源点 A 重合。

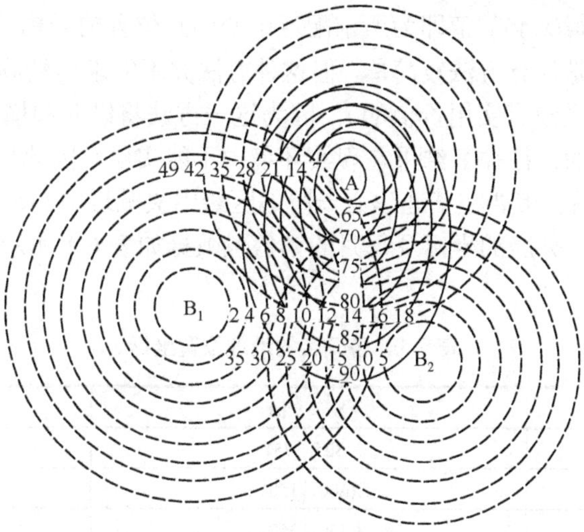

图 6-5　等位线图

图解法对费用函数为非线性情况的处理是方便的，这时成本曲线的密度为非均匀的。更大的好处在于，它不仅可以找出最优解，而且还能给出最优点附近的各种总成本等位线。这对决策者尤为重要，因为他们在进行最后决策时，由于考虑其他某些因素，如土地成本、公共设施等，有时不得不放弃数学上的最优解，而选择稍次于最优解的满意方案。

韦伯图解法最大的缺点是对大规模问题感到困难。在资源点和需求点较多的情况下运用此方法，计算工作较繁复。

（2）一元网点布局的重心法和微分法

1）重心法

重心法是一种模拟方法。这种方法将物流系统中的需求点和资源点视为分布在某一平面范围内的物流系统，各点的需求量和资源量分别视为物体的重量，物体系统的重心作为物流网点的最佳设置点，利用求物体系统重心的方法来确定物流网点的位置。

现仅讨论用重心法在计划区域内设置一个网点的简单情况。

在某计划区内，有 n 个资源点和需求点，各点的资源量或需求量为 W_j $(j = 1, 2, \cdots, n)$，它们各自的坐标是 (x_j, y_j) $(j = 1, 2, \cdots, n)$。需设置一个网点，设网点的坐标为 (x, y)，网点至资源点或需求点的运费率为 C_j。

根据求平面中物体系统重心的方法有

$$\begin{cases} x \cdot \sum_{j=1}^{n} C_j W_j = \sum_{j=1}^{n} C_j W_j X_j \\ y \cdot \sum_{j=1}^{n} C_j W_j = \sum_{j=1}^{n} C_j W_j Y_j \end{cases}$$

整理后得重心坐标公式

$$\begin{cases} x = \sum_{j=1}^{n} C_j W_j X_j \Big/ \sum_{j=1}^{n} C_j W_j \\ y = \sum_{j=1}^{n} C_j W_j Y_j \Big/ \sum_{j=1}^{n} C_j W_j \end{cases}$$

代入数字，实际求得(x, y)的值即为所求配送中心网点位置的坐标，记为$(\bar{x}, \bar{y})$。

重心法的最大特点是计算方法较简单，但这种方法并不能求出精确的最佳网点位置（当然这种精确位置有时可能是没有实用价值的），因为这一方法将纵向和横向的距离视为互相独立的量，与实际是不相符的，往往其结果在现实环境中不能实现，因此只能作为一种参考值。

例 6-1 华联万家福超市要在某地建立一所地区级中央配送中心，要求该配送中心能够覆盖该地区五个连锁分店，分店的坐标及每月的销售量数据如表 6-1 所示，要求求出一个理论上的配送中心的位置。

表 6-1 各分店的地理位置坐标

位　　　置	坐　　　标	月销售量（TEU）
连锁一分店	(325，75)	1 500
连锁二分店	(400，150)	250
连锁三分店	(450，350)	450
连锁四分店	(350，400)	350
连锁五分店	(25，450)	450

解： 重心法首先要在坐标系中标出各个地点的位置（见图 6-6 所示），目的在于确定各点之间的相对距离。为了方便，我们也将各点的需求量（物流运作量）标注在点的旁边。坐标系可以随便建立，但必须反映各点的相对距离。在国际选址中，采用经度和纬度建立坐标是很有用的。

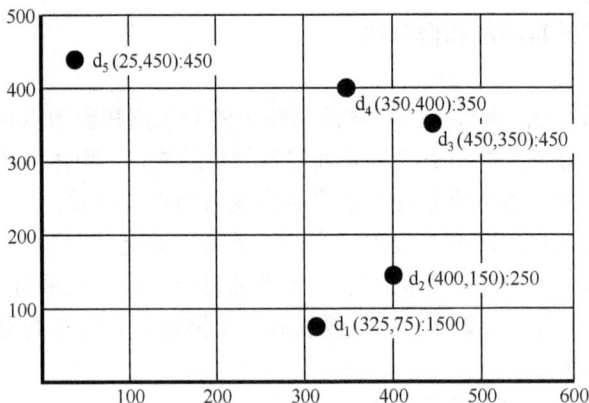

图 6-6 分店的地理位置分布

根据上面的坐标图和重心坐标的计算公式，可以计算出重心的 X 和 Y 坐标：

$$X = \frac{(325 \times 1500)(400 \times 250) + (450 \times 450) + (350 \times 350) + (25 \times 450)}{1500 + 250 + 450 + 350 + 450} = 307.9$$

$$Y = \frac{(75 \times 1500)(150 \times 250) + (350 \times 450) + (400 \times 350) + (450 \times 450)}{1500 + 250 + 450 + 350 + 450} = 216.7$$

故所求配送中心的理论位置在原坐标系里的位置为(307.9, 216.7)。

2）微分法

微分法是为了克服重心法的上述缺点而提出来的，但它要利用重心法的结果作为初始解，并通过迭代获得精确解。

仍以重心法讨论的系统为例，设总运输费用为 F，则

$$F = \sum_{j=1}^{n} C_j W_j [(x - x_j)^2 + (y - y_j)^2]^{1/2}$$

使总运输费用 F 最小的网点位置，其坐标 (x, y) 必须满足

$$\begin{cases} \dfrac{\partial F}{\partial x} = \sum_{j=1}^{n} C_j W_j (x - x_j) / [(x - x_j)^2 + (y - y_j)^2]^{1/2} = 0 \\ \dfrac{\partial F}{\partial y} = \sum_{j=1}^{n} C_j W_j (y - y_i) / [(x - x_j)^2 + (y - y_j)^2]^{1/2} = 0 \end{cases}$$

由以上公式可以求解得一元网点布局的微分公式

$$\begin{cases} x = \dfrac{\Sigma C_j W_j x_j / [(x - x_j)^2 + (y - y_j)^2]^{1/2}}{\Sigma C_j W_j / [(x - x_j)^2 + (y - y_j)^2]^{1/2}} \\ y = \dfrac{\Sigma C_j W_j y_j / [(x - x_j)^2 + (y - y_j)^2]^{1/2}}{\Sigma C_j W_j / [(x - x_j)^2 + (y - y_j)^2]^{1/2}} \end{cases}$$

上述公式右边仍含有未知数 x 和 y，此时最佳网点位置坐标 $\bar{x}$ 和 $\bar{y}$ 还不能解出。如果要将式中右边的 x 和 y 完全消除，计算起来是相当复杂的。为此，下面采用一种简便的迭代方式求解。

迭代法求解必须事先给出一个初始解，通常的方法是由重心法求得系统的重心坐标，以重心坐标作为初始解。重心坐标可由重心坐标公式求得。记重心坐标为 (x^0, y^0)，将 (x^0, y^0) 代入微分公式求得 (x^1, y^1)，再将求得的 (x^1, y^1) 代入微分公式，求得 (x^2, y^2)，反复进行，直至两次迭代结果相同时为止。这时即获得网点最佳位置坐标 $(\bar{x}, \bar{y})$，但在实际运用中还只是一个参考值。

例 6-2　某计划区域内资源点与需求点的分布情况，见图 6-7 所示，各点资源量、需求量和运费率见表 6-2 所示。需在该地区设置一个物流网点 D，只考虑运输费用，求 D 的最佳位置。

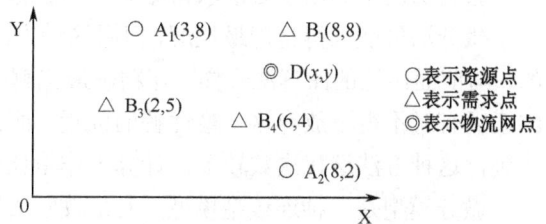

图 6-7　资源点和需求点的分布图

表 6-2　各点资源量、需求量和运费率

	资源量或需求量	至网点的运费率
A_1	2 000	0.5
A_2	3 000	0.5
B_3	2 500	0.75
B_4	1 000	0.75
B_5	1 500	0.75

解： 先由重心坐标公式求得重心坐标 (x^0, y^0)：

$$x^0 = \frac{2000 \times 0.5 \times 3 + 3000 \times 0.5 \times 8 + 2500 \times 0.75 \times 2 + 1000 \times 0.75 \times 6 + 1500 \times 0.75 \times 8}{2000 \times 0.5 + 3000 \times 0.5 + 2500 \times 0.75 + 1000 \times 0.5 + 1500 \times 0.75} = 5.16$$

$$y^0 = \frac{2000 \times 0.5 \times 8 + 3000 \times 0.5 \times 2 + 2500 \times 0.75 \times 5 + 1000 \times 0.75 \times 4 + 1500 \times 0.75 \times 8}{2000 \times 0.5 + 3000 \times 0.5 + 2500 \times 0.75 + 1000 \times 0.5 + 1500 \times 0.75} = 5.18$$

将 x^0, y^0 代入微分公式得

$$x^1 = 50.4, \quad y^1 = 5.06$$

再将，x^1，y^1 代入微分公式得 x^2，y^2。如此反复进行，各次迭代结果列入表（见表 6-3 所示）。求得网点最佳位置坐标为

$$\bar{x} = 4.91, \quad \bar{y} = 5.06$$

即 $D(\bar{x}, \bar{y}) = D(4.91, 5.06)$，最低运输成本为 21 425 元。

表 6-3　迭代结果

迭代次数（k）	x^k	y^k	总运费（元）
0	5.16	5.18	21 500
1	5.04	5.06	21 431
2	4.99	5.03	21 427
3	4.97	5.03	21 426
4	4.95	5.04	21 425
…	…	…	…
29	4.91	5.06	21 425
30	4.91	5.06	21 425

微分法由于利用重心法求得结果作为初值，所以有时也称为重心法。

微分法虽能求得精确最优解，但用这种方法所得到的精确解在现实生活中往往是难以实现的，与前面讨论的图解法一样，在精确最优解的位置上由于其他因素的影响，决策者考虑这些因素后有时不得不放弃这一最优解的位置，而去选择现实中可行的满意方案。另外，我们还应看到，这种方法迭代次数较多，计算工作量比较大，计算成本也较高。

微分模型是一种连续型模型，上述微分法的缺陷正是连续型模型的通病之一。连续型模型的更大弊病还在于，模型中将运输距离用坐标来表示，把运输费用视为两点间直线距离的函数，这与实际情况是不相符的，因而计算出的结果可靠性较差。

鉴于上述原因，对于物流网点布局问题，通常采用离散型模型求解。

2. 多个相关配送中心位置的选择方法

典型的布置分析考虑的是单一配送中心的选址问题，其目标有供需之间的运输时间或距离极小化，成本的极小化，平均反应时间的极小化（上面讲述的单一配送中心选址都是考虑成本极小化）。但是，有些选址分析涉及多个目标或多个设施，其决策目标相对模糊，甚至带有感情色彩。解决这类选址问题的一个方法是使用德尔菲分析模型（该模型应用到很多领域，比如前面第 3 章讲到的物流系统预测），该模型在决策过程中考虑了各种影响因素。使用德尔菲分析模型涉及三个小组，即协调小组、预测小组和战略小组。每个小组在决策中发挥不同的作用。使用该模型的步骤如下。

（1）成立两个小组

内部的人员组成顾问团，充当协调者，负责设计问卷和指导德尔菲调查。顾问团中选出一部分人成立两个小组。一个小组负责预测，包括各个地区各个时间段的物流量和偏差值以及外部环境的影响（预测小组）；另一小组确定物流的战略目标以及其优先次序（战略小组）。战略小组的成员从组织中各部门的高层管理人员中挑选。

（2）识别存在的威胁和机遇

经过几轮问卷调查后，协调小组应该向预测小组询问各个地区各个时间段的物流量和偏差值以及外部环境的影响。这一阶段，要尽可能听取多数人的意见。

（3）确定物流的战略方向与战略目标

协调小组将预测小组的调查结果反馈给战略小组，战略小组利用这些信息来确定组织的战略方向与战略目标。

（4）提出备选方案

一旦战略小组确定了长期目标，就应集中精力提出各种备选方案。（备选方案是对配送中心现有设施的扩充或压缩，对工厂的全部或局部位置进行的变更等。）

（5）优化备选方案

步骤（4）中提出的备选方案应提交给战略小组中的有关人员，以获得他们对各方案的主观评价。如果评价复杂，可用层次分析法（AHP：Anelytic Hierarchy Process）加以量化，有关层次分析方法详细内容参见相关书籍。

在考虑组织优势和劣势的基础上，该模型可识别出组织的发展趋势和机遇。此外，该模型还考虑了企业的战略目标，在现代企业中被作为一种典型的综合性群体决策方法被广泛使用。

6.4　物　流　线　路

物流网络中除节点外，还涉及许多线路问题。如线路的规划、线路的选择设计等。在进行线路选择设计时，不仅要考虑运输距离，还要考虑运输工具、运输时间和运输费用等因素。因此，线路设计实际上是一个多目标决策。运输路线合理与否，直接影响着物流的速度和成本。因此采用科学的方法进行线路设计是物流网络规划中一项非常重要的工作。进行线路设计就是要用最少的运力，走最短的里程，花最少的费用，经最少的环节，以最快的速度把货物送至用户手中。选择一条从原点到终点的路线要受到一个以上目标的影响。决策目标可以是运输费用最少、运输风险最小、运输时间最短或需求满足情况最好。在一般情况下，多目标线路设计的各个目标之间会发生冲突。例如运输时间快了，费用就不一定最省；运输费用省了，运输时间就不一定最短。这样就没有任何一条路线是最佳的。这时就需要对各种目标进行综合比较分析，在几种可行的方案中，确定一种较为满意的方案。

6.4.1　运输路线的类型

1．往复式运输路线

往复式运输路线是指车辆在两个装卸作业点之间的路线上，作一次或多次重复运行的运输路线。这种运输路线的几何形状可近似视为直线型，可分为单程有载往复式、回程部分有载往复式和双程有载往复式三种。这三种路线类型，以双程有载往复式路线的里程利用率最高，而单程有载往复式里程利用率最低，在实际的运输组织工作中应尽量避免选择单程有载往复式运输路线。

2. 环行式运输路线

环行式运输路线是指车辆在若干个装卸作业点组成的封闭回路上，作连续单向运行的运输路线。在环行式运输路线的选择中，以里程利用率最高为原则。

3. 汇集式运输路线

汇集式运输路线是指车辆沿分布于运行路线上各装卸作业点，依次完成相应的装卸作业，且每次货物装卸量均小于该车额定载重，直到整个车辆装满（卸空）后返回出发点的行驶路线。这种形式的运输路线的组织工作较为复杂，但有利于做到"取货上门，送货到家"，可有效满足客户需求，故在配送运输中被广泛应用。在汇集式运输路线的选择中，以运输费用最低为原则。

6.4.2 运输路线选择的目标

运输路线选择的目标就是运输路线的合理化。所谓运输路线合理化就是按照货物流通规律，组织货物运输，力求用最少的劳动消耗，获得最高的经济效益，即在完成货运任务、满足客户需求的前提下，使货物运输经过最短的里程，用最少的环节，花费最少的时间和最低的成本。运输路线合理化是物流企业运输管理的最基本要求，合理化的运输路线可以节省运力、缩短运输时间，最终表现为节约运输成本和提高运输质量，增强物流企业的竞争优势。在确定运输路线选择目标时，可根据物流企业具体情况，选择如下具体目标。

1. 以效益最高或成本最低为目标

即以利润最大化或成本最低化为目标，此目标是运输路线选择时常用的一个目标。

2. 以里程最短为目标

如果运输成本与运输里程相关性较强，与其他因素相关性较弱时，运输里程最短的实质就是运输成本最低，则可考虑用运输里程最短为目标；当运输成本不能通过运输里程来反映时，如道路收费和运行条件严重影响成本，单以最短里程作为目标就不适宜。

3. 以配送服务水准最优为目标

当准时配送要求成为第一位或需要牺牲成本来确保服务水平时，则需要以服务水准作为首选目标。这种成本的损失可以从其他方面弥补回来，如优质服务可采用较高的价格策略。

4. 以运输周转量最小为目标

在完成运输任务的前提下，运输周转量越小，运输费用有可能越低。

实际上，企业物流配送的运输路线选择常常不是以上述一个目标来操作的，而是多个目标的综合，涉及了多目标决策问题。例如某商业流通型企业物流配送中心为城区众多零售企业配送，送货司机司机选择的配送线路常常不是路径最短的线路，而是选择配送时间最短、红绿灯数量最少、街道最不拥挤的线路，其次才考虑配送距离远近的问题。

6.4.3　运输路线选择的优化模型

要实现运输路线的优化，必须使用系统分析等科学方法，合理制定运输方案，防止迂回、对流、过远等不合理运输的发生，实现满意的运输活动。所谓的系统分析方法即是把运输活动视为一个由多种因素组成的相互影响、相互制约的整体，把影响系统功能的各种因素，模拟成约束条件，在客观因素定量化的前提下，加以系统组合，形成严密的数学模型，运用运筹学、人工智能、神经网络等方法进行定量分析，从中选择最优方案。

运输路线选择的优化模型一般可以描述为：已知有 m 个生产地 A_i，$i = 1, 2, …, m$，其产量分别为 a_i，有 n 个销地 B_j，$j = 1, 2, …, n$，其需要量分别为 b_j，$j = 1, 2, …, n$，从 A_i 到 B_j 运输单位物资的运价（单价）为 C_{ij}，若用 x_{ij} 表示从 A_i 到 B_j 的运量，那么在产销平衡的条件下，要求得总运费最小的调运方案，即求解以下数学模型：

$$\min z = \sum_{i=1}^{m} \sum_{j=1}^{n} c_{ij} x_{ij}$$

$$\sum_{j=1}^{n} x_{ij} = a_i, i = 1, 2, \cdots, m$$

$$\sum_{i=1}^{m} x_{ij} = b_j, j = 1, 2, \cdots, n$$

$$x_{ij} \geqslant 0$$

上述也是运输问题的数学模型。它包含 $m \times n$ 个变量，$(m + n)$ 个约束方程。这类运输问题可以分两种方法来求解，对简单的问题，可以采用图上作业法求解，对复杂的和一般的运输问题，需要使用表上作业法来求解。

例 6-3　某种商品由 3 个发运点 A_1、A_2、A_3，调运到 4 个收货点 B_1、B_2、B_3、B_4。3 个发运点的发运量分别是 4 吨、10 吨和 8 吨，4 个收货点的收货量分别是 8 吨、5 吨、3 吨和 6 吨。并已知各点的距离和交通图（见图 6-8）。问如何调运才能使总的周转量最小。

此类问题可以用线状线路的图上作业法求解。这类图形是指在运输线路中没有回路，规划其合理的调运方案时，只要避免发生对流，便可得到一个最优的运输方案。具体作业步骤如下。

（1）在图上画出发货点和收货点，用○表示发货点，用□表示收货点，并把发货收货数量标识在上面。各点之间的长度，记在路线旁边，以千米表示。规划商品的运输方向用箭头，并画在前进方向的右边。

（2）规划运输方向时，要按照"先端点由外向里"，就近调拨的原则，来进行各收发点的产销平衡。

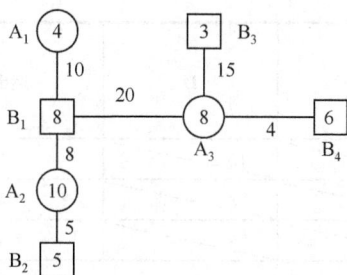

图 6-8　线状运输网络图

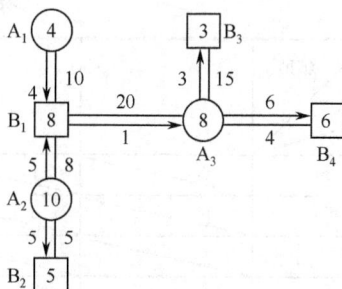

图 6-9　线状运输网络图求解

按照图 6-9 的图上作业法显示的调运方案可知

总的周转数为 5×5 + 5×8 + 1×20 + 4×6 + 3×15 + 4×10 = 194（吨千米）

例 6-4 设某种商品的发货点共有三个，收货点共有五个，形成一个环状的线路图（见图 6-10），各发货点、收货点的供需量及它们之间的距离已给出，问如何规划调运方案，使运输的周转量最小。

此类问题可以用环状线路的图上作业法求解。这类图形是指在运输线路中有一环状回路，规划其合理的调运方案时，避免发生对流和迁回运输，对商品的流向进行规划。在规划时，为便于计算，凡商品流向属于顺时针方向运行的画在圈内，逆时针方向运行的画在外圈。凡是内圈或外圈的流向总里程小于或等于该圈长的一半时，则是合理的；反之，就是不合理的。运用图上作业法，具体作业见图 6-11。

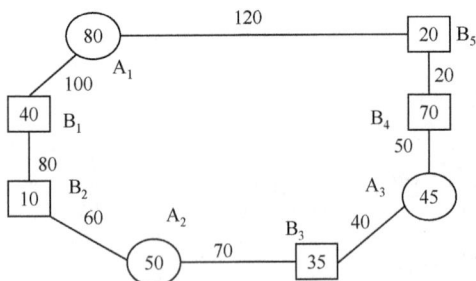

图 6-10 环状运输网络图   图 6-11 环状运输网络图的求解

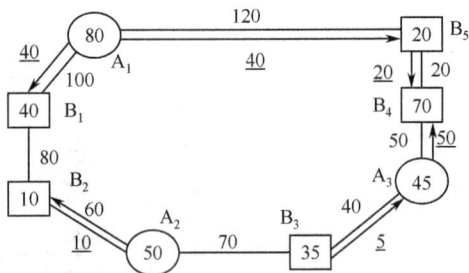

计算此环状调运方案的总圈长 = 80 + 100 + 120 + 20 + 50 + 40 + 70 + 60 = 540（千米）

分别计算内圈和外圈的长度：

外圈长 = 120 + 20 + 60 = 200 < 540/2 = 270（千米）

外圈长 = 100 + 70 + 40 + 50 = 260 < 540/2 = 270（千米）

由于内圈和外圈的长度都小于总圈长的一半，说明图上的调运方案是最优的。如果内外圈之一的长度超过该圈长总长的一半，就是说明出现了不合理运输，需要进行调整。调整的办法为：从超过圈长一半的流向中的最小流量入手，缩短这一流向，延长另一流向，直到两个流向的长度小于或者等于圈长总长的一半为止。

例 6-5 有甲乙丙三个商品产地，其可调出量分别是 7 吨、4 吨和 9 吨，有 A、B、C、D 四个销售地，调入量分别为 3 吨、6 吨、5 吨和 6 吨。总调出量和调入量相同。设运输费用与各地之间的运输距离成正比，其调入调出量和各地之间的运输距离和运输量见表 6-4 所示，求合理的调运方案及最小吨千米数。

表 6-4 运距和运量表

运距〔销地〕〔产地〕	A	B	C	D	运出量
甲	3	11	3	10	7
乙	1	9	2	8	4
丙	7	4	10	5	9
运入量	3	6	5	6	20

这类问题，可以用表上作业法求解。表上作业法就是运用表格进行运算的一种方法，以此来求得无数产地和销地的商品调运的最小吨千米。即在表上表明某种商品的调出量、调入量和产销运输距离，按照产销平衡的要求，依次选择最近的运输距离，制定合理的调运方案，这种方法适用于商品调运范围广，产销运输路线交错复杂，而用图上作业法不易规划和确定。解的一般步骤如下。

（1）用西北角法则定确定初始可行解（见表6-5）。

表 6-5 初始解

运距＼销地＼产地	A	B	C	D	运出量
甲			4	3	7
乙	3		1		4
丙		6		3	9
运入量	3	6	5	6	20

（2）用闭合回路法求出对应每个空格的检验数。

甲 A 检验数 $= 3 - 3 + 2 - 1 = 1$

甲 B 检验数 $= 11 - 10 + 5 - 4 = 2$

乙 B 检验数 $= 9 - 2 + 3 - 10 + 5 - 4 = 1$

乙 D 检验数 $= 8 - 10 + 3 - 2 = -1$

丙 A 检验数 $= 7 - 1 + 2 - 3 + 10 - 5 = 10$

丙 C 检验数 $= 10 - 3 + 10 - 5 = 12$

（3）如每个空格的检验数都不小于零，则停止计算，否则再用闭合回路法调整空格检验数大于零的格，得到新的调运方案，再转到第二步。

由于乙 D 检验数 $= -1 < 0$，故要求乙 D 空格入基，做如下调整（见表6-6）。

表 6-6 运量调整表

运距＼销地＼产地	A	B	C	D	运出量
甲			4 (+1)	3 (-1)	7
乙	3		1 (-1)	(+1)	4
丙		6		3	9
运入量	3	6	5	6	20

得到新的调运方案见表6-7。

新调运方案的检验数为

甲 A 检验数 $= 3 - 10 + 8 - 1 = 0$

甲 B 检验数 $= 11 - 10 + 5 - 4 = 2$

乙 B 检验数 $= 9 - 8 + 5 - 4 = 2$

乙 C 检验数 ＝ 2-3 + 10-8 = 1

丙 A 检验数 ＝ 7-1 + 8-5 = 9

丙 C 检验数 ＝ 10-3 + 10-5 = 12

这时所有检验数已经全部大于等于零，方案已达最优，最小周转量为

3×5 + 10×2 + 1×3 + 8×1 + 4×6 + 5×3 = 85（吨千米）

表 6-7　改善后的方案表

运距　　销地 产地	A	B	C	D	运出量
甲			5	2	7
乙	3			1	4
丙		6		3	9
运入量	3	6	5	6	20

6.5　案例分析

6.5.1　国美电器的物流系统

国美，一个在家电价格大战中脱颖而出的响亮的名字，仅仅用了 13 年的时间，就从街边一家小店发展成为今天在北京、天津、上海、成都、重庆、河北六地拥有 40 家大型家用电器专营连锁超市的大公司。去年，国美更是凭借连番降价打破国内九大彩电厂商的价格联盟，相继抛出千万元与上亿元家电订单等壮举，使自己声誉更隆，以至经济学家惊呼"商业资本"重新抬头，开始研究近乎商界神话的"国美现象"。国美的高速扩张极大程度上归功于其强大的物流系统。

从供应链的角度来看，国美的物流系统可分为三部分：采购、配送和销售，其中的核心环节是销售。正是在薄利多销、优质低价、引导消费、服务争先等经营理念的指引下，依托连锁经营搭建起来的庞大的销售网络，国美在全国家电产品销售中力拔头筹，把对手远远抛在身后。凭借较大份额的市场占有率，国美与生产厂家建立起良好的合作关系，创建了承诺经销这一新型供销模式，以大规模集团采购掌握了主动权，大大增强采购能力，能以较低的价格拿到满意的商品，反过来支撑了销售。而适应连锁超市需要的仓储与配送系统建设合理，管理严格，成为国美这一销售巨人永葆活力的血脉，使国美总能在市场上叱咤风云。正是因为国美供应链系统中，销售、采购和配送三大环节以合理的结构与定位相互促进，成就了国美电器今日的辉煌。

1. 销售：国美物流系统的关键

1987 年 1 月，国美在北京珠市口繁华的大街边开张，经营进口家电。谁也没有想到，当时仅有 100 平方米毫不起眼的小店，会发展成为全国家电连锁销售企业的龙头。

供销商层层加价转给下一层零销商，是司空见惯的商业现象。而国美意识到，企业要想发展，必须建立自己的供销模式，摆脱中间商的环节，直接与生产商贸易，把市场营销主动权控制在自己手中。为此，国美经过慎重思考和精心论证，果断决定以承诺销量取代代销形式。他

们与多家生产厂家达成协议，厂家给国美优惠政策和优惠价格，而国美则承担经销的责任，而且必须保证生产厂家产品相当大的销售量。

承诺销量风险极高，但国美变压力为动力，他们将厂家的价格优惠转化为自身销售上的优势，以较低价格占领了市场。销路畅通，与生产商的合作关系更为紧密，采购的产品成本比其他零售商低很多，为销售铺平了道路。

2. 统一采购，优势明显

国美刚成立时，断货现象时有发生，经常是店里摆着空的包装箱权充产品。如今，随着连锁经营网络的逐渐扩大，规模效益越来越突出，给采购带来许多优势。

首先是统一采购，降低进价。国美几十家连锁店都由总部统一进行采购，门店每天都将要货与销售情况上报分部，分部再将各门店信息汇总分销的优势直接转变为价格优势，国美远远超过一般零售商的采购量，使其能以比其他商家低很多的价格拿到商品。

其次，谈判能力增强。凭借遍布全国的销售网点和超强的销售能力，任何上游生产厂家都不敢轻易得罪国美，唯恐失去国美就会失去大块市场。因此，在与厂家谈判时，国美掌握了主动权。

最后，通过信息沟通保持与厂商友好关系。国美与厂商相互信任，友好合作，共同发展，确保了所采购商品及时供应，及时补货，使商品销售不断档。

案例思考

1. 案例中，国美电器是如何有效实现采购、配送、销售三者的一体化发展的？
2. 结合案例，思考在规划物流系统时，应考虑哪些因素？

6.5.2 "小天鹅"的销售链物流系统

1. "小天鹅"集团简介

江苏小天鹅集团有限公司拥有 33 个子公司，集团主要生产经营洗衣机、空调、冰箱、洗碗机、干衣机、冷柜、工业洗衣机和干洗机等家用、商用电器产品，总资产 75 亿元，小天鹅品牌价值 67.69 亿元，年营业收入超百亿元，是中国最著名的白色家电集团，跻身中国百强企业行列。

2. 集团"销售链"物流系统发展历程

2002 年对"小天鹅"来说，供应链上，实行了全球择优采购，降低成本上亿元，当年实现营业收入百亿元。而在销售链上，公司也开展并实行了几项重大举措。

（1）商流

小天鹅集团从 2002 年初开始营销整合，成立了营销公司，建立了一支充满活力的销售队伍，全国设有 33 个管理部、168 个办事处和 3 400 个销售网点、1 500 多个服务网点，形成品牌、人、财、物、渠道优势共享，洗衣机、空调、冰箱、洗碗机等六大产品整合销售，销售人员锐减，营销成本大幅下降。

（2）物流

小天鹅 2002 年 1 月 10 日，对 100 万台洗衣机、9 000 多万元的产品分布在全国 33 条线路上的运输合同实行公开招标，有八家运输公司中标，使每台洗衣机运价比原来降低 25%，仅此一项全年就节约运费 700 多万元。紧接着，小天鹅对其他产品运输也实行公开招标，节约运输成本上千万元。2002 年销售收入超过 100 亿元，可供整合的采购需求近 20 亿元，通过招标谈判降低的物流成本大约在 6 000 多万元。

（3）资金流

2002 年春节前，无锡 7 家商业银行前所未有地被"小天鹅"集团召集在一起。小天鹅要求获得其中一家银行的承诺，这家银行必须将公司遍布全国 2 400 多个销售网点的每天的销售货款，当日转到总部的银行账户上，谁能做到这一点，就意味着小天鹅公司每年将有 80 亿元的现金进入这家银行。销售货款当天到账究竟给小天鹅带来多少好处？"小天鹅"的答案是：每提前 1 天可节省 22 万元。此项举措小天鹅获得了一个历史性的成功，它不仅第一次调动银行踮起脚来适应企业需求，而且为他们进行了一年多的新型物流体系整合划上了一个圆满的句号。

（4）信息流

早从 2000 年开始，小天鹅集团就与广东科龙集团合作，开创了国内最大的家电电子商务平台——安泰达公司，并首开产品零配件国际招标采购的先河，使小天鹅找到了与国际化的企业物流体系对接的"接口"。2001 年 8 月，小天鹅集团与中远集团、科龙集团共同决定组建第三方物流公司。这是国内当时屈指可数的具有完全现代理念的大型家电物流平台。安泰达公司的操作系统包括创建物流信息平台，整合仓储和运输系统，对供应商、制造商、分销商、终端用户的物资流、信息流和资金流进行有效控制和管理，实现供应链全过程的价值和经营行为的最优化，并在到货率、经济性、信息性和安全性等方面对物流系统进行全程监控。

3. 分析与评价

（1）内部条件与外部条件结合方面

1）内部条件

从 2001 年开始，小天鹅全面实施十五发展计划，开始二次创业。小天鹅集团实行营销整合，形成有 33 个管理部、168 个地市级办事处、3 400 个经销网点、1 500 多个服务网点的营销网络，销量销售收入屡创新高，产品出口世界 60 多个国家和地区，2002 年出口创汇 1.8 亿美元，创历史最高记录。企业发展内部已趋向稳定，管理制度健全，人员素质较高，这时进行物流变革，条件成熟。

2）外部条件

小天鹅集团努力从国内家电制造商向国际家电制造商转变，成为国内唯一生产波轮、滚筒、搅拌式洗衣机的全能企业，小天鹅集团逐步走向世界。同时，同行业竞争压力也逐步加大，价格竞争战此起彼伏，企业迫切需要通过变革来降低企业成本，增强竞争力。通过在运输、存储、配送、流通加工、物流信息几个功能因素上的物流创新，小天鹅一方面在物资采购上全球公开招标，择优采购，降低了成本；另一方面通过物流整合，在销售链上节约了上千万元的销售运输与仓储成本，在家电市场竞争中完成了一个急速回旋，跳出了价格战的泥潭。

从内部条件与外部条件的结合上说，小天鹅的物流系统运作把握住了内、外时机，将天时、地利、人和因素予以有效的结合，增强了企业的核心竞争力。

（2）当前利益与长远利益结合方面

1）当前利益

小天鹅通过物流系统运作，不但在成本上降低了消耗（一个是供应链物流统一招标节约了上亿元成本，一个是销售链物流运输与仓储上节约了上千万元成本），且在资金回笼上也获得了货币的时间价值。

2）长远利益

小天鹅的物流系统运作率先在国内建立了家电行业电子商务平台，使产品信息能够发布到世界各地，为其国际化战略的实施打下了很好的基础。另一方面，建立了完善的物流配送服务系统，虽然短期投资有所加大，但从长远上来说，使企业获得了良好的品牌效应。从当前利益与长远利益的结合方面来看，小天鹅的物流系统既考虑了当前利益又注重了长远利益，为企业稳定了国内客户市场并开创了国际市场，提高了企业的盈利能力与发展能力。

（3）局部效益与整体效益结合方面

1）局部效益

实施第三方物流后，企业的该部分利益转嫁给了第三方物流公司，但是企业总体成本得以下降，运作效率得到提高。

2）整体效益

在实施第三方物流运作后，企业的整体效益得到明显提高，由于分离了部分资产，总资产下降，而销售收入增加，企业的总资产报酬率得到提高、存货周转率得到提高，说明企业的资产利用率提高了，存货控制得到加强。企业的整体效益得到提升。

从局部效益与整体效益方面来说，公司可能减少了个别部门的局部效益，但总体效益得到提高，为企业的长足发展奠定了很好的基础。

总之，通过以上对"小天鹅"集团在实施物流运作前后有关长短期利益、局部与整体效益方面进行的定量与定性分析，我们可以看到公司销售链上的物流系统设计是比较合理的，与公司的战略也是相符合的。而公司也能根据国内、外企业对物流系统运作新的理念与技术来不断调整自己在物流系统方面的建设，实行了第三方物流，有效地整合了公司内、外资源，与国际物流管理逐步接轨，增强了企业的竞争力。

案例思考

1. 小天鹅的"四流一体"，在其销售链中起什么作用？

2. 小天鹅如何有效地整合了公司内外资源？

第 **7** 章

物流系统预测与仿真方法

在物资流通领域，对物资的流向、流量、资金周转及供求规律等进行调查研究，取得各种资料和信息，运用科学的方法，预计、推测并仿真一定时期内的物流状态，可为国民经济发展提供战略决策，并为生产和流通部门及其企业的经营管理和决策提供科学依据。

本章介绍了物流系统预测的种类、方法以及影响物流系统预测的因素；对物流系统的判断预测技术、时间序列预测技术和回归分析预测技术进行了阐述；并介绍了系统仿真技术在物流中的应用。

7.1 物流系统预测概述

所谓预测就是人们对某一不确定的或未知事件的表述。一般这个不确定的未知事件具有未来的性质，具体来说，预测就是把某一未来事件发生的不确定性极小化。从本质上看，预测是以变化为前提的。如果没有变化，预测也就不存在了，可以说预测就是掌握变化的规律。做预测有几点要求：第一要正确地掌握变化的原因；第二要了解变化的状态；第三要从量的变化中找出因果关系；第四要从以上的变化中找出规律性的东西对未来进行判断。

7.1.1 物流系统预测的过程与作用

做预测就是要从变化的事物中找出使事物发生变化的固有规律，以寻找和研究各种变化现象的背景及其演变的逻辑关系，去揭示事物未来的面貌。我们要从复杂的、瞬息万变的世界中找出不变的固有规律，去揭示事物未来的面貌，必须以辨证的认识论为指导，以各个领域内的经典理论和最新理论为基础，以当代的最新科技成果及数学、计算机为工具，与其他学科的具体实践相结合，去研究适用于各个领域内预测的理论和方法。由此可见，预测是一门应用科学。但是，如何运用这些科学的理论、方法、工具，去掌握事物发展变化的原因、状态、因果关系，找出事物演变的逻辑，做出比较符合事物未来真实面貌的预测，这就是艺术了。这要靠预测人员的知识、经验、洞察力和远见卓识。预测的主要过程如图 7-1 所示。

物流系统预测的作用可归纳为两个方面。

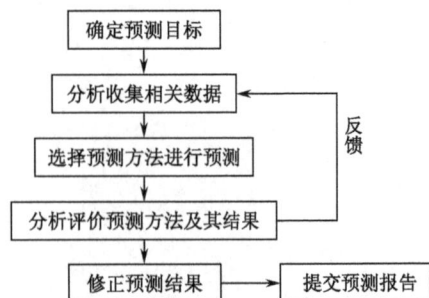

图 7-1 预测过程

1. 预测是编制计划的基础

物流系统的存储、运输等各项业务活动的计划都是以预测资料为基础制定的，因而预测资料的准确与否，直接影响到计划的可行性，进而决定企业经营的成败。

例如，2001 年夏天，北京地区气候异常，持续高温，40 年所罕见。很多轻工纺织企业在制定产销计划时未预见到这种情况，致使很多产品脱销，如游泳衣裤、痱子粉、爽身粉等；但也导致许多产品的积压，如塑料雨衣由于高温少雨积压了 70 多万件，使很多企业都受到损失。

2. 预测是决策的依据

有些管理学家认为"管理就是决策"，而决策的前提是预测。正确的决策取决于可靠的预测。例如，无锡无线电五厂，1995 年在收音机销路不畅的情况下，开展市场调查，提供了可靠的预测资料，该厂据此做出了增产袖珍收音机的决策，使企业取得了好的经济效益。

物流系统预测的内容很多，凡是影响物流系统活动的诸因素都是预测对象。例如，有关物流系统的人力、物力、财力以及资源、销售、交通等的状况，国家的政策方针，经济发展的形势和自然条件等，都是预测的内容。

7.1.2　物流系统预测的种类

已有的需求预测方法分类如下图（图 7-2），各方法在此不再详述。

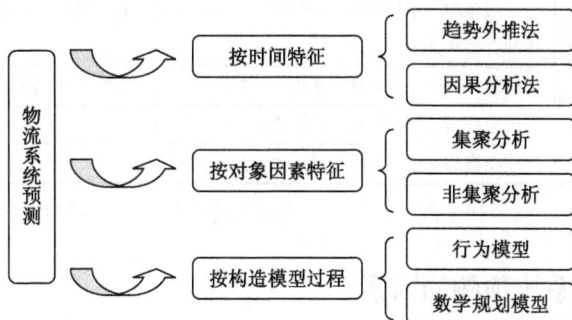

图 7-2　物流系统预测方法的分类

7.1.3　物流系统预测的方法

需求预测包括确定客户会在未来某个时点所需要的产品数量及其伴随的服务。准确地了解产品需求将会是多少，对企业运作的所有方面——营销、生产和物流都很重要。对未来的需求预测决定了营销策略、销售队伍配置、定价以及市场调研活动。销售预测决定生产计划、采购和购并策略以及工厂内的库存决策。物流管理的需求预测决定了公司生产的每种产品有多少要运到企业所服务的各个市场。同样地，物流管理必须知道需求来自何方，从而可以将适当数量的产品投放或储存到各个市场区域。

预测方法主要可以分为以下 3 类。

1. 定性预测技术

定性预测技术又称判断预测技术，它是在一种有组织的形式下，搜集各个人对分析过程所作的判断，然后进行预测的方法。这种方法简单易行实用，适用于数据奇缺或难于做定量分析的情况。这类方法一般用于中长期预测，常用的效果较好的有德尔菲法、部门负责人评判意见法、销售人员估计法及历史类比法等。

2. 时间序列预测技术

时间序列技术是一种利用包含有相对清楚而又稳定的关系和趋势的数据的统计方法。由于事物的时间序列展示了事物在一定的时期内的发展变化过程，因而可以从事物的时间序列分析入手，寻找出事物的变化特征及变化趋势，并通过选择适当的模型形式和模型参数建立预测模型。时间序列预测是用事物过去的变化特征描述和预测未来的变化特征。这种方法适宜对各种事物进行短、中期预测。

3. 因果预测技术

这是一类就预测对象同其制约因素联系进行分析，建立预测对象与其所能观察到的相关度强的变量间因果预测模型的方法。在所有预测方法中，这是一类比较复杂的方法，但这类方法可用于预测转折点。这类方法常用的预测技术有计量经济模型、投入产出法及回归模型等。

另外，相关学者还提出了随即预测法、模仿预测法等物流系统预测方法。

更多预测方法

预测方法的分类	预 测 方 法
定性预测	一般预测、市场调查、小组共识、德尔菲法、情境分析法、头脑风暴法、类推法、主观概率和关系树法等
定量预测	时间序列法（简单移动平均法、加权平均法、指数平滑、回归分析、时间序列、趋势外推）
	因果分析（回归分析、经济模型、投入/产出）
	模拟模型（以计算机为基础的动态模型）

资料来源：蒋长兵，现代物流学导论，中国物资出版社，2006，经作者整理

7.1.4　影响物流系统预测的因素

长期以来，预测更像艺术，而不是科学。以"客户需求为导向"的经营理念和"按订单生产（BTO）"的制造模式对预测提出了新的要求。

其中有四项因素甚为关键：

（1）为使预测更为准确企业需要更多的考虑各种变数，从而使供应链中的各个环节能够协同运作；

（2）将预测建立在更详尽的数据基础之上；

（3）在全球化的经营中，季节的变化和区域的差异亦非常重要；

（4）此外，灵活地选择和使用各种工具，将达到事半功倍的效果。

在预测过程中，除了要考虑上述四项关键因素之外，公司还需了解下列可能影响预测的因素：

（1）过去的需求；

（2）计划的广告或营销策略；

（3）在产品目录中的排列位置；

（4）经济状况；

（5）计划的价格折扣；

（6）竞争对手已采取的行动。

公司在选择一个合适的预测方法之前，必须了解上述因素。

7.2 物流系统预测方法

7.2.1 判断预测方法

判断预测方法是一类简单易行且实用的方法，因此它的应用非常广泛。据统计，美国 20 世纪 70 年代中期这类方法的应用约占全部预测方法的四分之一。

常用的判断预测方法有下列几种。

1. 部门负责人评判意见法

这种方法既简便又迅速。即召集生产厂与销售部门第一线的专家或负责人，请他们对市场情况和发展远景做出评估，然后再将他们的评估交给业务部门进行分析。这种方法在企业里经常被采用。例如，一个军工厂需要结合生产民品，怎样选型，产品方向如何拟订等都可以应用以上方法。至于预测的可置信度，则主要取决于企业中部门负责人与专家平时对情况的了解和掌握。

2. 销售人员估计法

这也是工业企业中常用的方法。例如工厂中都有一定数量的销售人员，他们或是按产品，或是按地区各有一定分工，如要制定明年的计划，则应请这写销售人员根据对地区经济情况的了解，对用户的了解，提出估计值，然后按某一特定的方式相加，作为企业的预测值。

例 7-1 某公司三个销售员对明年的销售量作表 7-1 估计。

表 7-1 销售预测量

	程　　度	销　售　额	概　　率	销售×概率
销售员甲	最高	1 000	0.3	300
	最可能	700	0.5	350
	最低	400	0.2	80
	期望			730
销售员乙	最高	1 200	0.2	240
	最可能	900	0.6	540
	最低	600	0.2	120
	期望			900
销售员丙	最高	900	0.2	180
	最可能	600	0.5	300
	最低	300	0.3	90
	期望			570

假设三者预测比重相同，则取三者之平均值为销售员预测值：

$$(730 + 900 + 570)/3 = 2\ 200/3 = 733.3（单位）$$

公司两位销售经理，根据自己的经验，观察判断，已分别指出预测值：经理甲为 1 000，经理乙为 800，则有经理预测值：

$$(1\ 000 + 800)/2 = 900（单位）$$

然后再将经理预测值与销售人员预测值作加权平均，因经理是部门负责人，意见的权威性大，然后再将销售员预测值和经理预测值进行加权平均，因经理是部门负责人，意见的权威性大一些，故采取 2:1 加权。

$$对明年销售的预测值 = (1×733.3 + 900×2)/3 = 844.4 单位$$

3. 德尔菲法（Delphi）

前述两种方法简单易行，能对趋势变化迅速做出反应，但极易受有声望或能说会道人员的影响，如果决策人员有某种偏见或专家之间相互有某种影响存在，都极易使预测结果受到影响。

德尔菲法是兰德公司研究发展后，进行推广的一种方法，即依靠技术专家小组背靠背的判断，来代替面对面的会议，使不同专家以近分歧的幅度和理由都能够表达出来，经过客观的分析，以求达到符合客观规律的一致意见。

这种方法由主持预测的单位在选定与预测课题有关的领域和专家后，通过函询与这些专家建立直接的联系，以匿名的方式经过几轮的函询，征求并收集专家们的意见，并对每一轮所收集的要素进行汇总、整理、再作为参考资料匿名反馈给各位专家，供他们重新做出分析、判断，以提出新的意见，这样经过多次反复，逐步使专家的意见趋向一致，并以此作为预测的根据。

其具体做法是，聘请企业内外若干学有专长的专家，对所需预测的问题组成技术专家小组，但组内成员一般没有人是整个问题的专家。决定问题的步骤通常如下：

（1）各种独立性预报在明确目标以后，小组内每个专家都用简明扼要的书面形式，提出每人的独立性预测；

（2）由协调人员负责综合编辑，使这些论述通顺易懂；

（3）协调人员把一系列综合反映专家意见的书面资料提供给有关专家做更深入的讨论，直至在背靠背的条件下，问题能相对集中为止。

德尔菲预测法在不易获得较多历史的数据性资料或数据不完整的情况下被经常采用。它的主要预测方法是首先确定预测课题并编制咨询表，然后选择好参与预测的专家，进行四轮次左右的函询与反馈，最后处理专家们的意见并做出预测。

德尔菲法的来源

德尔菲法（Delphi）的名称来源于古希腊的一则神话。德尔菲是古希腊的一个地名。当地有一座阿波罗神殿，是众神占卜未来的地方。

德尔菲法最早出现于 20 世纪 50 年代末期。当时美国政府组织了一批专家，要求他们站在苏军战略决策者的角度，最优地选择在未来大战中将被轰炸的美国目标，为美军决策人员提供参考。

在 1964 年，美国兰德公司的赫尔姆和戈尔登首次将德尔菲法应用于科技预测中，并发表了《长远预测研究报告》。此后，德尔菲法便迅速在美国和其他国家得到广泛认可。

资料来源：百度百科，词条：德尔菲法，经作者整理

4. 历史类比法

顾名思义即按类似产品的发展规律，可替代产品的发展规律或国外同一产品的发展规律进行预测，也经常采用的方法。

7.2.2　时间序列预测技术

时间序列又称时间数列，是指贯彻或记录到的一组按时间顺序排列的数据，如某段时间内某种物资市场可供资源量按时间顺序的统计数据；某企业的采购成本的历史统计资料等，由于事物的时间序列展示了事物在一定的时期内的发展变化过程，因而可以对事物的时间序列分析入手，寻找出事物的变化特征及变化趋势，并通过选择适当的模型形式和模型参数建立预测模型，运用惯性原理进行趋势外推预测，这种方法比较适应于市场预测。经常使用的时间序列预测方法有平均数预测法、移动平均预测法、指数平滑预测法和季节指数预测法等。由于平均数预测法是用算术平均数或加权平均数的数值为预测值，方法简单并且它只能用一个或一条水平线表示事物的发展变化，而不能反映事物的整体变化规律，因此就不做具体介绍了。下面首先要讲的方法是移动平均预测法。

1．移动平均预测法

移动平均预测法其中的"平均"是取预测对象的时间序列中最近一组实际值在（或历史数据）的算术平均值，其中的"移动"是指参与平均的实际值随预测期的推进而不断更新，并且每一个新的实际值参与到"平均"值时，都要剔除掉已参与"平均"值中的最陈旧的一个实际值，以保证每次参与"平均"的实际值都有相同的个数，按照上述办法可以简单地推导出移动平均法的计算公式。

例 7-2　某物资企业统计了某年度1月至11月的钢材实际销售量，统计结果见表7-2，请用移动平均预测法预测其12月的钢材销售量。

表 7-2　钢材销售量统计与预测

月　份	实际销售量（吨）	移动平均数 $M_t^{(1)}$		月　份	实际销售量（吨）	移动平均数 $M_t^{(1)}$	
		$n=3(t)$	$n=6(t)$			$n=3(t)$	$n=6(t)$
1	22 400			7	25 700	22 533	22 417
2	21 900			8	23 400	23 967	22 967
3	22 600			9	23 800	24 067	23 216
4	21 400	22 300		10	25 200	24 300	23 416
5	23 100	21 967		11	25 400	24 133	24 049
6	23 100	22 367		12		24 800	24 433

取 $n=3$ 及 $n=6$，对12个月的钢材销售量进行预测并将预测结果填入表中。

通过计算可知，当 $n=3$ 时，用移动平均法预测的12月钢材销售量为24 800吨，当 $n=6$ 时用移动平均法预测的12月销售量为24 433万元。

由表中所列的结果看来，由移动平均计算后所得到的新数列，其数据起伏波动的范围变小了，异常大和异常小的数据值被修匀了，从而异常数据对移动平均值的影响不大。因此移动平均预测有较好的抗干扰能力，可以在一定程度上描述时间序列变化的趋势。

移动平均预测法对时间序列中数据变化的反映速度及对干扰的修匀能力，取决于 n 的值。随着 n 的减小，移动平均对时间序列数据变化的反映敏感性增加，但修匀能力下降；而 n 增大，移动平均对时间序列数据变化的反映敏感性减小，但对时间序列的修匀能力却上升。所以移动平均法的修匀能力与时间序列数据变化的敏感性是矛盾的，两者不可兼得，因此在确定 n 的时候，一定要根据时间序列的特点来确定。

一般的选择原则是：①要由所需处理的时间序列的数据点的多少而定，数据点多，n 可以取得大一些；②要由已有的时间序列的趋势而定，趋势平稳并基本保持水平状态的，n 可以取得大一些；趋势平稳并保持阶梯性或周期性增长的，n 应该取得小一些，趋势不稳并有脉冲式增减的，n 应取得大一些。

一次移动平均预测法，使用起来比较简单，但是由于受加入平均值之中的前面月份销售量的影响，预测结果会出现滞后偏差，这时如果近期内情况变化发展较快，利用一次移动平均预测就不太适宜。这是由于一次移动平均对分段内部的各数据同等对待，而没有特别强调近期数据对预测值的影响。

为了解决一次移动平均预测法的滞后偏差问题，可以采取二次移动平均方法。

二次移动平均预测法是在求得一次移动平均数的基础上，对有线性趋势的时间序列所作的预测。在以一次移动平均数组成的序列为一个新的时间序列的基础上，再一次进行移动平均，其预测公式为

$$M_t^{(2)} = M_t - 1(1) + M_t - 2(1) + \cdots + M_t - n(1)/n$$

在此基础上，对有线形趋势的时间序列做出预测，其预测公式为

$$y_{t+T} = a_t + b_t T$$

式中，$a_t = 2M_t^{(1)} - M_t^{(2)}, b_t = 2(M_t^{(1)} - M_t^{(2)})/(n-1)$。

上述推导得到的公式，能较好地解决滞后偏差问题，又由于该方法计算上较为便利，因此得到了广泛的运用。

例 7-3 对例 2 的问题用二次移动平均预测法进行预测。

解： 先计算表 7-2 的所给时间序列的一次移动平均值及二次移动平均值并填入表 7-3，其中 $n = 3$。

表 7-3　钢材销售量移动平均值

月　份	实际销售额（万元）	一次移动平均值 $M_t^{(1)}$ $n=3$	二次移动平均值 $M_t^{(2)}$ $n=3$
1	22 400		
2	21 900		
3	22 600		
4	21 400	22 300	
5	23 100	21 967	
6	23 100	22 367	
7	25 700	22 533	22 211
8	23 400	23 967	22 289
9	23 800	24 067	22 956
10	25 200	24 300	23 522
11	25 400	24 133	24 111
12		24 800	24 167

再计算二次平均预测法中参数的取值，有

$$a_t = 2M_t^{(1)} - M_t^{(2)} = 2 \times 24\ 800 - 24\ 167 = 25\ 433$$

$$b_t = 2(M_t^{(1)} - M_t^{(2)})/(n-1) = 2 \times (24\ 800 - 24\ 167)/(3-1) = 633$$

由此得到预测模型

$$y_{11+T} = 25\ 433 + 633T$$

则 12 月的销售额预测值为

$$y_{11+1} = 25\ 433 + 633 = 26\ 066 \quad （吨）$$

在预测中，移动平均预测法适用于对时间序列数据资料进行分析处理，以突出市场及各因素的发展方向和趋势。在市场较稳定，外界环境变化较少的情况下，是一种较有效的预测方法，尤其是其短期预测效果更佳。但在预测计算过程中，需要较多的历史数据，并且计算量较大，因此预测起来不太方便，所以人们又通过对移动平均预测法的研究，发展研制出一种只需要较少历史数据的改进方法，这就是指数平滑法。

2. 指数平滑预测法

指数平滑预测法，是在加权移动平均预测法的基础上发展起来的一种预测方法。它是指利用时间序列中本期的实际值与本期的预测值加权平均作为下一期的预测值，其基本公式为

$$Y_{t+1} = aX_t + (1+a)Y_t$$

式中 Y_{t+1} 是对 $t+1$ 时刻的预测值，α 为平滑系数，X_t 是在 t 时刻的实际值。

例 7-4　某汽车运输公司今年前 8 个月的配车次数如表 7-4 中第 2 列，分别用指数平滑系数为 0.3 和 0.7 两种情况预测 9 月份的配车次数。

表 7-4　指数平滑方法预测表

时间 t	实际值 X_t	预测值 Y_{t+1}	
	配送车次 $X_t(a=1)$	指数平滑预测（$\alpha = 0.3$）	指数平滑预测（$\alpha = 0.7$）
1 月	10	10.00	10.00
2 月	12	10.00	10.00
3 月	11	10.60	11.40
4 月	10	10.72	11.12
5 月	8	10.50	10.34
6 月	9	9.75	8.70
7 月	10	9.53	8.91
8 月	12	9.67	9.67
9 月		10.37	11.30

根据指数平滑公式，容易求出第 3 列和第 4 列数值。

指数平滑预测中的 α 称为平滑系数，其值为 $0 \leqslant \alpha \leqslant 1$，取值大小体现了不同时期数据在预测中所起的作用，$\alpha$ 值越大，对近期数据影响越大，模型灵敏度越高；α 值越小，则对近期数据影响越小，消除了随机波动性，只反映长期的大致发展趋势。如 $\alpha = 1$，说明下一期的预测值等于上一期的实际值；如 $\alpha = 0$，下一期的预测值就等于上一期的预测值。例如本题我们将采用不同 α 值的预测结果绘制到一张图中（见图 7-3），可以看出，α 值越小，平滑效果越好，但预测精度越小。如何掌握 α 值，是用好指数平滑模型的一个重要技巧，一般采用多方案比较方法，从中选出最能反映实际值变化规律的 α 值。

无论移动平均预测法还是指数平滑预测法，都是通过取数据的加权求和，以便与"平滑掉"

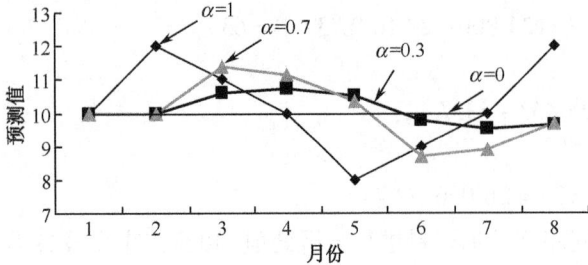

图 7-3　不同 α 值的预测值

短期的不规则性的过程相适应。平滑的数据反映了有关长期市场趋势的信息和经济周期的信息。因此在物流系统预测中是极其有用的一种方法，特别是由于这二类预测法所用的数据量，就总体而言并不很多，对任何时间序列都有较好的适用性，因而被广泛应用于物流市场资源量、采购量、需求量、销售量及价格的预测中。

7.2.3　回归分析预测技术

世界上各种事物之间或每个事物的各个方面之间总处于两种状态，即有关和无关，如果把各种事物或每个事物的各个方面用最能反映其本质特征的变量来表示，那么这些变量之间也只能存在两种状态：有关和无关。比如，物资的需求与价格，物资的采购量与需求量，物资的采购成本与销售利润等，如果变量间有关系，那么这种关系通常又可以用变量间的确定性或非确定性两种形式表现出来。

变量间的确定性关系又称为变量间的函数关系，是指一个变量可以被一个或若干个其他变量按一定规律唯一确定的关系，或者说如果一些变量之间的关系能用确定的数学公式表示，就称这些变量间有确定性关系。比如说采购物资的总额与采购该物资时的单价及数量之间就是确定性关系，再比如某企业年采购物资总数量与该年度企业每月应采购物资总量间也是确定性关系。但在市场采购活动中，各种影响采购因素间的关系极为复杂，并且时常还受一些偶然因素的影响。因此，有关采购的变量之间存在完全确定的函数关系的情况是极为少见的，大部分是在变量之间存在着某种相互联系、相互制约的关系，而这种关系又有某些不确定性，故称这些变量间存在着非确定性关系。在物资采购之中，例如物资的需求量与物资价格之间的关系就是非确定性的相关关系。一般而言，物资价格下降，需求量肯定上升，但我们却不能用确切的函数关系式表示每减少一个单位的价格肯定能增加多少的需求量，而只能用统计的方法表示出对某种物资每降低一个单位的价格，大约能增加多少需求量。再如物资的采购成本与销售利润之间也同样存在着非确定性的相关关系。

变量间非确定性的相关关系不能用精确的函数关系式唯一地表达，但在统计学意义上，它们之间的相关关系可以通过统计的方法给出某种函数表达方式，这种用来描述变量间相关关系的方法就是回归分析方法。而回归分析预测法是通过大量收集统计数据，在分析变量间非确定性关系的基础上，找出变量间的统计规律性，并用数学方法把变量间的规律较好地表现出来，以便进行必要的预测。

1.　一元线性回归预测法

变量间最简单的非确定性相关关系，就是线性相关关系。因此，对回归分析预测方法的介绍，也就从最简单的关于两个变量间线性相关关系的一元线性回归预测法开始。

要研究两个变量 x、y 之间的关系，首先应收集两个变量 n 次独立观测值，然后利用散点图观察这两个变量间是否存在线性相关的关系。如果这两个变量 x 与 y 线性相关，那么在散点图上肯定有一条直线 L 可以用来描述或表示这两个变量间的关系，在得知了这条直线的方程后，就能够对这两个变量的发展变化过程进行预测了。

因此，在回归分析预测法中，求得变量的关系方程，是进行预测的关键，最常用的求回归直线方程的方法是最小二乘法。

设变量 x 与变量 y 之间有相关关系，且当 x 确定之后，y 有某种不确定性，如果在散点图上可以看出 x 与 y 之间有线性相关关系，其相关方程为

$$y = a + bx$$

式中，a 和 b 是回归系数，$b = \dfrac{\sum x_i y_i - m\overline{xy}}{\sum x_i^2 - n\overline{x}^2}, a = \overline{y} - b\overline{x}, \overline{x} = \dfrac{1}{n}\sum x_i, \overline{y} = \dfrac{1}{n}\sum y_i$。

例 7-5　某汽车运输公司为了预测 2008 年派车的次数，统计并收集了最近 5 年的派车次数和年货运周转量（见表 7-5），2008 年计划货运周转量为 34 000 万吨·千米，据此估计 2008 年要派车多少次。

表 7-5　派车次数于货运周转量统计表

序　　号	年　份 t	派车次数 x（万辆）	周转量 y（万吨·千米）
1	2003	13.98	19 180
2	2004	13.52	19 937
3	2005	12.54	21 719
4	2006	14.91	30 262
5	2007	18.60	30 399
6	2008	?	34 000

由表 7-5 可以看出，年货运周转量 y 随年派车次数 x 的增加而增加，因而得到第一个结论是：变量 y 与变量 x 之间有相关关系，为了进一步明确是什么样的相关关系，将每年的一对 x_i 与 y_i 数据标在坐标平面上，描出散点图，如图 7-4 所示。

图中可以看出，派车次数 x 与周转量 y 的关系，能够近似地用一条直线 L 表示，这条直线称之为拟合线，也即回归线，这样又得到第二个结论：派车的次数 x 与周转量 y 之间存在着线性关系。如果能求出这条直线的方程，那么就可以参照这一方程来预测 2008 年的派车次数了。

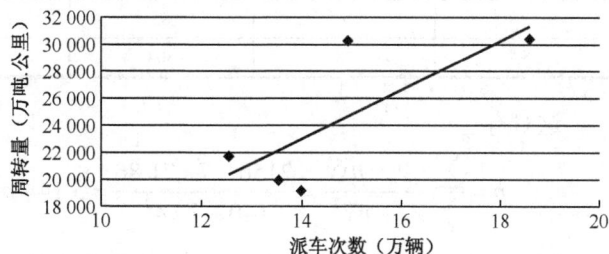

图 7-4　派车次数与周转量的散点图

利用公式计算回归系数：

$$b = \frac{\sum x_i y_i - n\overline{xy}}{\sum x_i^2 - n\overline{x}^2} = 1807.05, \quad \overline{y} - b\overline{x} = -2282.27$$

则年周转量 y 与年派车次数的函数关系为 $y = -2\,282.27 + 1\,807.05x$，将 2006 年预计年周转量 34 000 万吨·千米，代入求解得到 2008 年预计派车次数为 20.08 万辆。

例 7-6　某企业为了制定企业的采购计划，对企业的历年采购总值进行一番统计，其结果见表 7-6。经散点图分析知该企业的年采购总值与时间之间有线性相关关系，试求出其线性相关方程并预计 2008 年该企业的采购总值。

表7-6　企业历年采购总值统计表

时间(t)	2001 年	2002 年	2003 年	2004 年	2005 年	2006 年	2007 年
采购总值（y）	50	65	67	78	80	78	85

解　由于采购总值与时间线性相关，所以可用最小二乘法求得其相关方程。

为计算方便，先将时间因素做简化处理。处理方法如表 7-7 所示。以 2001 年为第一年，直到 2007 年为第七年。在此基础上，将表 7-6 中的数据做适当处理，其结果见表 7-7。

表7-7　时间因素简化处理表

时间(t)	2001 年	2002 年	2003 年	2004 年	2005 年	2006 年	2007 年
简化处理值（x）	1	2	3	4	5	6	7

因为 $n = 7$，所以有

$$\overline{x} = \frac{1}{n}\sum x_i = \frac{1}{7} \times 28 = 4, \quad \overline{y} = \frac{1}{n}\sum y_i = \frac{1}{7} \times 503 = 71.86$$

表7-8　一元线性回归分析计算表

序号	时间（x_i）	采购额（y_i）	x_i^2	y_i^2	$x_i y_i$
1	1	50	1	2 500	50
2	2	65	4	4 225	130
3	3	67	9	4 489	201
4	4	78	16	6 084	312
5	5	80	25	6 400	400
6	6	78	36	6 084	468
7	7	85	49	7 225	595
$\sum$	28	503	140	37 007	2 156

这时有

$$b = \frac{\sum x_i y_i - n\overline{x}\,\overline{y}}{\sum x_i^2 - n\overline{x}^2} = \frac{2156 - 7 \times 71.86}{140 - 7 \times 4^2} = 5.14, \quad a = \overline{y} - b\overline{x} = 71.86 - 5.14 \times 4 = 51.3$$

因此，企业的年采购额与时间之间的相关方程为

$$y = 51.3 + 5.14x$$

预计在 2008 年，企业的采购总值为

$$y = 51.3 + 5.14 \times 8 = 92.42 （万元）$$

通过以上例题可以看到，在求解过程中，应根据两个变量 x 与 y 现有的统计资料作散点图，在初步结论认为两者间存有线性相关关系的基础上，对统计数据进行处理以得到计算参数 a，b 所用的数据。最后用最小二乘法计算参数 a 和 b，以求得回归直线方程。在本例题中，为了简化计算，还对时间变量进行了简化处理，这在回归分析中是允许的，另一种时间变量的简化处理方法（仍以例 5 为例）如表 7-9 所示。

表 7-9   时间因素简化处理表

时间(t)	2001 年	2002 年	2003 年	2004 年	2005 年	2006 年	2007 年
简化处理值（x）	-3	-2	-1	0	1	2	3

但须注意只有在时间个数为奇数时才能用这个方法。

从求回归方程参数的公式来看，对任意一组数据$(x_1, y_1), (x_2, y_2), \cdots, (x_n, y_n)$都可以用来计算参数 a、b，因而也都能建立起一个回归方程，并可以进行进一步的预测。如果所收集的这组数据中涉及的变量间属于线性相关的关系，则所建立的回归方程及以此为基础所进行的所有分析都是可行的；如果涉及的变量间不是线性相关的关系，则所建立的回归方程及以此为基础所进行的所有分析都是完全错误的，因此所进行的预测也是不科学的。所以在求出线性回归方程后，还应确定两个变量间是否有线性相关关系以及两变量间线性相关的程度，这就是相关性检验问题。

2. 相关性检验

研究两个变量x与y之间是否存在线性相关关系，通常的办法是将独立的n对观测数据$(x_1, y_1), (x_2, y_2), \cdots, (x_n, y_n)$在坐标上画出散点图，由直观观察进行判断，前面的例题都是这样做的。但这是两个变量的线性相关程度到底有多大，却不得而知。对于既能判断两个变量线性相关又能回答这两个变量的线性相关程度的方法，可以借助于数理统计分析手段。

对两个变量的线性相关性的检验可以通过数理统计中的 F 检验和 R 检验来进行，计算回归平方和和残差平方和所占的比重。F 检验即计算由线性因素引起的变量y的分散程度与由其他因素引起的变量y的分散程度哪个比较大一些；R 检验即计算由线性因素引起的变量y的分散程度与总的变量y的分散程度的比重有多大。对于这部分的内容，感兴趣的读者可参考数理统计方面的资料。

3. 多元线性回归预测分析

在物流系统中，不仅存在一个因素作用于一个变量的情况，而且多个因素同时作用于某一变量的情况也很常见。如果对前一种情况可以用一元回归分析方法进行有关的预测，那么对后一种情况就可以用多元回归分析方法进行有关的预测。多元线性回归分析方法是一元线性回归理论与技术在多变量线性关系系统中的重要延伸，也是预测中常使用的方法。

多元线性回归分析预测法是对自变量和因变量的n组统计数据$(x_{1i}, x_{2i}, \cdots, x_{ni}; y_i)$（$i = 1, 2, \cdots, n$）在明确因变量$y$与各个自变量间存在线性相关关系的基础上，给出适宜的线性回归方程，并据此做出关于因变量y的发展变化趋势的预测。因此，多元线性回归分析预测法的关键是找到适宜的回归方程。限于篇幅，这里不展开描述。

7.3   物流系统仿真

自从人类诞生以来，人们为了满足自身的基本需要，一直在同外部环境发生着联系，随着时间的流逝，人类所依赖的这种联系方式变得日趋复杂并多样化。人类在科学和工程技术上所做的研究就是努力理解真实世界并能掌握与真实世界发生联系的形式。随着科学和工程技术的发展，人们认识自然和改造自然的能力和手段也不断增强。回顾科学和工程技术的发展历史，在计算机出现之前，科学研究中的绝大部分工作是利用数学手段或其他方法对事物或真实世界进行描述，这也就是建模活动。计算机的出现对科学和工程技术的发展产生了深远的影响，它使人们能对复杂事物和复杂系统建立模型并利用计算机进行求解，这些手段和方法逐步形成了计算机仿真技术。建模与仿真已成为当今现代科学技术研究的主要内容，同时它也渗透到物流系统及物流工程的技术领域。

7.3.1　物流系统仿真概述

物流系统仿真是"借助计算机仿真技术，对物流系统建模并进行实验，得到各种动态活动及其过程的瞬间仿效记录，进而研究物流系统性能的方法"（见 GB/T18354—2006）。

现代仿真技术的发展是与控制工程、系统工程和计算机技术的发展密切相关的。控制工程是仿真技术较早应用的领域之一，控制工程技术的发展为现代仿真技术的形成和发展奠定了良好的基础；系统工程的发展进一步完善了系统建模与仿真的理论体系，同时使系统仿真广泛应用于非工程系统的研究和预测。

计算机仿真技术不论是在理论上还是在实践上都已经取得了丰硕的成果，积累了大量的系统仿真模型和行之有效的仿真算法。但仿真技术目前仍然存在一些缺陷，例如建模方法尚不完善，研究同一个系统的同一个问题可以建立出不相同的模型，而且有些社会经济系统中的问题尚无法建立准确的模型进行求解。同时，决策者必须通过建模者和仿真实验人员才能介入对系统的仿真分析中。随着建模与仿真的理论和方法的研究不断深入，以及作为其支撑技术之一的计算机技术的不断发展和进步，计算机仿真技术在应用过程中出现的问题将逐步得到解决。进入 21 世纪后，计算机技术的各个方面都取得了异乎寻常的进展。微处理器性能的增长使得利用微型计算机和工作站进行复杂系统的仿真分析成为可能，当然像中长期天气预报这样模型复杂、数据繁多、实时性要求高的问题的计算仍离不开巨型机。在软件设计中广泛采用了面向对象的思想和方法，再加上计算机图形技术的进步，仿真过程中的人机交互越来越方便直观。总之，计算机仿真技术正朝着一体化建模与仿真环境的方向稳步发展。

7.3.2　物流系统研究中系统仿真技术的应用

1. 物流系统规划与设计

在没有实际系统的情况下，把系统规划转换成仿真模型，通过运行模型，评价规划方案的优劣并修改方案，是系统仿真经常用到的一方面。这可以在系统建成之前，对不合理的设计和投资进行修正，避免了资金、人力和时间的浪费。例如，一个复杂的物流系统，由自动化立体仓库的性能要求，AGV 的速度、数量；确定缓冲站的个数；确定堆垛机的装卸能力（运行速度和数量），以及如何规划物流设备的布局；设计 AGV 的运送路线；等等。这里的生产能力、生产效率和系统投资常常都是设计的重要指标，而它们又是相互矛盾的，需要选择技术性和经济性的最佳结合点。系统仿真运行准确地反映了未来物流系统在有选择地改变各种参数时的运行效果，从而使规划者对规划与方案的实际效率更加胸有成竹。有人说，系统仿真把明天的工厂放到了今天，是不无道理的。

2. 物料控制

生产加工的各个工序，其加工节奏一般是不协调的。物料供应部门与生产加工部门的供求关系存在着矛盾。为确保物料及时准确的供应，最有效的办法是通过在工厂、车间设置物料仓库，在生产工序间设置缓冲物料库，来协调生产节奏。

通过对物料库存状态的仿真，可以动态地模拟入库、出库、库存的实际情况。根据加工需要，正确掌握入库、出库的时机和数量。

3. 物料运输调度

复杂的物流系统经常包含若干运输车辆、多种运输路线。合理地调度运输工具、规划运输路线、保障运输路线的通畅和高效等都不是一件轻而易举的事。运输调度策略存在着多种可能性。如何评价各种策略的合理性呢？怎样才能选择一种较优的调度策略呢？策略制定者如果只是说"假如……就会……，所以……"是不足以说服人的。因为，这种假设往往不止一个，要对所有的假设找到最好的解决方法。例如，在一条生产装配线上，几个装配工位同时提出物料申请，应该先为哪个工位服务呢？如果按装配顺序先给前面工序的工位服务，似乎是合理的。但是这样一来，如果造成运输路线的堵塞，使前面的工序送料延续时间太长，也可能是不合理的。

又例如，在调度运输车时，经常要考虑调度哪一辆最合理，是对每一个申请进行判断，选择最近的车辆，还是照顾到一个时间段可能出现的申请，以平均运输路线最短为目标调度呢？运输调度是物流运输系统最复杂，动态变化最大的，很难用解析法来描述运输的全过程。系统仿真是比较有效的方法。

建立运输系统模型，动态运行次模型，再用动画将运行状态、道路堵塞情况、物料供应情况等生动呈现出来。仿真结果还提供各种数据，包括车辆的运行时间、利用率等。

通过对运输调度过程的仿真，调度人员所执行的调度策略进行检验和评价，就可以采取比较合理的调度策略。

4. 物流成本估算

物流过程是非常复杂的动态过程。物流成本包括运输成本、库存成本、装卸成本。成本的核算与所花费的时间直接相关。物流系统仿真是对物流整个过程的模拟。进程中每一个操作的时间，通过仿真推进被记录下来。因此，人们可以通过仿真，统计物流时间的花费，进而计算物流的成本。这种计算物流成本的方法，比用其他数学方法计算更简便、更直观。而且，同时可以建立起成本与物流系统规划、成本与物料库存、成本与物流运输调度策略之间的联系。从而用成本核算结果（或用经济指标）来评价物流系统的各种策略与方案，保证系统的经济性。实际仿真中，物流成本的估算可以与物流系统其他统计性能同时得到。

系统仿真在物流系统中的应用，除以上 4 个主要方面外，还可以用来对物流系统进行可靠性分析等。

7.3.3　仿真软件在物流系统分析中的应用

目前市面上流行的各种物流仿真软件有通用仿真软件（General-purpose Simulation Software）和面向应用的仿真软件（Application-oriented Simulation Software）两类。从仿真软件发展之初，就有从通用软件向专用软件发展的趋势，强调软件使用的易用性。可以由应用针对性的过程语言编程提供子程序库，而最终过程语言又发展成为通用目的的仿真语言。随后，这些通用语言逐渐获得了界面和菜单系统的形式，使得实际的编程过程在界面和菜单系统中完成，而隐藏了编程过程。随着软件用户群的发展，仿真软件根据不同的行业应用进行界面裁剪，如面向制造行业，或者医疗与远程通信的服务业等。仿真软件的专业性越高，意味着越多的细节和专门的信息可以建立到模型中去。例如，仿真软件 COMNET 包括了特定传输电缆和协议的预定结构，仿真软件 MEDMODEL 则提供了医疗服务设施的典型实体的逻辑和动画图标。

功能界面化已经成为仿真软件的一个发展特征。很多仿真软件都具有将其建模功能集成在其界面中的特征，如基于 SLAM 的 AweSim 仿真软件，以及 Witness 仿真软件、Promodel 仿真软件、TaylorII 仿真软件和 AutoMod 仿真软件等，都将建模功能集成到界面中，强调各自的易用性和全面强大的功能。

在建模技术上，有些软件采用层次建模结构。例如 Arena 和 Slx 仿真软件就是具有层次建模结构的软件。其最底层的单元可以用来建立在模型中，或代表一般的单元组合（如在制造装置中，表示输入传送带、缓冲站、服务机，以及可能的检验站的组合），或者代表特定应用领域中的特定模块（如一个加工单元及其动作）。这样的层次结构为应用导向的仿真器带来了优势，较低层次的模型允许其与通用仿真语言相关联。有些软件则同时具有两种方式，通过层次设计，在顶层允许用户与程序互动，似乎专门为其专业应用所做，同时又提供了从最基本的层面使用语言的机制，为软件开发提供了全面的灵活性。

与其他计算机软件一样，物流仿真软件越来越多地与其他应用软件共享信息。许多软件能够从不同类型的电子表格和数据库格式接受数据，并同时向它们输出数据。绝大多数产品都提供程序设计语言（如 C、VB 等语言），可以与仿真代码连接，以获取特定的信息资源或者进行专门的计算，如仿真系统内的调度和决策支持计算等。

物流仿真软件包的集成度越来越高。通过软件商提供的附加软件，在能力规划、排程调度、输入建模和运行控制等方面的功能越来越全面。对于那些没有包括输入建模的软件，用户往往通过其他的工具来对观测数据进行拟合，从而生成输入数据模型。这种分析工具如 ExpertFit 和 StatFit 等，都可以进行观测数据拟合，提供多种分布，并且还提供了与部分仿真软件的接口。

目前已经发布的仿真软件有几十种，根据 James J.Swain 的广泛调查，在台式电脑上运行的离散事件仿真软件产品就有四五十种。这些软件有不同的应用目的和应用背景，各有侧重。软件商与他们的用户通过产品邮件、定期的产品时事通信和年会保持联系和沟通，进一步促进了仿真软件的不断发展。

目前几个应用较多的大型物流仿真套件有英国 Lanner 公司推出的 Witness，美国 Brooks Automation 公司开发的 AutoMod，美国 System Modeling 公司开发的 Arena 和美国 Imagine That 公司开发的通用仿真平台 Extend，美国 3i 公司设计开发的 SIMAnimation，美国 Flexsim Software Products 公司开发的 Flexsim，日本 AIS 公司开发的 RaLC 等。在仿真领域，交通运输仿真又往往有专门的仿真软件，如美国 TransCAD 公司开发的专门用于交通的物流系统仿真软件 TransCAD，以及世界各科研单位或机构自行开发的仿真软件等。

仿真软件中的 AutoMod、Flexsim、Promodel、Extend、Arena、RaLC、ProcessWizard、MatLab 等工具是物流系统分析中常用的仿真软件。有兴趣的读者可以对这些软件进行初步的学习，了解其基本功能和应用。图 7-5 是对自动化立体出库系统的仿真画面，图 7-6 是 Flexsim 物流仿真软件的对象库。

图 7-5　仿真画面输出

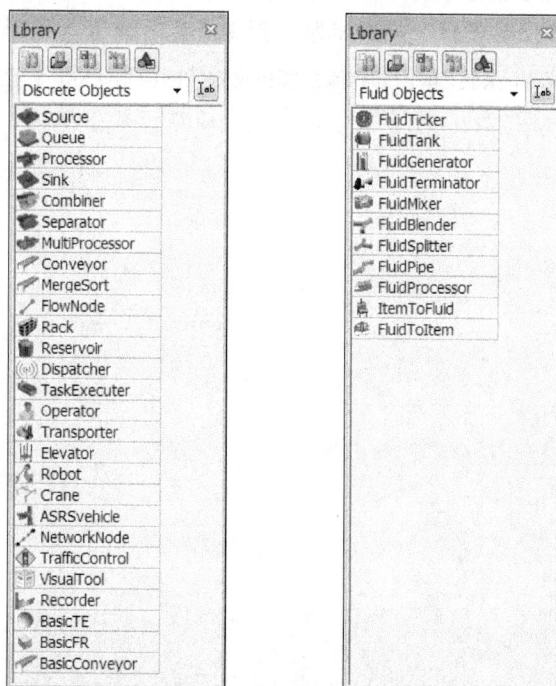

图 7-6　Flexsim 物流仿真软件的对象库

这上述软件可谓各有特点，各有所长。人们通常选择三维实体效果比较好的软件进行物料搬运和物流机械的仿真分析，选择适合做系统分析和流程分析的软件进行供应链网络的系统分析，而选择能嵌入优化算法的扩展功能较好的软件来进行复杂物流系统的调度问题的研究。

未来的仿真软件将在以下几个方面得到进一步的发展：

（1）采用新的建模仿真方法学、人工智能等新技术改善建模仿真功能；

（2）增强对建模仿真全生命周期活动的支持功能；

（3）基于标准及基于软总线的开放的体系结构；

（4）注重面向专业领域、面向用户，扩大应用领域；

（5）支持复杂系统虚拟样机的开发；

（6）开发及完善支持分布仿真工程的支撑框架。

日本京都村田 AutoMod 仿真软件的应用

日本京都村田机械株式会社，是全球第五大物流公司之一，上海村研控制工程有限公司是日本村田在上海的子公司，作为 AutoMod 在中国的代理之一，也为客户提供物流及工厂自动化流水线设计的建模和三维仿真评价。

AutoMod 各系统在仓储系统中的仿真应用如下。Conveyor 输送机模块（包括辊道、链式的，如一般的输送带、起重机和旋转输送带），Pathmover 叉车、无人搬运车、作业人员、拖拉机、区间车，Kinemayics 机械手臂和设备机台，AS/RS 自动化仓储系统，Bridge Crane 起重行车，以上 5 个模块的建模和仿真；MCM 模块连接 OPC 系统、连接多个 AutoMod 模型并与仓库管理系统通道；AutoStax 数据分析统计模块，可以用来进行仿真试验设计。

仿真后可以进行以下的应用分析，如生产力分析，资源利用率、大规模全场分析、场内细部分析、建厂初期分析、改建现有设施、统计分析、界定信赖区间、图像表达、统计图像、统计报告、实验设计、验证控制逻辑、辨别瓶颈、判断产能、教育训练等。

资料来源：黄银娣，卞荣花，张骏，国内外物流系统仿真软件的应用研究，工业工程与管理，2010，（03），

经作者整理

第 8 章

供应链管理

供应链管理是近年来在国内逐渐受到重视的一种新的管理理念与模式。随着全球经济一体化和知识经济时代的到来，以及全球制造的出现，供应链在制造业中得到了普遍应用。在新的经济条件下，产品的生命周期越来越短，产品的种类和数量越来越多，客户对服务的要求也越来越高，如何满足客户的需求，提升市场占有率，降低成本以获得良好的经营利润是摆在企业家面前的重要难题，而供应链管理的发展和应用，就是从物流的全过程角度，统一考虑物流各环节之间的连贯、协调等问题，通过改造和集成业务流程，与供应商以及客户建立协同的业务伙伴关系，从而大大提高了企业的竞争力，使企业在复杂的环境中立于不败之地。

本章主要介绍了供应链的概念及特征、供应链的分类、供应链的结构模型、供应链管理的相关概念和基本内容。

8.1 供应链的概念及其特征

8.1.1 供应链的概念

供应链一词源于英文的 Supply Chain，也有人称其为"供给连锁"。那么，供应链的真实含义是什么？以到附近的酒类专卖店去购买啤酒为例。购买啤酒可以去附近的酒类专卖店，也可以去超市、便利店、折扣店等处购买。陈列于零售店的啤酒，在消费者取到手之前是经过怎样的途径到商店的？啤酒制造商生产啤酒，首先要采购大麦、啤酒花等原材料，并进行酿造。酿造造出来的啤酒为了保持鲜度，需要通过各种流通渠道，快速地运送到零售商店。小规模的酒类专卖店通过批发商进货，大型连锁零售商则不通过批发商，直接从制造商进货。这样，一般而言，某一商品生产地到达消费者手中，有如下的厂商及相关人员依次参与：供货商、制造商、批发商、零售商、消费者。这样，我们将这些与供货密切相关的不相关企业和人员的衔接称为供应链。从另一个角度出发，供应链也具有其他称谓。例如，从商品的价值是在业务连锁中渐渐增值的角度看，可称为"价值链"（Value Chain）；另外，从满足消费者需求的业务连锁角度看，亦可称之为"需求链"（Demand Chain）。

早期的观点认为供应链是生产企业中的一个内部过程，它是指把从企业外部采购的原材料和零部件，通过生产转换和销售等活动，再传递到零售商和用户的一个过程。传统的供应链概念局限于企业内部操作层次上，注重企业自身资源的利用，并没有注意与之相关的企业。

随着供应链观念的发展，有些学者把供应链的概念与采购、供应管理相关联，用来表示与供应商之间的关系，这种观点得到了研究合作关系、JIT 关系、精细供应、供应商行为评估和用户满意度等问题的学者的重视。但这样一种关系也仅仅局限在企业与供应商之间，而且供应链中的各企业独立运作，忽略了与外部供应链其他成员企业的联系，往往造成企业间目标冲突。

后来供应链的概念注意了与其他企业的联系和供应链的外部环境，认为它是一个"通过链中不同企业的制造、组装、分销、零售等过程将原材料转换成产成品，再到最终用户的转换过程"，这是更大范围、更为系统的概念。例如，美国的史迪文斯（Stevens）认为："通过增值过程和分销渠道控制从供应商的供应商到用户的用户的流就是供应链，它开始于供应的源头，结束于消费的终点"。伊文斯（Evens）认为"供应链管理是通过前馈的信息流的反馈的物料流及信息流，将供应商、制造商、分销商、零售商、直到最终用户连成一个整体的模式"。这些定义都体现了供应链的完整性，考虑了供应链中所有成员操作的一致性（链中成员的关系）。

到了最近，供应链的概念更加注重围绕核心企业的网链关系，如核心企业与供应商、供应商的供应商乃至与一切上游企业的关系，与用户、用户的用户及一切下游企业的关系。此时对供应链的认识形成了一个网链的概念。哈理森（Harrison）进而将供应链定义为："供应链是执行采购原材料、将它们转换为中间产品和成品，并且将成品销售到用户的功能网链"。这些概念都同时强调供应链的战略伙伴关系问题。菲利浦（Phillip）和温德尔（Wendell）认为供应链中战略伙伴关系是很重要的，通过建立战略伙伴关系，可以与重要的供应商和用户更有效地开展工作。

在《中华人民共和国国家标准·物流术语》中，供应链的定义是"供应链（Supply Chain）是生产及流通过程中，涉及将产品或服务提供给最终用户活动的上游与下游企业，所形成的网链结构。"（见 GB/T18354—2006）。我们对这个术语可以这样来理解，即供应链是围绕核心企业，通过对信息流、物流、资金流的控制，从采购原材料开始，制成中间产品以及最终产品，最后由销售网络把产品送到消费者手中的将供应商、制造商、分销商、零售商、直到最终用户连成一个整体的功能网链结构模式。这个定义具有以下特点：①它是一个范围更广的企业结构模式，它包含所有加盟的节点企业，从原材料的供应开始，经过链中不同企业的制造加工、组装、分销等过程直到最终用户；②它不仅是一条连接供应商到用户的物料链、信息链、资金链，而且是一条增值链，物料在供应链上因加工、包装、运输等过程而增加其价值，给企业带来收益；③在这个网络中，每个贸易伙伴既是其客户的供应商，又是其供应商的客户，它们既向上游的贸易伙伴订购产品，又为下游的贸易伙伴供应产品。

8.1.2　供应链的特征

供应链的特点在于网链结构、由顾客需求拉动；高度一体化的提供产品和服务的增值过程；每个节点代表一个经济实体以及供需的两个方面；具有物流、信息流和资金流等多种表现形态。

需求拉动的是供应流而不是需求本身，拉动不等于推动；供应链由供应商组成，供应商是产品或服务的供应商，如原材料供应商，产品供应商，物流供应商（如第三方、第四方或者第五方物流供应商），信息供应商（如网站、媒体、信息发布机构等），资金供应商（像银行、金融机构等）。

各自用户处在供应链不同的位置，供应商对各自不同位置的用户来说提供的是产品或服务，对终端需求（最终用户）来说，不同位置的供应商提供的是半成品或中间服务。

供应链的特征还表现在其是增值的（Value Added）和有利可图的（Profitable），否则就没有存在的必要。所有的生产运营系统都是将一些资源进行转换和组合，增加适当的价值，然后把产品"分送"到那些在产品的各递送阶段可能考虑到也可能被忽视的顾客手中。制造业的增值包括物理形式的转变，生产有形产品；物流系统对产品、服务和/或顾客进行重新分布。在分送过程中可以通过重新包装或重新分割尺寸而产生价值，也可通过在商店集中展示汇集在一起的多品种的产品而增加价值；信息供应商组织并独立提供适合顾客使用的数据；教育和培训组织利用基础知识信息，在学习知识过程中修正和影响顾客的思维和选择过程；娱乐机构有上面各种组织的因素，但通常人们认为它的增值更难以捉摸，其目标是提供具有智力和心理方面挑战的服务；医疗服务中，通过饮食、药物以及治疗可以增加顾客的心理和生理方面的价值。在增加正面的价值同时，由于减小了浪费和挽回了损失，也就减小了负面的价值；金融服务的一些内容是提供服务来管理、控制、改善顾客的财政情况。但同时他们也使人们相信未来可能发生通货膨胀的影响将会减小。在某种程度上讲，所有的增值过程都是通过供应商的重视和关心，提供相似的顾客满意感。更深层的意义是，供应商在某种程度上提供的是产品或服务适合消费者需求的一种"保证"。所有这些内容，都可以通过提供与产品和服务相关的一系列信息得到支持和加强。

供应链作为习惯称呼，是从上下游关系来理解从供应商的供应商到用户的用户的关系。但事实上供应链不可能是单一链状结构，而是交错链状的网络结构（Supply Network）。在供应链竞争中，企业的竞争模式是这样的：企业处于相互依赖的网络中心，这个网络中的参与者通过优势互补结成联盟，供应链之间的竞争是通过这种网络进行竞争的。因此，为了在供应链竞争中处于领导地位，必须在内部整合的基础上，集中于供应链的网络管理。供应链时代的网络竞争建立在高水平、紧密的战略发展规划，这就要求供应链中各合作者必须共同讨论网络的战略目标和实现战略目标的方法及手段，在相互合作中，共同提高绩效以获得双赢。这里的双赢不是指参与的双方各取盈利的 50%，而是指所有的合作者都从合作中受益。

此外，供应链还主要具有以下特征。

1. 复杂性

因为供应链节点企业的组成跨度（层次）不同，供应链往往由多个、多类型的企业构成，它们之间的关系错综复杂，关联往来和交易多。所以供应链结构模式比一般单个企业的结构模式更为复杂。

2. 动态性

供应链管理因企业战略要适应市场需求变化的需要，其中的节点企业需要动态的更新和调整，这就使得供应链具有明显的动态性。

3. 面向用户需求

供应链的形成、存在、重构，都是基于一定的市场需求而发生的，并且在供应链的运作过程中，用户的需求是供应链中信息流、产品、服务流、资金流运作的驱动源。

4. 交叉性

节点企业可以是这个供应链的成员，同时也可以是另外一个供应链的成员，大多的供应链形成交叉结构，增加了协调管理的难度。

5. 创新性

供应链夸大了原有的单个企业的物流渠道，充分考虑了供应链整个物流过程以及影响此过程的各个环节和因素。它向着物流、商流、信息流、资金流各个方向同时发展形成了一套相对独立而完整的体系，因而具有创新性。

6. 风险性

供应链的需求匹配是一个持续性的难题，供应链上的消费需求和生产供应，始终存在着时间差和空间分割。通常，在实现产品销售的数周和数月之前，制造商必须先期确定生产的款式和数量，这一决策直接影响到供应链系统的生产、仓储、配送等功能的容量设定，以及相关成本的构成。因此，供应链上供需匹配隐含着巨大的财务风险和供应风险。

供应链的发展阶段

1. 物流管理阶段

早期的观点认为供应链是指将采购的原材料和收到的零部件，通过生产转换和销售等活动传递到用户的一个过程。因此，供应链仅仅被视为企业内部的一个物流过程，它所涉及的主要是物料采购、库存、生产和分销诸部门的职能协调问题，最终目的是为了优化企业内部的业务流程，降低物流成本，从而提高经营效率。

2. 价值增值链阶段

进入 20 世纪 90 年代，人们对供应链的理解又发生了新的变化，由于需求环境的变化，原来被排斥在供应链之外的最终用户、消费者的地位得到了前所未有的重视，从而被纳入了供应链的范围。这样，供应链就不再只是一条生产链了，而是一个涵盖了整个产品运动过程的增值链。

3. 网链阶段

随着信息技术的发展和产业不确定性的增加，今天的企业间关系正在呈现日益明显的网络化趋势。与此同时，人们对供应链的认识也正在从线性的单链转向非线性的网链，供应链的概念更加注重围绕核心企业的网链关系，即核心企业与供应商、供应商的供应商的一切向前关系，与用户、用户的用户及一切向后的关系。供应链的概念已经不同于传统的销售链，它跨越了企业界限，从扩展企业的新思维出发，并从全局和整体的角度考虑产品经营的竞争力，使供应链从一种运作工具上升为一种管理方法体系，一种运营管理思维和模式。

资料来源：百度百科，词条：供应链，经作者整理

8.2 供应链的分类

8.2.1 根据链管理的研究对象划分

史蒂芬·纽（Stephen New）的研究工作的特殊贡献在于将供应链管理的研究对象分为企业供应链、产品供应链和基于供应链合作伙伴关系的供应链三种类型，这三种类型分别对应供应链管理的三种研究方法。

这里所说的供应链管理的研究对象是指供应链所涉及的企业及其产品、企业的活动、参与的成员和部门。随着对供应链管理问题日益引起关注，相关的研究也越来越多，由于考察角度不同，人们对其进行研究时侧重点也不尽相同。有些着眼于整个供应链，而另一些则注重其中的某些部分，某些企业之间或内部的问题。有些企业职能部门往往更注重该部门与其他企业部门的联系。例如，采购部门可能认为供应链管理就是管理供应商，因为最初供应链是由其供应功能决定的，供应链管理要求供应商能够以适当的形式、时间、地点、数量和效用提供客户或

企业所需要的产品和服务就行。另外一种考察角度是着眼于供应链管理所包括的职能部门的活动。一般得到公认的供应链管理中的职能主要有：信息系统的一体化、供应链的计划和控制活动，也有人认为：在市场研究、促销、销售和信息采集、研究与发展、产品设计和总体系统/价值分析等方面，供应链成员之间的合作也应包括在供应链管理范围内，比如一些率先实施供应链管理策略的企业，如 3M、惠普、施乐等公司，将产品开发、运作管理、生产管理、客户服务管理也包括在供应链管理策略中。

1. 企业供应链

企业供应链管理是就单个公司所提出的含有多个产品的供应链管理，该公司在整个供应链中处于主导者地位，不仅考虑与供应链上其他成员合作，也较多地关注企业多种产品在原料购买、生产、分销、运输等技术资源的优化配置问题，并且拥有主导权。如我们经常提到的生产企业主导的供应链（如海尔公司的供应链）、大型零售企业主导的供应链（如沃尔玛特公司的供应链）等。在这样的供应链中，必须明晰主导者的主导权，如果主导权模糊不清，不仅无助于供应链计划、供应链设计和供应链管理的实施，而且，也无法维系整个供应链建立起强有力的组织和有效的运作。这里主导权是能否成为统一整个供应链理念的关键要素。这里供应链的概念更加注重围绕核心企业的网链关系，如核心企业与供应商、供应商的供应商乃至一切前向的关系，与用户、用户的用户乃至一切向后的关系。这里的单个公司通常指供应链中的核心企业（Focal Company），它是对整个供应链起关键影响作用的企业。从核心企业来看，供应链既包括其上游的供应商及其下游的分拔渠道。又包括对信息系统、采购、生产调度、订单处理、库存管理、仓储管理、客户服务、包装物及废料的回收处理等一系列的管理活动。供应商网络包括所有为核心企业直接或间接提供投入的企业。

2. 产品供应链

产品供应链是与某一特定产品或项目相关的供应链，如某种品牌饮料的供应链，又如，一个生产汽车公司的供应商网络包括上千家企业，为其供应从钢材、塑料等原材料到变速器、刹车等复杂装配件等多样的产品。基于产品供应链的供应链管理是对由特定产品的顾客需求所拉动的整个产品供应链运作的全过程的系统管理。采用信息技术是提高产品供应链的运作绩效、新产品开发以及完善产品质量的有效手段之一。在产品供应链上，系统的广告效应和行业的发展会引起对该产品的需求。而仅仅在物流运输、分销领域进行供应链管理的改进是收效甚微的。比如，衬衣制造商是供应链的一部分，它的上游是化纤厂和织布厂，下游是分销商和零售商，最后到最终消费者。按定义，这条供应链的所有企业都是相互依存的，但实际上它们却彼此并没有太多的协作，故要关注的是围绕衬衣所连接的供应链链节及其管理。

3. 基于供应链合作伙伴关系（供应链契约）的供应链

供应链合作伙伴关系主要是针对这些职能成员间的合作进行管理。供应链管理是对内供应商、制造商、分销商、顾客等组成的网络中的物流、信息流、资金流（成本流）进行管理的过程。供应链的成员可以定义为广义的买方和卖方，只有当买卖双方组成的节点间产生正常的交易时，才发生物流、信息流、资金流（成本流）的流动和交换。表达这种流动和交换的方式之一就是契约关系，供应链上的成员通过建立契约关系来协调买方和卖方的利益。另一种形式是供应链合作伙伴关系建立在与竞争对手结成的战略合作基础上的供应链。

以上三种供应链管理对象的区分意义是彼此相关的，在一些方面是相互重叠的，然而这对于考察供应链和研究不同的供应链管理方法是有帮助的。

8.2.2 根据结构划分

供应链以网状结构划分有发散型的供应链网（V形供应链）、会聚型的供应链网（A形供应链）和介于上述两种模式之间的供应链网（T形供应链）之分。

1. V形供应链

V形供应链是供应链网状结构中最基础的结构。物料是以大批量的方式存在，经过企业加工转换为中间产品，如石油、化工、造纸和纺织企业，提供给其他企业作为它们的原材料。生产中间产品的企业往往客户要多于供应商，呈发散状。这类供应链在产品生产过程中每个阶段都有控制问题。在这些发散网络上，企业生产大量的多品种产品使其业务非常复杂。为了保证满足客户服务需求，需要库存作为缓冲，这种缓冲是用来确保工厂满足不确定需求和确保工厂有能力生产而设定的，这样会占用大量的资金。由订单和物料驱动的控制系统不能应用在这样的工厂，这种供应链常常出现在本地业务而不是为了全球战略。对这些V形结构的成功计划和调度主要依赖于对关键性的内部能力瓶颈的合理安排，它需要供应链成员制定统一详细的高层计划。

2. A形供应链

当核心企业为供应链网络上最终用户服务时，它的业务本质上是由订单和客户驱动的。在制造、组装和总装时，他们遇到一个与V形结构供应链相反的问题，即为了满足相对少数的客户需求和客户订单时，需要从大量的供应商手中采购大量的物料。这是一种典型的会聚型的供应链网，即形成A字形状。如航空工业（飞机制造），汽车工业，重工业等企业，这些企业是受服务驱动的，他们集中精力放在重要装配点上的物流同步。物料需求计划（ERP）成了这些企业进一步发展的阶梯。来自市场缩短交货期的压力迫使这些组织寻求更先进的计划系统来解决物料同步问题。他们拥有策略性的，由需求量预测决定的公用件、标准件仓库。这种结构的供应链在接受订单时考虑供应提前期并且能保证按期完成的能力，因此关键之处在于精确地计划和分配满足该定单生产所需的物料和能力，考虑工厂真实可用的能力、所有未分配的零件和半成品、原材料和库中短缺的关键性物料以及供应的时间。另外，需要辨别关键性的路径。所有的供应链节点都必须在供应链系统中有同样的详细考虑，这就需要关键路径的供应链成员紧密地联系和合作。

3. T形供应链

介于上述两种模式之间的许多企业通常结成的是T形供应链。这种情形在接近最终用户的行业中普遍存在，如医药保健品、汽车备件、电子产品、食品和饮料等行业；在那些为总装配提供零部件的公司也同样存在，如为汽车，电子器械和飞机主机厂商提供零部件的企业。这样的公司从与它们的情形相似的供应商采购大量的物料并给大量的最终用户和合作伙伴提供构件和套件。这种T形的企业根据现存的订单确定通用件，并通过对通用件的制造标准化来减少复杂程度。这种网络将在现在和将来的供应链中面临最复杂的挑战，因为T形供应链是供应链管理中最复杂的，这类企业往往投入大量的金钱用于供应链的解决方案，需要尽可能限制提前期（Lead Time）来稳定生产而无须保有大量库存，预测和需求管理总是此种供应链成员考虑的一个重点。显然，与前两类结构不同的是，这种供应链多点控制因素变得很重要，例如在哪里生产最好，在哪里开展促销活动，采取什么决定影响分销成本等。从控制的角度来说，按相似产品系列进行汇集的办法常是最成功的。处理这种组织的最好方法是减少产品品种和运用先进方法，或是利用先进的计划工具来维护和加强供应链控制水平。

8.2.3　根据产品的生命周期、需求稳定程度划分

根据产品的生命周期、需求稳定程度及可预测程度等可将产品分为两大类，即功能型产品（Functional Products）和创新型产品（Innovative Products）。

功能性产品一般用于满足用户的基本需求，变化很少，具有稳定的、可预测的需求和较长的寿命周期，但它们的边际利润较低，例如：日用百货等。创新型产品对市场来说很新，因此需求的不确定性很高，需求一般不可预测，寿命周期也较短，例如：时装等。一旦畅销其单位利润就会很高，随之会引来许多仿造者，基于创新的竞争优势会迅速消失，因此，这类产品无论是否畅销其生命周期均较短。为了避免低边际利润，许多企业在式样或技术上革新以寻求消费者的购买，从而获得高的边际利润。正因为这两种产品的不同，才需要有不同类型的供应链去满足不同的管理需要。

1. 功能型供应链

对于功能型产品，由于市场需求比较稳定，比较容易实现供求平衡。对各成员来说最重要的是如何利用供应链上的信息协调他们之间的活动以使整个供应链的费用降到最低，从而提高效率。这类企业供应链的重点在于降低其生产、运输、库存等方面的费用，即以最低的成本将原材料转化成产品。

2. 创新型供应链

对创新型的产品而言，市场的不确定性是问题的关键。因而，为了避免供大于求造成的损失，或供低于求而失去的机会收益，管理者应该将其注意力集中在市场调解及其费用上。这时管理者们既需要利用供应链中的信息，又需要特别关注来自市场的信息。

这类产品的供应链应该考虑的是供应链的响应速度和柔性，只有响应速度快、柔性程度高的供应链才能适应多变的市场需求，而实现速度和柔性的目标则退为其次。

3. 产品生命周期与供应链策略

对于一种产品来说，特别是功能型产品，从其生产投放市场直到过时淘汰，一般都要经历几个典型的生命阶段，即引入、成长、成熟、衰退四个阶段（见图 8-1）。在产品生命周期的各个阶段，产品有其明显区别于其他阶段的特征。各阶段对供应链的要求相应有所不同。因而对同一产品在生命周期的不同阶段，要注意控制其内容和侧重点，采取相应的供应链策略，如表 8-1 所示。

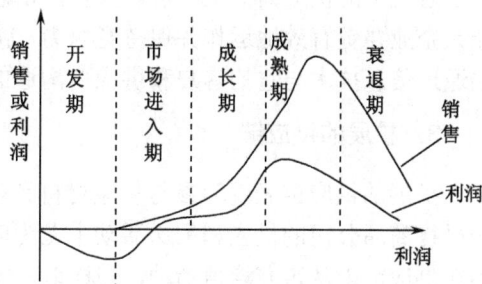

图 8-1　产品生命周期

表 8-1　不同产品生命周期时的供应链策略

产品生命周期	特　征	供应链策略
引入期	无法准确预测需求量，大量的促销活动，零售商可能在提供销售补贴的情况下才同意储备新货，订货频率不稳定且批量小，缺货将大大抵消促销努力，产品未被市场认同而夭折的比例较高	供应商参与新产品的设计开发，在产品投放市场前制订完善的供应链支持计划，原材料、零部件的小批量采购，高频率小批量的发货，保证高度的产品可得性和物流灵活性，避免缺货发生，避免生产环节和供应链末端的大量库存，建立安全追踪系统，及时消除安全隐患，追回问题产品，供应链各环节信息共享
成长期	市场需求稳定增长，营销渠道简单明确，竞争性产品开始进入市场	批量生产，较大批量发货，较多存货，以降低供应链成本做出战略性的顾客服务承诺以进一步吸引顾客，确定主要顾客并提供高服务水平，通过供应链各方的协作增强竞争力，服务与成本的合理化
成熟期	竞争加剧，销售增长放缓，一旦缺货将被竞争性产品所代替，市场需求相对稳定，市场预测较为准确	建立配送中心，建立网络式销售通路，利用第三方物流公司，降低供应链成本并为顾客增加价值，通过延期制造、消费点制造来改善服务，减少成品库存
衰退期	市场需求急剧下降，价格下降	对是否提供配送支持及支持力度进行评价，对供应链进行调整以适应市场的变化，如供应商、分销商、零售商等数量的调整及关系的调整等

8.2.4　根据分布范围划分

1. 公司内部供应链

在每个公司里，不同的部门在物流中参与了增值活动。如采购部门是资源的来源部门，制造部门是直接增加产品价值，配送部门负责管理客户订单和送货。一般产品的设计和个性化产品的设计是由工程设计部门完成的，它们也参与了增值活动。这些部门被视作供应链中业务流程中的内部顾客和供应商。

公司内部供应链管理主要是控制和协调物流中部门之间的业务流程和活动。

2. 集团供应链

一个集团可以在不同的地点进行制造并且对过程实现集中控制，而通过自有的区域和本地仓库网络配送产品。这种情况由于业务活动涉及许多企业（或部门），成为一种形式上的集团供应链。在供应链中每个公司都有自己的位置。一个公司有一个物流流向下游的客户供给链和从上游流下的供应商的供应链。大量的信息需要快速地传递，供应链上业务流程也必须集成。今天企业要更有效地运作并保持竞争力，就必须有效地管理集团内公司及其供应商和客户，增强通过信息技术与它的客户和供应商沟通的能力。

3. 扩展的供应链

扩展的供应链表现为参与从原材料到最终用户的物流活动的公司日益增多，这种趋势在生产最终商品公司的供应和配送活动中尤为明显；复杂的网络包含着几层供应商节点，这些供应商在供应链中从事着增值活动，同样地，分销商网络能够把产品带到更远的消费者手中；随着供应链的延伸，供应商和最终用户之间的距离在拉大，产品和制造的个性化以及供应商与客户关系却更加紧密。另一方面，今天供应商和客户之间交易成本的增加是供应链管理的主要压力，交易成本增加的主要原因是供应链过于分散和冗长；过去在一个公司里，业务流程通常在销售、设计、制造和采购等部门进行，而它们之间却缺乏及时沟通，这样一来产生的沟通障碍在业务流程中造成不必要的延迟和成本的上升，这种沟通障碍也使公司很难对客户的需求和市场变化做出快速反应。

而扩展的供应链正是在个性化生产、提前期的缩短和业务量的增加的因素影响下，迫使公司实现物流同步，成为一个联结着供应商和分销商的复杂供应链。

集团供应链和扩展供应链又被称为产业供应链。

4. 全球网络供应接

因特网应用以及电子商务的出现，彻底改变了商业方式，也改变了现有供应链结构。它转换、削减、调换在传统销售和交易方面投资的实体资产；通过省略销售过程的中间商来压缩供应链的长度；创建了在电子化市场上运作的扩张性企业、联合制造业和跨部门集团；在贸易伙伴间进行实时数据存取、传递。图 8-2 表示的是基于因特网的全球网络供应链。

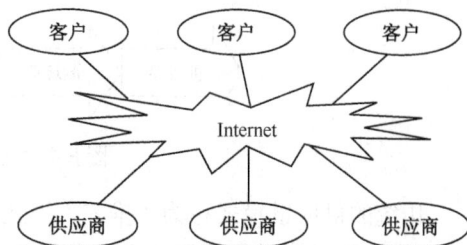

图 8-2 基于因特网的全球网络供应链

在网络上的企业都具有两重身份，既是客户又同时是供应商，它不仅是上网交易，更重要的是构成该供应链的一个元素。在这种新的商业环境下，所有的企业将面临更为严峻的挑战，它们必须在提高客户服务水平的同时努力降低运营成本；必须在提高市场反应速度的同时给客户以更多的选择。同时，因特网和电子商务也将使供应商与客户的关系发生重大改变，其关系将不再局限于产品的销售，更多的将是用服务的方式满足客户的需求来替代将产品卖给客户。越来越多的客户不仅以购买产品的方式来实现其需求，而是更看重未来应用的规划与实施，系统的运行维护等，本质上讲他们需要的是某种效用或能力，而不是产品本身，这将极大地改变供应商与客户的关系。企业必须更加细致、深入地了解每一个客户的特殊要求，才能巩固其与客户的关系，这是一种长期的有偿服务，而不是产品时代的一次或多次性的购买。

在全球网络供应链中，企业的形态和边界将产生根本性的改变，整个供应链的协同运作将取代传统的电子订单，供应商与客户间信息交流层次的沟通与协调将是一种交互式的协同工作。此时，有可能会出现新的组织模式，即虚拟企业，也就是说，若干成员企业为共同获得某个市场机会的优势而组成的暂时的经营实体，是企业之间的动态联盟，机会一旦消失，虚拟企业即告解散。它不是一个具有独立法人资格的企业，而是各成员企业的全部或部分资源动态组合而成的一种组织，是企业之间的动态联盟，是全球网络供应链资源整合的一种形式。成员企业可以集中精力发展其关键资源、核心能力，成员间实现优势互补、风险共担、成果共享，并且可以根据市场机会，借助全球网络供应链迅速实现企业资源的重组，创造出具有高弹性的竞争优势。这不仅有利于企业的发展，而且增强了市场竞争的理性，减少了由于盲目竞争导致稀缺资源的浪费，促进了整个社会资源的优化配置。在虚拟企业中，传统的企业隔离墙被打破，计算机网络是各成员企业获得市场机会信息，做出快速反应，并进行企业间相互联系、紧密合作的主要技术手段。虚拟企业是网络经济时代的一大创新。一些新型的、有益于供应链的代理服务商将替代传统的经销商，并成为新兴业务，如交易代理、信息检索服务等，将会有更多的商业机会等待人们去发现。

8.2.5 根据供应链动力因素的来源来划分

根据供应链的推动力来源来划分可以分为"推式"供应链和"拉式"供应链两种（见图 8-3 和图 8-4）。"推式"的供应链管理，管理的出发点是从原材料推到产成品、市场，一直推至客户端；"拉式"的供应链管理，管理的出发点是以客户及客户满意度为中心的管理，以客户需求为原动力的管理。

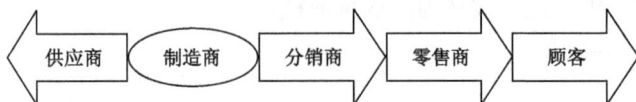

图 8-3 "推动"的供应链管理模式

图 8-4 "拉动"的供应链管理模式

传统的供应链模式称为"推式"模式，即根据商品的库存情况，有计划地将商品推销给客户。"推式"供应链管理以企业资源计划（ERP）为核心，要求企业按计划来配置资源。制造商领导的"推式"供应链，要求高度多样化，庞大的备用存货。而现今流行的供应链模式是"拉动"模式，该供应链模式源于客户需求，客户是该供应链中一切业务的源动力。"拉动"的概念既简单，又复杂。在超市的收款台前，扫描器采集到客户所购商品的确切信息。这种行为将最终引发产品从分销仓库中发出，数据在分销仓库进一步集中后又传送给制造商，这样。制造商就可以为下一次交货以补充分销仓库提前做准备，为此，制造商将调整交货计划和采购计划，同时更新生产计划，以便原材料供应商改变他们相应的交货计划。

"拉动"模式的要求有：增加产品的可替换形式；缩短订货间隔期；改进质量，降低单元成本；提高运作优势；设立执行评估系统。

供应链的动力因素对商业战略正施加着巨大压力。公司不应只在质量或价格上获得竞争优势，而应依靠适物、适量、适时的发货能力占领市场。然而，有效的供应链管理需要企业快速、准确地收集客户需求；尽可能以最低成本满足客户需求；从原材料采购到制造/组装产品的所有决策在整个供应链中应是开放的；将成品分销到客户手中并收集必要款项。

8.2.6 其他划分

1. 根据供应链存在的稳定性来划分

根据供应链存在的稳定性来划分可以分为稳定的供应链和动态的供应链。相对稳定、单一的市场需求而组成的供应链稳定性较强，而基于相对频繁变化、复杂的需求而组成的供应链动态性较高。在实际供应链管理中，需要根据市场需求的不断变化，相应地调整和改变供应链成员的构成。

2. 根据供应链容量与用户需求的关系来划分

根据供应链容量与用户需求的关系可以划分为平衡的供应链和倾斜的供应链（如图 8-5 所

示）。一个供应链具有一定的、相对稳定的设备容量和生产能力（所有节点企业能力的结合，包括供应商、制造商、运输商、分销商、零售商等）。但用户的需求处于不断变化的过程中，当供应链的容量能满足用户需求时，供应链处于平衡状态；而当市场变化加剧，造成供应链成本增加、库存增加、浪费增加等现象时，企业不是在最优状态下运作，供应链则处于倾斜状态。

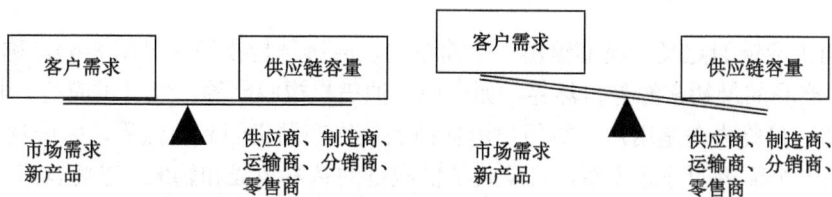

图 8-5 平衡的供应链和倾斜的供应链

3. 根据供应链中各子系统的交互作用来划分

根据供应链中各子系统的交互作用，可以分为合作型供应链和对抗型供应链。合作型供应链的各子系统之间是一种平等关系，各子系统的决策者都同意通过信息共享和策略联盟合同来实现整个供应链达到动态优化的共同目标。这一合同就是双方（或多方）同意并遵守的法则，而法则体现了在某一时间内各子系统认可的理性优化和预测目标，事实证明，用这种方法可使供应链动态性能显著改善。

对抗型供应链是指供应链上各成员之间的交互作用比较薄弱，参与方之间除物流关系外没有多少交互作用，每一个子系统只考虑自身的利益，不太关心是否对其他子系统造成影响。而且，供应链上的各子系统还积极地互相抵制，每一个子系统都想尽可能战胜有联系的其他子系统而使自己成功。

4. 根据供应链所涉及的范围来划分

按照供应链所涉及的范围可分为内部供应链和外部供应链。内部供应链是指企业内部产品生产和流动过程中所涉及的原材料采购、生产产品、存储原材料及产品、销售产品等环节组成的网络；外部供应链是指企业外部的，与企业相关的产品生产和流动过程中所涉及的供应商、运输商、销售商以及消费者组成的供需网络。内部和外部供应链共同组成了企业产品从原材料、半成品、成品到消费者的完整供应链。内部供应链是外部供应链的浓缩，它们的区别在于后者比前者的范围更大，涉及的企业更多，企业之间的协调更困难。

主动，就是战略上共赢

中小企业通常在供应链上不会占据链主的地位。调查显示，仅有30%的企业表示他们在供应链中占据着主导位置，与此同时，63.1%的企业则在供应链中处于弱势地位。

其实，不在舞台中央，并不代表就会受制于人。于被动中寻找主动，在激烈的市场竞争中，塑造独特的不可替代性，中小企业也可以在供应链中立于主动。根据正略钧策管理咨询合伙人郑宏介绍，目前企业进行供应链咨询者很多，而不少企业都还是从操作层面来进行问诊。其实，供应链不仅是具体操作层面的问题，而是和产业链、价值链不可分割的。主动，其实是战略上的共赢。

资料来源：世界经理人网站，管理文库，经编者修改整理

8.3　供应链的结构模型

8.3.1　供应链的链状结构模型

根据前面供应链的定义，我们给出一个简单的供应链结构模型（见图8-6），称为模型 I，在模型 I 中，产品的最初来源是自然界，如矿山、油田、橡胶园等，经过供应商、制造商和分销商三级传递，最终去向是用户。被用户消耗掉的最终产品仍回到自然界，完成物质循环。

模型 I 是一个简单的静态模型，只反映了供应链的基本组成和轮廓，若将其进一步简化则就成了链状模型 II（见图8-7）。从供应链研究的便利角度，把自然界和用户放着模型中没有太大的作用。因此，在模型 II 中，把模型 I 中的厂商都抽象成一个个节点，并用字母或数字来表示。节点以一定的方式和顺序联结成一串，构成一条图论中的供应链。在模型 II 中，若假设 C 是制造商，则 B 为供应商，D 为分销商；同样，若假定 B 为制造商，则 A 为供应商，C 为分销商。在模型 II 中，产品的最初来源（自然界）、最终去向（用户）以及产品的物质循环过程都被隐含抽象掉了，只注重供应链中间过程的研究。

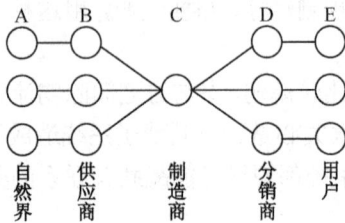

图 8-6　供应链的结构模型 I

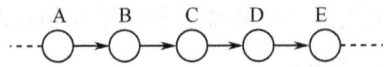

图 8-7　供应链的结构模型 II

1. 供应链的方向

在供应链上除了有物流和信息流外，还存在资金流。在正常情况下，物流的方向一般都是从供应商流向制造商，再流向分销商。在供应商的研究中，我们也按照物流的方向来定义供应链的方向，以确定供应商、制造商和分销商之间的顺序关系。模型 II 中的箭头方向即表示供应链的物流方向。

2. 供应链的级

在模型 II 中，定义 C 为制造商时，可以相应地认为 B 为一级供应商，A 为二级供应商，而且还可递规地定义三级供应商、四级供应商……同样，可以认为的 D 为一级分销商，E 为二级分销商，并递规地定义三级分销商，四级分销商……一般地讲，一个企业应尽可能考虑多个供应商或分销商，这有利于从整体上了解供应链的运行状态。

8.3.2　供应链的网状结构模型

现实中的产品供应关系是十分复杂的，一个厂商一般会与多个厂商相互联系，也就是说，在模型 II 中，C 的供应商可能不止一家，而是有 B_1, B_2, $\cdots$, B_n 等 n 家，分销商也可能有 D_1, D_2, $\cdots$, D_m 等 m 家。动态地考虑，C 也可能有 C_1, C_2, $\cdots$, C_k 等 k 家，这样模型 II 转变为一个网状模型，即供应链的结构模型 III（见图8-8）。在理论上，网状模型可以涵盖世界上所有厂商，把所有厂商都视为其上面的一个节点，并认为这些节点之间存在着联系。网状模型对供应关系的表述性很强，适合于从宏观上把握供应关系。

1. 入点和出点

在网状模型中，物流作有向流动，从一个节点流向另一个节点。这些物流从某些节点补充流入，从某些节点分流流出。我们把这些物流进入的节点称为入点，把物流流出的节点称为出点。入点相当于矿山、油田、橡胶园等原始材料提供商，出点相当于用户。图 8-9 中 A 节点为入点，F 节点为出点。有的厂商既为入点也为出点，为了简化网链的表示，将代表这些厂商的节点一分为二，变成两个节点：一个为入点，一个为出点，并用实线将其框起来（见图 8-10）。A_1 为入点，A_2 为出点。同样，如有的厂商对于另一厂商既为供应商也为分销商，也可以将这个厂商一分为二，甚至一分为三或更多，变成两个节点：一个节点表示供应商，另一个节点表示分销商。也用实线将其框起来（见图 8-11），B_1 是 C 的供应商，B_2 是 C 的分销商。

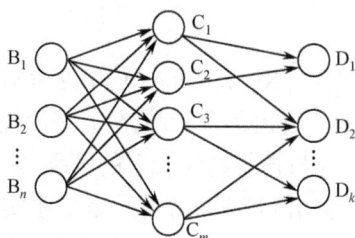

图 8-8　供应链的结构模型 III

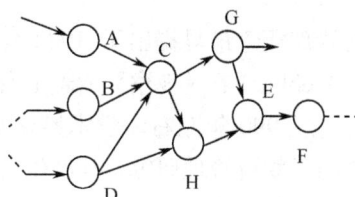

图 8-9　入点和出点

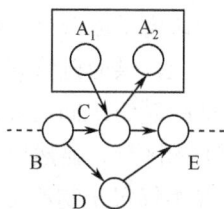

图 8-10　包含出点和入点的厂商

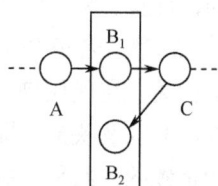

图 8-11　包含供应商和分销商的厂商

2. 子网

有些厂商规模非常大，内部结构十分复杂，与其他厂商相联系的只是其中一个部门，而且内部也存在着产品供应关系，用一个节点不能表示这些复杂关系，我们将表示这个厂商节点分解成很多相互联系的小节点，这些小节点构成一个网，称之为子网（见图 8-12）。引入子网概念后，再看图 10-12 中 C 与 D 的联系，这时只考虑 C_1 与 D 的联系，而不考虑 C_2、C_3、C_4 与 D 的联系，这就简化了无谓的研究。子网模型适合于描述企业集团的组织结构。

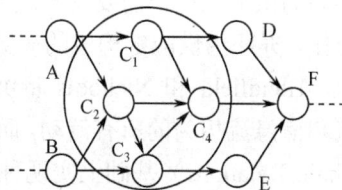

图 8-12　子网模型

Dell 供应链

戴尔计算机公司于 1984 年由现任总裁暨执行长 Michael Dell 创立，他同时也是目前在计算机界任期最久的总执行长。他的简单经营理念创造出戴尔企业独树一格的利基：依照不同需求，为客户量身定做计算机。与客户直接的沟通使戴尔更有效及明确地了解客户的需求，并迅速与客户的需求互动。

戴尔透过首创的"直销模式"，直接与大型跨国企业、政府部门、教育机构、中小型企业以及个人消费者建立合作关系。同时，戴尔也是第一家提供客户免费直拨电话技术支持，并可在隔天到门服务的计算机供货商。这些服务形式现在已成为业界争相模仿的模板。

资料来源：电子商务资料库，经编者修改整理

8.4 供应链管理的概念和内涵

8.4.1 供应链管理的概念

1. 供应链管理的概念

供应链管理概念最早提出于 1982 年[①]。开思·奥立夫（Keith Oliver）和麦考尔·威波尔（Michael D. Webber）在《观察》杂志上发表"供应链管理：物流的更新战略"，首次提出了"供应链管理"。在 1990 年左右，学术界开始探讨供应链管理与传统物流管理的区别[②]。由于供应链管理理论源于物流管理研究，其产生背景不可分割地与物流管理联系在一起。事实上供应链管理思想的提出经历了一个由传统物流管理到供应链管理的演化过程。学术界和企业就对它有不同的理解。对于供应链管理的含义，至今仍有不同的理解，有的认为供应链管理与物流管理的内涵是相同的，有的认为供应链管理是物流管理的延伸，有的认为供应链是一种企业业务的综合等，表 8-2 中列举了若干关于供应链管理的不同看法。事实上，供应链管理的概念与物流管理的概念密切相关，在现代物流管理的理解上，也有广义（即跨越组织间的界限，寻求综合的物流控制和管理）以及狭义（即企业内部的库存、运输管理）的区分，显然广义的物流管理与供应链管理一是致的。但是，目前通行的看法是供应链管理并不仅仅是物流管理，较之后者有更多机能，例如 Copper、Lambert、Pagh 认为供应链是物流管理范畴的扩展，它除了包含与物品实体运动相关的种种活动外，还包括组织间的协调活动和业务流程的整合过程，正是在这个意义上才称之为供应链管理。比如在新产品开发过程中，营销、研发、生产、物流及财务等不同的供应流程都需要统一起来。此外，为了提高市场的应对能力，还需要与外部的企业寻求合作，亦即由供应链构成的多数企业间业务流程的整合被视为供应链管理。与他们的观点相类似，Handfield 和 Nichols 将供应链定义为确保原材料到最终消费者整个过程中所发生的与物流和信息流相关的所有活动，而供应链管理则是为获得持续的竞争优势，在供应链关系（Supply Chain Relations）基础上实现种种活动的整合。显然，从这一定义可以看出，供应链的构成是以生产者为中心，由位于上游的供给阶段和下游的流通渠道中所有企业所组成的，供应链的活动，包括信息系统的管理、采购采购、生产管理、订货管理、在库管理、顾客服务以及废弃物处理等。

---

① Francis J Quinn，Supply Chain Management Review，1997
② Martha C. Cooper，etc，SCM，More than a new name to Logistics，1997

表 8-2　供应链管理的若干定义[1]

学　者	具 体 定 义
Houlihan（1988）	供应链管理是对从供应商开始，经生产者或流通业者，到最终消费者的所有物质流动进行管理的活动
Langeley 和 Houlcomb（1991）	供应链管理是为提供能给最终消费者带来最高价值的产品或服务，而开展的渠道成员间的相互作用
Cavinato（1991）	从企业到最终顾客整个过程中所发生的购买活动附加值活动和营销活动
Navack（1991）	供应链管理是以从供应商开始，经生产者或流通业者，到最终消费者的所有物质流动作为管理对象
Stevens（1990）	从供应商开始，经附加价值（生产）过程或流通渠道，到顾客整个过程中，物质流动的管理
Tumer（1993）	从原材料供应商开始，经过生产、保管、流通等各种阶段，到最终顾客等整个过程的连接
Johannson（1994）	供应链管理是为实际商品采购而使用的手段，这种手段追求的是供应商参与者之间的信息的恰当提供，供应链管理中种种成员之间所产生的信息流，对供应链全体的绩效而是极其重要的
Ellram（1993）	所谓供应链管理就是为取得系统全体最高的绩效，面对供应商开始到最终用户整个网络的分析、管理
Cooper（1990）	从供应商开始到最终使用者流通渠道流的全面管理
Farmer（1995）	供应链管理这个概念更应该用无缝隙性需求整合（seamless demand pipeline）来取代

从表 8-2 我们可能看出对于供应链管理有许多不同的定义，因此也就有了许多不同的称呼，如有效顾客反应（Efficient Consumer Response，ECR）、快速反应（Quick Response，QR）、虚拟物流（Virtual Logistics，VL）或连续补充（Continuous Replenishment，CR）等。这些称呼因考虑的层次、角度不同，但都通过计划和控制实现企业内部和外部之间的合作，实质上它们一定程度上都集成了供应链和增值链两个方面的内容。

在《中华人民共和国国家标准·物流术语》中，供应链管理的定义是："利用计算机网络技术全面规划供应链中的商流、物流、信息流、资金流等并进行计划、组织、协调与控制。"（见 GB/T18354—2006）。

综合以上定义，对于供应链管理的概念，可以从以下几方面来把握。

第一、供应链管理把对成本有影响和在产品满足顾客需求的过程中起作用的每一方都考虑在内，从供应商和制造工厂经过仓库和配送中心到批发商和零售商以及商店。

第二、供应链管理的管理目的在于追求效率和整个系统的费用有效性；使系统总成本达到最小，这个成本包括从运输和配送成本到库存成本。因此，供应链管理的重点不在于简单地使运输成本达到最小或减少库存，而在于用系统方法来进行供应管理。

第三、因为供应链管理是围绕着把供应商、制造商、分销商（包括批发商和零售商）有效率地结合成一体这一问题来展开的，因此它包括公司许多层次上的活动，从战略层次到战术层次一直到作业层次。

2. 供应链管理的发展历程

内部供应链管理：早期的观点认为供应链是企业把从外部采购的原材料和零部，通过生产、组装和销售等活动，将成品传递到用户的过程。供应链管理的重点在管理库存上，通过企业内

---

[1] 资料来源：Bechetel，Jayaram（1997），"Supply Chain Management：A Strategic Perspective"，the International Journal of Logistic Management

部销售、计划、制造和采购等部门之间的协调，寻求把产品迅速、可靠地送到用户手中的费用与生产费用、库存费用之间的平衡点，确定最佳的库存投资额。

供应管理：供应链逐渐与采购、供应管理相联系，强调企业与其供应商之间建立合作关系，协调供需关系。供应链管理的内容包括了供应商的选择与定位、降低成本、控制质量、保证连续性和经济性等问题。

串行结构的供应链管理：后来供应链管理注意到了企业之间的联系，将各个企业视为共享利益、共担风险、协调发展的有机整体。认为供应链是通过不同企业的制造、组装、分销、零售等过程将原材料转换成产品，再到最终用户的转换过程。管理内容也扩展到对贯穿于各个企业之间的物流、信息流、资金流等的协调与控制。

网状结构的供应链管理：到了最近，供应链管理更加注重围绕核心企业的网络关系。供应链的形式扩展到以核心企业为中心的双向树状网络系统。供应链管理的实践已经扩展到一种所有参与企业之间的长期合作关系，供应链管理从一种作业性的管理工具上升为一种战略性的管理模式。

3. 对供应链管理的不同理解

"供应链管理"的提出只有不到 20 年的时间，人们的理解还没有统一，从不同的角度出发，对供应链管理的理解也不尽相同。

国外学者的观点：国外学者对供应链管理的理解，大体可以分为物流型、信息型和整合型三种观点。

（1）物流型

Jones 和 Riley 认为，"所谓供应链管理是指从供应商到最终使用者整个过程中对物体流动的所有管理活动。"（1985 年）

Houlihan 认为"供应链管理是对从供应商开始，经过生产者或流通业者，到最终消费者的所有物质流动进行管理的活动。"（1988 年）

Stevens 认为，供应链管理是对于"从供应商开始，经附加价值（生产）过程或流通渠道，到顾客的整个过程中，物质流动的管理"。（1990 年）

（2）信息型

John Mon 认为"供应链管理是为实现商品调达而使用的手段，这种手段追求的是供应链参与者之间信息的恰当提供，供应链管理中各种成员间的信息流，对供应链全体的绩效而言是极其重要的。"（1994 年）

（3）整合型

Ellall 和 Cooper 认为，"所谓供应链管理就是为取得系统全体最高的绩效，面对供应商开始到最终用户整个网络的分析、管理。"（1993 年）

8.4.2 供应链管理的特点

供应链管理与传统的管理模式相比有着明显的区别，主要体现在以下几个方面。

1. 供应链管理是一种集成化管理模式

传统的管理以职能部门为基础，往往由于职能矛盾、利益目标冲突、信息分散等原因，各职能部门无法完全发挥其潜在效能，因而很难实现整体目标最优。而供应链管理把供应链中所有节点企业视为一个整体，以供应链的流程为基础，物流、信息流、价值流、资金流、工作流贯穿于供应链的全过程。通过业务流程重组，消除各职能部门以及供应链成员企业的自我保护主义，实现供应链组织的集成与优化。

2. 供应链管理是全过程的战略管理

供应链是由供应商、制造商、分销商、零售商、客户组成的网络结构，链中各环节不是彼此分割的，而是环环相扣的一个有机整体。因此从整体上考虑，如果只依赖于部分环节信息，则由于信息局限或失真，就可能导致决策失误、计划失控、管理失效。进一步讲，由于供应链上供应、制造、分销等职能目标之间的冲突是经济生活中不争的事实，这样只有高层管理层才能充分认识到供应链管理的重要性；只有运用战略管理的思想才能有效实现供应链的管理目标。

3. 供应链管理提出了全新的库存观

传统的库存管理思想认为，库存是维系生产与销售的必要措施，因而企业与其上下游企业之间在不同的市场环境下只是实现了库存的转移，整个社会库存量并未减少。供应链的形成使供应链上各个成员间建立了战略合作关系，通过快速反应致力于总体库存的大幅度降低，库存是供应链管理的平衡机制。

4. 供应链管理以最终用户为中心

不管供应链的连接企业有多少类型，也不论供应链是长还是短（供应链的层次多少），供应链都是由客户需求驱动的，正是最终用户的需求，才使得供应链得以存在；而且，只有客户取得成功，供应链才能延续发展。因此供应链管理必须以最终客户为中心，将客户服务、客户满意与客户成功这"3C"作为管理的出发点，贯穿于供应链管理的全过程；并改善客户服务质量，实现客户满意，促进客户成功作为创造竞争优势的根本手段。

8.4.3　供应链管理的作用

1. 降低库存量

供应链管理可以有效地减少成员之间的重复工作，剔除流程的多余步骤，使供应链流程低成本、高效化。此外，通过建立公共的电子数据交换系统，既可以减少因信息交换不充分带来的信息扭曲，又可使成员间实现全流程无缝作业，大大提高工作效率，减少失误。

许多企业长期存在库存的不确定性，并用一定的人力、物力准备来应付不确定性，这种不确定性既存在于物流过程中，也存在于信息流过程中，供应链管理通过对组织内部业务流程的重组，链上各成员建立战略合作伙伴关系，实现物资通畅，信息共享，从而有效地消除不确定性，减少各环节的库存数量和多余人员。

2. 为决策人员提供服务

主要表现在以下几个方面：分析供应链中不确定性因素，确定库存量，制定订货政策，优化投资；评估各方案以选择其中最有利的方案；评价对供应链运行中库存和服务政策的不同影响，通过协调提高整体效益。

3. 改善企业与企业之间的关系

供应链管理使企业与企业之间的竞争转变为供应链与供应链之间的竞争，它强调核心企业通过和其上下游企业之间建立的战略伙伴关系，每一个企业都发挥自己的优势，达到"共赢"的目的。这一竞争方式将会改变企业的组织结构、管理机制、企业文化以及企业与企业之间的关系。

4. 提高服务质量，刺激消费需求

供应链通过企业内外部之间的协调与合作，大大缩短了产品的生命周期，把适销对路的产品及时送到消费者手中。供应链管理还使物流服务系列化，在储存、运输，流通加工等服务的基础上，新增了市场调查与预测、配送、物流咨询、教育培训。快速、优质的服务可塑造企业良好的形象，提高消费者的满意度，提高产品的市场占有份额。

5. 实现供求的良好结合

供应链把供应商、生产商、销售商紧密结合在一起，并对它们进行协调、优化。使企业与企业之间形成和谐的关系，使产品、信息的流通渠道最短，进而可以使消费者的需求信息沿供应链逆向迅速地、准确地反馈到销售商、生产商、供应商。它们据此做出正确的决策，保证供求的良好结合。

综上所述，供应链管理使企业与其相关企业形成了一个融会贯通的网络整体。加速产品从生产到消费的过程，缩短了产销周期，使企业可以对市场需求变化做出快速反应，大大增强供应链企业的市场竞争能力。

8.4.4 供应链管理的原则

1. 以客户需求为中心

顾客化的需求是当今市场竞争的新特点，供应链管理的任务在于通过有效的链上的企业之间的合作，快速响应顾客化的需求。供应链管理从战略上采取客户服务的思想，企业根据不同细分市场要求的客户服务水平，提供多样化的产品和服务，以满足客户多样化的需求。针对复杂、成熟的客户提供高层次的服务，对简单、不成熟的客户提供较低层次的服务。不管供应链是长还是短，也不论链上企业有多少类型，供应链都是客户需求驱动的。只有顾客满意，供应链才能延续和发展。供应链管理必须以最终客户为需求中心，把客户服务作为管理的出发点，并贯穿供应链的全过程。将改善客户服务质量、实现客户满意作为创造竞争优势的根本手段。

2. 相关企业间共享利益、共担风险

供应链管理不同于传统的企业管理，它强调供应链整体的集成和协调，要求链上的企业围绕物流、商流、资金流、信息流进行信息共享与经营协调，实现稳定高效的供应链关系。成功的供应链能够创造更多的利润，这些利润在链上各成员之间进行分割，若因互相扯皮，互设障碍而导致整个供应链效率低下，造成风险和损失，也会分摊到每个成员。

3. 应用信息技术、实现管理目标

物流信息化是现代物流的基本要求，也是实现管理目标的手段，物流信息化表现为物流信

息收集的数据化和代码化，物流信息处理的计算机化和电子化，物流信息的传递的标准化和实时化。高效率供应链管理的实现，既需要快速的物流、资金流，更需要快速、准确的信息流，而网络技术和电子商务的应用和发展，为信息的快速、准确的传递提供了保证。快速、准确的信息流可以使整个供应链对市场需求做出快速反应，从而给供应链带来极大的效益。

4．信息共享

供应链管理的关键是信息共享。供应链管理需要来自链上各成员提供的及时的、准确的信息，为了实现信息共享，供应链的各成员应做到建立统一的系统功能和结构标准；统一定义、设计信息系统，实施连续的试验、检测方法；运用恰当的技术提高运行速度以降低成本，力求业务信息需求与关键业务指标一致。

8.4.5　供应链管理的内容

供应链管理覆盖了从供应商的供应商到客户的客户的全部过程，主要涉及供应、生产计划、物流和需求四个主要领域。供应链管理是以同步化、集成化生产计划为指导，以各种技术为支持，尤其是以因特网/Intranet 为依托，围绕供应、生产计划、物流、满足需求来实施的。供应链管理的目标在于提高用户服务水平和降低总的交易成本，并寻求两者之间的平衡，供应链管理主要有以下七大关键业务。

（1）客户关系管理

顾客是供应链管理的核心和基本出发点。供应链管理的第一步就是识别对企业的经营使命至关重要的那些关键客户，并与他们发展合作关系。

（2）客户服务管理

一方面服务是获取客户信息的唯一来源，另一方面为顾客提供实时、在线的产品和信息，以支持客户对交货期和货物状态的查询。

（3）需求管理

一个好的需求管理系统利用 POS 系统和关键客户数据来提高供应链效率和减少不确定性，并平衡客户需求和企业供应能力。

（4）完成订单

要高效地完成客户订单，需将企业的制造、分销和运输计划综合在一起。

（5）生产流程管理

供应链中的生产是"拉式"按需生产，企业要进行柔性生产以适应频繁的市场需求变化。生产流程管理的改进可以缩短生产周期，提高客户响应速度。

（6）采购

与供应商发展长期合作关系，以支持企业生产和新产品开发工作。

（7）产品开发和商品化

一定要让顾客和供应商参与到新产品开发过程中，以便在更短的时间内，以更低的成本，开发出客户需要的成功产品。

供应链一体化管理的目的在于协调传统的各项职能，而传统的职能部门一般都倾向于保持自己的职能优势，这样的组织结构阻碍了供应链一体化的发展和成功。因此，供应链一体化管理的关键就在于完成一个转变，即从管理个别职能到把不同的活动整合成供应链关键业务过程的转变。

8.4.6　供应链管理实施的基本步骤

在供应链管理实施步骤上应做到如下几方面。

1．制订供应链战略实施计划

实施供应链战略首先应该制定可行的计划，这项工作一般分为四个步骤：（1）将企业的业务目标同现有能力及业绩进行比较，首先发现现有供应链的显著弱点，经过改善，迅速提高企业的竞争力；（2）同关键客户和供应商一起探讨，评估全球化、新技术和竞争局势，建立供应链的远景目标；（3）制订从现实过渡到理想供应链目标的行动计划，同时评估企业实现这种过渡的现实条件；（4）根据优先级安排上述计划，并且承诺相应的资源。根据实施计划，首先定义长期的供应链结构，使企业在与正确的客户和供应商建立的正确的供应链中，处于正确的位置；然后重组和优化企业内部和外部的产品、信息和资金流；最后在供应链的重要领域如库存、运输等环节提高质量和生产率。

2．构建供应链

现代供应链的重心已向销售领域倾斜，在市场日益规范、竞争日趋激烈的情况下，建立供应链、推行供应链管理是企业必须采取的对策。企业可以采取如下主要措施建立供应链。

（1）明确自己在供应链中的定位

供应链由原料供应商、制造商、分销商、零售商及消费者组成。一条富有竞争力的供应链要求组成供应链的各成员都具有较强的竞争力，不管每个成员为整个供应链作什么，都应该是专业化的，而专业化就是优势。在供应链中总会有处于从属地位的企业。任何企业都不可能包揽供应链的所有环节，它必须根据自己的优势来确定自己的位置，制定相关的发展战略，比如对自己的业务活动进行调整，着重培养自己的业务优势等。

（2）建立物流、配送网络

企业的产品能否通过供应链快速地分销到目标市场上，这取决于供应链上物流、配送网络的健全程度及市场开发状况等，物流、配送网络是供应链存在的基础。一个供应链组建物流、配送网络时应该最大限度地谋求专业化。

（3）广泛采用信息技术

目前在我国，少数生产企业处在生产引导消费的阶段，大量的生产企业则处于由消费引导生产的阶段，无论哪种情况，都应该尽可能全面地收集消费信息，零售店铺的 POS 系统可以收集一部分信息，但物流、配送环节的信息就比较难收集，应该通过应用条码及其他一些自动数据采集系统进行采集。供应链的领导者还应该倡导建立整个供应链管理的信息系统。

3．改造供应链流程

企业的目标是决定该在哪个变化的部分投入改造的努力。企业供应链流程可从范畴和深度两个角度来思考，企业供应链流程改造其本质上是从使命导向，或问题导向来衡量。使命导向追求差异化，问题导向追求效率。因此，前者的流程范围须根据使命重新理清，后者的流程范围则相当清楚而容易确认。使命导向改造的重点是关键流程与整合；问题导向改造的重点则是流程分析与原因确认。其绩效指标，前者为修改或建立新的指标，后者为确认并努力减少差异的指标。而一般企业若遇到新产品导入时效慢、交货准确率差、存货周转率差、产品成本过高，而须进行企业流程改造，这是属问题导向，策略应是以新的做法，维持竞争优势。

基本上，企业流程改造须考虑策略、基础架构、流程、信息科技、变革等几项要素所形成的基本架构。

4. 评估供应链管理绩效

供应链管理绩效的评价指标应该是基于业务流程的绩效评价指标，能够恰当地反映供应链整体运营状况以及上下节点企业之间的运营关系，而不是孤独地评价某一供应商的运营情况。对于供应商的指标应该有循环期、准时交货、产品质量等；制造商的指标应该有循环期、交货可靠性、产品质量等；而对于分销商的指标应该有循环期、订单完成情况等。

8.4.7 供应链管理的经济学解释

1. 供应链管理的重复博弈解释

工商企业之间的供应链合作问题可以运用重复博弈的理论给予解释。企业间的供应链关系其实质就是企业间的长期交易关系，长期交易与一次性交易之间的相互替代，从个体的角度来看，就是在与他人交易时对不同策略的选择。利益对立的个体之间的对策问题，正是博弈论的研究内容。博弈论突出地表达了交易关系的这样一种性质，即一个人的收益不取决于他自己的行为，还要取决于与之交易的对方的行为。

企业交易中的博弈方式可以分为两类：合作与不合作。合作即博弈双方通过谈判达成协议，然后一致行动。不合作即博弈双方不能达成协议或达成协议后背叛协议，无法一致行动。由于交易双方的利益冲突，因此在每一方采取行动时，不合作的可能性更大。任何一方在他必须做出自己的策略选择时，并不知道对方的策略，但每一方都会对另一方所采取的策略做出预期。这一均衡是建立在自身利益最大化的基础上的。不为博弈双方的共同利益而合作而做出的行动并不一定导致帕累托最优的结果，囚徒困境就是最好的解释，但是当同样的博弈无限重复进行下去，则可能采取合作策略，使纳什均衡与帕累托最优结合起来。我们可以供应链中的生产者和零售商之间的交易关系为例进一步阐述。

假设生产者和零售商双方都可以独立地选择合作与不合作（背叛），那么用支付矩阵来表示可有 4 种组合，可以用表 8-3 来表示。

表 8-3　生产商与零售商合作与不合作策略选择

		生　产　商	
		合　作	背　叛
零售商	合　作	(4, 4)	(−2, 6)
	背　叛	(6, −2)	(2, 2)

从上表中可以看出，生产商与零售商在一次交易中只有策略组合（2，2），即双方都选择背叛，达到了纳什均衡。当零售商选择背叛的策略，生产商所做出的最佳选择便也是背叛，因为选择背叛得到的收益 2 要大于合作的收益−2。同样生产商选择背叛的策略时，零售商所做出的最佳选择也是背叛，因为选择背叛的收益 2 要大于选择合作的收益−2。然而这一纳什均衡并未达到帕累托最优。从图中我们可以看出，双方采取合作的策略才是帕累托最优的选择，但这

种情形在一次交易中是很难做到的。从零售商的角度来看，若生产商采取合作的策略，则零售商采取背叛的策略比合作的收益大（6＞4）；同理，若零售商采取合作的策略，生产商也同样会采取背叛策略。生产商和零售商之所以都选择背叛的策略是因为他们都估计到对方将采取背叛的策略。

然而，如果这种交易在生产商和零售商之间反复进行，则情况大不相同。在重复博弈中，每个当事人都有机会树立合作的信誉，并以此鼓励对方也树立信誉，使"合作—合作"变为纳什均衡点。为达到这一均衡点，双方可以采取"针锋相对"的策略。零售商可以对生产商宣布如下策略：如果你采取合作策略，我也将一直采取合作策略；如果你半路偷换成背叛策略，那么我下一次也采取背叛策略。只要双方都以长期利益最大化为目标，那么不合作的威胁就足以说服他们采取帕累托最优的策略。但是，这种策略是否可行，取决于博弈重复的次数是固定的还是无限的这一事实。

如果交易是固定的，那么最后一次交易就不必考虑对今后的影响，如同进行一次交易，因此可以预期将采取背叛策略。在倒数第二次交易时，如果甲采取合作策略，乙仍可以采用背叛策略，进而在最后一次交易中甲采取背叛策略，而乙仍采取背叛策略，并未对乙构成惩罚。以此类推，只要不存在将来交易的可能性，就没有人会采取合作的策略。反之，如果交易将反复无限多次，将出现（4，4）的最佳组合。

总之，重复博弈理论提示了供应链管理存在与发展的经济合理性。假如交易活动仅限于一次，各企业必然着眼于自己的一时性利益而行动。如果交易关系持续下去，双方并不一定采取使自己一时利益最大化的行动。实施供应链管理的企业，很容易产生与长期性博弈中的合作关系相同的关系。

2. 供应链管理的交易费用经济学解释

重复博弈理论着重强调了供应链节点上的企业合作问题，但并未提供供应链管理的基本动力。实际上，供应链节点企业通过建立相互信任、共担风险、共享收益的合作伙伴关系，可以节约交易费用。下面从交易费用的角度来解释供应链管理的经济学原理。

交易费用的概念最早由诺贝尔奖得主罗纳德·科斯（R. H. Coase）在 1937 年发表的《企业的性质》一文中提出的。他认为市场运行中存在着交易费用，它是"运用价格机制的成本"。至少包括两项内容：一是寻求贸易伙伴和市场价格的确定信息必须付出的费用；二是订立合同、执行交易、监督违约行为并对之制裁的等方面的费用支出。后来威廉姆森对交易费用理论进行了进一步的拓展，他认为交易费用与交易特性有密切关系，即资产专用性、交易的不确定性和交易的频率。

运用交易费用理论来解释供应链管理是十分有意义的，它为提供了供应链伙伴关系存在的理论依据。经济学中交易的定义，是指货物或服务在两个技术上可分离的企业间的转移。交易的实现可以有三种途径：即通过市场进行、通过一定的组织内部进行、通过中间组织——介于市场与企业之间的混合的形式进行，但无论选择哪种方式的交易都会发生一定的费用。交易费用经济学认为，企业实行供应链一体化运作的一个重要动机便是节约交易费用。

从交易的全过程来看，供应链中各节点企业通过建立伙伴关系，实行一体化运作，可以减少交易过程中的相关费用。由于供应链上合作伙伴之间能经常进行沟通与合作，可以使寻找交易对象方面的费用大为降低；由于伙伴之间的相互信任和承诺，也可以减少各种履行合约的风险。

从交易主体的行为来看，供应链的协作关系建立将促进伙伴之间的"组织学习"，从而提高对不确定性环境的认知能力，减少因交易主体的"有限理性"而产生的交易费用，供应链企业之间的长期合作将在很大程度上抑制交易双方间的机会主义行为。

从交易特性来看，也促使企业组成供应链合作关系，建立联盟。交易的不确定性和市场的可变性与交易主体的有限理性和机会主义行为都密切相关。交易双方都不可能对未来的一切洞察秋毫，如交易双方信息不对称也很难避免其中一方产生机会主义行为，而通过合作的供应链组织代替市场交易，显然可以减少类似的情况发生。交易频率越高意味着双方交易量越大且交易频率较高，从而产生较高的交易费用，通过寻求一种有效的组织形式消除交易频率较高带来的负面影响，而供应链联盟则是可考虑的制度安排。

综上所述，从交易的全过程、交易主体行为和交易特性等领域和环节中所产生的种种交易费用，增加了行为主体在经济中的理性。因此，可以说供应链管理是节约交易费用的制度安排。

8.4.8 供应链管理中的"牛鞭效应"

美国著名的供应链管理专家 Hau L.Lee 对需求信息扭曲在供应链中传递的现象进行了深入的研究，提出了"需求变异加速放大原理"即"牛鞭效应"（The Bullwhip Effect）。它的主要思想是当供应链的某个节点企业只根据来自其相邻的下级企业的需求信息进行生产或制定策略时，需求信息的不真实性会沿着供应链逆流而上，产生逐级放大的现象，达到最源头的供应商时，其获得的需求信息和实际消费市场中的客户需求信息之间发生了很大的偏差，需求变异系数比分销商和零售商的需求变异系数大得多（如图 8-13 和图 8-14 所示）。例如，零售商为达到一定的客户响应水平，其订单变动大于客户需求的变动，批发商为了达到与零售商同样的服务水平，被迫持有比零售商更多的安全库存（一定商品可得性下的库存水平），或者保持比零售商更高的供货能力。伴随需求变动的累加，安全库存由零售商到供应商逐级增加，订货和交货提前期逐级延长，大大延缓了客户响应，导致整个供应链产生巨量库存冗余，造成系统运行低效。

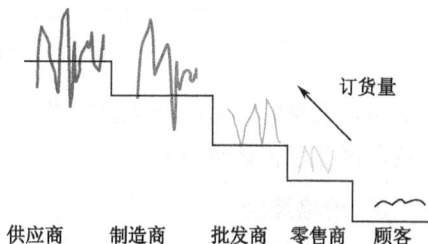

图 8-13　牛鞭效应示意图

牛鞭效应产生的原因是需求信息在沿着供应链向上传递的过程中被不断曲解。企业的产品配送成为被零售商所夸大的订单的牺牲品，反过来它又进一步夸大了对供应商的订单。造成这种现象的原因如下。

1. 需求预测变动

为了安排生产进度，计划产量，控制库存和计划物料需求，供应链中的企业通常都会预测产品需求。而预测通常是基于企业直接接触的顾客的购买历史进行的。当下游企业订购时，上游企业的经理就会把这条信息作为将来产品需求的信号来处理。基于这个信号，上游经理会调整需求预测，同时上游企业也会向其供应商增加订购，使其做出相应的调整。

2. 批量订购

在供应链中，每个企业都会向上游企业订货，并且对库存进行一定程度的监控。由于入库的物料在耗尽以后，企业不能马上从其供应商那里获得补给。因此，企业经常都会进行批量订购，在再次发出定购之前保持一定的存货。运输费用高也是阻碍企业经常订货的障碍之一，卡

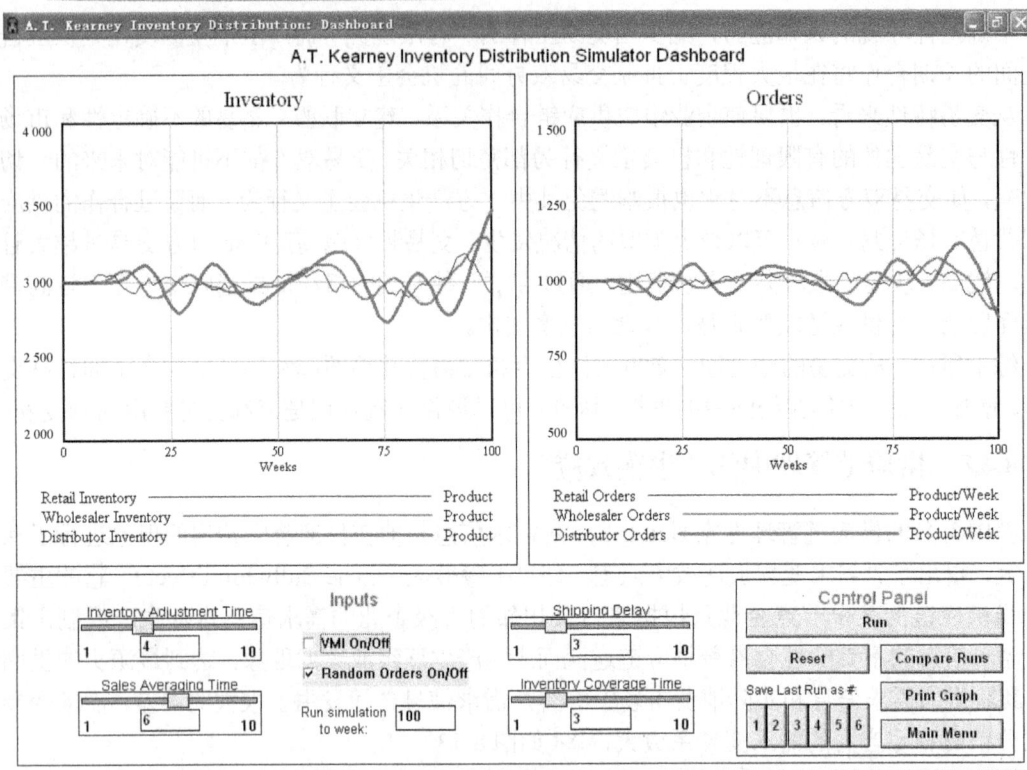

图8-14　牛鞭效应的仿真示意图[1]

车满负荷载重时，单位产品运输成本最低。因此当企业向供应商订购时。他们都会倾向大批量订货以降低单位运输成本。

3. 价格波动

制造商通常会进行周期性促销，如价格折扣、数量折扣、优惠券等，这些优惠实质上是一种间接的价格优惠。制造商的价格优惠会促使其分销商提前购买日后所需的产品。而提前购买的结果是顾客所购买的数量并不反映他们的即时需求，这些批量足以供他们将来一段时间使用。

4. 限量供给与短缺博弈

当需求大于供给时，制造商常常会对消费者实行定量供货，即制造商按定单定量分配产品。这种配给制，往往使消费者在订货时就夸大了其真正需求，消费者预期短缺的订货行为，产生了博弈效应。它使供应商不能得到准确、真实的需求信息。

BMW 之三大法宝

汽车制造工业对物流供应要求相当高，其中最难的地方在于有效提供生产所需的千万种零件器材。居世界汽车领导地位的德国 BMW 公司，针对顾客个别需求生产多样车型，其 3 个在德国境内负责 3、5、7 系列车型的工厂，每天装配所需的零件高达 4 万个运输容器，供货商上千家。面对如此庞大的供应链，非有一套锦囊妙计不可为之。

宝马供应链管理的三大秘笈：

---

① 资料来源：A.T.Kearney Inventory Distribution Simulator Version 1.0b

1. 在订单方面，BMW 挖掘"当日需要量"潜力；
2. 在仓储方面，BMW 积极处理低存货带来的运输成本；
3. 供应链方面，BMW 把合作伙伴纳入成为考量因子。

资料来源：物流展览网，经作者整理

8.5　案　例　分　析

8.5.1　IIPC 以订单驱动的客户定制生产和终端直接配送

未来企业的竞争，将表现为供应链与供应链之间的竞争。在全球著名的 IT 软件系统集成商和领先的 IT 解决方案提供商 IBM 公司中，让我们亲身体会到其中的价值。这位"蓝色巨人"通过构建怎样的物流运作模式支持他为用户提供随需应变的服务，一直是业内人士探究的对象。

IIPC 公司 1994 年 2 月成立于深圳，是由 IBM 占 80%，长城计算机集团占 20%股份组成的中外合资企业。从 1994 年开始 IIPC 生产简单的 IBM 与长城台式电脑；1996 年获 ISO9002 质量认证，增加 IBM 多媒体电脑生产线；1997 年成为中国内地 IBM 电脑的唯一生产商；1999 年开始为中国内地及亚太地区生产 IBM 笔记本电脑和基于 Inter 构架的服务器；2001 年出口第一批电脑笔记本到欧洲，并直销东南亚和北美；2003 年，成立亚太区物流配送中心和个人电脑商业部全球研发中心，电脑生产线达标 6 条，员工人数 3 500 人。IIPC 现在是 IBM 在全球最重要的生产厂商之一，也是基于 Intel 构架服务器在亚太地区最重要的生产基地以及在全球范围内最主要的笔记本电脑生产基地，为 IBM 提供端对端的服务模式，全面的供应链解决方案和不断创新的服务模式。

随需应变作为 IBM 近年来制定的发展战略，成为 IBM 解决方案的重要内容，它能根据不同行业、不同规模企业的需要提供不同的电子商务解决方案，满足自身的特殊需要。根据用户订单要求定制电脑和服务器是 IBM 解决方案的优势所在，这对 IIPC 提出了巨大的挑战。IIPC 每天可以为 IBM 处理数以千计、有量身定制需求的任务订单，并将这些产品运送至分布于亚洲、欧洲、中东、南北美洲大陆约 20 000 个用户。国内生产电脑的厂家有几千家，而 IIPC 的生产模式非常特殊，它是一个高产量、高周转并能根据 IBM 全球用户个性化定制电脑及相关设备的中心。同时 IIPC 也是 IBM 的销售服务部门，专门负责 IBM 销售服务和销售管理方面的工作，包括 IBM 的订单接受、信用审查、产品购销等方面的执行。另外还为 IBM 提供产品销售、维修服务，不仅受 IBM 委托为 IBM 解决产品销售前端问题，也直接受理 IBM 没法解决的难题。

IIPC 总部位于深圳，是 IBM 笔记本电脑基于 Intel 构架的服务器，服务器选件和台式电脑的生产、销售服务和分销中心，还分别在北京、上海设立了销售服务中心，随时为 IBM 中国用户提供全方位服务。每年投资 500 万美金的 IIPC 研发中心，是 IBM 个人电脑产业部全球重要的技术研发实验室之一，主要进行产品（包括软件和硬件）的开发测试、实验及问题分析验证等，为中国地区以及全球提供更迅速的产品和服务。

IIPC 的亚太物流中心是 IBM 在全球最大的几个物流中心之一，在地理位置上与供应商相邻。亚太物流中心负责按 IBM 用户需求将不同的产品、零配件、软件、维护配件进行分拣、配制，直接支付到用户手中的任务，并提供相关的增值服务。同时，IIPC 还是 IBM 中国采购中心，在 IBM 全球采购中扮演重要角色，是 IBM 全球采购机构的重要组成部分。IIPC 在生产采购 CPP，一般性采购（GP）和分销采购（DP）等方面为 IBM 提供服务和支持。

IIPC 根据 IBM 用户不同需求，每天要受理品类达 3 000 多种个性化电脑及设备的订单，并且在规定时间内向分布在世界上 2 万多个用户提供配送服务，没有完善畅通的供应链是无法实现的。那么，IIPC 是通过怎样的方式来实现的呢？在 IIPC 物流运作中，随处可以体会到世界上最尖端的物流技术对 IIPC 高效率运作所起的作用。

"比如说，从前我们有很多订单，每天的订单大概有 30 个，平均每个订单是 50 台，现在我们的模式已经变成 Build-To-Order（按单生产），每天差不多有 300 个订单，平均每一个订单的量不到 10 台，甚至有 42% 的订单是从 1 台机器开始。" IIPC 供应链总监彭鼎泰说道，"从一个较高的层次来看，通过 SCM，我们能够令每年物料周转率达到 104 次。另外我们交货的承诺从以前的 70% 提高到 97%。"

目前，IIPC 接受的订单形式主要有两种，一种来自于 IBM 内部，另一种来自于客户的直接订单。如今，IIPC 在接到订单后 24 小时之内就能够生产完成。受 IBM 用户订单的驱动，IIPC 通过机械化的流水线控制速度，采用 picrite 技术，即采购部门将每一订单用户要求的电脑配制配件统一编号，当零配件通过流水线每一个工位的扫描器时，就会发出信息，提醒装配操作人员进行作业，确保准确无误地按用户要求的电脑配置进行装配；在产品检测方面，当整台电脑从生产线下来后，因用户来自全球，在语言、软件、配制等方面的需求都有所不同，IIPC 通过自主研发的技术分别对电脑进行多次测试；由于 IIPC 在接到 IBM 订单之前，无法知道用户需要的电脑配置，IIPC 也无法做到提前批量采购电脑配件及相关软件，这对 IIPC 的采购提出了更高的要求。IIPC 通过全面的机械化流水线作业和配以 picrite 等流程控制技术，为 IBM 用户量身定制独具个性化的需求，同时也实现了 IIPC 每一个员工都能组装一部完整的电脑并能随时发现作业中出现的问题。

在整个运作当中，IIPC 通过信息系统来安排生产计划和保持与供应商随时沟通。IIPC 的信息系统发挥着巨大的作用。该系统包括物料管理、成本、生产计划、销售和分销等多个方面功能和运用模块。IIPC 的信息系统与 IBM 全球所有的系统互通，实现了时刻在线和 24 小时受理业务。IBM 可以直接向 IIPC 下订单，IIPC 也可以随时做出反馈信息。

在过去的几年里，IIPC 相继运用了很多 IT 系统，有 SAP 的 ERP 系统 R/3、PeopleSoft 的人力资源管理系统等。"最早我们只向国内市场提供产品，后来拓展到亚太地区，2001 年开始向欧洲供货，提供的产品总共有 13 000 多种。" IIPC 咨询总监黄永文显然没有想到公司的业务拓展会如此迅速，"外部市场在不断地变化，我们必须按市场的变化而变化。"为此，IIPC 改变和优化了很多业务流程。在两年前完成了 SAPR/3 系统与 IBM 其他系统的整合后，IIPC 又进行了两次大的系统更新，分别在财务和分销模块上，完成了与 IBM ERP 系统的连接。2002 年 4 月，IIPC 在完成了与 IBM 销售订单管理系统连接的基础上，增加了重要的供应链管理系统——i2 的 APS（先进计划调度系统），从而增强了与供应商协作及计划和调度能力。

目前 IIPC 供应链的整个流程是，通过 IBM 总公司系统把所有订单传到 IIPC 的 R/3 系统，IIPC 再把一些物流的供应状况或库存传给 I2 的需求计划，之后把所有的资料，传给合作伙伴，合作伙伴再反馈给 R/3，R/3 又把它传到 IBM 总公司系统。据悉，这是一个基于 WEB 的系统，这时供应商就可以从因特网来看现在 IIPC 对零件需求是什么状况，并及时进行反馈能否满足要求。供应商零件的需求反馈之后，IIPC 已经能够知道供应商能够提供多少零件。通过这些零件，就知道 IIPC 能够满足多少客户需求的订单，并确定什么时候能够做好送给客户。"虽然 R/3 系统中 SAP 生产计划模块也可以做计划，但是我们的模式是客户导向的，可能每个小时都会变。如一小时前客户需要 100 台某型号的机器，一小时后却改为两种型号各 50 台。所以我们每一天都要做一次物料的需求，以便知道供应商能满足多少，库存有多少的物料，当天能生产出多少。"黄永文认为，虽然 SAP 和 i2 中有一些功能是重叠，但 i2 更能应付客户随时改变的订单。

不过，黄永文也承认，i2 和 SAP 也需要接口进行连接，不过目前的连接还比较稳定。只是供应商在 Web 上看 IIPC 物料需求，然后进行反馈，但由于系统由美国 IBM 公司进行维护，两边工作时间不同，有时候难免会产生疏漏，但是这些事都可以安排，如果事先联系得好，他认为应该没有任何问题。

以 IIPC 为苏格兰可口可乐公司提供端对端服务为例，总部在美国的可口可乐公司代其在苏格兰的分支机构向 IBM 美国总部下了以下订单：苏格兰可口可乐老板需一台差旅用的便捷式系列手提电脑，其销售人员因办公需要一台 X 系列手提电脑、X 系列服务器、5 个备用电池和部分存配件和软件；在产品配送方面可口可乐也有特殊要求，需要在每个选件贴标签，便于可口可乐接货作业；另外还要求将所有的电脑、服务器、软件、配件放在一起，同时送到苏格兰可口可乐公司。IIPC 按到 IBM 传过来的苏格兰可口可乐公司订单后，IIPC 研发部门首先会确认订单有哪些需求，IIPC 通过信息系统来安排生产计划和保持与供应商随时沟通，是否符合对方的需要？是否很特殊？并对零部件和软件进行测试、确认；采购部门就会开展相关的配件采购活动；同时物料计划部对订单的各个环节进行验证并确认后，才将订单报告发送到生产部门，生产部门接到订单报告后开始生产。由于笔记本电脑、显示器、服务器是由各个不同的基地单独生产，相关部门会随订单的开展而介入相关的工作。最后，物流分销部门把所有的产品及选件组合在一起，通过香港运到世界各地，苏格兰可口可乐公司在下订单后的 5 天内就收到 IBM 提供的所有电脑及其设备。

关于供应商的选择，彭鼎泰认为一种产品一般都存在很多供应商，选择供应商就如同选择合作伙伴，首先要对这个合作伙伴从系统上做一个评估，尽量采用标准化的平台。即使对方有一个特别的系统，也要去讨论一些方案，把这个平台建立起来。

不同于 ERP 的实施，企业进行供应链管理时面对的是上下游的合作厂商，来自外部的阻碍和困难，也给了不少成功实施过 ERP 的企业带来过困难。IIPC 是否也遇到类似情况？

彭鼎泰对此的认识是"真的没有什么比较大的障碍"。"我们的这种改变是为了更好地发展，更好地提高工作效率，更好地为客户服务。大家都会从一种受益的角度来看待整个项目的实施，所以在这个过程中，可能每个人都有这样的共识，变化变革是为了更好的发展，取得这样共识之后，就没有什么障碍了。只是我们需要处理的是变革、变化本身带来的一些需要协调的工作。比如说我们供应商，需要更多的接口，或者更多的一些协作。"

案例思考

1. 为什么说未来企业的竞争将表现为供应链与供应链之间的竞争？
2. IBM 是如何构建物流运作模式支持他为用户提供随需应变服务的？
3. IBM 构建物流运作模式的做法带给我们什么样的启示？

8.5.2　娃哈哈奶粉全球供应链首度公开

2011 年，娃哈哈选择在"3·15"消费者权益日之际，首次向全球公布了爱迪生奶粉生产链的各个环节。一时，舆论哗然。公开全球供应链，这在整个奶粉行业实属少见。

一个月后，娃哈哈注定要让所有人再次为之震撼。

记者近日从浙江省档案局获悉，娃哈哈已将爱迪生奶粉供应链的全部电子档案，主动在权威的第三方认证机构——浙江省档案馆进行登记和备份。这意味着这些档案将永久保存在档案馆，不能修改，并成为一段真实的历史。

在"皮革奶"等奶粉负面新闻引发了乳品消费恐慌后，娃哈哈公布奶粉供应链并将此交由国家权威机构的行为，无疑为整个奶粉行业带来了一股新鲜空气。

而浙江省档案馆作为第三方权威部门，积极关注食品安全，将婴幼儿奶粉档案纳入监管范围，主动对奶粉供应链档案进行登记备份，也可谓开创了全国先河。

1. 奶粉遭遇诚信危机

近期以来，"皮革奶"等奶粉负面新闻引发了新一轮乳品消费恐慌，为乳品行业再次蒙上阴影。相关调查表明，国内消费者对奶粉行业不信任，一系列的问题奶粉事件已经从质量诚信延伸到道德诚信，有的甚至突破了法律底线。一时间，奶粉行业遭遇空前的信任危机。

不久前，国家质检总局发布消息，到3月底，全国乳制品及婴幼儿配方乳粉企业生产许可重新审核工作已全部结束。全国1 176家乳制品企业中，共有643家通过了生产许可重新审核，通过率不到55%。

1 176家中，婴幼儿配方乳粉企业占了145家，但通过审核的只有114家。虽然较乳企总体通过率高了不少，但仍未达成八成。也就是说，市场上的国产婴幼儿配方乳粉中，有1/5是未达标的。这一消息无疑给了人们一记重创。

与此相对的是，3月31日，央视《新闻联播》报道，全国124家婴幼儿乳粉企业启动诚信管理体系建设，提升企业食品安全管控能力，承诺不争夺奶源、不打价格战、不做虚假广告。

显然，诚信经营已成为当下奶粉行业的关键词。

2. 两位"第一个吃螃蟹的人"

在这个节骨眼上，娃哈哈向全球公布爱迪生奶粉生产链各个环节这一行为，就像一场及时雨，对奶粉行业和消费者都极具意义。

供应链的透明化已经成为食品安全的新课题、新趋势。娃哈哈爱迪生配方奶粉全球供应链首度大公开，开启了中国进口奶粉供应链透明化的先河，成为"第一个吃螃蟹的人"。

然而，消费者的乳制品恐慌依然存在。许多家长希望有关部门介入，通过一些强有力的举措，特别是采用第三方认证方式，消除奶粉行业信任危机，重拾消费者信心。

同时，浙江省档案馆作为历来关注民生档案安全的档案行政管理部门，在加强奶粉档案监管方面也投注了更多的目光。

积极引导企业将生产、经营和知识产权方面的重要档案登记备份到各级档案部门，提供服务、强化监管，这是2009年浙江省委、省政府在全省部署实施档案与电子文件登记备份工作以来，档案行政管理部门的一项重要工作。

在此背景下，浙江省档案馆作为第三方权威部门，对娃哈哈爱迪生奶粉供应链档案进行登记备份，开创了全国先例，成为另一位"第一个吃螃蟹的人"。

娃哈哈主动将爱迪生奶粉供应链的全部电子档案登记备份在省档案馆，省档案馆加强奶粉档案监管，两者的举动对于完善中国乳品生产诚信体系，恢复消费者信心，是一个值得期待的做法。

3. 档案备份，何来的勇气

那么，娃哈哈公布奶粉供应链，并将电子档案交省档案馆登记、备份的底气来自哪里？

"在全球化的背景下，娃哈哈选择荷兰的奶源以及荷兰 130 多年历史的生产工艺，最后原装进口到中国。这代表娃哈哈自身产业链的二次升级，同样也代表着娃哈哈将更安全、更优质的奶粉带给中国宝宝的决心。"娃哈哈集团董事长宗庆后如是说。

宗庆后说，作为仅有的让消费者看清生产供应链的原装进口奶粉品牌，爱迪生配方奶粉打造了属于自己的奶粉追溯系统，凭借每一款包装上的独特代码，就可以亲眼见证奶粉"从奶源到加工成产品的每一步"，追踪每一罐奶粉的品质，确保安全可靠。

宗庆后列举了三条爱迪生奶粉的优势。"其一，奶源和生产商的优势。其二，奶源地的生产罐装优势，确保新鲜品质。其三，严格的自检流程，以及对消费者售后的保障服务。"

4. 娃哈哈解析爱迪生奶粉供应链

娃哈哈科研中心主任逐一向记者解释了娃哈哈爱迪生奶粉的供应链。

"爱迪生奶粉的荷兰牧场，是世界牛奶的故乡。那里不仅自然地理条件得天独厚，而且在质量保障方面走在世界前列。从奶牛、饲料、农场、原料奶、乳品企业到终端产品，都有严格的质量保证制定。比如奶牛吃的混合饲料是由天然成分配制而成的，不含抗生素，不含产量增长剂，不含任何人工合成的添加剂。只有那些具有良好操作规范（GMP）合格证书的饲料企业，才被允许向家庭农场提供混合饲料。"

"爱迪生奶粉的代加工厂，是荷兰 DOMO 贝伦工厂，从工厂的运输车去牧场拉回冷藏储奶罐，到鲜奶喷粉灌装成成品奶粉，只需要 2～3 天，从而确保奶粉的新鲜品质。同时，避免了任何中间存储环节带来的营养损失和污染。这是异地分装奶粉所不具备的品质优势。"

"至于爱迪生奶粉的生产商，是荷兰皇家乳品企业，拥有 130 多年历史，规模达 90 多亿欧元，是全球最大的乳品公司之一。2005 年，荷兰皇家乳品公司因其 100 多年来秉承的稳健企业发展及其对民众的强大社会责任，被荷兰皇室授予'皇家'荣誉称号。"

"另外，爱迪生配方奶粉进口到中国，除了严格执行官方入关流程，娃哈哈集团还会对其进行企业自检。"

宗庆后说，娃哈哈对每一位喝爱迪生配方奶粉的宝宝都进行一对一跟踪服务，确保售后保障服务。

5. 奶粉档案，让消费者重拾信心

业内人士分析，一罐好奶粉，不是看奶源，也不是看配方，而要看在"从奶牛到销售终端"的这条操作环节中的可见性及衔接性，操作环节一旦断层或不可见将直接影响对好奶粉的判断。

比如，一些进口奶源进口到中国，一般走海路。而在运输、储存及分装过程中出现的问题，消费者是看不到的。在海运过程中，由于密封不好等各种原因，长时间的海上运输容易增加微生物的污染和受潮的风险。

省档案馆负责人指出，目前，娃哈哈登记备份在省馆的爱迪生奶粉档案，比较完整地反映了其生产和供应链各个环节的内容。档案是历史的真实记录。

"档案馆将爱迪生奶粉的所有电子档案以光盘形式刻录，保存在档案馆内。即使娃哈哈集团的业务系统出现故障，供应链文件损失，但由于已在档案馆备份过，文件就不会丢失。"这位负责人表示，备份过的资料的安全性和权威性毋庸置疑。"备份就相当于最原始的资料，此

后任何的调动都会留下痕迹。"

"2009 年，我省就全面实施档案登记备份制度，加大档案行政监管力度，创新社会管理方式和内容。档案部门作为公权力保障的行政监管机构，维护社会诚信、促进社会和谐方面是其职责所在。"省档案局有关负责人说。

案例思考

1. 阅读案例，思考娃哈哈选择公开全球供应链的原因以及带来的好处。
2. 运用所学分析供应链管理的重要性。

第 9 章

国际物流

随着我国正式成为世界贸易组织成员国，国际贸易和跨国经营都面临着巨大商机和严峻挑战，为了使我国在世界贸易格局中占据有利的地位，提高中国公司的竞争能力和成本优势，必须开展和加强国际物流的研究。

本章介绍了国际物流的相关概念、发展阶段、分类及特点；并介绍了国际物流系统的组成及模式以及国际物流系统网络。

9.1　国际物流概述

随着经济全球化进程的加快，加剧了物资在国际间的交换，国际贸易获得空前的发展。企业要获得竞争优势，就必须在全球范围内分配和利用资源，开展经营活动。这些直接促进了物流的国际化。而全球市场的成长和全球供销渠道的大量增加导致了全球物流活动更加复杂，从而对企业管理、协调和控制全球供应链的物流活动提出了更高的要求，国际物流逐渐成为各企业普遍关注的焦点问题之一。

9.1.1　国际物流的概念

国际物流（International Logistics）是"不同国家（地区）之间的物流"（见 GB/T18354—2006）。国际物流的实质是按国际分工协作的原则，依照国际惯例，利用国际化的物流网络、物流设施和物流技术，实现货物在国际间的流动与交换，以促进区域经济的发展和世界资源的优化配置。

国际物流的总目标是为国际贸易和跨国经营服务的，即通过选择最佳的方式与路径，以最低的费用和最小的风险，保质保量并适时地将货物从某国（供方）运送到另一国（需方）。国际物流使各国物流系统相互"接轨"，因而与国内物流系统相比，具有国际性、复杂性和风险性等特点。

国际性是指国际物流系统涉及多个国家。这一特点又称为国际物流系统的地理特征。国际物流跨越不同地区和国家，运输距离长，运输方式多，这就需要合理选择运输路线和运输方式，尽量缩短运输距离和货物的在途时间，加速货物的周转并降低物流成本。

由于各国社会制度、自然环境、经营管理方法以及生产习惯不同，一些因素变动较大，因而在国际间组织货物从生产到消费的流动是一项复杂的工作。国际物流的复杂性主要包括国际物流通信系统设置的复杂性、法规环境的差异性和商业现状的差异性等。

国际物流的风险性主要包括政治风险、经济风险和自然风险。政治风险主要指由于所经过国家的政局动荡，如罢工、战争等原因造成货物可能受到损害或灭失；经济风险又可分为汇率风险和利率风险，主要指从事国际物流必然要发生的资金流动，因而产生的汇率风险和利率风险；自然风险则指物流过程中，可能因自然因素，如台风、暴雨等，而引起的风险。

UPS 提供的全球物流服务

UPS 是全球最大的速递机构，全球最大的包裹递送公司，同时也是世界上一家主要的专业运输和物流服务提供商。每个工作日，该公司为 180 万家客户送邮包，收件人数目高达 600 万。该公司的主要业务是在美国国内，并遍及其他 200 多个国家和地区。目前，该公司已经建立规模庞大、可信度高的全球运输基础设施，开发出全面、富有竞争力并且有担保的服务组合，并不断利用先进技术支持这些服务。

资料来源：周哲，国际物流，清华大学出版社，2007，经作者整理

9.1.2　国际物流的发展阶段

国际物流活动随着国际贸易和跨国经营的发展而发展。国际物流在 20 世纪主要经历了以下几个阶段。

第一阶段：20 世纪 50 年代至 80 年代初。这一阶段，物流设施和物流技术得到了极大的发展，建立了配送中心，广泛运用电子计算机进行管理，出现了立体无人仓库，一些国家建立了本国的物流标准化体系等。物流系统促进了国际贸易的发展，物流活动已经超出了一国范围，但物流国际化的趋势还没有得到人们的重视。

第二阶段：20 世纪 80 年代初至 90 年代初，随着经济技术的发展和国际经济往来的日益扩大，物流国际化趋势开始成为世界性的共同问题。美国密歇根州立大学教授波索克斯认为，进入 20 世纪 80 年代，美国经济已经失去了兴旺发展的势头，陷入长期倒退的危机之中。因此，必须强调改善国际性物流管理，降低产品成本，并且要改善服务和扩大销售，在激烈的国际竞争中获得胜利。与此同时，日本正处在成熟的经济发展期，以贸易立国，要实现与其对外贸易相适应的物流国际化，并采取了建立物流信息网络和加强物流全面质量管理等一系列措施，提高物流国际化的效率。这一阶段物流国际化的趋势局限在美、日和欧洲一些发达国家。

第三阶段：20 世纪 90 年代初至今，这一阶段国际物流的概念和重要性已被各国政府和外贸部门所普遍接受。贸易伙伴遍布全球，必然要求物流设施国际化、物流技术国际化、物流服务国际化、货物运输国际化以及包装国际化和流通加工国际化等。随着世界各国广泛开展国际物流方面的理论和实践方面的大胆探索，人们已经形成共识：只有广泛开展国际物流合作，才能促进世界经济繁荣，物流无国界。

9.1.3　国际物流的分类

1. 按照货物流向进行划分

按照货物流向进行划分可分为进口物流和出口物流。凡存在进口业务中的国际物流行为被称为"进口物流"，而存在于出口业务的国际物流行为称为"出口物流"。鉴于各国的经济政策、管理制度、外贸体制的不同，反映在国际物流中的具体表现既有交叉、又有类型的不同，因此必须加以区别。

2. 按照不同国家所划定的关税区域划分

按照不同国家所划定的关税区域予以区别，可分为国家间的物流与经济区域间的物流。这两种类型物流，在形式和具体环节上存在着较大差异。如欧共体区域间物流、欧共体与其他国

家、欧共体与其他地域间物流的差异现象。

3. 按照国家间进行货物传递和流动的方式划分

按照国家间进行货物传递和流动的方式划分，国际物流又分为：国际商品物流、国际军火物流、国际邮品物流、国际展品物流、国际援助和救助物资物流等。围绕国际物流活动而涉及国际物流业务的企业有：国际货运代理、国际物流公司、国际配送中心、国际运输及仓储、报关行等具体企业。

9.1.4　国际物流的特点

与国内物流相比，国际物流有以下几方面的特点。

1. 物流环境差异大

国际物流的一个非常重要的特点是各国物流环境存在较大差异，尤其是物流软环境的差异。不同国家的不同物流适用法律使国际物流的复杂性远高于一国的国内物流，甚至会阻断国际物流；不同国家的不同经济和科技发展水平会造成国际物流处于不同科技条件的支撑下，甚至有些地区根本无法应用某些技术而迫使国际物流全系统水平下降；不同国家的不同标准也造成国际间"接轨"的困难，因而使国际物流系统难以建立；另外，不同国家的风俗文化也使国际物流受到很大局限。

由于物流环境的差异迫使一个国际物流系统需要在几个不同法律、人文、习俗、语言、科技、设施的环境下运行，无疑会大大增加物流的难度和系统的复杂性。

2. 物流系统范围广

由于物流本身的功能要素、系统与外界的沟通已很复杂，国际物流再在复杂系统上增加不同国家的要素，这不仅是地域的广阔和空间的广阔，而且所涉及的内外因素更多，所需的时间更长，广阔范围带来的直接后果使难度和复杂性增加，风险增大。企业物流是将企业作为一个系统，研究原材料从进厂到通过加工，将产品输送市场上的物流过程；城市物流研究的对象是城市系统，它是一个庞大的社会系统；而国际物流研究的领域大大地超过了企业物流和城市物流的范畴，其研究对象是国际贸易中的物流现象及其规律。正因如此，国际物流一旦溶入现代化系统技术，其效果会更显著。例如，开通某个"大陆桥"运输后，国际物流速度会成倍提高，效益会显著增加。

3. 国际物流运输主要方式具有复杂性

在国内物流中，由于运输线路相对比较短，而运输频率较高，主要的运输方式是铁路运输和公路运输。而在国际物流中，由于货物运送线路长、环节多、气候条件复杂，对货物运输途中的保管、存放要求高，因此海洋运输、航空运输尤其国际多式联运是其主要运输方式，具有一定的复杂性。

4. 国际物流必须有国际化信息系统的支持

国际化信息系统是国际物流，尤其是国际联运非常重要的支持手段。国际化信息系统建立的难度，一是管理困难，二是投资巨大，再由于世界上有些地区物流信息水平较高，有些地区较低，所以会出现信息水平不均衡，使信息系统的建立更为困难。

建立国际物流信息系统一个较好的办法就是和各国海关的公共信息系统联网，以及时掌握有关各个港口、机场和联运线路、站场的实际状况，为供应或销售物流决策提供支持。国际物流是最早发展 EDI 的领域，以 EDI 为基础的国际物流将会对物流的国际化产生重大影响。

在网络经济环境下，以网络为主体的商务活动已经极大地解决了同种物流中信息系统中信息传递问题。要求在网络经济中以网络信息为特征开展的商务活动和结算方式，需要同时与物流活动相适的综合信息和物流经济体系，创造一个与网络经济活动相适应的国际物流中心会更好地解决商务与物流配送的问题。

5. 国际物流的标准化要求较高

要使国际间物流畅通起来，统一标准是非常重要的，可以说，如果没有统一的标准，国际物流水平是不能提高的。目前美国、欧洲基本实现了物流工具和设施的统一标准，如托盘采用 1 000 毫米×1 200 毫米、集装箱的几种统一规格及条码技术等，这样，大大降低了物流费用，降低了转运的难度；而不向这一标准靠拢的国家，必然在转运、换车等许多方面要耗费更多时间和费用，从而降低其国际竞争能力。物流技术装备的标准化的突破点在于通过确定物流基础模数尺寸来实现全物流系统的贯通（如图 9-1 所示）。

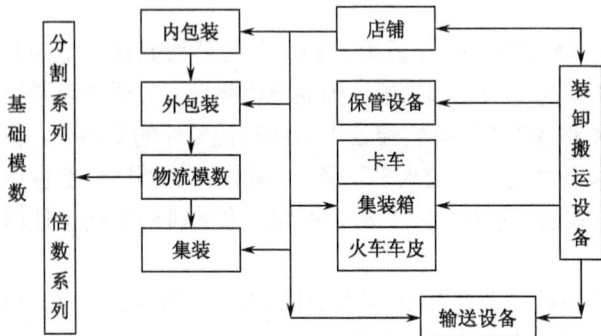

图 9-1　国际物流标准话系列尺寸推导

9.1.5　国际贸易与国际物流的关系

国际物流是随着国际贸易的发展而产生和发展起来的，在当前已成为影响和制约国际贸易进一步发展的重要因素。国际贸易与国际物流之间存在着非常紧密的关系。

1. 国际物流是国际贸易的必要条件

世界范围的社会化大生产必然会引起不同的国际分工，任何国家都不能够包揽一切，因而需要国际间的合作。国际间的商品和劳务流动是由商流和物流组成，前者由国际交易机构按照国际惯例进行，后者由物流企业按各个国家的生产和市场结构完成。为了克服它们之间的矛盾，就要求开展与国际贸易相适应的国际物流。对于出口国企业来说，只有物流工作做好了，才能将国外客户需要的商品适时、适地、按质、按量、低成本地送到，从而提高本国商品在国际市场上的竞争能力，扩大对外贸易。

2. 国际贸易促进了物流国际化

第二次世界大战以后，出于恢复重建工作的需要，各国积极研究和应用新技术、新方法，从而促进生产力迅速发展，世界经济呈现繁荣兴旺的景象。国际贸易也因此发展得极为迅速。同时，由于一些国家和地区资本积累达到了一定程度，本国或本地区的市场已不能满足其进一步发展的需要，加之交通运输、信息处理及经营管理水平的提高，出现了为数众多的跨国公司。跨国经营与国际贸易的发展，促进了货物和信息在世界范围内的大量流动和广泛交换。

3. 国际贸易的发展对国际物流提出了新的要求

随着世界技术经济的发展和政治格局的风云变幻，国际贸易表现出一些新的趋势和特点，从而对物流提出了更新、更高的要求。

（1）质量要求

国际贸易的结构正在发生着巨大变化，传统的初级产品、原料等贸易品种逐步让位于高附加值、精密加工的制成品。由于高附加值、高精密度的商品流量的增加，对物流工作质量提出了更高的要求。同时由于国际贸易需求的多样化，形成物流多品种、小批量化，要求国际物流向优质服务和多样化发展。

（2）效率要求

国际贸易活动的集中表现就是合约的订立和履行，而国际贸易合约的履行很大部分涉及国际物流活动，因而要求物流有较高的效率。从输入方看，提高物流效率最重要的是如何高效率地组织所需商品的进口、储备和供应。也就是说，从订货、交货，直至运入国内保管、组织供应的整个过程，都应加强物流管理。

（3）安全要求

由于社会分工和社会生产专业化的发展，大多数商品在世界范围内分配和生产。国际物流所涉及的国家多，地域辽阔，在途时间长，受气候、地理等自然条件和政局、罢工、战争等社会政治经济因素的影响。因此，在组织国际物流中，当选择运输方式和路线时，要密切注意所经地域的气候条件、地理条件，还应注意沿途所经国家和地区的政治局势、经济状况等，以防这些人为因素和不可抗拒的自然力造成货物灭失。

（4）经济要求

国际贸易的特点决定了国际物流的环节多、储运期长。随着国际市场竞争的加剧，降低物流成本以获得价格优势是大势所趋。从可能性上看，控制物流费用、降低物流成本具有很大潜力。对于国际物流企业来说，选择最佳物流方案，提高物流经济性，降低物流成本，保证服务水平，是提高竞争力的有效途径。

总之，国际物流必须适应国际贸易结构和商品流通形式的变革，向国际物流合理化方向发展。国际贸易结构、市场结构的巨大变化，需要专业化、国际化的物流运作。如果国际物流业者无法实现在低成本或不增加客户费用的条件下，跨国货物交付的准确、准时、无差错或少差错以及安全，国际贸易合同的履约率就会受到限制，就会影响到国际贸易企业的生存和发展。

国际贸易术语——INCOTERMS2010E

适用范围	国际代码	中英文全称
任何单一 运输方式 或多种 运输方式	EXW	Ex Words（insert named place of delivery）工厂交货
	FCA	Free Carrier（insert named place of delivery）货物交承运人（插入指定交货地点）
	CPT	Carriage Paid to（insert named place of destination）运费付至（插入指定目的地）
	CIP	Carriage and Insurance Paid to（insert named place of destination）运费和保险付至（插入指定目的地）

（续表）

适用范围	国际代码	中英文全称
任何单一运输方式或多种运输方式	DAT	Delivered At Terminal（insert named terminal at port or place of destination）运输终端交货（插入指定港口或目的地的运输终端）
	DAP	Delivered At Place（insert named place of destination）目的地交货（插入指定目的地）
	DDP	Delivered Duty Paid（insert named place of destination）完税后交货（插入指定目的地）
海运和内河运输	FAS	Free Alongside Ship（insert named port of shipment）装运港船交货（插入指定装运港）
	FOB	Free On Board（insert named port of shipment）装运港船上交货（插入指定装运港）
	CFR	Cost and Freight（insert named port of destination）成本加运费（插入指定目的地）
	CIP	Cost Insurance and Freight（insert named port of destination）成本、保险费加运费（插入指定目的地）

资料来源：姚大伟，国际商务单证理论与实务，上海交通大学出版社，2011，经作者整理

9.1.6 国际物流的发展趋势

由于现代物流业对本国经济发展、国民生活提高和竞争实力增强有着重要的影响，因此，世界各国都十分重视物流业的现代化和国际化，从而使国际物流发展呈现出一系列新的趋势和特点。

1. 国际物流系统更加集成化

传统物流一般只是货物运输的起点到终点的流动过程，如产品出厂后从包装、运输、装卸到仓储这样一个流程，而现代物流，从纵向看：它将传统物流向两头延伸并注入新的内涵，即从最早的货物采购物流开始，经过生产物流再进入销售领域，其间要经过包装、运输、装卸、仓储、加工配送等过程到最终送达用户手中，甚至最后还有回收物流，整个过程包括了产品出"生"入"死"的全过程。从横向看：它将社会物流和企业物流、国际物流和国内物流等各种物流系统，通过利益输送、股权控制等形式将它们有机地组织在一起，即通过统筹协调、合理规划来掌控整个商品的流动过程，以满足各种用户的需求和不断变化的需要，争取做到效益最大和成本最小。国际物流的集成化，是将整个物流系统打造成一个高效、通畅、可控制的流通体系，以此来减少流通环节、节约流通费用，达到实现科学的物流管理、提高流通的效率和效益的目的，以适应在经济全球化背景下"物流无国界"的发展趋势。可以说，过去物流企业的单个企业之间的竞争，现在已经演变成一群物流企业与另一群物流企业的竞争、一个供应链与另一个供应链的竞争、一个物流体系与另一个物流体系的竞争。物流企业所参与的国际物流系统的规模越大，物流的效率就越高，物流的成本就越低，物流企业的竞争力就越强，这种竞争是既有竞争，又有合作的"共赢"关系。国际物流的这种集成化趋势，是一个国家为适应国际竞争正在形成的跨部门、跨行业、跨区域的社会系统，是一个国家流通业正在走向现代化的主要标志，也是一个国家综合国力的具体体现。当前，国际物流向集成化方向发展主要表现在两个方面：一是大力建设物流园区，二是加快物流企业整合。物流园区建设有利于实现物流企业

的专业化和规模化，发挥它们的整体优势和互补优势；物流企业整合，特别是一些大型物流企业跨越国境展开"横联纵合"式的并购，或形成物流企业间的合作并建立战略联盟，有利于拓展国际物流市场，争取更大的市场份额，加速本国物流业深度地向国际化方向发展。

2. 国际物流管理更加网络化

在系统工程思想的指导下，以现代信息技术提供的条件，强化资源整合和优化物流过程是当今国际物流发展的最本质特征。信息化与标准化这两大关键技术对当前国际物流的整合与优化起到了革命性的影响。同时，又由于标准化的推行，使信息化的进一步普及获得了广泛的支撑，使国际物流可以实现跨国界、跨区域的信息共享，物流信息的传递更加方便、快捷、准确，加强了整个物流系统的信息连接。现代国际物流就是这样在信息系统和标准化的共同支撑下，借助于储运和运输等系统的参与、借助于各种物流设施的帮助，形成了一个纵横交错、四通八达的物流网络，使国际物流覆盖面不断扩大，规模经济效益更加明显。以法国 kn 公司为例，该公司在没有自己的轮船、汽车等运输工具的情况下，通过自行设计开发的全程物流信息系统，对世界各地的物流资源进行整合，在全球 98 个国家、600 个城市开展物流服务，形成了一个强大的物流网络。目前，该公司空运业务已排名世界第五，每周运输量 1.9 万次，海运业务一年毛利约为 40 亿欧元。

3. 国际物流标准更加统一化

国际物流的标准化是以国际物流为一个大系统，制定系统内部设施、机械装备、专用工具等各个分系统的技术标准；制定各系统内分领域的包装、装卸、运输、配送等方面的工作标准；以系统为出发点，研究各分系统与分领域中技术标准与工作标准的配合性；按配合性要求，统一整个国际物流系统的标准；最后研究国际物流系统与其他相关系统的配合问题，谋求国际物流大系统标准的统一。随着经济全球化的不断深入，世界各国都很重视本国物流与国际物流的相互衔接问题，努力使本国物流在发展的初期，其标准就力求与国际物流的标准体系相一致。因为现在如果不这样做，以后不仅会加大与国际交往的技术难度，更重要的是，在现在的关税和运费本来就比较高的基础上，又增加了与国际标准不统一所造成的工作量，将使整个外贸物流成本增加。因此，国际物流的标准化问题不能不引起更多的重视。目前，跨国公司的全球化经营，正在极大地影响物流全球性标准化的建立。一些国际物流行业和协会，在国际集装箱和EDI 技术发展的基础上，开始进一步对物流的交易条件、技术装备规格，特别是单证、法律条件、管理手段等方面推行统一的国际标准，使物流的国际标准更加深入地影响到国内标准，使国内物流日益与国际物流融为一体。

4. 国际物流配送更加精细化

随着现代经济的发展，各产业、部门、企业之间的交换关系和依赖程度也愈来愈错综复杂，物流是联系这些复杂关系的交换纽带，它使经济社会的各部分有机地连接起来。在市场需求瞬息万变和竞争日益激烈的情况下，要求物流在企业和整个系统必须具有更快的响应速度和协同配合的能力。更快的响应速度，要求物流企业必须及时了解客户的需求信息，全面跟踪和监控需求的过程，及时、准确、优质地将产品和服务递交到客户手中。协同配合的能力，要求物流企业必须与供应商和客户实现实时的沟通与协同，使供应商对自己的供应能力有预见性，能够提供更好的产品、价格和服务；使客户对自己的需求有清晰的计划，以满足自己生产和消费的需要。国际物流为了达到零阻力、无时差的协同，需要做到与合作伙伴间业务流程的紧密集成，加强预测、规划和供应，共同分享业务数据、联合进行管理执行以及完成绩效评估等。只有这样，才能使物流作业更好地满足客户的需要。由于现代经济专业化分工越来越细，相当一些企业除了自己生产一部分主要部件外，大部分部件需要外购。国际间的加工贸易就是这样发展起来的，国际物流企业伴随着国际贸易的分工布局应运而生。为了适应各制造厂商的生产需求，以及多样、少量的生产方式，国际物流的高频度、小批量的配送也随之产生。早在 20 世纪 90 年代，台湾地区电脑业就创建了一种"全球运筹式产销模式"，就是采取按客户订单、分散生产形式，将电脑的所有零部件、元器件、芯片外包给世界各地的制造商去生产，然后通过国际物流网络将这些零部件、元器件、芯片集中到物流配送中心，再由该配送中心发送给电脑生产厂家。自 20 世纪 80 年代以来，美国、欧洲等一些发达国家开始进行了一场"物流革命"，其内容是对物流各种功能、要素进行整合，使物流活动系统化、专业化，出现了专门从事物流服务活动的"第三方物流"企业。随后，各种专业化的物流服务企业在欧美发达国家大量涌现并加速发展，使物流服务功能更强大，服务质量更精细。物流产业已经成为发达国家服务业中的一个重要组成部分。

5. 国际物流园区更加便利化

为了适应国际贸易的急剧扩大，许多发达国家都致力于港口、机场、铁路、高速公路、立体仓库的建设，一些国际物流园区也因此应运而生。这些园区一般选择靠近大型港口和机场兴建，依托重要港口和机场，形成处理国际贸易的物流中心，并根据国际贸易的发展和要求，提供更多的物流服务。如日本，为了提高中心港口和机场的国际物流功能，重点在京滨港、名古屋港、大阪港、神户港进行超级中枢港口项目建设，对成田机场、关西机场、羽田机场进行扩建，并在这些国际中心港口和空港附近设立物流中心，提高国际货物的运输和处理能力。这些国际物流中心，一般都具有保税区的功能。此外，港口还实现 24 小时作业，国际空运货物实现 24 小时运营。在通关和其他办证方面，也提供许多便利。国际物流和国内物流，实际上是货物在两个关税区的转接和跨国界的流动，要实现国内流通体系和国际流通体系的无障碍连接，必须减轻国际物流企业的负担、简化行政手续、提高通关的便利化程度。日本在这方面实行了同一窗口办理方式，简化了进出口以及机场港口办理手续，迅速而准确地进行检疫、安全性和通关检查。因此，国际物流园区的便利化发展，不仅有赖于物流企业本身的努力，而且特别倚重于政府的支持。而如何围绕机场、港口建立保税区、保税仓库，提供"点到点"服务、"一站式"服务，则是国际物流中心规划必须深入考虑的问题。

6. 国际物流运输更加现代化

国际物流的支点离不开运输与仓储。而要适应当今国际竞争快节奏的特点，仓储和运输都要求现代化，要求通过实现高度的机械化、自动化、标准化手段来提高物流的速度和效率。国际物流运输的最主要方式是海运，有一部分是空运，但它还会渗透在其国内的其他一部分运输，因此，国际物流要求建立起海路、空运、铁路、公路的"立体化"运输体系，来实现快速便捷的"一条龙"服务。为了提高物流的便捷化，当前世界各国都在采用先进的物流技术，开发新的运输和装卸机械，大力改进运输方式，比如应用现代化物流手段和方式，发展集装箱运输、托盘技术等。美国的物流效率之所以高，原因在于美国的物流模式是善于将各种新技术有机融入具体物流运作中，因而能在世界上率先实现高度的物流集成化和便利化。这也使从事物流的企业，利润和投资收益持续增加，进而诱发新的研究开发投资，形成良性循环。总之，融合了信息技术与交通运输现代化手段的国际物流，对世界经济运行将继续产生积极的影响。

9.2 国际物流系统

9.2.1 国际物流系统的组成

国际物流系统是由商品的运输、储存、装卸搬运、包装、检验、外贸加工及国际物流信息等子系统构成的。运输和储存子系统是物流系统的主要组成部分，国际物流通过商品的储存和运输，实现其自身的时间和空间效益，满足国际贸易活动和跨国公司经营的要求。

1. 国际货物运输子系统

国际货物运输作业克服了商品生产国和需要国之间的空间距离，创造了商品的空间效益。国际货物运输是国际物流的核心。国际货物运输具有路线长、环节多、涉及面广、手续繁杂、风险性大和时间性强等特点。运输费用在国际贸易商品价格中占有很大比重。国际货物运输主要环节包括运输方式的选择、运输单据的处理以及投保等有关方面。

目前，我国国际物流运输存在的主要问题如下。

第一，海运力量不足、航线不齐、港口较少等，影响了进出口货物及时流进流出，特别是出口货物的运输更加不足。主要表现在海运总量的增长远远跟不上国际贸易发展的速度，现有的船型结构也不合理，中等船舶奇缺，港口不足和布局不合理。

第二，铁路运输不足，内陆出口困难。我国同朝鲜、蒙古、越南等虽然有铁路连接，但运力仍然不足。如供香港地区作为港口运输的货物中有三分之一是靠铁路运输，其运输量是很大的。

第三，航空运输力不足，加上运价昂贵，难以适应外贸发展需要。20 世纪 80 年代以来，世界空运货物已被广泛采用，而我国在这方面却很落后。目前主要靠客运飞机捎带，真正的货运飞机数量少，年运量只有 20 万吨左右，远远满足不了外贸发展的需要。

总之，为解决外贸出口运输的困难，必须由国家和地方联合发展船队，加速沿海码头建设和海运事业的发展。

2. 进出口商品储存子系统

商品储存、保管使商品在其流通过程中处于一种相对停滞状态，这种停滞是完全必要的。因为商品流通是一个由分散到集中，再由集中到分散的源源不断的流通过程。国际贸易和跨国经营中的商品从生产厂或供应部门被集中运送到装运港口，有时须临时存放一段时间，再装运出口，是一个集和散的过程。如外贸商品从生产厂或工业部门被集中运送到装运出口港（站、机场）以备出口，有时须临时存放一段时间，再从装运港装运出口，是一个集和散的过程。为了保持不间断的商品往来，满足销售出口需要，必然有一定量的周转储存；有些出口商品需要在流通领域内进行出口商品贸易前的整理、组装、再加工、再包装或换装等，形成一定量的贸易前的准备储存；有时，由于某些出口商品在产销时间上的背离，例如季节性生产但常年消费，常年生产但季节性消费的商品，则必须留有一定数量的季节储备。

3. 进出口商品外贸加工子系统

流通加工业的兴起，是为了促进销售，提高物流效率和物资利用率以及为维护产品的质量而采取的，保持进出口商品质量达到要求。出口商品的加工业，其重要作用是使商品更好地满足消费者的需求，不断地扩大出口；同时也是充分利用本国劳动力和部分加工能力，扩大就业机会的重要途径。

进出口商品的流通加工具体内容包括：袋装、定量小包装、帖标签、配装、挑选、混装、刷唛等为出口贸易商品服务；另一种是生产性外延加工，如剪断、平整、套裁、打孔、折弯、拉拔、组装、改装、服装的检验和熨烫等。这种出口加工或流通加工，不仅能最大限度地满足客户的多元化需求，同时，由于是比较集中的加工，它还能比没有加工的原材料出口赚取更多的外汇。

4. 进出口商品装卸与搬运子系统

进出口商品的装卸搬运作业，相对于商品运输来讲，是短距离的商品搬移，是仓库作业和运输作业的纽带和桥梁，实现的也是物流的空间效益。它是保证商品运输和保管连续性的一种物流活动。搞好商品的装船、卸船、商品进库、出库以及在库内的搬倒清点、盘库、转运转装等，对加速国际物流十分重要，而且节省装卸搬运费用也是物流成本控制的重要环节。有效搞好装卸搬运和保管之间的摩擦，有利于充分发挥商品的储存效率。

5. 商品检验子系统

由于国际贸易和跨国经营具有投资大、风险高、周期长等特点，使得商品检验成为国际物流系统中重要的子系统。通过商品检验，确定交货品质、数量和包装条件是否符合合同规定，如发现问题，可分清责任，向有关方面索赔。在买卖合同中，一般都订有商品检验条款，其主要内容有检验时间与地点、检验机构与检验证明、检验标准与检验方法等。

根据国际贸易惯例，商品检验时间与地点的规定可概括为三种做法：一是在出口国检验；二是在进口国检验；三是在出口国检验、进口国复验。

在国际贸易中，从事商品检验的机构很多，包括卖方或制造厂商和买方或使用的检验单位，有国家设立的商品检验机构以及民间设立的公证机构和行业协会附设的检验机构。究竟选定由哪个机构实施和提出检验证明，在买卖合同条款中必须明确加以规定。

商品检验证明即进出口商品经检验、鉴定后，应由检验机构出具具有法律效力的证明文件。如经买卖双方同意，也可以采用由出口商品的生产单位和进口商品的使用部门出具证明的办法。

商品检验可按生产国的标准进行检验，或按买卖双方协商同意的标准进行检验，或按国际标准或国际习惯进行检验。

6. 商品包装子系统

杜邦定律认为，63%的消费者是根据商品的包装进行购买的，国际市场上的消费者是通过商品来认识企业的，而商品的商标和包装就是企业的面孔，它反映了一个国家的综合科技文化水平。在考虑出口商品包装时，应把包装、装卸、搬运、储存、运输有机地联系起来，实现现代物流系统的"包、储、运一体化"。即从商品一开始包装，就要考虑储存的方便、运输的快速，以加速流通，方便储运，减少物流费用等现代物流系统涉及的各种要求。

7. 国际物流信息子系统

国际物流信息子系统的主要功能是采集、处理和传递国际物流的信息情报。没有功能完善的信息系统，国际贸易和跨国经营将寸步难行。国际物流信息包括进出口单证的作业过程、支付方式信息、客户资料信息、市场行情信息和供求信息等。

国际物流信息系统的特点是信息量大，交换频繁，传递量大，时间性强，环节多，线路长。在建立技术先进的国际物流信息系统中，一方面电子商务和 EDI 的发展是一个重要趋势，我国应该在国际物流中加强推广电子商务和 EDI 的应用；另一方面，在国际贸易与国际物流中建立基于因特网的物流信息系统，建设国际贸易和跨国经营的高速公路，也是势在必行。

上述主要系统应该和配送系统和流通加工系统等有机联系起来，统筹考虑全面规划，建立我国适应国际竞争要求的国际物流系统。

联邦快递公司成功的 11 项管理原则

◇ 倾心尽力为员工——公司创建的扁平式管理结构，不仅得以向员工授权赋能，而且扩大了员工的职责范围。

◇ 倾情投入。

◇ 奖励至关重要——联邦快递经常让员工和客户对工作做评估，以便恰当表彰员工的卓越业绩。

◇ 融合多元文化——联邦快递有自己的大文化，同时也有各种局域文化。

◇ 激励胜于控制。

◇ 首要规则是改变规则。

◇ 问题也有好的一面——联邦快递把客户的问题当作对自己的挑战和潜在的商业机会。

◇ 积极利用技术软件——公司有一种 POWERSHIP（百威发运）系统，可以接定单、跟踪包裹、收集信息和开账单。

◇ 犹豫就会失败（但必须看准才动）。

◇ 该放手时就放手——有时自己的直觉和从报表中看到的发展趋势都是不对的。联邦快递采用最新技术，通过卫星相连，传真处理文件，然后送货上门的新尝试。

◇ 努力决定形象——联邦快递总是在寻找各种独特的方法来满足或预测顾客的需求，激励员工去树立公司形象，努力塑造一种既为客户，也为员工着想的企业形象。

资料来源：中国物流与采购网，经作者整理

9.2.2 国际物流系统的模式

国际物流系统也是遵循系统的一般模式和原理，即国际物流系统也包括系统的输入、处理和输出部分。现以国际物流出口模型为例阐述国际物流系统的模式，国际出口物流系统模式如图 9-2 所示。

国际物流系统输入部分的内容有：备货、货源落实；到证，接到买方开来的信用证；到船，买方派来船舶；编制出口货物运输计划；其他物流信息。

国际物流的输出部分内容有：商品实体从卖方经过运输过程送达买方手中；交齐各项出口单证；结算、收汇；提供各种物流服务；经济活动分析及理赔、索赔。

交单；保管；报验；以及现代管理方法、手段和现代物流设施的介入。

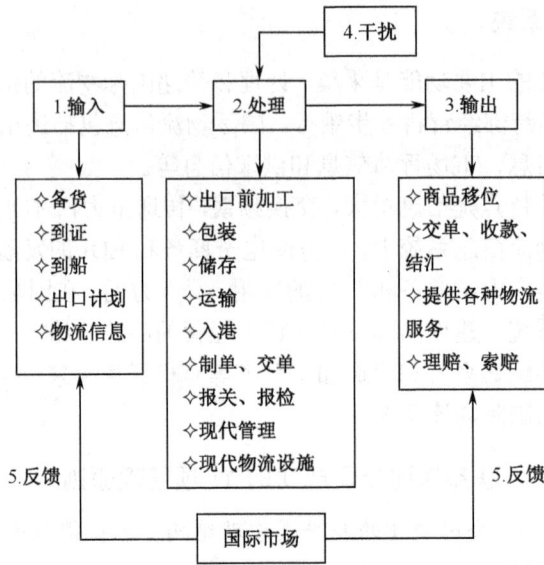

图 9-2　国际物流系统模式（出口）

除了上述三项主要功能外，还经常有许多外界不可控因素的干扰，使系统运行偏离原计划内容。这些不可控因素可能受国际的、国内的、政治的、经济的、技术上的和政策法令、风俗习惯等的制约，这是很难预先控制的。它对物流系统的影响很大，如果物流系统具有很强的应变能力，遇到这种情况，马上能提出改进意见，变换策略，那么，这样的系统具有很强的生命力。如 1956—1967 年苏伊士运河封闭，直接影响国际货物的外运。这是事先不可预见的，是因为受到外界政治因素的严重干扰的结果。当时日本的外贸商品运输，正是因此而受到严重威胁，如果将货物绕道好望角或巴拿马运河运往欧洲，则航线增长、时间过长、经济效益太差。为此，日本试行利用北美横贯大陆的铁路线运输，取得良好的效果，于是大陆桥运输得名于此。这说明当时日本的国际物流系统设计，面对外部环境的干扰，采取了积极措施，使系统具有新的生命力。

9.3　国际物流系统网络

9.3.1　国际物流系统网络的概念

国际物流系统网络是指由多个收发货的"节点"和它们之间的"连线"构成的物流抽象网络以及与之相伴随的信息网络的有机整体。

收发货"节点"是指进、出口国内外的各层仓库，如制造厂仓库、中间商仓库、口岸仓库、国内外中转点仓库以及流通加工配送中心和保税区仓库。国际贸易中的商品就是通过这些仓库的收入和发出，并在中间存放保管，实现国际物流系统时间效益，克服生产时间和消费时间上的分离，促进国际贸易系统的顺利运行的。

"连线"是指连接上述国内外众多收发货节点间的运输，如各种海运航线、铁路线、飞机航线以及海、陆、空联运航线。这些网络连线是库存货物的移动（运输）轨迹的运动形式；每一对节点有许多连线以表示不同的运输路线、不同产品的各种运输服务；各节点表示存货流动暂时停滞，其目的是为了更有效地移动（收或发）；信息流动网的连线通常包括国内外的邮件，或某些电子媒介（如电话、电传、电报以及 EDI 等），其信息网络的节点则是各种物流信息汇集及处理点，如员工处理国际订货单据、编制大量出口单证或准备提单或电脑对最新库存量的记录。物流网与信息网并非独立，它们之间的关系是密切相连的。简要的国际物流系统网络如图 9-3 所示。

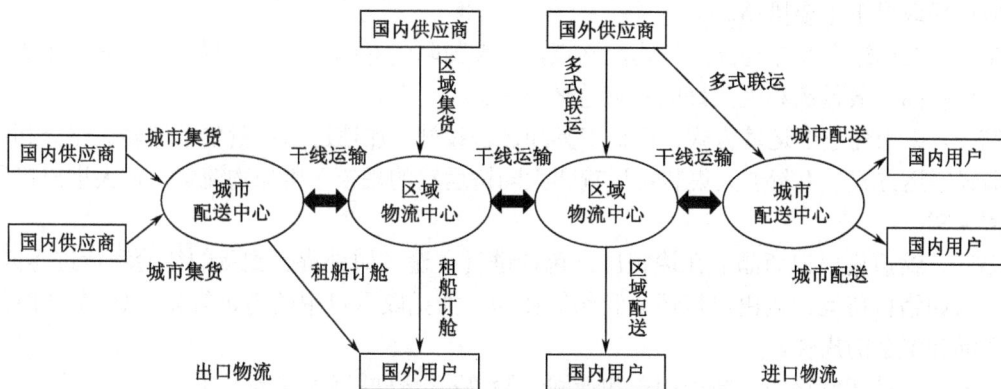

图 9-3　国际物流系统网络

9.3.2　建立和完善物流网络，促进国际物流合理化

国际物流系统网络研究的中心问题是确定进出口货源点（或货源基地）和消费者的位置、各层级仓库及中间商批发点（零售点）的位置、规模和数量，从而决定国际物流系统的合理布局。

在合理布局国际物流系统网络的前提下，国际商品由卖方向买方实体流动的方向、规模、数量就确定下来了。即国际贸易的贸易量、贸易过程（流程）的重大战略问题，进出口货物的卖出和买进的流程、流向、物流费用、国际贸易经营效益等，都一一确定了。完善和优化国际物流网络，有利于扩大我国国际贸易，提高我国跨国公司的竞争能力和成本优势。

主要国际港口简介

欧 洲 港 口	北 美 港 口	亚 洲 港 口
鹿特丹港、汉堡港	奥克兰港、温哥华港、纽约—新泽西港、蒙特利尔港	维多利亚港、新加坡港、高雄港

资料来源：周哲，国际物流，清华大学出版社，2007，经作者整理

9.3.3　建立和完善国际物流系统网络应注意的问题

首先，在规划网络内建库数目、地点及规模时，都要紧密围绕着商品交易计划，乃至整个国家的宏观贸易规划。

其次，明确各级仓库的供应范围、分层关系及供应或收购数量，注意各层仓库间的有机衔接。诸如生产厂家仓库与各中间商仓库、港（站、机场）区仓库以及出口装运能力的配合协同，以保证国内外物流畅通，少出现或不出现在某一层仓库储存过多、过长的不均衡状态。

再次，国际物流网点规划要考虑现代物流技术的发展，留有余地，以备将来的扩建。为发展外向型经济，扩大国际贸易，增强商品在国际市场上的竞争力，建立健全高效、通畅的国际物流体系，实现国际物流合理化和国际贸易扩大化。

9.3.4 国际物流合理化建议

我国的国际物流系统网络已经具有一定的规模，为了促进我国国际物流系统网络更加合理，应该采取以下主要措施。

第一，合理选取和布局国内外物流网点，扩大国际贸易的范围和规模，以达到费用省、服务好、信誉高、效益高和创汇好的物流总体目标。

第二，采用先进的运输方式、运输工具和运输设施，加速进出口货物的流转。充分利用海运、多式联运方式，不断扩大集装箱运输和大陆桥运输的规模，增加物流量，扩大进出口贸易量和贸易额。

第三，缩短进出口商品的在途积压，包括进货在途（如进货、到货的待验和待进等）、销售在途（如销售待运、进出口待运）和结算在途（如托取承付中的拖延等），以便节省时间，加速商品和资金的周转。

第四，改进运输路线，减少相向和迂回运输等不合理的运输现象发生。

第五，改进包装，增大技术装载量，减少损耗。

第六，改进港口装卸作业，有条件的要扩建港口设施，合理利用泊位与船舶的停靠时间尽力减少港口杂费，吸引更多的买卖双方入港。

第七，改进海运配载，避免空仓或船货不相适应的状况。

第八，综合考虑国内物流运输，在出口时，有条件的要尽量采用就近收购、就地加工、就地包装、就地检验、直接出口的物流策略。

9.3.5 国际物流合理化的几个具体作业途径

1. 成品出口渠道系统

物流机制的正常运转必须借助合理的出口渠道系统。只有建立多层次的出口渠道系统并运用现代化的管理技术以及现代化的信息系统，物流才能顺畅流转。在成品出口中，增加机械类和机电类产品的出口已经成为一种发展趋势。为了寻找出口商品的物流合理化的途径，以海上集装箱为媒介的国际联运已居于主导地位。

根据物流组织者和委托者不同，以日本的成品出口渠道为例，说明成品出口渠道的几种具体形式，如图 9-4 所示。

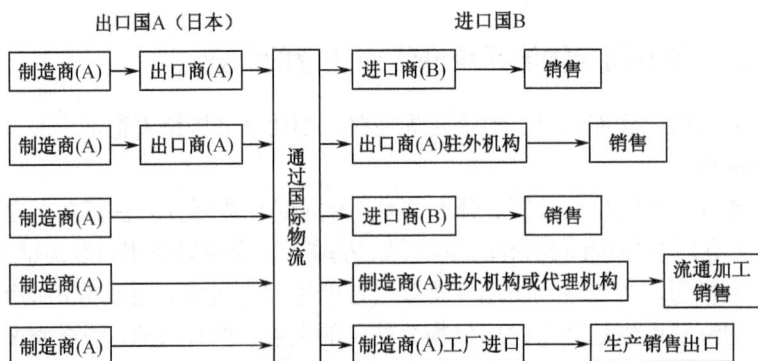

图 9-4　日本成品出口渠道的几种具体形式

从图9-4可以看出，日本成品出口渠道共有如下五条：

第一条，制造商通过出口机构向对方的进口机构出售产品，这是一种间接性的国际物流形式；

第二条，大公司的出口机构在进口国设置分公司及其驻外机构，寻求物流合理化所形成的国际物流，它有利于扩大产品推销；

第三条，工厂、企业与进口机构直接交换而形成的国际物流，目标在于寻求最佳的物流流向，即没有中间商的直接交易；

第四条，工厂、企业在进口国（B）设立驻外办事机构或代理店，以成组零件方式出口产品，在进口国进行装配等流通加工活动而形成的国际物流，其目标在于占领市场；

第五条，为了更好地实现物流的合理化，制造商在进口国（B）建立工厂，进行生产和销售，变国际物流为企业物流或国内物流，减少物流环节，促进物流合理化。

2. 单位成组装载系统

所谓单位成组装载系统（Unit Load System），不是将货物单个地、一件一件地进行输送，而是把众多的货物分类排列，组成一个单位（Unit）进行输送的一种方法。它是一种通过包装、装卸革新达到运输合理化的方式。用这种方式输送商品，一般具有以下特点：

（1）商品的重量、体积、包装、货形不一致；

（2）多品种、少交易的商品；

（3）流通机构复杂。

单位成组装载的具体形式有两种。一种是使用大型金属集装箱化的方法。由于这种方式采取了从装货到卸货的连贯作业，所以一般都有较高的效率。另一种是使用托盘的托盘化方法。它的主要优点是装卸率高、能够有效地防止货物损失、包装简单、费用低、增加装载高度等。但是，这种方式也存在着不足之处，如对按数量单位装载的器具管理有困难，使用数量单位装载成本较高，需要与之配套的机械设备，装载效率较低，需要宽敞的作业场地等。

3. 连贯输送托盘化

托盘（Pallet）也称货盘，它是一种把货物集合成一定的数量单位，便于装卸操作的搬运器具。具体方法是把各种各样的货物放在托盘上，然后使用万能叉车送到货车、汽车、船舶、飞机上的一系列装卸活动，称之为托盘化（Palletization）。这种方法具有以下优点：

（1）从货主立场看：具有包装简易和规范，节约包装费用；有利于提高作业效率，减少货物损伤；便于对商品进行管理，有效利用仓库面积及空间等优点；

（2）从输送者的立场看：具有提高装卸作业效率和输送效率的优点；

（3）从整个社会经济系统看：能够实现物流协调化、效率化和降低物流费用，提高社会效益。

4. 海空联运

海空联运是海上运输和航空运输相结合的国际联运形式。单独依靠航空运输，运费太高；仅仅依靠海上运输，则运输时间太长。海空联运找到了费用与时间的最佳点，已经成为经济有效的运输方式。同时，海空联运降低了库存投资、仓库费用和包装费用，增强了销售的竞争能力。

5. 大陆桥运输

所谓大陆桥运输（Land Bridge Transport），是用横贯大陆的铁路或公路作为中间桥梁，将大陆两端的海洋运输连接起来的连贯运输方式。它是国际联运中必然形成的一种复合输送形式。通过两种或两种以上的输送手段，把货物从发货单位送到用户手中，途中无任何消损的连贯运输，称为复合连贯运输（或联运）。通过不同国家之间的联运，称为国际复合连贯输送，它是使国际物流顺畅进行的主要手段，有利于实现物流输送的合理化。

大陆桥运输的主要路线如下。

（1）西伯利亚大陆桥运输

即第一条亚欧大陆桥，东起俄罗斯的纳霍德卡港，于海上连接日本、韩国和中国香港、中国台湾地区，西到西欧、中欧、北欧及伊朗。

西伯利亚大陆桥以西伯利亚铁路作为桥梁，全长9 300千米，航程较绕行好望角缩短5%，比经过苏伊士运河缩短1/3，运价较纯海运低20%～30%。

（2）美洲大陆桥运输

从远东到美国西海岸采用海上集装箱船运输，经美洲大陆向西欧的运输为陆地运输。

（3）新亚欧大陆桥

东起中国连云港，西至荷兰鹿特丹，沿途经过哈萨克斯坦、白俄罗斯、波兰、德国等，覆盖70多个国家与地区，1992年起正式开办国际多式联运。

新亚欧大陆桥全长10 800千米。运输里程较绕道印度洋的海运缩短10 000多千米；与西伯利亚大陆桥相比，缩短了3 000千米，节约50%的时间。

（4）小陆桥运输

从远东到美国西海岸采用海上运输，从西岸到东岸采取铁路运输。

9.4 案 例 分 析

9.4.1 通关集中报，货物实时送

"只用5分钟，25票400余件集成电路报关手续就办完了！"大连三兴物流有限公司的李冰刚走出海关报关大厅，就兴奋地告诉记者。之所以这么快，是因为海关为他们采用了"分送集报"的通关模式。"分送集报"是指企业每票进口出区（保税港区）的保税货物只要在海关物流管理系统中填制进口货物作业单，货物在出卡口时就可以自动审核放行，企业不用再像以往那样票票申报，只需在一个自然月内办理集中报关手续即可。

2008年8月份以来，受到金融危机影响，三兴物流业务急剧下滑，公司整体业务量下降达80%，在这种艰难局面下，拓宽业务便成为实现企业发展的重中之重。2009年年初，企业得到一个机会，就是日本电产大连有限公司有意将原先分散的进口保税物流业务放在大窑湾保税港区，由一家企业统一经营。但是，日本电产对货物的实时配送提出了很高的要求。按照港区原先的通关模式，进口出区票票申报，从时间上无法达到客户实时配送的要求。正当企业为此事焦急的时候，海关的上门服务让他们重新燃起了希望！

2009年2月中旬，大连海关了解到三兴物流的困难后，决定做出一些新的尝试。海关在第一时间组织开展了相关研究，经过对各个作业环节和风险控制的缜密论证——保税港区的企

业有自己的物流特点，面对企业和港区物流发展的客观需要，同时考虑到收货单位日本电产是 AA 类企业，三兴物流在海关的信誉较好，企业的业务模式和商品类型又相对固定等情况，决定在通关流程上做出一些突破和创新。一个月之后，大连海关就推出了《大窑湾保税港区进口出区"分送集报"通关业务方案》，该方案通过对物流企业征收保证金、设置随机查验比例、跟踪监控物流企业仓储状况、加强后续核销核查等方式在海关监管环节加强风险控制，既实现严密监管，又方便企业通关。

4 月 2 日，"分送集报"通关模式就在三兴物流开始了试运行。三兴物流是大连窑湾保税港区采用"分送集报"通关模式的第一家试点企业。"一个月就办理一次报关，不仅节约了报关成本和时间，更重要的是货物可以随时出区，实现了对工厂的实时配送，这是让我们赢得客户的关键!"三兴物流公司副总经理感慨地说。

一个月的运行显示，"分送集报"通关模式提高了大窑湾保税港区的物流运作水平，由于货物实现随时出区、实时配送，生产企业实现了零库存管理，有效降低企业的生产成本，满足了现代物流企业的发展需要。胡殿俊说，仅日本电产的物流项目，预计就可直接带动三兴物流公司效益提高 15%，全年预计操作货物总值将增加 6 000 万美元。同时，基于对保税港区优质通关环境和物流模式的认可，企业股东计划在区内追加投资 3 000 万元，再建设 1.5 万平方米的仓库。

案例思考

1. 三兴物流成功的关键是什么？
2. 简述国际物流合理化的几点建议。

9.4.2　三山国际物流

三山国际物流园地理位置得天独厚，地处珠江三角洲腹地，位于广东省佛山市南海区东端的三山岛，占地面积 533 万平方米。扼珠江水系西翼之咽喉，处世界最活跃经济区域之一的广佛都市圈中心。辐射半径涵盖整个佛山地区，广佛都市圈，乃至珠江三角洲地区，物流地位不容小视。整个佛山东接穗港，南临珠澳，其经济要素与其连接向粤西辐射，可达珠三角西部流域。三山国际物流园背倚广佛大都市，园区重要组成部分三山港是国家一类对外口岸，是佛山地区吞吐量最大和航道最深的港口。三山国际物流园立足服务于大佛山制造业以及物流产业，辐射广佛都市圈，覆盖整个珠三角。承东启西，意义重大，成为"泛珠三角"战略规划中要素之一。稠密畅达、多式联运的交通网络令三山国际物流园交通异常便利，佛山正在加快建设"五纵九横二环"主干线公路交通网络。广州环城高速及广珠高速在三山一千米内设有出入口。因成本竞争需要，香港制造业、服务业、物流业逐步向珠三角港口城市转移，三山国际物流园与周边其他园区相比，形成自身独特发展优势。香港物流业有先行的发展优势及管理经验，但发展物流业的生产要素成本较高且场地相对不足，三山港后方用地充足，为香港提供必要的后勤保障，是香港重要的后方物流基地，为巩固香港国际航运中心地位提供了有力的保证。三山港重要战略合作伙伴和黄集团对香港葵涌港口乃至全球具有影响，依托和黄集团强大的资金、技术和市场支持，三山港逐步发展成一个年吞吐量 100 万个标准像和 100 万吨件杂货的现代化港口。三山国际物流园地处广佛都市圈内核心地带，经济快速成长带动物流需求高速增长，广佛都市圈中心地带之三山国际物流园正成为拉动大佛山经济新一轮强劲增长的物流产业引擎。三山国际物流园属佛山市一级项目，成为佛山整体物流发展重中之重，对佛山物流业的服务便捷程度无与伦比。

三山物流划分为四大功能区，分别为三山港港区、保税物流中心、物流产业加工中心、商务区。尤其保税物流中心，更具无可比拟政策与功能优势，成为佛山物流投资之首选。努力打造珠三角西部进出口货物的集散中心。三山港港区目前已经完成了投资5亿多元的三山港工程建设。码头第二期发展工程完工后，已初步建成一个功能齐全、江海联运的现代化港口，为港口物流业的发展打下了坚实的基础。三期工程完成后，全面提升佛山市的外向型经济。以现代物流为基础，服务于大佛山发达的制造业，设置多功能的佛山各行业的进出口原材料分发中心，发展物流和加工工业。面向广佛都市圈，开展以商业配送为主营的城市配送。

三山物流园的服务范围如下。

1. 物流解决方案

针对客户的实际需求，为客户提供全方位一体化的物流解决方案及物流咨询等增值服务，最大限度地为客户降低物流成本。致力成为客户的战略联盟伙伴，更好地实现双赢。为客户提供24小时全程、全方位物流服务。

2. 信息服务

公司拥有一套可以实现增值服务的物流信息平台（仓储运输系统、港口社区系统、银行监管系统、电子数据口岸系统、商业进销存系统），为客户提供全面的物流信息支持、计划下达、货物的全程跟踪管理、代打单证、货物在南海三山港的实时信息等，并实现网上报关、网上报检、网上核单、在线物流资讯等便捷服务，让您的企业能充分享受到现代物流带来的好处。

3. 船及货物进出口相关服务

作为国家交通部核准的全资国有企业，是中国船舶代理协会会员，中国船舶代理协会及无船承运人协会会员，广州报关协会副会长单位，广东南海出入境检验检疫局代理报检单位，佛山地区目前唯一一家进出口商品预归类单位，并荣获"全国百优报关企业"称号，是目前佛山市最大的船代和货物代理报关报检企业。公司以佛山最大的集装箱货运码头——三山港为业务中心，与海关、检验检疫、海事港务、边防、口岸办等联检单位建立良好的工作关系，为客户提供船务代理、集装箱拼装拆箱、报关、报检、保税仓、出口监管仓仓储等一系列全方位增值服务。办理船舶进出三山港的申报联检手续；联系水上救助，协助处理海商海事；代签运输合同、速遣、滞期协议；代理进出口货物和集装箱的报关、报检，转关及与此有关的手续；进出口舱单录入；代理危险货物进出港申报；报关单、合同预录入；代理合同备案、核销、深加工结转，内销补税手续；代办商检自理报检登记证书备案，进口旧机电备案；代办进出口商品预归类；代办免3C证明，自动进口许可证，原产地证；代打结汇单、付汇单、退税单；代办新企业注册、设备清单备案及减免税证；代办技术合同登记备案；代理中国电子口岸企业IC卡业务申请；代售海关各类单证；代收代付各类款项，代办结算委托业务。

4. 仓储服务

以优质的服务和完善的信息技术作支撑，提供保税货物仓储管理、具有丰富经验仓储管理、货物中转、分拣包装、装卸搬运、JIT配送等服务。为客户提供整车及零担干线运输，在业内具有明显的优势。先进的仓库管理系统和无线监控系统，为客户提供方便快捷的服务。

5. 特殊仓储

拥有保税仓和监管仓，保税仓库内铺设绿色环氧树脂油漆，具有恒温恒湿及防尘防静电功能，保证特殊货物保持一定的温度和湿度。拥有集中报关功能，为客户提供更快捷、更方便的通关服务。保税仓及出口监管仓安装了仓库管理系统；提供保税仓及出口监管仓储服务，其中保税仓具有恒温恒湿及防尘防静电功能；代理进出仓货物报关报检及保税仓集中报关业务；出口监管仓具有入仓退税功能；保税仓及出口监管仓具有拼装、刷标记、更换包装、拼柜等简单加工功能；银行质押贷款（仓储融资）业务；具有存放有机类物品功能；提供货物配送运输功能；安装安防卡口系统，仓库及办公楼实行 24 小时视频监控，保安 24 小时值班。

6. 城市及区域配送

立足大佛山，面向珠三角主要经济城市，为制造业及流通业开展 B2B 的物流配送业务，减少企业之间的繁琐事务性的工作流程和管理费用，降低客户的经营成本。通过运输车队及运用整合社会资源的方式，为客户提供整车及零担干线运输，在物流行业内具有明显的优势。

7. 咨询服务

公司拥有一批业务素质高、实践经验丰富的专业技术人员，全体员工恪守公司"诚信、服务、安全、高效"的行为准则，以客户需求为导向，奉行"客户至上、信誉为本、优质服务"的宗旨，为客户提供"专家型的代理，人性化的服务"，充分满足不同类型、不同客户的不同需求，为客户提供有关海关及检验检疫部门等相关业务的咨询服务。

案例思考

1. 与其他物流园相比，建设三山国际物流园有什么优势？
2. 三山国际物流园如何发挥物流功能和提供增值服务？

第 10 章

现代物流运作方式

目前在现代物流运作方式的分类方面并没有统一的看法，国内外学术界通常划分为第一方物流、第二方物流、第三方物流以及第四方物流，在概念上基本上是从服务的特点、以物流供应链中的作用等角度去进行定义。我们这里采用企业物流（包括第一方物流和第二方物流）和物流企业（包括第三方物流和第四方物流）的物流以及逆向物流作为物流运作方式的划分方法。

本章主要介绍了四种典型的物流运作方式，包括企业物流（即第一方物流和第二方物流）、第三方物流、第四方物流和逆向物流。

10.1 企 业 物 流

企业物流概念的最早提出，可以追溯到 20 世纪 60 年代。1962 年 4 月，美国管理学大师 Peter Drucker 在 Fortune 杂志上发表的"经济领域的黑暗大陆"的文章中首次提出了"物流"的概念。虽然当时 Drucker 提出的物流（Distribution）仅仅是针对产成品来讨论的，但很快就引起了企业界的巨大关注，真正的企业物流（Logistics）理念迅速波及到原材料领域，进而形成为综合物流（Integrated Logistics），发展到 20 世纪 90 年代，正式提出了供应链管理（SCM-Supply Chain Management）理念。

企业物流理念从提出到发展为相对较为成熟与完善，经历了近 40 年的时间。在这近 40 年的时间里，几乎每 10 年企业物流理念就得到一次极大的更新与充实。从本质上说，企业物流是企业的产品或服务的一种存在与表现形式。

10.1.1 企业物流的概念

企业物流是"企业内部的品实体流动"（见 GB/T18354—2006）。它从企业角度上研究与之有关的物流活动，是具体的、微观的物流活动的典型领域。企业物流又可区分以下不同典型的具体物流活动：企业供应物流、企业生产物流、企业销售物流、企业回收物流、企业废弃物物流等。

企业系统活动的基本结构是投入→转换→产出，对于生产类型的企业来讲，是原材料、燃料、人力、资本等的投入，经过制造或加工使之转换为产品或服务；对于服务型企业来讲则是设备、人力、管理和运营，转换为对用户的服务。物流活动便是伴随着企业的投入→转换→产出而发生的。相对于投入的是企业外供应或企业外输入物流，相对于转换的是企业内生产物流或企业内转换物流，相对于产出的是企业外销售物流或企业外服务物流。由此可见，在企业经营活动中，物流是渗透到各项经营活动之中的活动。

丰田击败美国汽车军团内功

供应链管理的 3 大核心领域分别是成本、质量和时效，三者互相关联且互相制约。成本和质量是大多数传统公司决策时的第一考量；但在新经济"快鱼吃慢鱼"的背景下，越来越多的公司开始关注时间的重要性。如果企业能比行业平均水平更快地响应客户需求，就有望获得 2 倍于其竞争对手的利润，增长速度最多也可以快 3 倍。

为了支持其及时制（Just In Time，JIT）系统，丰田公司需要确保供应商按照成本、质量和及时性这 3 大标准供货，因此选择供应商的标准极为严格和细致，目的是将选定的供应商整合为一个"企业家族"，使其内部所有相关企业的利益和目标完全一致。精确准时的送货和生产，苛刻的质量控制体系帮助丰田把库存和成本降到了最低；丰田能够最终击败底特律的美国汽车军团，坚如磐石的供应链居功至伟。

资料来源：中国物流与采购网，经作者整理

10.1.2　企业物流模式

从企业角度上研究与之有关的物流活动。是具体的、微观的物流活动的典型领域。企业物流又可区分以下不同典型的具体物流活动模式。

1. 企业生产物流

企业生产物流指企业在生产工艺中的物流活动。这种物流活动是与整个生产工艺过程伴生的，实际上已构成了生产工艺过程的一部分。企业生产物流的过程大体为：原料、零部件、燃料等辅助材料从企业仓库或企业的"门口"开始，进入生产线的开始端，再进一步随生产加工过程一个环节一个环节地"流"，在"流"的过程中，材料本身被加工，同时产生一些废料余料，直到生产加工终结，再"流"至制品仓库，便终结了企业生产物流过程。

过去，人们在研究生产活动时，主要注重一个一个的生产加工过程，而忽视了将每一个生产加工过程串在一起的，并且又和每一个生产加工过程同时出现的物流活动。例如不断地离开上一工序，进入下一工序，便会不断发生搬上搬下、向前运动、暂时停滞等物流活动，实际上，一个生产周期，物流活动所用的时间远多于实际加工的时间。所以企业生产物流研究的潜力、时间节约的潜力、劳动节约的潜力也是非常大的。

2. 企业供应物流

企业为保证本身的生产的节奏，不断组织原材料、零部件、燃料、辅助材料供应的物流活动，这种物流活动对企业生产的正常、高效进行起着重大作用。企业供应物流不仅是一个保证供应的目标，而且还是在以最低成本、以最少消耗、以最大的保证来组织供应物流活动的限定条件下，因此，就带来了很大的难度。现代物流学是基于非短缺商品市场这样一个宏观环境来研究物流活动的，在这种市场环境下，供应数量保证上是容易做到的，如何降低这一物流过程的成本，这可以说是企业物流的最大难点。为此，企业供应物流就必须解决有效的供应网络问题，供应方式问题、零库存问题等。

3. 企业销售物流

企业销售物流是企业为保证本身的经营利益，不断伴随销售活动，将产品所有权转给用户的物流活动。如上所述，在现代社会中，市场环境是一个完全的买方市场，因此，销售物流活动便带有极强的服务性，以满足买方的要求，最终实现销售。在这种市场前提下，销售往往以送达用户并经过售后服务才算终止，因此，销售物流的空间范围便很大，这便是销售物流的难度所在。在这种前提下，企业销售物流的特点，便是通过包装、送货、配送等一系列物流实现销售，这就需要研究送货方式、包装水平、运输路线等并采取各种诸如少批量、多批次、定时、定量配送等特殊的物流方式达到目的地，因而，其研究领域是很宽的。

4. 企业回收物流

企业在生产、供应、销售的活动中总会产生各种边角余料和废料，这些东西回收是需要伴随物流活动的，而且，在一个企业中，回收物品处理不当，往往会影响整个生产环境，甚至影响产品质量，这也会占用很大空间，造成浪费。

5. 企业废弃物物流

企业废弃物物流是对企业排放的无用物进行运输、装卸、处理等的物流活动。

10.1.3 企业物流内容

企业物流在不同的发展阶段包含着不同的内容。随着企业物流从单纯的产品配送向综合物流直至向供应链管理阶段发展，企业物流包含的内容不断地得到增加、丰富；企业物流涉及的领域不断地得到扩大。现在看来，企业物流几乎贯穿着企业的整个运营过程。概括地说，企业物流包含着采购、运输、存储、搬运、生产计划、订单处理、包装、客户服务以及存货预测等若干项功能。

1. 采购（purchasing）

把企业采购活动归入企业物流是因为企业运输成本与生产所需要的原材料、零部件等的地理位置有直接关系，采购的数量与物流中的运输与存储成本也有直接关系。把采购归入企业物流领域，企业就可以通过协调原材料的采购地、采购数量、采购周期以及存储方式等来有效地降低运输成本，进而为企业创造更大的价值。

2. 运输（transportation）

运输是企业物流系统中非常重要的一部分。事实上，运输也是企业物流最为直接的表现形式，因为物流中最重要的是货物的实体移动及移动货物的网络。通常情况下，企业的物流经理负责选择运输方式来运输原材料及产成品，或建立企业自有的运输能力。

3. 存储（warehousing & storage）

存储包括两个既独立又有联系的活动：存货管理与仓储。事实上，运输与存货水平及所需仓库数之间也有着直接的关系。企业许多重要的决策与存储活动有关，包括仓库数目、存货量大小、仓库的选址、仓库的大小等。

4. 物料搬运（material handling）

物料搬运对仓库作业效率的提高是很重要的，物料搬运也直接影响到生产效率。在生产型企业中，物流经理通常要对货物搬运入库、货物在仓库中的存放、货物从存放地点到订单分拣区域的移动以及最终到达出货区准备运出仓库等环节负责。

5. 生产计划（production planning）

在当前竞争激烈的市场上，生产计划与物流的关系越来越密切。事实上，生产计划往往依据物流的能力及效率进行调整。另一方面，企业的生产计划还与存货能力、存货预测有关。

6. 订单处理（order processing）

订单处理过程，包括完成客户订单的所有活动。物流领域之所以要直接涉及订单的完成过程，是因为产品物流的一个重要方面是前置期，即备货周期（lead time），它是指从客户下达订单开始，至货物完好交于客户为止的时间。从时间或者说前置期的角度来看，订单处理是非常重要的物流功能。订单处理的效率直接影响到备货周期，进而影响到企业的客户服务质量与承诺。

7. 工业包装（packaging）

与物流紧密相关的还有工业包装，即外包装。企业物流中运输方式的选择将直接影响到包装要求。一般来说，铁路与水运引起货损的可能性较大，因而需要支出额外的包装费用。

8. 客户服务（customer service）

客户服务也是一项重要的物流功能。客户服务水平与物流领域的各项活动有关，存货、运输、仓储的决策等取决于客户服务要求。

9. 存货预测（stock forecasting）

准确的存货和物料、零部件的预测是有效存货控制的基础，尤其是使用零库存和物料需求计划方法控制存货的企业。因此，存货预测也是企业物流的一项重要功能。

除了上述列举的几个主要功能外，企业物流还包含诸如工厂和仓库选址、维修与服务支持、回收物品处理、废品处理等功能。当然，不同的企业或企业处于不同的发展阶段，其企业物流不一定会涉及上述的方方面面。

10.2 第三方物流概述

物流在西方发达国家的实践中是降低成本的"第三利润源"，是提高服务水平的利器，因此物流理论引入我国后，受到了我国各级政府和各类企业前所未有的关注。作为物流专业化、社会化集中表现的第三方物流，也首当其冲、备受推崇并迅速升温。跨国公司更是对我国的物流市场觊觎已久，入世后已经逐步进驻我国物流市场。越来越多的人对第三方物流的前景看好，物流成为继 IT、金融之后最受追捧的行业之一。

10.2.1 第三方物流兴起

第三方物流兴起，首先要从物流需求的社会化产生谈起。工业化的发展，使流通从生产中分离出来，随之而来的社会化大生产，则使流通规模、数量越来越大，流通越来越复杂。大规模流通已经超越了生产企业本身的能力，不能再像小规模生产时由本身来解决自身产品的流通问题，这是社会化物流需求产生的主要原因。另一方面，一些国家和地区经济的迅速发展，商业贸易日益发达，由于商贸本身的社会化，使物流较早进入社会化领域，给物流需求创造了一个可以依靠的市场，一个广阔的发展空间，在这种情况下，生产企业不一定是本身发展的需求，而是一个现成的市场拉动对物流的社会化需求。正是由于社会化大生产的推动，商贸市场发展的拉动，社会化的物流需求得以产生。

社会化的物流需求是物流资源配置的非常重要的动力，它的重要结果是物流活动的社会化，原来服务一个企业物流活动，一旦面向社会，就必然成为一种经营服务方式，物流服务的出现，标志物流活动的专业化，无论是系统的物流活动，还是局部领域的物流活动，都通过社会化的物流服务而变成一个专门的行业。

在网络经济时代，随着物流服务的发展，现代社会所产生的物流需求，已经可以不依靠企业本身去实现，而是可以依靠社会上的专业物流企业去实现。企业再也没有必要在"大而全"、"小而全"上面去浪费宝贵的资源。物流服务的最高水平，从当前社会经济发展水平来看，是能够为物流需求承担完整的物流服务商，即"第三方物流"，现已成为现代物流社会化和专业化的先进形式。

德邦物流：一个物流企业的"慢"管理样本

德邦物流在目前竞争激烈的零担物流市场中一直算是比较另类的企业。

很多零担物流企业都让社会车辆挂靠，这样服务质量与车队安全基本上无法保障。而德邦物流则是完全自购了1 600多辆车，并对司机进行集中管理。

在德邦物流，对运输的专注，已经演变为对标准要求的一种苛刻。

就拿拓展网点来说，选择所有网点和店面都是自建，而且每一个店面都是统一的风格、颜色、规格、设施。

而要选择一个店址，所要做的工作就更多了。公司有一个评分机制，首先看这一地区的经济情况，网点的建设是与货量挂钩的，货量又与国民生产总值挂钩。除此之外，指标甚至还细化到了新选店面附近300米之内各种商店的分布情况，一共二三十个指标。经过调查后，对这些指标分项进行打分，综合分数在80分以上的才能确定开店。因为选址的标准极为缜密，到今年德邦物流已经在全国开设了900多个店面，而关闭的只有3家。

资料来源：中国物流与采购网，经作者整理

10.2.2　第三方物流的概念和内涵

现代物流是以满足顾客的需求为目标，把制造、运输、销售等市场情况统一起来考虑的一种战略措施，追求的是降低成本、提高效率与服务水平进而增强企业竞争力。随着社会大生产的扩大和专业化分工的深化，专业化的第三方物流应运而生。

"第三方物流"（Third Party Logistics，简称3PL或TPL）是20世纪80年代中期由欧美提出的。在1988年美国物流管理协会的一项顾客服务调查中，首次提到"第三方服务提供者"一词。目前对于第三方物流解释很多，国外尚没有一个统一的定义，在我国第三方物流是"独立于供需双方，为客户提供专项或全面的物流系统设计或系统运营的物流服务模式"（见GB/T18354—2006）。为更好地理解第三方物流的概念，我们从物流业务的运作者、第三方物流在现代物流中所处的地位以及第三方物流与传统的业务外包的区别三个角度来说明。

1. 第三方物流是独立于供方与需方的物流运作形式

根据的运作主体的不同，可将物流的运作模式划分为第一方物流、第二方物流以及第三方物流。第三方物流实际上是相对于第一方和第二方物流而言的。

第一方物流是由卖方、生产者或供应方组织的物流，这些组织的核心业务是生产和供应商品，为了自身生产和销售业务需要而进行物流自身网络及设施设备的投资、经营与管理。

第二方物流是由买方、销售者组织的物流，这些组织的核心业务是采购并销售商品，为了销售业务需要投资建设物流网络、物流设施和设备，并进行具体的物流业务运作组织和管理。

第三方物流则是专业的物流组织进行的物流，其中的"第三方"是指提供物流交易双方的部分或全部物流功能的服务提供者，即物流企业，是独立于第一、第二方之外的组织，具有比这二者具备明显资源优势的承担物流业务、组织物流运作的主体。

2. 第三方物流是一种社会化、专业化的物流

学术界往往将物流划分为社会物流和企业物流。发生在企业外部的物流活动总称为社会物流，它是超越一家一户的以一个社会为范畴面向社会为目的的物流，这种社会性很强的物流往往是由专业的物流组织来承担的。企业物流则是发生在企业内部的物流活动的总称，是具体的、微观的物流活动的典型领域，又可细分为企业生产物流、企业供应物流、企业销售物流、企业回收物流以及企业废弃物物流。第三方物流是企业生产和销售外的专业化物流组织提供的物流，第三方物流服务不是某一企业内部专享的服务，第三方物流供应商是面向社会众多企业来提供专业服务，因此具有社会化的性质，可以说是物流专业化的一种形式。对于第三方物流在其中所处的位置，可以用图 10-1 来表示。

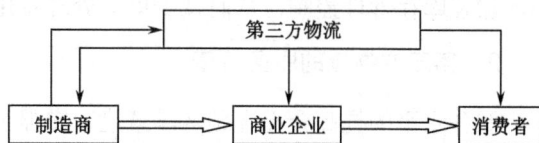

图 10-1　第三方物流的社会地位

3. 第三方物流是综合系列化的服务

国外一般将第三方物流视为类似于外包（Outsourcing）或契约物流的业务形式。对第三方物流有多种表述，如"外协所有或部分公司的物流功能，相对于基本服务，契约物流服务提供复杂、多功能物流服务长期互益的关系为特征"，"是在物流渠道中由中间商提供的服务，是中间商以合同的形式在一定期限内提供企业所需的全部或部分物流服务"等。不管表述如何，需明确传统的物流作业对外委托的形态与第三方物流的区别。企业传统的外包主要是将物流作业活动如货物运输、存储等交由外部的物流公司去做，相应的产生了仓储、运输公司等专门从事某一物流功能的企业，它们通过利用自有的物流设施来被动地接受企业的临时委托，以费用加利润的方式定价，收取服务费。而像库存管理，物流系统设计之类的物流管理活动仍保留在本企业。第三方物流则根据合同条款规定的要求，而不是临时需要，提供多功能，甚至全方位的物流服务。一般来说，第三方物流公司能提供物流方案设计、仓库管理、运输管理、订单处理、产品回收、搬运装卸、物流信息系统，产品安装装配、运送、报关、运输谈判等近 30 种物流服务。依照国际惯例，服务提供者在合同期内按提供的物流成本加上需求方毛利额的 20%收费。可见，第三方物流是以合同为导向的系列化服务。

基于上述要点，可将第三方物流理解成是由供方和需方外的物流企业提供物流服务、承担部分或全部物流运作的业务模式，是在特定的时间段内按照特定的价格向使用者提供的个性化的系列物流服务，是专业化、社会化和合同化的物流。

10.2.3　第三方物流的价值

第三方物流之所以在世界范围内受到企业的青睐，根本原因就在于其独特的作用与价值，能够帮助客户获得诸如利润、价格、供应速度、服务、信息的准确性和真实性及新技术的采用上等方面的潜在优势。

1. 第三方物流的成本价值

企业考虑把物流业务运作外包给第三方物流的一大驱动力就是降低成本。因为，事实证明，企业单靠自己的力量降低物流费用存在很大的困难。采用第三方物流能够降低成本，主要表现在以下方面：企业将物流业务外包给第三方物流公司，以支付服务费用的形式获得服务，而不需要自己内部维持运输设备、仓库等物流基础设施和人员来满足这些需求，从而可以使得公司的固定成本转化为可变成本。其影响对于那些业务量呈现季节性变化的公司更为明显；由于拥有强大的购买力和货物配载能力，一家第三方物流公司可以通过其自身广泛的节点网络实施共同配送，或者可以从运输公司或者其他物流服务商那里得到比他的客户更为低廉的运输报价，甚至可以从运输商那里大批量购买运输能力，然后集中配载不同客户的货物，大幅度地降低单位运输成本；许多第三方物流已在信息技术方面进行了大量的投入，与合适的第三方物流公司合作，企业不需大量进行物流信息系统方面投资就可以以最低的投入充分享用更好的信息技术。此外，第三方物流企业通过利用自身的信息系统和专业技能，可帮助客户提高单证处理效率，加强库存管理控制，从而减少单证处理费用，降低存货水平，削减存储成本等。

2. 第三方物流的服务价值

服务水平的提高会提高顾客满意度，增强企业信誉，促进企业的销售，提高利润率，进而提高企业市场占有率。因此在市场竞争日益激烈的今天，高水平的顾客服务对于现代企业来说是至关重要的，可以成为一个企业竞争优势。帮助企业提高顾客服务水平和质量也就成了第三方物流所追求的根本目标。而物流能力是企业服务的一大内容，会制约企业的顾客服务水平。例如，在生产时由于物流问题使采购的材料不能如期到达，也许会迫使工厂停工，不能如期交纳顾客订货而承担巨额违约金，更重要的是可能会使企业自身信誉受损，销量减少，甚至失去良好的顾客。由此可见物流服务水平的重要性，它实际上已成为企业实力的一种体现。而第三方物流在帮助企业提高自身顾客服务水平上自有其独到之处。利用第三方物流企业信息网络和节点网络，能够加快对顾客订货的反应能力，加快订单处理，缩短从订货到交货的时间，进行门对门运输，实现货物的快速交付，提高顾客满意度；通过其先进的信息和通信技术可加强对在途货物的监控，及时发现、处理配送过程中的意外事故，保证订货及时、安全送达目的地，尽可能实现对顾客的承诺；另外，产品的售后服务，送货上门，退货处理，废品回收等也可由第三方物流企业来完成，保证企业为顾客提供稳定、可靠的高水平服务。

3. 第三方物流的风险规避价值

企业如果自己运作物流，要面临两大风险。一是投资的风险。企业自己运作物流，需要进行物流设施、设备及运作等的巨大投资，而非物流企业内部对物流设施的需求往往是有限或波动的，物流管理能力也不强，因此很容易造成企业内部物流资源的闲置浪费，效率低下。如果把这些用在物流上的巨额投资投到企业的核心业务上，可能会产出更大的效益，因此企业物流投资有着巨大的机会成本。二是存货的风险。企业由于自身配送、管理能力有限，为能对顾客订货及时做出反应，防止缺货，快速交货，往往采取高水平库存的策略，即在总部以及各分散的订货点处维持大量的存货。而且一般来说，企业防止缺货的期望越大，所需的安全储备就越多，平均存货数量也越多。在市场需求高度变化的情况下，大量的存货对于企业来说有着很大的资金风险。因为存货要挤占大量资金，而且随着时间的推移，变现能力会减弱，有着贬值的风险，所以在存货没有销售出去变现之前，任何企业都要冒着巨大的资金风险。企业如果利用第三方物流的运输、配送网络，通过其管理控制能力，可以提高顾客响应速度，加快存货的流动周转，从而减少内部的安全库存量，降低企业的资金风险，或者把这种风险分散一部分给第三方物流企业来共同承担。

4. 第三方物流的竞争力提升价值

在专业化分工越来越细的时代，企业不可能面面俱到，任何企业都要面临自身资源有限的问题，因此，对于那些并非以物流为核心业务的企业而言，将物流外包给第三方物流企业来承担，有助于使企业专注于自身的核心能力，提高竞争力。这主要表现在以下几个方面。

第一，随着企业生产经营规模的不断扩大，对物流提出了更高的要求，企业本身已很难满足自身的物流需求，只有寻求专业化的物流服务。

第二，企业既要把更多的精力投入生产经营当中，又要注重市场的开拓，资源容易受到限制。而许多大型第三方物流企业在国内外都有良好的运输和分销网络，因此希望拓展国际或其他地区市场以寻求发展的企业可以借助这些网络进入新的市场。

第三，随着企业业务规模的扩大，交往的对象增多，所要处理的渠道关系变得复杂，容易分散企业的精力。如果将企业与顾客间的订货、配送转由第三方物流企业来承担，在物流作业上可由直接面对多个顾客变成面对第三方物流企业，从而避免直接与众多顾客打交道的复杂性，把更多精力投入自身的生产经营中（如图 10-2 所示）。

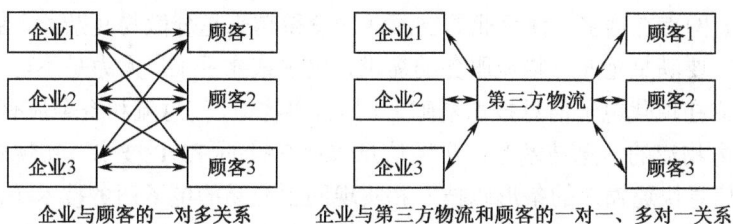

图 10-2　第三方物流与顾客间的关系图

第四，现代企业要在激烈的竞争环境中立于不败之地，越来越需要与其他企业建立良好的合作与联盟的关系，作为面向社会众多企业提供物流服务第三方物流企业，可以站在比单一企业更高的角度上来处理物流问题，可以与整个制造企业的供应链完全集成在一起，为其设计、协调和实施供应链策略，通过提供增值信息服务来帮助客户更好地管理其核心能力。而且第三方物流企业的客户可能遍及供应链的上下游，通过它可以将各相关企业的物流活动有机衔接起来，形成一种更为强大的供应链竞争优势，这是个别企业，特别是中小企业所无法实现的。

5. 第三方物流的社会效益

除了独特的经济效益外，第三方物流还具有另一个易为大多数人所忽视的价值，即其社会效益。首先，第三方物流可将社会的众多闲散物流资源有效整合、利用起来。在过去的计划经济体制下，受大而全、小而全思想的影响，我国很多企业都建有自己的仓库，保有车队，而且往往存在仓储设施老化、仓储管理人员素质低下等问题。企业各自进行分散存储，导致物流设施使用低效，有的企业仓库不足，需扩建，而有的企业仓库则大量闲置、浪费，造成社会物流资源的不合理配置；自行组织运输则使运输效率低下，社会运力得不到有效利用，车辆空驶现象普遍，运输成本高，而且企业由于受到原有一套物流系统的限制，很难依靠自身力量来进行更新改造，强化物流管理。而通过第三方物流企业专业的管理控制能力和强大的信息系统，对企业原有的仓库、车队等物流资源进行统一管理、运营，组织共同存储、共同配送，将企业物流系统社会化，实现信息、资源的共享，则可从另一个高度上极大地促进社会物流资源的整合和综合利用，提高整体物流效率。其次，第三方物流有助于缓解城市交通压力。通过第三方物流的专业技能，加强运输控制，通过制定合理的运输路线，采用合理的运输方式，组织共同配送、货物配载等，可减少城市车辆运行数量，减少车辆空驶、迂回运输等现象，解决由于货车运输的无序化造成的城市交通混乱、堵塞问题，缓解城市交通压力。再次，由于城市车辆运行效率的提高，可减少能源消耗，减少废气排放量和噪声污染等，有利于环境的保护与改善，促进经济的可持续发展。最后，第三方物流的成长和壮大可带动中国物流业的发展，对中国产业结构的调整和优化有着重要的意义。

10.2.4　第三方物流的特征

第三方物流除具有专业化、社会化、系列化的特征外，还具有以下特征。

1. 第三方物流是"三流"合一的物流

在商流、物流、信息流、资金流四大流中，第三方物流至少应集后三大流于一身。现代企业的规模在扩大，网点在增多，使企业的物流活动变得越来越分散与复杂，企业对物流控制的要求也越来越高。要满足企业对物流服务的需求，仅仅依靠手工、人力是不可能的，第三方物流的运作必须建立在现代电子信息技术基础上，具有将物流、信息流和资金流有机结合的能力。常用于支撑第三方物流的信息技术有：实现信息快速交换的 EDI 技术、实现资金快速支付的 EFT 技术、实现信息快速输入的条形码技术和实现网上交易的电子商务技术等。在借助信息技术完成物流运作的同时，物流企业往往还要完成货款结算、提供资金垫付等附加服务，体现第三方物流"三流"合一的特点。

2. 第三方物流是集成化、系统化的服务

第三方物流有别于传统外包的优势就在于它是从系统角度统筹规划一个公司整体的各种物流活动，处理好物流与商流及公司目标与物流目标之间的关系，不求单个活动的最优化，但求整体活动的最优化。不管第三方物流供应商所承担的是企业的部分或全部物流业务，关键的是它所提供的是一整套有助于解决企业某类物流需求的服务组合，即使是完成单项功能，也要结合其他物流要素通盘考虑企业整体物流的合理化，而不是一个个互相独立、分离的服务。集成化、系统化就是将运输、仓储、装卸搬运、配送、流通加工、包装、信息处理等物流诸要素有机结合起来，借助现代物流设施和技术及信息、通信等技术使子系统协调运作，实现客户以较少成本快速、安全交付货物的要求，同时能够为客户提供物流系统设计、运营、物流计划、物流管理及咨询等延伸服务，达到帮助顾客使自身物流要素趋向完备，物流系统化的目的。集成化包括物流功能的集成、物流渠道之间的集成、物流渠道与商流渠道的集成、物流环节与制造环节的集成等。

3. 第三方物流是个性化或客户定制化服务

尽管第三方物流服务是由社会化的物流企业来提供的，面向社会经济活动中的生产、销售

企业，但其服务对象相对来说都比较少，只有数家甚至一家。这是因为需求方的业务流程各不相同，而物流、信息流是随价值流流动的，第三方物流企业需要按照客户要求进行投资，按客户的业务流程来确定和调整服务方案，针对特定的顾客设计合适的物流服务，以满足不同客户的不同需求。这也表明物流服务从"产品推销"（Sales）阶段发展到了"市场营销"（Marketing）阶段。

4. 企业之间是战略联盟关系

第三方物流企业要为客户提供增值的物流服务，可能要涉及长期的投资承诺、信息共享、相互保密、人员的交流和培训等诸多策略性问题，因此要求企业与第三方物流公司在认识双方的依赖性和价值的基础上，建立战略性伙伴关系，双方能相互信任，才能使达到的效果比单独从事物流活动所能取得的效果更好，而且，从物流服务提供者的收费原则来看，它们之间是共担风险、共享收益；再者，第三方物流的服务时间比较长，企业之间所发生的关联不是仅一两次的短期市场交易，不过，在交易维持了一定时期之后，可以相互更换交易对象，在行为上，追求的不是自身利益最大化，而是追求共同利益的最大化，在物流方面通过契约结成优势互补、风险共担、要素双向或多向流动的中间组织。

5. 第三方物流企业的利润来源与客户的利益是一致的

从本质上讲，第三方物流企业的利润来源于现代物流管理科学的推广所产生的新价值。以美国为例，1980 年全美企业存货成本总和占 GDP 的 29%，由于物流管理中零库存控制的实施，到 1992 年这一比例下降到 19%，下降了近 10 个百分点。可以说这种库存成本的节约就是物流科学创造的新价值。这种新价值是第三方物流与客户共同分享的，这就是所谓"双赢"的结果。

第三方物流公司的利润来源与客户的利益不是矛盾的。第三方物流服务的利润来源不是来自运费、仓储费用等直接收入，而是来源于与客户一起在物流领域创造的新价值，通过供需双方的共同努力，降低供应链的整体成本，而不是把成本转嫁给某一方。因此，第三方物流为客户节约的物流成本越多，利润率就越高。

虽然，现有的物流企业在交易方式上还没有摆脱传统的以运费、仓储费用为指标的结算方式，但"以降低客户经营成本为根本的经营目标"已经被中外物流企业明确地提出，这代表了物流业发展的方向，也是实现与客户的双赢、利益一体化的真实反映。也是解除企业后顾之忧、真正实现战略合作的经济基础。

6. 客户中心化

与传统企业被动地接受客户委托，围绕其委托的服务开展作业不同，第三方物流企业要站在客户的立场上主动地提供服务，以客户的物流合理化为目标，围绕客户的需求开展物流服务。

7. 服务创新性

第三方物流企业不仅仅是单纯地按客户的要求完成物流运作。仅仅了解客户当前需求是远远不够的。要为客户提供高水平的物流服务，还必须了解客户的运作流程、行业特点、外包物流的动机，以及要为客户提供满意的服务要建立怎样的企业间的协作关系、合作双方是否能够取得双赢的结果等。必须在满足客户当前需求的同时去发现客户的潜在需求，挖掘其未来需求，从而开发出适合于不同企业的物流服务，因此决定了这种服务是带有创新性的。

10.2.5　第三方物流企业的类型

在成熟的物流市场中，第三方物流企业的由于其核心优势、资金投入能力等不同，可以分为很多种类型，因此研究第三方物流的分类，对于认识第三方物流的发展和运营规律，正确定位自己的业务范围和客户群体，具有重要的意义。

第三方物流企业有不同的划分方法。根据其服务内容和服务对象的多少，第三方物流企业可以分为四类，见图10-3。

就服务内容的集成度而言，从低到高的顺序见图10-4。

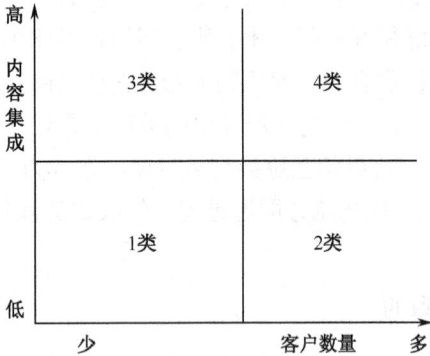

图10-3　第三方物流分类

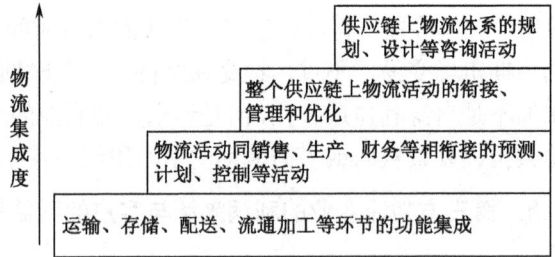

图10-4　物流服务集成内容阶梯图

就服务客户的多寡而言，从一个到几百个不等。

实践表明，服务集成度的高低同服务对象的多寡有反向的相关关系。假定企业的基本规模和能力相同，其提供服务的集成度越高，其能够服务的对象将呈现减少的趋势，而提供服务的集成度越低，其能够服务的对象将增多。这主要是因为集成度越高，物流活动的个性化越强，物流活动中可以共享的资源越少，这种资源的不可共享性限制了其发展新客户的能力。

例如，比较高集成度的物流服务活动可能涉及客户对象现场物流资源的调度和管理，如工厂内原材料仓库的管理，工厂现场的成品包装和管理，作业地点一般在客户端，这些资源是无法在不同的客户之间共享的，这必然限制物流公司拓展新的服务对象的能力。

图10-3中的四类第三方物流企业，其基本情况如下。

第一类：针对少数客户提供的低集成度的物流服务。

针对少数客户提供的低集成度物流服务，存在两种情况，一种是作为成长的阶段性存在的，即物流公司在发展初期，其客户资源有限，且服务能力还处于不完善阶段，能够提供的物流服务集成度有限。另一种物流服务商的市场定位就是第一类第三方物流公司。这些物流服务商因为自身的规模和能力限制，不具备提供高集成度物流的能力，同时，由于投入能力的限制，只能为很有限的客户提供服务。从中国物流市场的发展现状看，对高集成度的物流需求是非常有限的，大多数物流需求还是低集成度的，因此，定位在低集成度上，仍然有很大空间。同时，针对极有限的几个客户提供物流服务，应该是国内目前大多数中小型的物流企业比较可行的定位。

第二类：同时为较多的客户提供低集成度的物流服务。

这也是目前存在比较多的一种第三方物流企业。比较典型的公司有宝供物流、虹鑫物流等。从国内物流业的发展和国外的实践看，第二类物流公司将是未来物流市场的主流模式。

第三类：针对较少的客户提供高集成度的物流服务。

这也是西方物流服务的一种典型形式。值得注意的是，很多大型物流集团，在操作具体客户时，采用同客户共同投资新的物流公司的方式，全面管理客户的物流业务，就这个新公司而言，就是专门为特定客户提供高集成度的物流服务的典型。如联邦快递在欧洲，就同某家具公司联合成立了一家物流公司，专门负责该家具公司全球物流业务的管理和运作。

高集成度的物流服务由于个性化很强，物流企业渗入客户的营运的程度很深，一般不适合大规模运作，即一家公司同时为很多家企业同时提供高集成度的物流服务是很困难的。

第四类：同时为较多的客户提供高集成度的物流服务。

在介绍第三类公司时我们已经提到，同时为较多的客户提供高集成度的物流服务是很困难的。即便在西方发达国家，能同时为很多家企业提供高集成度物流服务的公司，目前还没有出现。这种现象有以下几个可能的原因。

（1）高集成度的物流服务不适合大规模运作

高集成度物流需要个性化定制，资源无法在不同客户中共享，运作成本比较高，不适合大规模运作。

（2）高集成度物流服务具有强烈的排他性

高集成度物流深入客户内部的战略、计划和管理，同客户是亲密无间的战略型合作伙伴关系，这种合作具有排他性，降低了物流服务提供商为同类客户提供服务的可能性。

（3）高集成度物流服务需求市场不旺

高集成度物流是物流业务的完全外包，客户企业面临的风险巨大，因此，大多数客户对高集成度物流持审慎的态度。

（4）高集成度物流服务的供应能力还不足

物流在全球范围内，还处于发展的初期，物流公司还不具备同时为多家客户提供高集成度物流服务的能力。

第三方物流的服务类型

单一服务（single services）：仅提供搬运、运输或仓储的一种服务。

独立服务（separated services）：提供运输与仓储二选一的服务。

集成服务（integrated services）：提供运输与仓储集成的服务。

综合服务（combined services）：在供给、仓储、运输功能以外还提供额外的服务，如商业经营和策划服务。

组合服务（complex combined services）：提供由不同服务所构成的服务集合，如计划、供给、装卸、仓库管理、仓储、经营、信息及运输等功能。

资料来源：陈雅萍. 第三方物流. 北京：清华大学出版社，2008，经作者整理

10.3 第四方物流

10.3.1 第四方物流的概念

第三方物流作为一种新兴的物流方式活跃在流通领域，它的节约物流成本、提高物流效率的功能已为众多企业所认可。随着企业要求的提高，"第三方物流"在整合社会所有的物流资

源以解决物流瓶颈，造成最大效率方面开始出现力不从心；虽然从局部来看，第三方物流是高效率的，但从一个地区、一个国家的整体来说，第三方物流企业各自为政，难以解决经济发展中的物流瓶颈，尤其是电子商务发展中新的物流瓶颈。另外，物流业的发展需要技术专家和管理咨询专家的推动，而第三方物流恰恰缺乏高技术、高素质的人才队伍支撑。

对此有人提出，必须密切客户和第三方物流的关系并进行规范化管理。于是"第四方物流"（Fourth Party Logistics，4PL）便应运而生。

"第四方物流"的概念首先是由著名的管理咨询公司埃森哲公司（又名安盛咨询公司）提出，并且将"第四方物流"作为专有的服务商标进行了注册，并定义为"一个调配和管理组织自身的及具有互补性服务提供商的资源、能力与技术，来提供全面的供应链解决方案的供应链集成商"。尽管其中有业内人士怀疑咨询公司此举有进行圈地和独霸行业的嫌疑，然而，业界的广泛共识是，物流管理的日益复杂和信息技术的爆炸性发展，使得供应链管理过程中，的确确需要一个"超级经理"来进行管理协调，而且，学术界、管理顾问公司、第三方物流公司和最终客户对这种实体的需要越来越强烈。它的主要作用是：对制造企业或分销企业的供应链进行监控，在客户和它的物流和信息供应商之间充当唯一"联系人"的角色。

10.3.2　第四方物流与第三方物流的联系

第三方物流与第四方物流的关系，可以用图 10-5 进行阐述。第三方物流供应商为客户提供所有的或一部分供应链物流服务，以获取一定的利润。第三方物流公司提供的服务范围很广：它可以简单到只是帮助客户安排一批货物的运输，也可以复杂到设计、实施和运作一个公司的整个分销和物流系统。第三方物流公司和典型的运输或其他供应链服务公司的关键区别在于：第三方物流的最大的附加值是基于自身特有的信息和知识，而不是靠提供最低价格的一般性的无差异的服务。"第三方物流"的主要利润来自效率的提高及货物流动时间的减少。然而，在实际的运作中，大多数第三方物流公司缺乏对整个供应链进行运作的战略性专长和真正整合供应链流程的相关技术。于是第四方物流正日益成为一种帮助企业实现持续运作成本降低和区别于传统的外包业务的真正的资产转移对象。第四方物流企业依据业内最优秀的第三方物流供应商、技术供应商、管理咨询顾问和其他增值服务商，为客户提供独特的和广泛的供应链解决方案。这是任何一家公司所不能单独提供的。

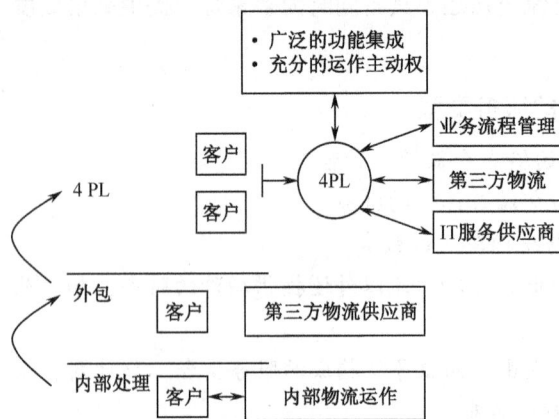

图 10-5　第三方物流与第四方物流的关系

为了更好地阐明第三方物流和第四方物流的区别，我们可以举个例子来说明：病人找医生看病，医生开了处方，然后病人拿着处方去药店抓药——第三方物流是药店，而第四方物流（供应链公司）就是开处方的医生。

从定义上讲，埃森哲公司最早提出了第四方物流的概念：第四方物流供应商是一个供应链的集成商，它对公司内部和具有互补性的服务供应商所拥有的不同资源、能力和技术能进行整合和管理，并提供一整套供应链解决方案（源自"Strategic Supply Chain Alignment" by John Gattorna）。

尽管埃森哲公司拥有"第四方物流"这个专有名词，其他的咨询公司也开始使用类似的服务，称之为"总承包商"或"领衔物流服务商"。无论称谓如何，这些新型的服务供应商可以通过其影响整个供应链的能力来为客户提供更为复杂的供应链解决方案和价值。第四方物流可以使迅速、高质量、低成本的产品运送服务得以实现，将实现零库存的目标距离又缩短。

10.3.3　第四方物流优势和功能

"第四方物流"同"第三方物流"相比，其服务的内容更多，覆盖的地区更广，对从事货运物流服务的公司要求更高，要求它们必须开拓新的服务领域，提供更多的增值服务。"第四方物流"最大的优越性，是它能保证产品得以"更快、更好、更廉"地送到需求者手中。当今经济形式下，货主/托运人越来越追求供应链的全球一体化以适应跨国经营的需要，跨国公司由于要集中精力于其核心业务因而必须更多地依赖于物流外包。基于此理，它们不只是在操作层面上进行外协，而且在战略层面上也需要借助外界的力量，昼夜间都能得到"更快、更好、更廉"的物流服务。

第四方物流的基本功能有三个方面。

（1）供应链管理功能。即管理从货主、托运人到用户、顾客的供应全过程。

（2）运输一体化功能。即负责管理运输公司，物流公司之间在业务操作上的衔接与协调问题。

（3）供应链再造功能。即根据货主/托运人在供应链战略上的要求，及时改变或调整战略战术，使其经常处于高效率地运作状态。第四方物流成功的关键是以"行业最佳的物流方案"为客户提供服务与技术。

第三方物流要么独自提供服务，要么通过与自己有密切关系的转包商来为客户提供服务，它不大可能提供技术、仓储和运输服务的最佳整合。因此，"第四方物流"就成了"第三方物流"的"协助提高者"，也是货主的"物流方案集成商"。

10.3.4　第四方物流的主要运作模式

1. 超能力组合的协同运作模型

第四方物流和第三方物流共同开发市场，第四方物流向第三方物流提供一系列的服务，包括：技术、供应链策略、进入市场的能力和项目管理的专业能力。第四方物流往往会在第三方物流公司内部工作，其思想和策略通过第三方物流这样一个具体实施者来实现，以达到为客户服务的目的。第四方物流和第三方物流一般会采用商业合同的方式或者战略联盟的方式合作。

2. 方案集成商模型

在这种模式中，第四方物流为客户提供运作和管理整个供应链的解决方案。第四方物流对本身和第三方物流的资源、能力和技术进行综合管理，借助第三方物流为客户提供全面的、集成的供应链方案。第三方物流通过第四方物流的方案为客户提供服务，第四方物流作为一个枢纽，可以集成多个服务供应商的能力和客户的能力。

3. 行业创新者模型

第四方物流为多个行业的客户开发和提供供应链解决方案，以整合整个供应链的职能为重点，第四方物流将第三方物流加以集成，向上下游的客户提供解决方案。在这里，第四方物流的责任非常重要，因为它是上游第三方物流的集群和下游客户集群的纽带。行业解决方案会给整个行业带来最大的利益。第四方物流会通过卓越的运作策略、技术和供应链运作实施来提高整个行业的效率。

第四方物流无论采取哪一种模式，都突破了单纯发展第三方物流的局限性，能做到真正的低成本、高效率、时时运作，实现最大范围的资源整合。因为第三方物流缺乏跨越整个供应链运作以及真正整合供应链流程所需的战略专业技术。第四方物流可以不受约束地将每一个领域的最佳物流提供商组合起来，为客户提供最佳物流服务，进而形成最优物流方案或供应链管理方案。

招商迪辰闪亮登场充当第四方物流明星

招商迪辰是招商局成立的一家科技物流企业，注册资本金 2 亿港元。这个从事第四方物流的新秀，从 1999 年登场的那一天起就带上了"明星"光环。

招商迪辰在成立时全部启用了"海归派"，这些由美国硅谷 IT 与物流精英组成的"海外兵团"，带来了全新的第四方物流概念并成功地展开实施。

招商迪辰的光彩照人之处，还在于成功收购香港主板上市公司，开创了中国物流企业收购主板上市公司的先河。2003 年 1 月，招商迪辰宣布成功协议收购香港主板上市公司香港启祥集团，并将拥有该公司 61.8%的绝对控股权。此次招商迪辰收购启祥后，将以其在仓储、物流和供应链管理方面的经验，帮助和提升启祥集团以仓储为基础的物流服务水平，从而实现双方共赢。

招商迪辰将地理信息 GIS、卫星定位 GPS、无线通信 WAP 与互联网技术 WEB 集成一体，应用于物流和供应链管理信息技术领域，为企业提供全方位、多层次信息技术管理咨询解决方案，是当今中国第一家第四方物流服务提供者和领导者。

资料来自：新华网，经作者整理

10.3.5 信息技术在第四方物流中的重要作用

随着信息管理的日益重要，公司需要制定一个合适的信息技术策略。一个真正有效的信息技术策略必须涵盖企业资源规划系统，它既包括决策支持、交易支持又包括管理职能。近年来在供应链管理技术方面的突破使得供应链的参与者可以真正对整个供应链有一个全面的、实时的"全程式"扫描。技术能力已经可以覆盖影响企业竞争能力的诸多方面，包括产品流的可视性、事件管理和绩效管理等。

技术所能够提供的实时信息，帮助企业在必要的时候能够重新调整产品流，并且预测内向和外向的流量。它还可以帮助用户对供应链上的各个层次的绩效数据进行量化和对绩效进行跟踪；同时寻找机会进行持续改善。根据 Forrester Research 的分析，"虚拟企业完全可以由虚拟的物流外包商来提供端到端的供应链服务"。这些新兴技术将会使"第四方物流"有能力为服务供应商、客户及其供应链伙伴，提供一整套集成的解决方案。

10.4 逆 向 物 流

10.4.1 逆向物流的概念

目前，理论界对逆向物流概念表述有很多，较专业、准确地概括其特点的定义是：与传统供应链反向，为价值恢复或处置合理而对原材料、中间库存、最终产品及相关信息从消费地到起始点的有效实际流动所进行的计划、管理和控制过程。

在我国，由国家质量技术监督局发布的《中华人民共和国国家质量标准物流术语》中的所讲的"逆向物流"，具体表述为：逆向物流是"物品从供应链下游向上游的运动所引发的物流活动"（见 GB/T18354—2006）。

废旧汽车零部件再利用的途径

当一辆汽车无法通过维修再制造手段加以再利用时，需要通过拆卸使其零部件或材料得到再利用。其中，拆卸下来的车身被出售给切割厂，进行黑色金属和有色金属材料的再循环。根据各零部件价值的不同，选择不同的再利用方式：性能尚好的零部件经简单修整或修理后，经配件交易商直接再利用（或再销售），这些零部件包括车轮、车窗和座位的驱动电机以及散热器等；交流发电机、空调甚至整个发动机经维修、翻新后再使用；其他零部件包括电子元器件、尾气催化装置、电池、轮胎则进行材料的再循环。

资料来源：王长琼. 逆向物流. 北京：中国物资出版社，2007，经作者整理

10.4.2　逆向物流的产生

对于企业而言，逆向物流往往出于以下动机：环境管制、经济利益（体现在废弃物处理费用的减少、产品寿命的延长、原材料零部件的节省等方面）和商业考虑。因而，管理者首先应认识到逆向物流的重要性和价值，其次要在实际运作中给予逆向物流以资源和支援，才是发挥竞争优势的关键。

近年来，随着电子商务的快速发展，物流业已从传统的流通业中独立出来并日益受到人们的关注。而随着人们环保意识的增强，环保法规约束力度的加大，逆向物流的经济价值也逐步显现。在我国经济发展水平较为落后的时期和地区理所当然是厉行节约是首要选择，传统经济生活中的废品收购，如空桶、空瓶、空盘，废旧钢铁、纸张、衣物等的重复利用也是一种司空见惯的社会生活现象，因而，服务于废品回收再用的逆向物流并不是什么新东西。另外对产品零部件的回收再用或将上述包装回收后清洗再用都比买新的要便宜。只不过，由于过去十年中对环境保护的高度重视，逆向物流有了新的含义，如耐用产品和耐久消费包装。后来，新的资源再生利用技术的研究与推广了大大降低了处理回收物品的成本，使逆向物流不仅仅意味着成本的增加，而且由于它能带来资源的节约可能意味着经济效益、社会效益和环境效益的共同增加。具体而言，企业引入逆向物流系统的原因如表 10-1 所示。

表 10-1　企业引入逆向物流系统的原因

引入逆物流系统的主要原因	使用逆物流系统的典型例子
为获得补偿或退款而退还产品	不能满足客户期望的 VCR 被退回，以得到退款
归还短期或长期租赁物	当天租赁的场地装备的返还
返回制造商以便修理、再制造或返还产品的核心部分	返还用过的汽车发电机给制造商以期被再制造和再销售
保修期返回	电视机在保修期内功能失灵而被退还
可再利用的包装容器	返回的汽水瓶、酸奶瓶、饮料瓶被清洗和再使用
寄卖物返还	寄存在商店的音箱没有变卖又返还给物主
卖给顾客新东西时折价回收旧货	出售新车时代理商回收旧车准备再卖
产品发往特定组织进行升级	旧电脑被送往制造商以安装光盘驱动器

（续表）

引入逆物流系统的主要原因	使用逆物流系统的典型例子
送还	不必要的产品包装或托盘在不需要时被送还
普遍产品召回	由于安全带失效汽车被返还给代理商
产品返还给制造商进行检查或校准	医学设备被返还以检查和调校仪表
产品没有实现制造商对客户的承诺	如果电视性能与承诺的不一致则可以退还它

资料来源：[美]David J. Bloomberg，Stephen Le May，Joe B，Hanna. 综合物流管理入门[M]. 雷震甲，杨纳让译. 北京：机械
工业出版社，2003，第211页。

10.4.3　逆向物流分类

1．按照回收物品的渠道来分

按照回收物品的特点可分为退货逆向物流和回收逆向物流两部分。退货逆向物流是指下游顾客将不符合订单要求的产品退回给上游供应商，其流程与常规产品流向正好相反。回收逆向物流是指将最终顾客所持有的废旧物品回收到供应链上各节点企业。

2．按照逆向物流材料的物理属性分

按照逆向物流材料的物理属性可分为钢铁和有色金属制品逆向物流、橡胶制品逆向物流、木制品逆向物流、玻璃制品逆向物流等。

3．按成因、途径和处置方式及其产业形态来分

按成因、途径和处置方式的不同，逆向物流被学者们分为投诉退货物流、终端使用退回物流、商业退回物流、维修退回物流、生产报废与副品物流以及包装退回物流等6大类别。

循环经济的3R原则

1．减量化（Reduce）原则

要求用较少的原料和能源投入来达到既定的生产目的或消费目的，进而到从经济活动的源头就注意节约资源和减少污染。

2．再利用（Reuse）原则

要求制造产品和包装容器能够以初始的形式被反复使用。

3．再循环（Recycle）原则

要求生产出来的物品在完成其使用功能后能重新变成可以利用的资源，而不是不可恢复的垃圾。

资料来源：百度百科，词条：循环经济，经作者整理

10.4.4　逆向物流存在的问题

随着人们环保意识的增强、政府环境立法的加快和法规约束力度的加大，逆向物流正在被社会各界越来越多的人士所认识和重视。而基于人口、资源、环境和谐发展的要求和提升企业竞争优势的目标，一些国际知名企业，如通用汽车、IBM、惠普、西门子、飞利浦、西尔斯等已先行一步进入逆向物流领域，产生了良好的经济效益和社会影响。然而在中国，逆向物流仍然未能引起企业界的普遍重视，绝大多数企业也都对逆向物流退避三舍。

那么，是什么原因导致中国企业对逆向物流"横眉冷对"呢？

（1）对逆向物流的认识存在误区

从形成因素来看，逆向物流一般是由对不满意产品的退货、不合格材料和残次品的退（召）回、包装品的循环复用、废弃物的处理、有害物品的回收等引起的。因此，大多数企业认为逆向物流是负面的。

（2）企业高层重视不够

通常企业都乐于在正向物流上投入资金、下大功夫，相比之下，高层领导对逆向物流普遍不够重视，并将其排除在企业经营战略之外。

（3）对逆向物流的操作存在困难

正向物流通常是在人们的计划和掌控之下，基本按照规定的时间和数量从某一点流出，终止于另一点，而何时出发、数量多少、从哪里出发、流往何处基本上是已知的和可控的。对逆向物流，其产生的地点、时间和数量几乎无法预料，人们难以掌控。

（4）缺乏相应的技术和管理手段作为支撑

正向物流的处理方法一般比较规范，而逆向物流的处理系统与方式则复杂多样，不同的处理手段对恢复资源价值的贡献差异显著。一般的物流管理信息系统都具有对正向物流的管理功能，但是却鲜有对逆向物流的处理与管理功能。

（5）企业综合素质差

运作逆向物流对企业的生产能力、物流技术、人员素质、管理水平、组织结构等方面的要求非常高，并且需要投入大量的人力、物力、财力，使得企业对逆向物流的成本控制、经济效益以及成功概率等持怀疑态度。

另外，逆向物流业务是由供应链上各个企业共同运作的，因而企业开展逆向物流需要与供应链上其他企业充分合作、协商，并结合整个供应链的业务能力集体做出决策。这对缺乏合作精神和供应链整合能力比较差的中国企业而言，是一个不小的挑战。

10.5　案　例　分　析

10.5.1　海丰的第四方物流"冲动"

在仓储和运输能力决定一切的今天，我国的物流企业还处在"储平丰欠、运通有无"的阶段，对于第四方物流（4PL）的探索也只是停留在理论水平上。难怪许多业界内的人士会愤愤不平，大喊"4PL 不过是玩概念"，因为在我国物流领域内，4PL 的确是有如海市蜃楼的美景蓝图。

4PL 在我国到底能否走出概念的"无间道"呢？

这就好像进化论一样，生物总要朝着更适应自然的角度来进化，以求得更好的生存发展。同样，对于一个行业来说，它必然会本着"适者生存"的原则，向更合理、更有序的方向进化发展，4PL 的诞生和兴起，就是我国物流业发展更高层次的标志。

回顾我国的企业发展，20 世纪 90 年代是我们所谓的 MAKING（生产）年代，企业都把精力集中在开发生产线、扩大产品组合上，相信生产主导一切；到了 2000 年，我们进入了 MARKETING（市场）年代，企业开始把目光锁定在销售环节，如何提高市场占有率、增加市场渗透是企业关心的话题；到了 2007 年的今天，企业的眼球已经被吸引在 SCM（供应链管理）

上了，除了传统的运输仓储，如何能提供企业间的联盟和信任，实现供应链间竞争，几乎是所有企业梦寐以求的蓝图和梦想。

国内曾经有过1加1小于2的说法，这是我国物流领域目前的真实写照。在某个行业或某几个企业来看，物流运作也许是高效率的，但将目光提升到整个社会，我们就会发现，原来物流企业各自为政，信息不能有效流通，重复建设现象严重。因此，我们目前需要的是将资源从社会全局的角度上进行整合，将信息从供应链层次上进行共享。这也就是4PL所充当的角色。

这对于一向擅长抓住机遇，顺应潮流的山东海丰国际航运集团有限公司而言，自然是一个千载难逢的机会。

2006年10月，海丰集团旗下的物流公司与新时代公司的合并计划正式开始，而在接下来的100个工作日内，整个合并的所有细节就已经全部完成，足见海丰的"迫不及待"。

据悉，海丰集团将其原物流体系中新海丰物流有限公司以及一系列与第三方、第四方物流有关的优质资产与新时代国际运输服务有限公司合并成立海丰物流有限公司。合并完成后的新公司整合航运空运资源，货源客源同步扩大，"海丰物流"这一国内创新的供应链管理服务与综合物流企业随之诞生。

海丰物流毫不犹豫地将4PL作为了自己的身份标识，在4PL尚处于概念"无间道"的背景下，海丰此举被业界认为是"疯狂"的举动。

海丰能否走出4PL的"无间炼狱"呢？业界怀着极其"复杂"的心情，注视着海丰的一举一动。

而接下来发生的一切，再一次让业界刮目相看。

自10月份进入合并程序至今，在国内主要城市拥有16个分拨中心，服务国内248个城市的海丰物流，数月间业务和利润增长迅速，比过去数月货运单增长三倍以上。预计2007年空运货运量将突破110 000吨，较2006年的60 000吨上升80%；同期，海运货量将由180 000个标准集装箱增至逾210 000箱。

这些看似不可能的业绩是如何取得的呢？其实，稍微了解海丰成长轨迹的人都会明白，海丰此次打4PL牌不是"心血来潮"，更不是"赶时髦"，而是厚积薄发。

早在2004年12月，海丰集团就进行了大规模的企业战略重组，当时，该公司被分为集运、物流、船东、散货、沿海内贸运输和航运配套服务六大业务体系，并开始向国际化、综合性物流公司迈进。

2005年，海丰集团总裁杨绍鹏又不惜血本，毅然拿出了8 400万元进行他认为是"奢侈品"的IT系统建设。

然而正是这样的远见，让海丰将供应链的各个链条有效地连接起来，形成信息的平滑过渡和流程间的无缝连接，同时提供了基于互联网的查询、客户服务和电子商务平台，为采购商、生产商、运输公司、报关公司、仓储、陆运等相关的公司和客户提供统一的接入平台。

也正是这些"厚积"决定了海丰的4PL梦想的"薄发"。

在进军4PL之前，海丰已经铺好了路。海丰成功建立国内供应链管理，拥有了稳定客户群，持续优化和增强网络平台的实时实施功能，开拓和加强海外代理网络创造了条件，并为其开拓全球供应链管理服务，提供跨及世界各地的海陆空运输综合方案助跑。

至此，海丰梦寐以求的4PL水到渠成。

案例思考

1. 海丰的第四方物流成功的关键要素是什么？
2. 结合案例，分析发展第四方物流企业必须具备的条件有哪些？

10.5.2 安得物流——打开僵局的"三把钥匙"

总部设在安徽芜湖的安得物流股份有限公司是由美的集团及新加坡吉宝物流控股的中外合资物流企业。其前身安得物流有限公司创建于 2000 年 1 月，系国内最早开展现代物流集成化管理，以现代物流理念运作的第三方物流企业之一。

今天的安得以专业化、规模化的第三方物流公司形象跻身行业前列。目前，公司管理仓库总面积达 150 万平方米，年运输量 40 亿吨千米，配送能力 80 万票次，在全国范围内建立了 160 多个物流服务平台。

1. 玩转"网购"

在金融危机的寒流中，网购以其价廉、商品丰富、采购方便等特点，成为一个现代人购物的新宠。据第三方调研机构艾瑞咨询监测研究显示，2008 年我国网购交易额接近 1 300 亿元，较 2007 年增长达 130%左右，网购已逐步成为现代人新的时尚。

"随着互联网在中国的进一步普及应用，网上购物逐渐成为人们的网上行为之一。网络购物在零售业中的增长比率在逐年增大，网购物流的需求也必将随之增加。"卢立新说。

安得物流有现成的配送网络，通过整合现有的资源，发挥自身 RDC（简单理解为区域配送中心）的优势，必将在网络物流中以低于快递公司的价格，优于快递公司的质量取胜市场。目前安得物流已于几家大型的网购企业达成协议，网购物流必将成为安得物流另一个新的利润增长点。

"网络办公平台作为公司内部管理的有效手段，通过集成短信，文件审批等功能，为公司信息的快捷传递起到了十分重要的作用，如今已是公司文化传播的重要载体，是网络化管理的重要屏障。"卢立新说。

2. "冷冻"寒流

4 月 16 日，由中国食品工业协会食品物流专业委员会组织评定的"全国食品冷链物流定点企业"授牌仪式在在上海举行，安得物流再次以超群的能力被认定为"全国食品冷链物流定点企业。

2006 年，在快速消费品需求增长的推动下，安得物流进入了冷链物流。与部分已经在冷链市上遭遇尴尬的同行相比，安得物流投资冷链物流项目是在梳理了自身资源后理性进入的。安得物流现有近 200 个物流服务平台，通过与公司信息化平台相结合形成的网络效应。同时，从新加坡吉宝物流引入的规范运作与资本效应。

安得物流先后引进沃尔沃、斯堪尼亚、雷诺等进口牵引车及高端冷藏箱，在硬件设备投入中毫不吝啬。而让安得物流在冷链物流市场出类拔萃的更关键因素在于，安得物流通过公司现代化的信息技术管理中心，对所有冷藏车辆进行 GPRS 远程温度监控，对所有厢内货物进行不间断监控，确保所有的冷藏产品"一路制冷"，避免因运输而造成"生鲜产品不新鲜"的缺陷。

3. 家电 "下乡"

对经济寒冬中的家电下乡企业来说，牛年的 "春天" 似乎来得很及时。

2009 年 2 月 1 日，家电 "下乡" 开始在全国范围内全面推广，实施时间暂定为 4 年。不可否认，"家电下乡" 是应对经济危机、扩大内需的一个好政策。

面对巨大的农村市场潜力，无论是国美、苏宁、五星等家电流通巨头还是第三方物流企业，都不甘人后。或是在农村市场 "跑马圈地" 的网络布局，或是在某一区域搭建设高效的物流平台，或者优化物流流程，目的之一就是通过物流集成提高配送规模，减少供应链中间环节、扁平化供应链，为家电下乡提供一站式的物流配送服务，从而最大限度地降低在三四级市场的物流成本。农村市场的配送比较分散，在一个地区不同的品牌不能统一起来配送，造成每家配送的成本比较高。

针对家电下乡，安得预计在 10 个省形成一个比较强大的配送网络，物流成本能在目前水平上下降 30% 左右。而目前为了吸引客户，只要客户有需求，订单不论大小安得物流适当降低收费标准，同样为客户提供优质物流服务。现在安得在全国又近 200 个物流服务平台，像河南、贵州、安徽等省每个平台都拥有不少 50 家的客户，一天至少能接到 500 单。

针对三四级市场 "门到门" 配送的难题，安得物流的方法是构建 "交叉理货平台"。这个平台具体是建在城镇还是乡村，要依各地的实际情况而定。家电从发货仓库根据订单运送到平台，再通过面包车或者农用车等农村市场原有的运输资源送达消费者手中。现在这节点已经近 500 个，计划在全国建立 3 000 个 "交叉理货平台"。

分析人士指出，从城乡两级市场来看，不管国家是否补贴，农村市场的家电消费的增长速度是要高于城镇市场。随着国家服务能力的提高，会对各方面的成本控制起到一定作用。完善的物流网络布局，不仅会提升家电物流配送能力、降低配送成本，而且也能服务于诸如日用品、食品、农资等货物的配送，这将极大增强第三方物流企业在农村物流市场的服务能力，降低在农村市场的物流成本。

案例思考

1. 安得是如何通过实现企业物流的现代化来提升管理水平来实现利润最大化的？
2. 安得打开僵局的 "三把钥匙" 是什么？

第**11**章

物流信息技术

信息技术，尤其是基于网络的信息技术的飞速发展，一方面，给物流技术增添了新的内容；另一方面，它给传统的以实物运作为主的物流技术，提供了新的发展机遇，使传统的物流技术面临新的挑战。传统物流技术只有与现代信息技术紧密地结合，才能得到发展，才能发挥更大的作用，现代物流也才能得到快速高效的发展。

本章主要阐述物流信息处理的识别技术（包括条形码技术、扫描技术、射频技术、光学字符识别技术）、物流信息处理的信息处理与跟踪技术（包括数据库技术、EDI 技术、GPS 技术、GIS 技术）以及物流信息处理的其他相关技术（包括数字分拣技术、电子订货技术、销售时点系统、配送需求计划、物流资源计划）在物流领域中的应用。

11.1　物流信息技术概述

信息技术以其技术优势和广阔的发展前景增强了企业竞争力，使传统的企业获得新生。现代信息技术是一股不可抗拒的力量，加速了企业经营方式和管理方式的变革，任何一个企业都无法避开这种变革。

11.1.1　信息技术

信息技术（Information Technology，IT）是指获取、传递、处理、再生和利用信息的技术。从历史上看，每一次科技的重大进步都会为人类社会带来意义深远的剧变。信息技术是新经济风暴的起源，是新经济浪潮的动力，是新经济时代的标志。信息技术已经融入现代文明的方方面面，使人们的生产、生活发生了翻天覆地的变化。

信息技术更是新经济企业信息化的物质技术基础，其内容可以用 3A、3C、3D 来表示：3A即工厂自动化（Factory Automation）、办公自动化（Office Automation）、家庭自动化（House Automation）；3C 即通信（Communication）、计算机（Computer）、控制（Control）的结合；3D就是数字传输（Digital Transmission）、数字交换（Digital Switching）、数字处理（Digital Processing）相结合的数字通信。由此可见，数字化、自动化是信息技术最显著的特点。

11.1.2　物流信息技术

物流信息技术是指现代信息技术在物流各个作业环节中的应用，是物流现代化的重要标志。物流信息技术也是物流技术中发展最快的领域，从数据采集的条形码系统，到办公自动化系统中的微型计算机、互联网、各种终端设备等硬件以及计算机软件都在日新月异地发展。同时，随着物流信息技术的不断发展，产生了一系列新的物流理念和物流经营方式，推进了物流的变革。

物流信息技术主要由通信、软件、面向行业的业务管理系统三大部分组成，包括基于各种通信方式的移动通信手段、全球卫星定位（GPS）技术、地理信息（GIS）技术、计算机网络技术、自动化仓库管理技术、智能标签技术、条形码技术、射频识别技术、电子数据交换技术等现代尖端科技。在这些尖端技术的支撑下，形成以移动通信、资源管理、监控调度管理、自动化仓储管理、业务管理、客户服务管理、财务处理等多种信息技术集成的一体化现代物流管理体系。

譬如，运用地理信息系统和卫星定位技术，用户可以随时"看到"自己的货物状态，包括运输货物车辆所在位置（如某座城市的某条道路上）、货物名称、数量、重量等，大大提高了监控的"透明度"。如果需要临时变更线路，也可以随时指挥调动，大大降低货物的空载率，做到资源的最佳配置。

物流信息技术通过切入企业的物流业务流程来实现对企业各生产要素进行合理组合与高效利用，降低经营成本，直接产生明显的经营效益。它有效地把各种零散数据变为商业智慧，赋予了企业新的生产要素——信息，大大提高了企业的业务预测和管理能力。通过"点、线、面"一体式综合管理，实现了企业内部一体化和外部供应链的统一管理，有效地帮助企业提高服务质量，提升企业的整体效益。

具体地说，它能有效地为企业解决单点管理和网络化业务之间的矛盾、成本和客户服务质量之间的矛盾、有限的静态资源和动态市场之间的矛盾以及现在和未来预测之间的矛盾。

据国外统计，物流信息技术的应用，可为传统的运输企业带来以下实效：降低空载率15%～20%；提高对在途车辆的监控能力，有效保障货物安全；网上货运信息发布及网上下单可增加商业机会20%～30%；无时空限制的客户查询功能，有效满足客户对货物在途情况的跟踪监控，可提高业务量40%；提高各种资源的合理综合利用率，可减少运营成本15%～30%。

对传统仓储企业带来的实效表现在：配载能力可提高20%～30%；库存和发货准确率可超过99%；数据输入误差减少，库存和短缺损耗减少；可降低劳动力成本约30%，提高生产力30%～40%，提高仓库空间利用20%。

信息技术的发展史

第一次信息技术革命是语言的使用。发生在距今约35 000～50 000年前。第二次信息技术革命是文字的创造。大约在公元前3500年出现了文字第三次信息技术革命——印刷的发明。大约在公元1040年，我国开始使用活字印刷技术（欧洲人1451年开始使用印刷技术）。第四次信息技术革命是电报、电话、广播和电视的发明和普及应用。1837年美国人莫尔斯研制了世界上第一台有线电报机。电报机利用电磁感应原理（有电流通过，电磁体有磁性；无电流通过，电磁体无磁性），使电磁体上连着的笔发生转动，从而在纸带上画出点、线符号。这些符号的适当组合（称为莫尔斯电码），可以表示全部字母，于是文字就可以经电线传送出去了。1844年5月24日，人类历史上的第一份电报从美国国会大厦传送到了40英里外的巴尔的摩城；1864年英国著名物理学家麦克斯韦发表了一篇论文（《电与磁》），预言了电磁波的存在；1876年3月10日，美国人贝尔用自制的电话同他的助手通了话；1895年，俄国人波波夫和意大利人马可尼分别成功地进行了无线电通信实验；1894年，电影问世；1925年，英国首次播映电视。第五次信息技术革命始于20世纪60年代，其标志是电子计算机的普及应用及计算机与现代通信技术的有机结合。

资料来源：百度百科，词条：信息技术，经作者整理

11.2　物流信息系统的识别技术

在物流系统应用中，首先要对货物进行信息识别，把货物的名称、型号、规格、数量、单价等性能指标用数字化手段存入计算机数据库系统中，从而引出了货物识别软硬件技术的应用。常用的识别技术包括条形码技术、扫描技术、射频识别技术和光学字符识别技术，这节主要介绍这四种识别技术。

11.2.1　条形码技术

条形码是由美国的 N.T.Woodland 在 1949 年首先提出的。近年来，随着计算机应用的不断普及，条形码的应用得到了很大的发展。条形码可以标出商品的生产国、制造厂家、商品名称、生产日期、图书分类号、邮件起止地点、类别、日期等信息，因而在商品流通、图书管理、邮电管理、银行系统等许多领域都得到了广泛的应用。

条形码是"由一组规则排列的条、空及其对应字符组成的，用以表示一定信息的标识"（见 GB/T18354—2006）。常见的条形码是由反射率相差很大的黑条（简称条）和白条（简称空）组成的。以 600 毫升瓶装可口可乐为例，图 11-1 描述了其条形码符号组成，图 11-2 为条形码系统的工作原理图。

图 11-1　条形码符号的组成

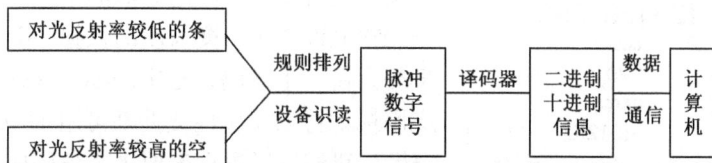

图 11-2　条形码系统的工作原理

条形码系统是由条形码符号设计、制作及扫描阅读组成的自动识别系统。它由光电扫描设备识读完成对条形码数据的自动采集和光电信号的自动转换。进一步而言，它利用光学系统读取条形码符号，由光电转换器将光信号转换为电信号，通过电路系统对电信号进行放大和整形，最后以二进制脉冲信号输出给译码器进行译码。

条形码技术为我们提供了一种对物流中的物品进行标识和描述的方法，借助自动识别技术、POS 系统、EDI 等现代技术手段，企业可以随时了解有关产品在供应链上的位置，并及时做出反应。当今在欧美等发达国家兴起的 ECR、QR、自动连续补货（ACEP）等供应链管理策略，都离不开条形码技术的应用。条形码是实现 POS 系统、EDI、电子商务和供应链管理的技术基础，是物流管理现代化、提高企业管理水平和竞争能力的重要技术手段。

条形码技术是实现自动化管理的有力武器，有利于进货、销售和仓储管理一体化；是实现 EDI、节约资源的基础；是及时沟通产、供、销的纽带和桥梁；是提高市场竞争力的工具；可以节省消费者的购物时间，扩大商品的销售额。

条形码种类很多，多达 40 余种，常见的也有 20 多种码制。目前应用最为广泛的有交叉二五码、39 码、UPC 码、EAN 码、128 码等。近年来又出现了按矩阵方式或堆栈方式排列信息的二维条形码。按印制条形码的材料、颜色分类，可分黑白条形码、彩色条形码、发光条形码（荧光条形码、磷光条形码）和磁性条形码等。

不论哪一种条形码，在设计上都有一些共同点：

① 条形码符号图形结构简单。

② 每个条形码字符由一定的条符组成，占有一定的宽度和印制面积。

③ 每种编码方案均有自己的字符集。

④ 每种编码方案与对应的阅读装置的性能要求密切配合。

下面是一些常用的条形码。

（1）EAN 码

EAN 码是国际物品编码协会制定的一种商品用条形码，全球通用。EAN 码符号有标准版（EAN-13，GB/T12904—91）和缩短版（EAN-8）两种，我国的通用商品条形码与其等效。我们日常购买的商品包装上所印的条形码一般就是 EAN 码。

（2）UPC 码

UPC 码是美国统一代码委员会制定的一种商品用条形码，主要用于美国和加拿大地区，在美国进口的商品上可以看到。

（3）39 码

39 码是一种可表示数字、字母等信息的条形码，主要用于工业、图书及票证的自动化管理，目前使用极为广泛。

（4）UCC/EAN-128 码

UCC/EAN-128 码是目前可用的、最完整的、高密度的、可靠的、应用灵活的字母数字型一维码制之一。它允许表示可变长度的数据，并且能将若干个信息编码在一个条码符号中。SSCC 和相关的 EAN·UCC 应用标识符以及属性数据都可用 UCC/EAN-128 码制表示。我们可以根据需要采用条码应用标示符的不同部分来表示需要的信息，如图 11-3 所示的条形码标签表示了系列货运包装箱代码、保质期、批号等信息。

（5）二维条形码

一维条形码所携带的信息量有限，如商品上的条形码仅能容纳 13 位（EAN-13 码）阿拉伯数字，更多的信息只能依赖商品数据库的支持，离开了预先建立的数据库，这种条形码就没有意义了，因此在一定程度上也限制了条形码的应用范围。基于这个原因，在

图 11-3　条形码标签

20 世纪 90 年代发明了二维条形码。二维条形码除了具有一维条形码的优点外，同时还有信息量大，可靠性高，保密、防伪性强等优点。

目前二维条形码主要有 PDF417 码、Code49 码、Code 16K 码、Data Matrix 码、MaxiCode 码等，主要分为堆积式（或层排式）和棋盘式（或矩阵式）两大类，如图 11-4 所示。

二维条形码作为一种新的信息存储和传递技术，从诞生之时就受到了国际社会的广泛关注。经过几年的努力，现已应用在国防、公共安全、交通运输、医疗保健、工业、商业、金融、海关及政府管理等多个领域。

（a）堆积式二维条形码　　　　　　　　　　　（b）矩阵式二维条形码

图 11-4　二维条形码系统的种类

二维条形码依靠其庞大的信息携带量，能够把过去使用一维条形码时存储于后台数据库中的信息包含在条形码中，可以直接通过阅读条形码得到相应的信息，并且二维条形码还有错误修正技术及防伪功能，增加了数据的安全性。

二维条形码可以把照片、指纹编制于其中，可有效地解决证件的可机读和防伪问题。因此，可广泛应用于护照、身份证、行车证、军人证、健康证、保险卡等。

11.2.2　扫描技术

自动识别技术的另一个关键组件是扫描处理，这是条形码系统的"眼睛"。扫描仪从视觉上收集条形码数据，并把它们转换成可用的信息。有两种类型的扫描仪：手提的和定位的，每一种类型都能使用接触和非接触技术。手提扫描仪既可以是激光枪（非接触式的），也可以是激光棒（接触式的）。定位扫描仪既可以是自动扫描仪（非接触式的），也可以是卡式阅读器（接触式的）。接触技术需要用阅读装置实际接触条形码，这样可以减少扫描技术错误，但降低了灵活性。激光枪技术是当前最流行的，速度超过激光棒。

扫描技术在物流方面主要有两大应用。第一种应用是零售商店的销售点（Point of Sale，POS）。除了在现金收存机上给顾客打印收据外，还为商店层次提供精确的存货控制。销售点可以精确地跟踪每一个库存单位（Stock Keeping Unit，SKU）出售数，有助于补充订货，因为实际的单位销售数能够迅速地传输到供应商处。实际销售跟踪可以减少不确定性，并可去除缓冲存货。除了提供精确的再供给和营销调查数据外，销售点还能向所有的渠道内成员提供更及时的具有战略意义的数据。

扫描技术的第二种应用是针对物料搬运和跟踪的。通过扫描枪的使用，物料搬运人员能够跟踪产品的搬运、存储地点、装卸和入库，虽然这种信息能够用手工跟踪，却要耗费大量的时间，并且容易出错。在物流应用中更广泛地使用扫描仪，将会提高生产率，减少差错。例如，Walgreens 报告，扫描技术使商店补充订货自动化，并提高了营销能力，减少了 8% 的总存货量。

应用扫描技术对托运人、承运人、仓储、批发商/零售商有以下好处。

1. 托运人

改进订货准备和处理，排除航运差错，减少劳动时间，改进记录保存，减少实际存货时间。

2. 承运人

运费账单信息完整，顾客能存取实时信息，改进顾客装运活动的记录，可跟踪装运活动，简化集装箱处理，监督车辆内的不相容产品，减少信息传输时间。

3. 仓储

改进订货准备、处理和装船，提供精确的存货控制，顾客能存取实时信息，考虑安全存取信息，减少劳动成本，入库精确。

4. 批发商/零售商

单位存货精确，销售点价格精确，减少实际存货时间，增加系统灵活性。

11.2.3 射频识别技术

射频识别，即 RFID，是"通过射频信号识别目标对象并获取相关数据信息的一种非接触式的自动识别技术"（见 GB/T18354—2006）。射频识别技术 RFID（Radio Frequency Identification）的基本原理是电磁理论。射频系统的优点是不局限于视线，识别距离比光学系统远，射频识别卡可具有读/写能力，可携带大量数据，难以伪造，且有智能。RFID 适用于物料跟踪、运载工具和货架识别等要求非接触数据采集和交换的场合，采用 RFID 技术制作的射频标签（见图 11-5）具有可读/写能力，对于需要频繁改变数据内容的场合尤为适用。

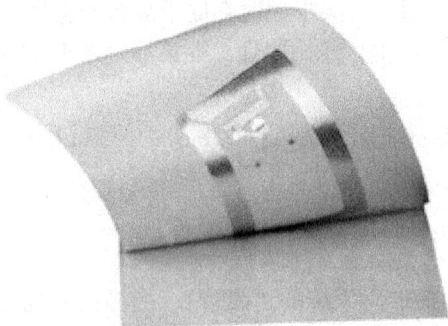

图 11-5 射频标签

美国和北大西洋公约组织（NATO）在波斯尼亚的"联合作战行动"中，不但建成了战争中投入战场最复杂的通信网，还完善了识别跟踪用物资的新型后勤系统。该系统途中运输部分的功能就是靠贴在集装箱和设备上的射频识别标签实现的。RF 接收转发装置通常安装在运输线的一些检查点上（如门框上、桥墩旁等），以及仓库、车站、码头、机场等关键点。接收装置收到 RF 标签信息后，连通接收地的位置信息，上传至通信卫星，再由通信卫星传送给运输调度中心，送入中心数据库中。

我国 RFID 的应用也已开始，一些高速公路的收费站口使用 RF 可以不停车收费。我国铁路系统使用 RFID 记录货车车厢编号的试点已运行了一段时间。一些物流公司也将 RFID 用于物流管理中。

下面举例说明射频识别技术的几个实际应用。

1. 高速公路自动收费与城区交通管理

高速公路自动收费系统是 RFID 技术最成功的应用之一。目前中国的高速公路发展非常快，地区经济发展的先决条件就是有便利的交通条件，而高速公路收费却存在一些问题，一是交通堵塞，收费站口，许多车辆要停车排队，成为交通瓶颈问题；二是少数不法的收费员贪污路费、使国家损失了相当的财政收入。RFID 技术在高速公路自动收费上的应用能充分体现它的非接触识别的优势，杜绝上述问题。

对于高速公路收费系统，由于车辆的大小形状不同，需要大约 4 米的读/写距离和很快的读/写速度，系统的频率应在 900 MHz～2 500 MHz 之间。系统设计时，射频卡可装在汽车挡风玻璃后面，阅读器天线架设在道路的上方，将多车道的收费口分为自动收费口和人工收费口两个部分。在距收费口约 50～100 米处，当车辆经过天线时，车上的射频卡被头顶上的天线接收到，由此判别车辆是否带有有效的射频卡。读写器指示灯指示车辆进入不同车道，进入自动收费口的车辆，养路费款被自动从用户账户上扣除，且用指示灯及蜂鸣器告诉司机收费是否完成，不用停车就可通过。挡车器将拦下恶意闯入的车辆。人工收费口仍维持现有的操作方式。

目前广东省佛山市政府已安装了 RFID 系统用于自动收取路桥费以提高车辆通过率，缓解了公路瓶颈。车辆可以在 250 千米的时速下用少于 0.5 毫秒的时间被识别，正确率达 99.95%。上海也安装了基于 RFID 的自动收取养路费系统。广州尝试在开放的高速公路上对正在高速行驶的车辆进行自动收费，通道采用 RFID 系统。

在城市交通方面，交通的状况日趋拥挤，解决交通问题不能只依赖于修路、加强交通的指挥、控制、疏导，提高道路的利用率，通过深挖现有交通潜能也是非常重要的。而基于 RFID 技术的实时交通督导和最佳路线电子地图将很快成为现实。用 RFID 技术实时跟踪车辆，通过交通控制中心的网络在各个路段向司机报告交通状况，指挥车辆绕开堵塞路段，并用电子地图实时显示交通状况。能够使得交通流向均匀，大大提高道路利用率。还可用于车辆特权控制，在信号灯处给警车、应急车辆、公共汽车等行驶特权；自动查处违章车辆，记录违章情况。另外，公共汽车站实时跟踪指示公共汽车到站时间及自动显示乘客信息，给乘客很大的方便。因此通过应用 RFID 技术能使交通的指挥自动化、法制化，有助于改善交通状况。

2. 人员识别与物资跟踪

将来的门禁保安系统均可应用射频卡，一卡可以多用，比如工作证、出入证、停车卡等，目的都是识别人员身份，实现安全管理、自动收费或上下班打卡，提高工作效率。只要人员佩戴了封装成 ID 卡大小的射频卡，进出口有一台读写器，人员出入时自动识别身份，非法闯入会有报警。安全级别要求高的地方，还可以结合其他的识别方式，将指纹、掌纹或颜面特征存入射频卡。2000 年夏季奥运会的安全机构采用射频卡结合生物测定学技术作为保安系统中的一种，运动员和官方人员随身携带含有自己手掌信息的射频卡，当他们要进入某一安全区时，必须将其右手搁在扫描器上，只有同系统根据其手信息在安全库中检索出的三维图像一样，并且同其本人所携带的卡片上信息一致方可进入该区域。由于卡和携卡人是唯一联系的，所以只有卡主人才可使用自己的卡，而卡丢失、偷卡和借卡使用都不会构成对安全的威胁。

此外，射频卡还可以用来保护和跟踪财产。将射频卡贴在重要物资如计算机、传真机、文件、复印机或其他实验室用品上，以自动跟踪管理这些有价值的财产。可以跟踪一个物品从某一建筑处离开，或是用报警的方式限制物品离开某地。结合 GPS 系统利用射频卡，还可以对货柜车、货舱等进行有效跟踪。

3. 生产线自动化控制

在生产流水线应用 RFID 技术可实现自动控制和监视，提高生产率，改进生产方式，节约生产成本，如汽车装配流水线。德国宝马汽车公司在装配流水线上应用射频卡可以尽可能大量地生产用户定制的汽车。宝马汽车的生产是基于用户提出的要求式样而生产的，用户可以从上万种内部和外部选项中选定自己所需车的颜色、引擎型号还有轮胎式样等要求。如果没有一个高度组织的、复杂的控制系统，是很难完成这样复杂的任务的。宝马公司就在其装配流水线上配有 RFID 系统，他们使用可重复使用的射频卡，该射频卡上可带有详细的汽车所需的所有要求，在每个工作点处都有读写器，这样可以保证汽车在各个流水线位置处能毫不出错地完成装配任务。

Motorola、SGSThomson 等集成电路制造商在竞争激烈的半导体工业中采用了加入了 RFID 技术的自动识别工序控制系统。半导体生产对于超净的特殊需要，使得 RFID 应用在此非常理想。而其他自动识别系统，如条形码在如此苛刻的化学条件和超净要求下就不适用。在一个超净车间里，通常能有 800 位点，晶片容器要从一处位点移动到下一位点，有时晶片会因进入错误的堆而造成损失。射频识别系统能够核查晶片堆、设备、工序和操作人员。如果其中任何一项的身份不对，设备将不能开始工作，同时向操作人员显示指示。

4. 仓储管理

将 RFID 系统与条码系统结合，可用于智能仓库货物管理，有效解决与仓库与货物流动有关的信息管理，不但可增加一天内处理货物的件数，还监视这些货物的一切流动信息。一般而言，射频卡贴在货物要通过的仓库大门边上，读写器天线放在叉车上，每个货物都贴有条码，所有条码信息都被存储在仓库的中心计算机里，该货物的有关信息都能在计算机里查到。当货物被装走运往别地时，由另一读写器识别并告知计算中心它被放在哪个拖车上。这样管理中心可以实时地了解到已经生产了多少产品和发送了多少产品，并可自动识别货物，确定货物的位置。如图 11-6 所示，当叉车通过门禁系统时，射频阅读器自动识读装载托盘上的射频标签。

图 11-6　射频识别技术在智能托盘系统的应用

射频识别技术发展历程

1940—1950 年：雷达的改进和应用催生了射频识别技术，1948 年奠定了射频识别技术的理论基础。

1950—1960 年：早期射频识别技术的探索阶段，主要用于实验室实验研究。

1960—1970 年：射频识别技术的理论得到了发展，开始了一些应用尝试。

1970—1980 年：射频识别技术与产品研发处于一个大发展时期，各种射频识别技术测试得到加速，出现了一些最早的射频识别应用。

1980—1990 年：射频识别技术及产品进入商业应用阶段，各种规模应用开始出现。

1990—2000 年：射频识别技术标准化问题日趋得到重视，射频识别产品得到广泛采用，射频识别产品逐渐成为人们生活中的一部分。

2000 年后：标准化问题日趋为人们所重视，射频识别产品种类更加丰富，有源电子标签、无源电子标签及半无源电子标签均得到发展，电子标签成本不断降低，规模应用行业扩大。

资料来源：RFID 世界网，射频识别技术发展历史（经作者整理）

11.2.4 光学字符识别技术

在物流领域应用比较广泛的光学字符识别技术（Optical Character Recognition，OCR），已有 30 多年历史，近几年又出现了图像字符识别（Magnetic Image Character Recognition，MICR）技术和智能字符识别（Intelligent Character Recognition，ICR）技术，实际上这三种自动识别技术的基本原理大致相同。

OCR 有三个重要的应用领域，即办公室自动化中的文本输入，邮件自动处理与自动获取文本过程相关的其他要求。这些领域包括：零售价格识读，订单数据输入，单证、支票和文件识读，微电路及小件产品上状态特征识读等。由于在识别手迹特征方面的进展，目前探索在手迹分析及鉴定签名方面的应用。

近年来，随着 OCR 技术的日趋成熟，这一技术以其高速、准确、低成本的特点，广泛应用于文件资料的自动输入等诸多方面，同时也在银行储蓄业务的事后自动监督系统中得到应用。

银行储蓄业务每天都会产生大量的票据凭证，长期以来，对票据的管理工作因管理手段落后而一直困扰着银行界，储蓄自动事后监督系统可以很好地解决这一问题。储蓄自动事后监督系统是集银行档案原件录入、光盘存储、自动管理、智能检索、事后监督于一体的计算机辅助管理、账务监督系统。其主要的处理流程是：柜员在打印票据凭证的同时在票据空白处打印条码，条码包含交易码、账号、金额等记账信息，将凭证集中整理，然后扫描录入，先在后台进行条码识别，自动建立票据凭证索引，接着在后台进行 OCR 识别，直接从凭证影像中提取账号、金额等重要数据，生成待监督文件，为事后监督子系统提供监督数据，然后后台处理和事后监督子系统连接，共同完成自动的事后监督。

OCR 技术用于银行储蓄自动监督业务，能实现票据凭证的高效录入、账务的自动核对，提高整个储蓄自动事后监督的工作效率和智能化水平，同时也降低了银行的运营成本。

11.3 物流信息系统的信息传输与跟踪技术

物流信息系统的信息传输与跟踪技术主要包括数据库技术、电子数据交换技术、卫星定位技术、地理信息系统技术和智能交通运行技术。本节主要介绍这几种技术并阐述其在物流信息系统中的应用。

11.3.1 数据库（DB）技术

数据库（Data Base，DB）是以一定的组织方式存储在一起的相关的数据集合。这些数据没有有害或不必要的冗余，能为多个用户或应用程序服务，数据的存储独立于使用它的程序；能够用一种公用、可控的方法向数据库插入新数据、修改和检索原有数据。数据被结构化处理，为今后的应用服务。

1. 数据库及其特征

文件系统虽然有许多优点，但它的数据是面向应用的，一个文件对应一个或几个应用程序，数据的冗余度大，而且文件不易扩充，不能反映客观事物之间的联系。同文件系统相比，数据库系统具有以下特点。

（1）数据的最小冗余性

数据库系统不仅向人们提供描述数据本身的手段，也向人们提供了数据之间联系的手段。因而，人们可以从系统的角度出发来考虑一个企业或一个社会组织的各项管理工作所需要的数据，把这些能为尽可能多的应用服务的数据组织在一起，消除冗余数据，提高存储空间利用率，减少更新重复数据项的操作，避免由于冗余数据存在而引起的数据不一致。

（2）数据的共享性

存储在数据库中的数据可以构成多种组合，以适应多个用户的需求。在保证数据的安全性和一致性的前提下，允许多个用户同时访问数据库。

（3）数据的独立性

数据的独立性是指应用程序对数据库系统的非依赖性。文件系统中数据存储方式的微小变化都要求重编应用程序。而数据库系统中，数据具有物理独立性和逻辑独立性，当数据存储方式和逻辑结构改变时，并不需要改变用户应用程序。

（4）数据的统一管理与控制

为了提供用户存储、检索、更新数据的手段，以及用户开发使用数据库时进行并发控制，为保证数据完整性、安全性、保密性，数据库提供了统一的管理软件即数据库管理系统（Data Base Management System，DBMS）进行管理和控制。

2. 数据库系统的构成

数据库系统（Data Base System，DBS）是由计算机系统、数据库、数据库管理系统和有关人员组成的具有高度组织的总体，如图11-7所示。数据库系统是在文件系统基础上发展起来的更为先进的数据管理技术，它的应用使信息系统的水平提高到了一个新的阶段。数据库系统是现代物流信息系统不可缺少的一部分。

数据库系统主要组成部分如下。

（1）计算机系统

计算机系统是指用于数据库管理的计算机硬件和基本软件。数据库需

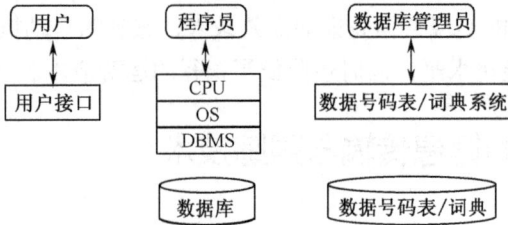
图11-7 数据库系统示意

要容量大的主存储器以存放操作系统、数据库管理系统、应用程序、数据库表、目录和系统缓冲区等。在辅助存储器方面，需要大容量的直接存取设备。

（2）数据库的分级结构

数据库可分为用户级数据库、概念级数据库和物理级数据库，其相互关系的描述如图11-8所示。

用户级数据对应于外部模式，是用户看到和使用的数据，在许多文献中又称为子模式，也就是用户看到并获准使用的那部分数据的逻辑结构。用户根据系

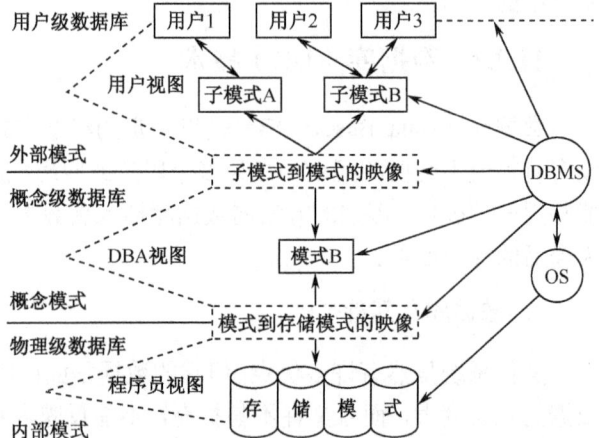
图11-8 数据库的分级结构

统给出的子模式，用查询语言或应用程序去操作数据库中的数据。

概念级数据库对应概念模式，对数据库的整体逻辑进行描述，即用户视图有机结合成一个逻辑整体。它是数据库管理员看到的数据库。

物理级数据库对应于内部模式，又称存储模式，它包含数据库的全部存储数据，是所有用户操作的对象。从系统程序员的角度看，这些数据是以一定文件组织方法组织起来的一个个物理文件，所以，物理数据库也称为程序员视图。

由于存储模式和子模式被概念模式从中间分隔开来，当存储模式发生变化时可以通过修改模式与存储模式之间的映像，而不必修改用户程序，这就是程序和数据的物理独立性。另外，当模式发生变化时，也可以通过修改模式和子模式之间的映像，而保持用户程序不变，这就是程序和数据的逻辑独立性。

3. 数据库管理系统

数据库管理系统经历了 30 多年的发展演变，已经取得了辉煌的成就，发展成了一门内容丰富的学科，形成了总量达数百亿美元的一个软件产业。

目前，市场上具有代表性的数据库产品包括 Oracle、DB2、SQL Server 和 Sybase 等。在一定意义上，这些产品的特征反映了当前数据库产业界的最高水平和发展趋势。因此，分析这些主流产品的发展现状，是我们了解数据库技术发展的一个重要方面。

（1）Oracle 数据库管理系统

Oracle 数据仓库解决方案主要包括 Oracle Express 和 Oracle Discoverer 两个部分。Oracle Express 由四个工具组成：Oracle Express Server 是一个 MOLAP（多维 OLAP）服务器，它利用多维模型，存储和管理多维数据库或多维高速缓存，同时也能够访问多种关系数据库；Oracle Express Web Agent 通过 CGI 或 Web 插件支持基于 Web 的动态多维数据展现；Oracle Express Objects 前端数据分析工具（目前仅支持 Windows 平台）提供了图形化建模和假设分析功能，支持可视化开发和事件驱动编程技术，提供了兼容 Visual Basic 语法的语言，支持 OCX 和 OLE；Oracle Express Analyzer 是通用的、面向最终用户的报告和分析工具（目前仅支持 Windows 平台）。Oracle Discoverer 即席查询工具是专门为最终用户设计的，分为最终用户版和管理员版。

在 Oracle 数据仓库解决方案实施过程中，通常把汇总数据存储在 Express 多维数据库中，而将详细数据存储在 Oracle 关系数据库中。当需要详细数据时，Express Server 通过构造 SQL 语句访问关系数据库。但目前的 Express 还不够灵活，数据仓库设计的一个变化往往导致数据库的重构。另外，目前的 Oracle 8i 和 Express 之间集成度还不够高，Oracle 8i 和 Express 之间需要复制元数据。如果 Oracle Discoverer（或 BO）需要访问汇总数据，则需要将汇总数据同时存放在 Oracle 和 Express 中，系统维护比较困难。值得注意的是，刚刚问世的 Oracle 9i 把 OLAP 和数据挖掘作为重要特点。

（2）DB2 数据库管理系统

IBM 公司提供了一套基于可视数据仓库的商业智能（BI）解决方案，包括：Visual Warehouse（VW）、Essbase/DB2 OLAP Server 5.0、IBM DB2 UDB，以及来自第三方的前端数据展现工具（如 BO）和数据挖掘工具（如 SAS）。其中，VW 是一个功能很强的集成环境，既可用于数据仓库建模和元数据管理，又可用于数据抽取、转换、装载和调度。Essbase/DB2 OLAP Server 支持"维"的定义和数据装载。Essbase/DB2 OLAP Server 不是 ROLAP（Relational OLAP）服务器，而是一个（ROLAP 和 MOLAP）混合的 HOLAP 服务器，在 Essbase 完成数据装载后，数据存放在系统指定的 DB2 UDB 数据库中。

严格说来，IBM 自己并没有提供完整的数据仓库解决方案，该公司采取的是合作伙伴战略。例如，它的前端数据展现工具可以是 Business Objects 的 BO、Lotus 的 Approach、Cognos 的 Impromptu 或 IBM 的 Query Management Facility；多维分析工具支持 Arbor Software 的 Essbase 和 IBM（与 Arbor 联合开发）的 DB2 OLAP 服务器；统计分析工具采用 SAS 系统。

（3）SQL Server 数据库管理系统

Microsoft 将 OLAP 功能集成到 Microsoft SQL Server 7.0 中，提供可扩充的基于 COM 的 OLAP 接口。它通过一系列服务程序支持数据仓库应用。数据传输服务 DTS（Data Transformation Services）提供数据输入/输出和自动调度功能，在数据传输过程中可以完成数据的验证、清洗和转换等操作，通过与 Microsoft Repository 集成，共享有关的元数据；Microsoft Repository 存储包括元数据在内的所有中间数据；SQL Server OLAP Services 支持在线分析处理；PivotTable Services 提供客户端 OLAP 数据访问功能。

通过这一服务，开发人员可以用 VB 或其他语言开发用户前端数据展现程序，PivotTable Services 还允许在本地客户机上存储数据；MMC（Microsoft Management Console）提供日程安排、存储管理、性能监测、报警和通知的核心管理服务；Microsoft Office 2003 套件中的 Access 和 Excel 可以作为数据展现工具，另外 SQL Server 还支持第三方数据展现工具。

（4）Sybase 数据库管理系统

Sybase 提供的数据仓库解决方案称为 Warehouse Studio，包括数据仓库的建模、数据抽取与转换、数据存储与管理、元数据管理以及可视化数据分析等工具。其中，Warehouse Architect 是 PowerDesigner 中的一个设计模块，它支持星形模型、雪花模型和 ER 模型；数据抽取与转换工具包括 PowerStage、Replication Server、Carleton PASSPORT，PowerStage 是 Sybase 提供的可视化数据迁移工具。

Adaptive Server Enterprise 是 Sybase 企业级关系数据库，Adaptive Server IQ 是 Sybase 公司专为数据仓库设计的关系数据库，它为高性能决策支持系统和数据仓库的建立做了优化处理，Sybase IQ 支持各种流行的前端展现工具（如 Cognos Impromptu、Business Objects、Brio Query 等）；数据分析与展现工具包括 PowerDimensions、EnglishWizard、InfoMaker、PowerDynamo 等，PowerDimensions 是图形化的 OLAP 分析工具，它支持 SMP 和多维缓存技术，能够集成异构的关系型数据仓库和分布式数据集市，从而形成单一的、新型的多维模式；数据仓库的维护与管理工具包括 Warehouse Control Center、Sybase Central、Distribution Director，其中 Warehouse Control Center 是为数据仓库开发人员提供的元数据管理工具。

Sybase 提供了完整的数据仓库解决方案 Quick Start DataMart，具有良好的性能，并支持第三方数据展现工具。从 Quick Start DataMart 的名称不难看出，它尤其适合于数据集市应用。另外，Sybase 可以提供面向电信、金融、保险、医疗保健这 4 个行业的客户关系管理（CRM）产品，在这 4 个产品中，有 80%的功能是共性的，有 20%的功能需要 Sybase 与合作伙伴针对不同需求共同开发。

11.3.2 电子数据交换（EDI）技术

电子数据交换，即 EDI，是"采用标准化的格式，利用计算机网络进行业务数据的传输和处理"（见 GB/T18354—2006）。创建 EDI 的思想可以追溯到第二次世界大战后期德国柏林战场的供给线。当时的美国运输部长 E.A.Guill-bert 发现在后勤供应中有大量的纸面工作要做，他主张用电报通信。为了使过程简化，他就建议将其中的表格和处理过程标准化。后来，Guill-bert 创立并领导了运输数据协调委员会（TDCC）。TDCC 的目标之一就是要进一步发展在后勤供给线中的工作方法。20 世纪 70 年代后期，TDCC 制定了公司之间的计算机数据交换的标准格式，即 EDI 的雏形。早期的 EDI 主要用在装运单据和其他货运方面的文件，以后 TDCC 发展成了 EDI 协会。

1. EDI 的分类

根据 EDI 的功能，可以分成以下四类。

第一类，贸易数据交换系统

最知名的 EDI 系统就是最简单的订货信息系统，又被称为贸易数据交换系统（Trade Data Interchange，简称 TDI），它用电子数据交换来传输订单、发货单和各类通知等。

第二类，电子资金转账系统

电子资金转账（Electronic Funds Transfer，EFT）系统也是一种比较常见的 EDI，是指在银行和其他组织之间进行电子费用汇兑。EFT 已经使用多年，但它仍在不断地改进，其中最大的改进就是和订货系统联系起来，形成一个自动化水平更高的系统。

第三类，交互式应答的 EDI

第三类常见的 EDI 就是交互式应答系统（Interactive Query Response，IQR）。它可以用于旅行社和航空公司，作为机票预订系统。这种 EDI 在应用时要询问达到某一目的地的航班，要求显示航班的时间、票价或其他问题，然后根据旅客的要求确定所要的航班，打印机票等。

第四类，自动传输的 EDI

带有图形资料自动传输的 EDI，最常用的是计算机辅助设计图形的自动传输。比如，设计公司完成一个厂房的平面设计图，将它传输给厂房的主人，请主人提出修改意见。一旦该设计被批准，系统将自动输出订单，购买建筑和装修材料、家具和其他物品。收到这些建筑和装修材料、家具和其他物品后，自动开出发货票等。

2. EDI 的构成要素

EDI 系统的构成要素包括数据标准化、EDI 软件和硬件、通信网络。

（1）数据标准化

EDI 标准是由企业、地区代表经过讨论制定的电子数据交换共同标准。统一的 EDI 标准可以使各个组织和企业之间不同的文件格式，通过共同的标准，达到彼此之间进行文件交换的目的。显然，标准的不统一将直接影响 EDI 的发展。

早期的 EDI 标准使用的大多数是用户的行业标准，标准之间不能进行跨行业的 EDI 互联，严重影响了 EDI 的效率，阻碍了全球 EDI 的发展。为了促进 EDI 的发展，世界各国都在不遗余力地促进 EDI 标准的国际化，以求最大限度地发挥 EDI 的作用。

目前的 EDI 标准，国际上最为流行的就是联合国欧洲经济委员会（UN/ECE）下属的第四工作组（WP4）在 1986 年制定的《用于行政管理、商业和运输的电子数据交换标准》（Electronic Data Interchange For Administration，Commerce and Transport，EDI/FACT）。EDI/FACT 已成为全球通用的 EDI 标准。

（2）EDI 软件和硬件

EDI 软件具有将用户数据库系统中的信息翻译成 EDI 的标准格式，以提供数据传输交换的能力。由于 EDI 标准具有足够的灵活性，可以适应不同行业的众多需求。然而，每个业务公司有其常年经营所形成的固定信息格式，因此，当需要发送 EDI 电文时，必须通过某种方法从公司的专有数据库中提取信息，并把它翻译成 EDI 的标准格式，然后才能进行传输。这就需要 EDI 相关翻译软件的帮助。转换软件可以帮助用户将原有计算机系统的文件信息，转换成翻译软件能够理解的平面文件（Flat File），或是将从翻译软件接收到的平面文件，转换成原计算机系统中的文件。

翻译软件是两种格式文件的转换中心。它将平面文件翻译成 EDI 的标准格式，或将接收到的 EDI 标准格式翻译成平面文件。通信软件将经过翻译软件翻译后的 EDI 标准格式的文件外层加上通信信封（Envelope），再传送到 EDI 系统交换中心的邮箱（Mailbox）中，或由 EDI 交换中心将接收到的 EDI 格式文件从信箱中取出。所有这些功能实现都需要通过 EDI 的增值网络。

EDI 所需的硬件设备是计算机、调制解调器、网卡、电话线和专线等。目前使用的计算机，无论是 PC、工作站、小型机、主机等，均可使用。由于使用 EDI 来进行电子数据交换，其信息在通信网络上传输，就必须需要一个设备进行信号的调制和解调。在 EDI 的实际使用中，一般常用的就是通过电话线路传输数据信息；如果对传输时效及资料传输量有较高要求，便可以考虑租用专线进行数据传输，以提高传输的稳定性和快捷性。

（3）通信网络

目前 EDI 的通信网络大多是借助于范围广泛的因特网，也有为实现某些具体任务而单独建设的专用网，具体采用哪种方式要看通信双方将要从事的工作来确定的。从 EDI 的长远发展考虑，在因特网上实现 EDI 具有较强的生命力和更为广阔的发展空间。

3. EDI 的通信方式

EDI 通信主要采用商业增值网（VAN）方式，VAN（Value Added Network）又称为在线系统（On-Line System）是指利用（一般是租用）通信公司的通信线路连接分布在不同地点的计算机终端形成的信息传通交换网路。该网络向利用者提供服务，如计算机之间的联网、数据交换服务、通信线路阻塞时的迂回中继等。VAN 是实现 EDI 功能的外部设备，目前被广泛应用的销售时点数据（POS）、电子订货系统（EOS）都是 VAN 应用的具体形式。应用于 POS 系统的 VAN 除了传递销售时点数据之外，还能通过对销售时点数据加工计算得出每个商品的利润和商品周转率，区分畅销商品和滞销商品。VAN 的附加价值表现为它能够提供以上服务。VAN 按使用目的分为业务共同利用型网络（即企业间数据交换网络）、通用数据通信网络和数据库服务网络。按应用范围分为大企业主导的 VAN、行业 VAN 和地区 VAN。

4. 物流 EDI

所谓物流 EDI 是指货主、承运业主以及其他相关的单位之间，通过 EDI 系统进行物流数据交换，并以此为基础实施物流作业活动的方法。物流 EDI 参与单位包括货主（如生产厂家、贸易商、批发商、零售商等）、承运业主（如独立的物流承运企业等）、实际运送货物的交通运输企业（铁路企业、水运企业、航空企业、公路运输企业等）、协助单位（政府有关部门、金融企业等）和其他的物流相关单位（如仓库业者、专业报送业者等）。物流 EDI 的框架结构如图 11-9 所示。

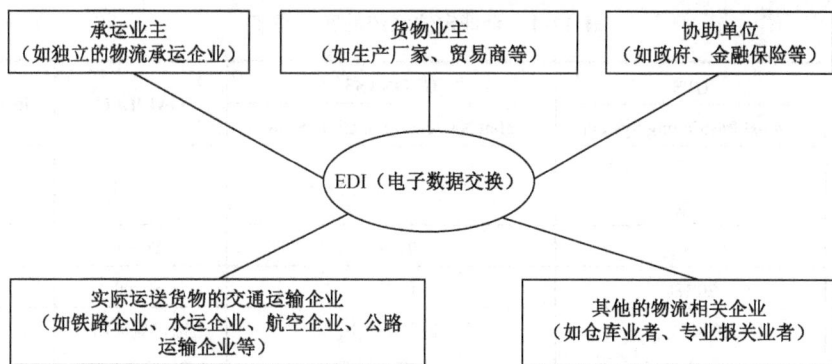

图 11-9　物流 EDI 的框架结构

下面是一个由发送货物业主、物流运输业主和接收货物业主组成的物流模型。这个物流模型的动作步骤如下：

（1）发送货物业主（如生产厂家）在接到订货后编制货物运送计划，并把运送货物的清单及运送时间安排等信息通过 EDI 发送给物流运输业主和接收货物业主（如零售商），以便物流运输业主预先编制车辆调配计划和接收货物业主编制货物接收计划。

（2）发送货物业主依据顾客订货的要求和货物运送计划下达发货指令、分拣配货、打印出物流条形码的货物标签（即 SCM 标签，Shipping Carton Marking）并贴在货物包装箱上，同时把运送货物品种、数量、包装等信息通过 EDI 发送给物流运输业主和接收货物业主，并依据请示下达车辆调配指令。

（3）物流运输业主在向发货货物业主取运货物时，利用车载扫描读数仪读取货物标签的物流条形码，并与先前收到的货物运输数据进行核对，确认运送货物。

（4）物流运输业主在物流中心对货物进行整理、集装、做成送货清单并通过 EDI 向收货业主发送发货信息。在货物运送的同时进行货物跟踪管理，并在货物交纳给收货业主之后，通过 EDI 向发货物业主发送完成运送业务信息和运费请示信息。

（5）收货业主在货物到达时，利用扫描读数仪读取货物标签的物流条形码，并与先前收到的货物运输数据进行核对确认，开出收货发票，货物入库。同时通过 EDI 向物流运输业主和发送货物业主发送收货确认信息。

物流 EDI 的优点在于供应链组成各方基于标准化的信息格式和处理方法通过 EDI 共同分享信息、提高流通效率、降低物流成本。例如，对零售商来说，应用 EDI 系统可以大大降低进货作业的出错率，节省进货商品检验的时间和成本，能迅速核对订货与到货的数据，易于发现差错。

11.3.3　全球卫星定位（GPS）技术

全球定位系统，即 GPS，是"由美国建设和控制的一组卫星所组成的、24 小时提供高精度的全球范围的定位和导航信息的系统"（见 GB/T18354—2006）。到目前为止，全球定位系统主要有四大星座，如表 11-1 所示。GPS 具有在海、陆、空进行全方位实时三维导航与定位能力。美国军方所拥有的 GPS 系统由 21 颗工作卫星和 3 颗在轨备用卫星组成 GPS 卫星星座，记为（21+3）GPS 星座。24 颗卫星均匀分布在 6 个轨道平面内，轨道倾角为 55 度，各个轨道

表 11-1　全球定位系统的四大星座

英文简称	**GPS**	**GLONASS**	**GALILEO**	**Northern STARS**
英文全称	**Global Positioning System**	**Global Navigation Satellite System**		
中文名称	全球定位系统	全球卫星导航系统	伽利略	北斗
卫星数量	21 + 3	21 + 3	27 + 3	30 + 5
轨道高度	20 180	19 130	24 000	N/A
拥有者	美国军方 美国宇航局	俄罗斯军方 俄罗斯航天局	欧洲航天局 中国	中国

平面之间相距 60 度，即轨道的升交点赤经各相差 60 度。每个轨道平面内各颗卫星之间的升交角距相差 90 度，任一轨道平面上的卫星比西边相邻轨道平面上的相应卫星超前 30 度。这种结构与设备配置使 GPS 具有全球性、实时性、全天候、连续、快速、高精度的功能特点，可提供全球范围从地面到 9 000 千米高空之间任一载体的高精度的三维位置、三维速度和精确的时间信息。安装在车辆上的车载单元只要能收到来自三颗卫星的定位信号，就可定出该辆车的经、纬度位置和时间信息。

GPS 在物流领域可以应用于汽车自动定位、跟踪调度以及铁路运输等方面的管理以及用于军事物流。

首先，在汽车自动定位、跟踪调度方面的应用，利用 GPS 的计算机管理信息系统，可以通过 GPS 和计算机网络实时收集公路汽车所运货物的动态信息，可实现汽车、货物追踪管理，并及时地进行汽车的调度管理。据丰田汽车公司的统计，日本公司在利用全球卫星定位系统开发车载导航系统，使日本车载导航系统的市场在 1995 年至 2000 年间平均每年增长 35% 以上，全世界在车辆导航上的投资平均每年增长 60.8%，因此，车辆导航将成为未来全球卫星定位系统应用的主要领域之一。

其次，在铁路运输方面的管理。利用 GPS 的计算机管理信息系统，可以通过 GPS 和计算机网络实时收集全路列车、机车、车辆、集装箱及所运货物的动态信息，可实现列车及货物的追踪管理。只要知道货车的车种、车型和车号，就可以立即从近 10^5 千米的铁路网上流动着的几十万辆货车中找到该货车，还能得知这辆货车现在何处运行或停在何处，以及所有的车载货物发货信息。铁路部门运用这项技术可大大提高其路网及其运营的透明度，为货主提供更高质量的服务。

最后，用于军事物流。全球卫星定位系统首先是为军事目的而建立的，在军事物流中应用相当普遍，如后勤装备的保障等方面。通过 GPS 技术及系统，可以准确地掌握和了解各地驻军的数量和要求，无论在战时还是在平时都能及时地进行准确的后勤补给。

全球定位系统介绍

全球定位系统是美国第二代卫星导航系统，是在子午仪卫星导航系统的基础上发展起来的，它采纳了子午仪系统的成功经验。和子午仪系统一样，全球定位系统由空间部分、地面监控部分和用户接收机三大部分组成。按目前的方案，全球定位系统的空间部分使用 24 颗高度约 2.02×10^4 千米的卫星组成卫星星座。21 + 3 颗卫星均为近圆形轨道，运行周期约为 11

小时 58 分，分布在 6 个轨道面上，轨道倾角为 55 度。卫星的分布使得在全球的任何地方，任何时间都可观测到 4 颗以上的卫星，并能保持良好定位解算精度的几何图形。全球定位系统主要如下。

美国 GPS：由美国国防部于 20 世纪 70 年代初开始设计、研制，于 1993 年全部建成。1994 年，美国宣布在 10 年内向全世界免费提供 GPS 使用权，但美国只向外国提供低精度的卫星信号。该系统有美国设置的"后门"，一旦发生战争，美国可以关闭对某地区的信息服务。

欧盟"伽利略"：1999 年，欧洲提出计划，准备发射 30 颗卫星，组成"伽利略"卫星定位系统。

俄罗斯"格洛纳斯"：始于 20 世纪 70 年代，需要至少 18 颗卫星才能确保覆盖俄罗斯全境；若要提供全球定位服务，则需要 24 颗卫星。

中国"北斗"：我国正在实施北斗卫星导航系统建设，计划到 2012 年左右，"北斗"系统将覆盖亚太地区，2020 年左右覆盖全球。2011 年 7 月 27 日已成功将第 9 颗北斗卫星送入预定转移轨道。北斗卫星导航系统由空间端、地面端和用户端三部分组成。空间端包括 5 颗静止轨道卫星和 30 颗非静止轨道卫星。

资料来源：武汉晚报，经作者整理

11.3.4　地理信息系统（GIS）技术

地理信息系统，即 GIS，是"由计算机软硬件环境、地理空间数据、系统维护和使用人员四部分组成的空间信息系统。可对整个或部分地球表层（包括大气层）空间中有关地理分布数据进行采集、储存、管理、运算、分析显示和描述"（见 GB/T18354—2006）。

地理信息系统是 20 世纪 60 年代开始迅速发展起来的地理学研究新成果，是多种学科交叉的产物。它以地理空间数据为基础，采用地理模型分析方法，适时地提供多种空间的和动态的地理信息，是一种为地理研究和地理决策服务的计算机系统。其基本功能是将表格型数据（无论它来自数据库、电子表格文件或直接在程序中输入）转换为地理图形显示，然后对显示结果浏览、操作和分析。其显示范围可以从洲际地图到非常详细的街区地图，显示对象包括人口、销售情况、运输线路以及其他内容。

GIS 是一种为地理研究和地理决策服务的计算机技术系统，它采用地理模型分析方法，以地理空间数据为基础，适时提供多种空间和动态的地理信息。GIS 的基本功能是将表格型数据（无论它来自数据库、电子表格文件或直接在程序中输入）转换为地理图形显示，然后对显示结果浏览、操作和分析。其显示范围可以从洲际地图到非常详细的街区地图，显示对象包括人口、销售情况、运输线路等。

GIS 技术主要应用于物流分析，是指利用 GIS 强大的地理数据功能来完善物流分析技术。目前一些国外公司已经开发出利用 GIS 为物流分析提供专门分析的工具软件。

完整的 GIS 物流分析软件集成了车辆路线模型、网络物流模型、分配集合模型和设施定位模型等。具体表现如下。

1. 车辆路线模型

主要用于解决一个起始点、多个终点的货物运输中，如何降低物流作业费用并保证服务质量的问题，包括决定使用多少辆车以及每辆车的路线等。

2. 网络物流模型

主要用于解决最有效地分配货物路径问题，也就是物流网点布局问题。例如，将货物从 N 个仓库运往 M 个商店，每个商店都有固定的需求量，因此，需要确定由哪个仓库提货送给哪个商店，所耗的运输代价最小。

3. 分配集合模型

根据各个要素的相似点把同一层上的所有或部分要素分为几个组，主要用于解决和确定服务范围、销售市场范围等问题。例如，某一公司要设立 X 个分销点，要求这些分销点要覆盖某一地区，而且要使每个分销点的顾客数目大致相等。

4. 设施定位模型

主要用于确定一个或多个物流设施的位置。在物流系统中，物流中心、仓库和运输线共同组成了物流网络，物流中心和仓库处于网络的节点上，节点决定着线路，如何根据供求的实际需要并结合经济效益等原则，在既定区域内设立多少个物流中心和仓库，每个物流中心和仓库的位置、规模以及物流中心和仓库之间的物流关系等，运用此模型均能很容易地得到解决。

11.4 物流信息系统的相关辅助技术

11.4.1 数字分拣技术（DPS）

数字分拣技术，即 DPS，其中常用的是电子标签辅助拣货技术，它是一种无纸化的拣货系统。一般传统拣货是拣选人员根据拣货单逐一进行拣货，工人劳动强度大，容易造成错拣或漏拣现象。而数字分拣系统则把打印拣货单的过程省略，而在货架上加装一组 LED 显示器及线路，客户的订单资料直接由计算机传输到货架上的显示器中，拣货人员根据显示器上的数字进行拣货，拣货完成之后在确认键上按一下即可。采用这种方式可大大提高拣选效率，降低工人的劳动强度。数字分拣有两种方式，即摘取式和播种式两种分拣方式。

1. 摘取式数字分拣技术

摘取式数字分拣技术是指在拣货操作区中的所有货架上，为每一种货物安装一个电子标签，并与系统的其他设备连接成网络。控制计算机可根据货物位置和订单清单数据，发出出货指示并使货架上的电子标签亮灯，操作员根据电子标签所显示的数量及时、准确、轻松地完成以"件"或"箱"为单位的商品拣货作业。由于 DPS 在设计时合理安排了拣货人员的行走路线，所以降低了操作员无谓的走动。DPS 系统还实现了用计算机进行实时现场监控，具有紧急订单处理和缺货通知等各项功能。

2. 播种式数字分拣技术

播种式数字分拣技术是利用电子标签实现播种式分货出库的系统。DPS 中的储位代表每一客户（各个商店，生产线等），每一储位都设置电子标签。操作员先通过条码扫描把将要分拣货物的信息输入系统中，下订单客户的分货位置所在的电子标签就会亮灯、发出蜂鸣，同时显示出该位置所需分货的数量，分拣员可根据这些信息进行快速分拣作业。因为 DPS 系统是依据商品和部件的标识号来进行控制的，所以每个商品上的条形码是支持 DPS 系统的基本条件。当然，在没有条形码的情况下，也可通过手工输入的办法来解决。

11.4.2　电子订货技术（EOS）

电子订货系统，即 EOS，是"不同组织间利用通信网络和终端设备进行订货作业与订货信息交换的系统"（见 GB/T18354—2006）。EOS 按应用范围可分各企业内的 EOS（如连锁店经营中各个连锁分店与总部之间建立的 EOS 系统），零售商与批发商之间的 EOS 系统以及零售商、批发商和生产商之间的 EOS 系统。

1. EOS 系统的作用

EOS 系统能及时准确地交换订货信息，它在企业物流管理中的作用如下：

（1）对于传统的订货方式，如上门订货、邮寄订货、电话、传真订货等，EOS 系统可以缩短从接到订单到发出订货的时间，缩短订货商品的交货期，减少商品订单的出错率，节省人工费。

（2）有利于减少企业库存水平，提高企业的库存管理效率，同时也能防止商品特别是畅销商品缺货现象的出现。

（3）对于生产厂家和批发商来说，通过分析零售商的商品订货信息，能准确判断畅销商品和和滞销商品，有利于企业调整商品生产和销售计划。

（4）有利于提高企业物流信息系统的效率，使各个业务信息子系统之间的数据交换更加便利和迅速，丰富企业的经营信息。

2. EOS 系统的应用

在商业化迅速发展的今天，EOS 系统越来越显示出它的重要性。同时，随着科学技术不断发展和 EOS 系统的日益普及，EOS 的标准化和网络化已经成了当今 EOS 系统的发展趋势。

要实施 EOS 系统，必须做一系列的标准化准备工作。以日本 EOS 的发展为例，从 20 世纪 70 年代起即开始了包括对代码、传递、通信及网络传输的标准化研究，如商品的统一代码、企业的统一代码、传递的标准格式、通信程序的标准格式以及网络资料交换的标准格式等。

在日本，许多中小零售商、批发商在各地设立了地区性的 VAN 网络，即成立区域性的 VAN 营运公司和地区性的咨询处理公司，为本地区的零售业服务，支持本地区的 EOS 系统的运行。

在贸易流通中，常常是按商品的性质划分行业的，如食品、医药品、玩具、衣料等，因此形成了各种不同的行业。1975 年，日本各行业为了流通现代化的目标，分别制定了自己的标准，形成专业 VAN。目前已提供服务的有食品、日用杂货、医药品等专业。

利用地区网，专业网的 EOS 系统工作形式如图 11-10 所示。

EOS 系统在日本应用已相当普及，目前已有日用杂货、家庭用品、水果、医药品、玩具、眼镜钟表、成衣等专业网络的用户，可通过自己商店内标准的 POS 终端机向网内的批发商订货，订货的依据就是统一的通用商品条形码，这个商品条形码可以直接从商品通过条形码扫描而获得，既快又准。

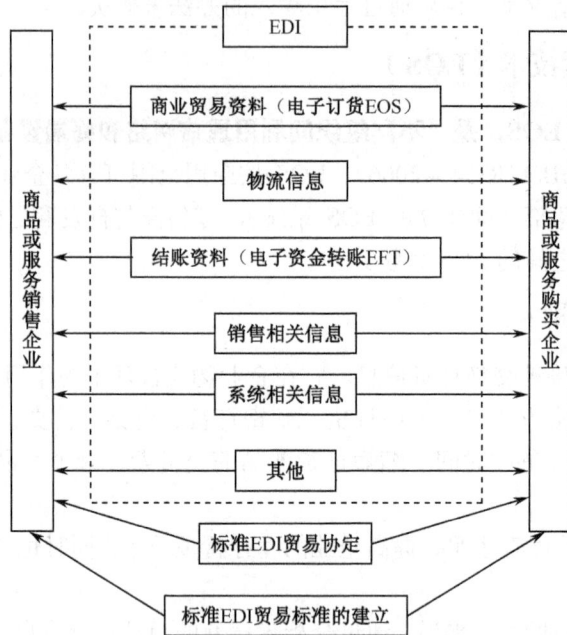

图 11-10 EOS 系统的应用

由于 EOS 系统给贸易伙伴带来了巨大的经济效益和社会效益，专业化的网络和地区网络在逐步扩大和完善，交换的信息内容和服务项目都在不断增加，EOS 系统正趋于系统化、社会化、标准化、国际化。

由此可知，计算机、网络通信是支持 EOS 系统的硬件基础，而商品的统一标识、企业代码的统一等是支持 EOS 系统的软件基础。没有物品的统一标识，就没有信息交换资源共享的统一语言，电子订货系统（EOS）和电子数据交换（EDI）就无法实现。

3. EOS 系统的结构

EOS 系统并非是单个的零售商与单个的批发商组成的系统，而是许多零售商和许多批发商组成的大系统的整体运作方式。EOS 系统结构如图 11-11 所示。

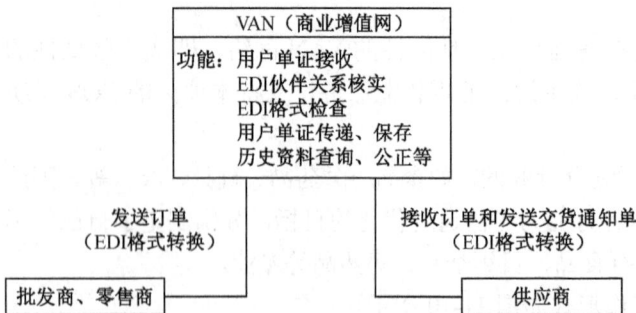

图 11-11 EOS 系统结构

从图中可看出，EOS 系统中的批发商、零售商、供应商以及 VAN 在商流中的角色和作用。

（1）批发商、零售商的作用

采购人员根据 MIS 系统提供的功能，收集并汇总各机构的要货的商品名称、要货数量，根据供应商的可供商品货源、供货价格、交货期限、供应商的信誉等资料、向指定的供应商下达采购指令。采购指令按照 VAN 的标准格式进行填写，经 VAN 提供的 EDI 格式转换系统而成为标准的 EDI 单证，经由通信界面将订货资料发送至 VAN，然后等供应商发回有关信息。

（2）VAN 的作用

它不参与交易双方的交易活动，只提供用户连接界面，每当接收到用户发来的 EDI 单证时，自动进行 EOS 交易伙伴关系的核查，只有互有伙伴关系的才能进行交易，否则视为无效交易。确定有效的交易还必须进行 EDI 单证格式检查，只有交易双方均认可的单证格式，才能进行单证传递，并对每笔交易进行长期保存，供用户今后查询或在交易双方发生贸易纠纷时，可以根据 VAN 所储存的单证内容作为司法证据。

（3）供应商的作用

将 VAN 传来的 EDI 单证，通过 VAN 提供的界面和 EDI 格式转换系统，转换成为一张标准的商业订单。根据订单内容和供应商的 MIS 系统提供的相关信息，供应商可及时安排出货，并将出货信息通过 EDI 传递给相应的批发商和零售商，从而完成一次基本的发货作业。

当然，交易双方交换的信息不仅仅是订单和交货通知，还包括订单更改、订单回复、变价通知、提单、对账通知、发票、退换货等许多信息。

VAN 是公共的信息中心，它是通过通信网络让不同机构的计算机或各种终端相连，促进信息的收发更加便利的一种共同的信息中心。实际上，在这个流通网络中，VAN 也发挥了莫大的功能。VAN 不单单是负责信息的转换工作，也可以与国内外其他地域 VAN 相连并交换信息，从而扩大了客户资料交换的范围。

4. EOS 系统的流程

EOS 系统的基本流程如图 11-12 所示。

（1）在零售商的终端利用条码阅读器获取准备采购的商品条形码，并在终端机中输入订货材料；利用电话线通过调制解调器传到批发商的计算机中。

（2）批发商开出提货传票，并根据传票，同时开出拣货单，实施拣货，然后依据送货传票进行商品发货。

（3）送货传票上的资料便成为零售商的应付账款资料及批发商的应收账款资料。

（4）并接到应收账款系统中。

（5）零售商对送到的货物进行检验后，便可以陈列和销售了。

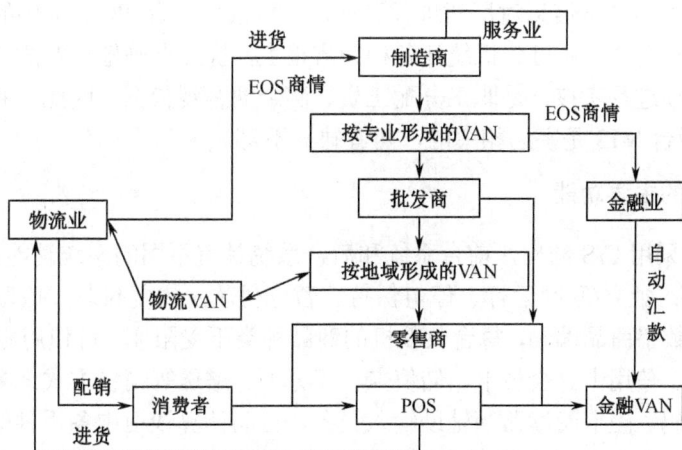

图 11-12　EOS 系统的工作形式

11.4.3 销售时点系统（POS）

1. POS 的基本概念

销售时点系统，即 POS，是"利用光学式读取设备，按照商品的最小类别读取实时销售信息以及采购、配送等阶段发生的各种信息，并通过通信网络将其传送给计算机系统进行加工、处理和传送的系统"（见 GB/T18354—2006）。

我们一般所说的 POS 系统分为两种。一种是商业应用的 POS 系统，它是由电子收款机和计算机联机构成的商店前台网络系统。该系统对商店零售柜台的所有交易信息进行加工整理，实时跟踪销售情况、分析数据、传递反馈、强化商品营销管理。

另一种是指银行应用的 POS 机或 POS 系统，又称为销售点电子转账服务作业系统（Electronic Fund Transfer Point of Sales System）。它是由银行设置在商业网点或特约商户处的信用卡授权终端机和银行计算机系统通过公用数据交换网联机构成的电子转账服务系统。它的功能是提供持卡人在销售点购物或消费，通过电子转账系统直接扣账或信用记账的服务。

我们在此主要介绍商业应用 POS 系统，即销售时点信息系统，包含前台 POS 系统和后台 MIS 系统两大基本部分。它最早应用于零售业，以后逐渐扩展至金融、旅馆等服务性行业，利用 POS 信息的范围也从企业内部扩展到整个供应链。现代 POS 系统已不仅仅局限于电子收款技术，而是要考虑将计算机网络、电子数据交换技术、条形码技术、电子监控技术、电子收款技术，电子信息处理技术、远程通信、电子广告、自动仓储配送技术、自动售货、备货技术等一系列科技手段融为一体，从而形成一个综合性的信息资源管理系统。同时，它必须符合和服从商场管理模式，按照对商品流通管理及资金管理的各种规定进行设计和运行。

前台 POS 系统是指通过自动读取设备（如收银机），在销售商品时直接读取商品销售信息（如商品名、单价、销售数量、销售时间、销售店铺、购买顾客等），实现前台销售业务的自动化，对商品交易进行实时服务和管理，并通过通信网络和计算机系统传送至后台，通过后台管理信息系统（MIS）的计算、分析与汇总等掌握商品销售的各项信息，为企业管理者分析经营成果、制定经营方针提供依据，以提高经营效率。

后台 MIS 系统负责整个商场进、销、调、存系统的管理以及财务管理、库存管理、考勤管理等。它可根据商品进货信息对厂商进行管理，又可根据前台 POS 提供的销售数据，控制进货数量，合理周转资金，还可分析统计各种销售报表，快速准确地计算成本与毛利，并可对售货员、收款员业绩进行考核，是职工分配工资、奖金的客观依据。因此，商场现代化管理系统中前台 POS 与后台 MIS 是密切相关的，两者缺一不可。

2. POS 系统的主要功能

POS 系统一般采用 C/S 结构，前台系统和后台系统具有不同的系统功能，具体说明如下。

前台系统包括：独立/联网运行、停电保持、暂停付款及恢复付款、收款员密码保护、选择删除功能，采用数字商品编码，每台收款机的商品种类不受限制，可使用零售、折扣、变价、退物、现金、支票、信用卡、会员卡、储值卡、积分卡、赠送等销售方式，多货币兑换率自动处理，可使用条形码、磁卡阅读器等辅助输入设备，自动计算钱柜中各币种的金额，可打印收款员报表（本班次）及收款员损益报表等。

后台 MIS 系统具有进、销、调、存管理功能，包括：档案管理、进货调拨、应付款项、储值卡、会员卡管理、批发管理、库存、盘点管理，以及零销商品分析、畅销分析、成本毛利、分类统计查询、综合分析等。

3. POS 系统的效益分析

我们可以从系统效益和系统作业流程层面进行商业 POS 系统效益分析。

（1）POS 系统效益分析

POS 的系统效益可以用表 11-2 来表示。

表 11-2　POS 系统效益

效　益	内　容	说　明
提高服务品质	缩短结账时间	解决高峰时刻顾客等候时间
	减少收银结账错误	减少因人为错误所引起的误会
	提供多样化的销售形态	接受非现金购物服务
	改变商家形象	提供顾客现代化购物环境
降低成本	畅通物流	利用 POS 系统，提高商品效益
	人员效率提升	缩短时间，有效利用人力资源
	精确行政账务管理	防范作业人员舞弊，使现金管理合理化
增加效益	提高销售量	利用 POS 系统的客户分析功能，调整适当商品结构，增加销售业绩
	提升采购效率	精确掌握单品库，适时适量采购策略
	最佳商品计划	精确统计分析单品销售量，掌握畅、滞销商品
	有效运用陈列空间	使商品陈列位置合理化
	掌握营业目标	透过 POS 系统，达成营业目标
	资金灵活调度	营业资料的收集迅速属实，数据可靠
	增加商场竞争能力	分析消费趋势，以调整销售策略及经营方针

（2）POS 对作业流程的影响

POS 系统简化了工作流程，提高了工作效率。如表 11-3 所示。

表 11-3　POS 系统对作业流程面的影响

	导入 POS 系统前	改进方式
前台收银作业	商品庞大且繁杂，无法掌握人工入账，耗费时间且错误率高，而收银员培训成本高，现金不易掌握	利用条形码分类管理，用扫描器输入，可降低收银作业错误，节省人工，且当人员流动时，培训容易，而智能型收款机与后台系统联机，可随时查询，掌握销售状况
销售管理	1. 凭直觉或经验，判断商品销售高峰、低谷时段、价格带，及畅、滞销品 2. 变价、促销、特价有赖人工处理 3. 不易达成顾客购买倾向	前台销售数据传至后台系统，产生各类报表，透过计算机交叉分析，更精确掌握销售实况
库存管理	难以掌握现有库存量及金额，采购人员依直觉进货，主观进货，造成存货积压而没有觉察	可从计算机对进货情况一目了然，并可设定安全库存以达成自动采购效益，同时对于盘点或耗损也可纳入计算机记录，追踪查询呆滞品
上游商品情报	商品、供货商等各项信息由采购人员掌握，易产生弊端，供货商品稽核不易	纳入后台管理，可随时查询送货时效，付款条件，供应品等

实际上，商业 POS 系统的应用给应用企业带来了信息面、管理面和企业内部稽核面上的效益。可以用表 11-4 来表示。

表 11-4　商业 POS 系统的综合效益评价

	效益指标	说　明
信息面	购买动向分析 消费客层分析 畅、滞销品分析	针对 POS 系统所收集数据进行分析，可以获悉消费者的购买动机、目标客户层、畅销品及滞销品等重要信息
管理面	商品的配置 陈列的管理 特卖、促销、变价管理 盘点及进货管理	根据 POS 系统所收集的各项数据，可作为商品陈列的参考，并可进行商品比率、结构调整，也可作为单品库存与订货的参考
内部稽核面	合理化作业 防止舞弊 简化收银作业、减少人工输入	通过 POS 系统作业，推动商店作业合理化，建立制度，并简化收银作业，防止员工舞弊，避免因人为的疏忽而产生的弊端

11.4.4　配送需求计划（DRP）

配送需求计划，即 DRP，是"一种既保证有效地满足市场需求，又使得物流资源配置费用最省的计划方法，是物料需求计划（MRP）原理与方法在物品配送中的运用"（见GB/T18354—2006）。该技术主要解决分销物资的供应和调度问题。其基本目标是合理进行分销物资和资源配置，以达到既有效地满足市场需求又使得配置费用最省的目的。

1. DRP 的原理

DRP 主要在以下两类企业中得到应用。一类是流通企业，如储运企业、配送企业、物流中心、流通中心等。这些企业的基本特征是：不一定搞销售，但必须有储存和运输的业务。这些企业具有较强大的储存能力和运输能力，受生产企业的委托存货或自己从这些生产厂购进货物存放在自己的仓库里、为生产企业销售部门或企业订货用户进货。另一类是生产企业，大多数中小企业生产的产品是交给经销商或零售商去销售的，自己没有销售网络，但一部分较大型的生产企业有自己的销售网络和储运设施，这样的生产企业面对市场来生产自己的产品，既搞生产，又搞流通。这两类企业的共同之处是：（1）以满足社会需求为企业的宗旨；（2）依靠一定的物流能力（储、运、包装、装卸、搬运等）来满足社会的需求；（3）为满足社会需求，要从制造企业或物资资源市场组织物资资源。

DRP 的原理如图 11-13 所示，在实施 DRP 时，要输入三个文件，输出两个计划。输入的三个文件如下。

（1）社会需求文件

其内容包括所有用户订货单、提货单和供货合同，也包括下属子公司、企业的订货单。将这些需求按品种、需求日期进行统计构成一个文件，编制出社会需求文件。

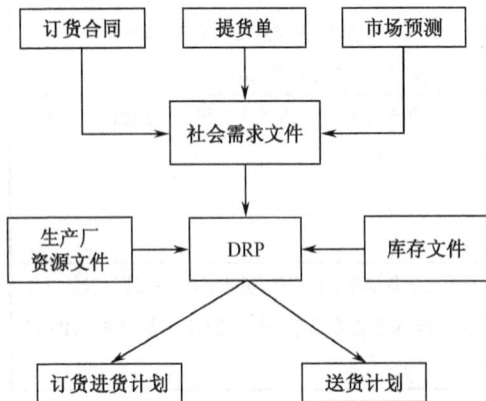

图 11-13　DRP 原理图

（2）库存文件

它是仓库里所有库存物资量的列表。仓库里有的物资，从仓库里提货送货，送货的数量不得超过现有的库存最，仓库里没有，就应订货进货。所以仓库文件也是编制 DRP 计划必需的文件。

（3）生产厂资源文件

其包括可供的物资品种，也包括生产厂的地理位置情况。生产厂资源文件主要是为 DRP 编制订货计划用的。

输出的两个文件是：（1）送货计划。这是对用户的送货计划。由于仓库与用户、下属子公司都有一定路程，所以提货送货要提前一定时间开始作业。对于大批量需求的需求者实行直送，对于数量众多的小批量需求可以进行配送。（2）订货进货计划。这里指从生产厂订货进货的计划。对于需求物资，如果仓库内无货或库存不足，则需要到生产厂订货进货。因为订货进货需要时间，所以也需要设定订货提前期。

2. DRP 的应用

针对物流配送中心的经理而言，要决定某种商品的需求量，首先需要弄清该产品的预测需求量，然后去检查该商品的库存量并计算库存能够维持多久的时间。如果需要维持一个安全库存，就必须将它从计算维持时间的库存中扣除。假设没有在途商品，这里计算的日期是仓库缺货的日期（如果考虑安全库存则是低于安全库存的日期）。如果考虑在途商品，必须将在途商品加入库存以决定库存能够维持的时间。这样，库存商品与购进在途商品数量之和用完的日期就是下次订货进货到达的最佳日期。商品到达物流中心的日期与中央订货供应点的装运配送日期可能不一致。这里应考虑从中央供应点的订货进货提前期。这段时间包括：由本物流中心的装运、运输的时间以及本物流中心的验货收货时间等。进货批量应当是规定的订货批量。同样，对本中心送货方的处理也应考虑送货提前期来确定送货日期，即由用户的需求日期倒退一个送货提前期、以确定本物流中心向用户的送货日期。

11.4.5　物流资源计划（LRP）

物流资源计划，即 LRP，是"以物流为基本手段，打破生产与流通界限，集成制造资源计划、能力资源计划、配送资源计划以及功能计划而形成的物资资源优化配置方法"（见 GB/T18354—2006）。其实质是把 MRP 和 DRP 结合起来应用，在生产厂系统内部实行 MRP，在生产厂外部实行 DRP，它最显著的特点是在计划时考虑物流的因素，把物流作为联系二者的纽带。因此它是一种联系产、供、销，既适时适量保障相互之间的物资供应又使总费用最省的物流资源计划方法。

1. LRP 的设计思想

MRP（Materials Resources Planning）是在生产领域中进行物流资源配置的技术，它能够实现加工装配过程中各种零部件和原材料按时按量的需求计划和装配到位，但它不适用于流通领域。而 DRP（Distribution Resources Planning）是在流通领域中配置物资资源的技术，它能够实现流通领域中物资资源按时间、按数量的需求计划和需求到位，但它不适用于生产领域。如果一个企业又搞生产，又搞流通，那么，这个企业应当怎么样进行物资资源配置呢？为此，在这里提出一种新的计划方法——LRP 方法。

设计 LRP 的基本动机，是想既适用于生产领域，又适用于流通领域，以利于既搞生产又搞流通的企业来编制物流资源计划。它的基本思想是面向大市场，以物流为基本手段，打破生产和流通的界限，为企业生产和社会流通的物资需求进行经济有效的物资资源配置。

它包含以下几个基本点：①站在市场的高度，从社会大市场和企业内部经济有效地组织资源；②打破生产和流通的界限以降低物资资源配置成本；③以物流为基本手段，跨越生产和流通来组织和配置物资资源；④打破地区、部门、所有制等多种多样的界限，灵活运用各种手段来组织企业经营活动。

2. LRP 的原理

LRP 实际上是把 MRP 和 DRP 结合起来应用，在生产厂系统内部实行 MRP，在生产厂外部实行 DRP，而将物流作为联系二者的纽带。物流之所以能成为联系纽带，是因为二者虽然在原理上有许多不同之处，但在物流上有共同之处，即它们都包含物资时间、空间位置的转移。LRP 的处理逻辑原理图如图 11-14 所示。

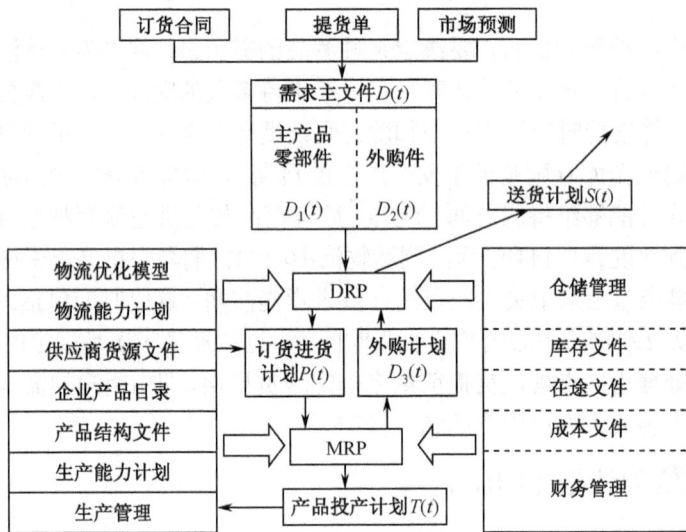

图 11-14　LRP 的处理逻辑原理

由图 11-14 可以看出，它输入社会需求主文件、产品结构文件、生产能力文件、物流能力文件、生产成本文件和供应商货源文件等，形成产品投产计划、生产能力需求计划、送货计划和订货进货计划、运输计划、物流能力需求计划等，并进行成本核算。而社会需求主文件（即社会订货）总是先由 DRP 从库存中予以供应，仓库中不够的再向 MRP 订货进货。与一般 MRP 不同之处在于，这里 MRP 的输入是 DRP 生成的订货进货计划 $P(t)$ 的一部分，即向生产部门的订货，其输出除了一般 MRP 生成的产品投产计划 $T(t)$ 之外，还加上了向 DRP 输入的外购计划 $D_3(t)$。MRP 根据 DRP 的生产订货进货计划进行 MRP 处理，制定生产任务单、产生加工任务单交生产部门加工，外购件又加入 DRP 系统的需求文件，进入 DRP 处理。DRP 仍然先从仓库供应，仓库不够的由订货进货计划到资源市场去采购进货。

具体实施时可以分成以下三步。

步骤 1：将主需求计划 $D(t)$ 中本企业能够生产的主产品和零部件（根据企业产品目录确定）$D_1(t)$ 单独运行 DRP，得出需向企业生产部门的订货进货计划 $P_1(t)$。其中内部主需求

计划 $D_1(t)$ 是主需求文件 $D(t)$ 中的一部分，即企业能够生产的一部分。这一部分在 DRP 处理时，总是先由仓库库存中供应，当库存下降到安全库存量时，再向生产部门发出订货。

这时，各参数按如下公式确定：

$$Q(t) = Q(t-1) - D_1(t)$$
$$P'(t) = Q_0(t), \qquad P_1(t) = P'(t - t_P)$$

式中，$Q(t)$ 为本期期末库存量；$Q(t-1)$ 为上期期末库存量；$Q_0(t)$ 为订货批量；$P(t)$ 为本期计划到货量；t_P 为订货提前期。

步骤 2：由生产订货计划 $P_1(t)$ 运行 MRP 求出产品投产计划 $T(t)$ 及其零部件外购计划 $D_3(t)$。

步骤 3：将主需求文件 $D(t)$ 中的非本企业能生产的部分 $D_2(t)$ 和由 MRP 得出的外购部分 $D_3(t)$ 再输入 DRP 运行，得出从市场的订货进货计划 $P(t)$ 和送货计划 $S(t)$。其中，在途物资分为送货在途到货 $O_S(t)$ 和进货在途到货（入库）$O_P(t)$。

$Q(t)$ 用下式计算：

$$Q(t) = Q(t-1) - D_2(t) - D_3(t) + O_S(t) + O_P(t)$$

$P'(t)$ 是这样确定的：当 $Q(t)$ 下降到订货点（或安全库存量以下）时，就要安排一个到货，其大小等于一个订货批量 Q_0，即 $P'(t) = Q_0$。而订货进货计划 $P(t) = P'(t - t_P)$，送货计划 $S(t)$ 为 $S(t - t_S) = D(t)$，式中 t_S 为送货提前期。

通过这三步就得到了订货进货计划、采购计划、投产计划和送货计划。实际上如果输入物流能力条件（仓储运输条件等）、物流优化模型、成本文件，还可以得到物流能力计划、统一运输方案和物流成本。

3. LRP 的应用

LRP 的实际原型可以用图 11-15 表示，这基本上是一个企业集团的模式。它包含有多个生产厂和多个流通中心，整个企业处在市场之中，由资源市场取得资源投入企业生产过程，获得生产产品或服务去满足需求市场或流通中心的需要。企业也可以从资源市场获取资源进入流通中心去满足需求市场的需要。LRP 在其中的作用就是站在大市场的高度，打破生产和流通的界限，对整个企业的生产和流通进行资源配置，对社会需求进行资源配置。

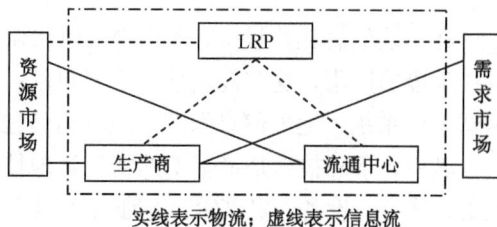

实线表示物流；虚线表示信息流

图 11-15　LRP 的实际原型

这种 LRP 应用特点在于它是一种包含企业生产、供应和销售的、完全而又精细的计划。它有产品投产计划、生产过程的物料需求计划、采购供应计划、车辆运输计划、库存计划、用户送货计划、物流能力计划（运输能力、仓储能力等）等，可以说涵盖了企业日常业务的各个方面。它们以复杂的关系相互间紧密连接，全盘规划指挥着整个企业的工作有条不紊地进行。这些计划通过计算机运行一次就产生出来，代替了整个企业各个部门许许多多计划人员繁重复杂的计划工作。不但大大节约了劳动力，而且提高了工作质量。

LRP 最显著的特点是在计划时考虑了物流的因素，即它不但考虑了物资的搬运、进货、送货的数量和时间，还考虑了物流路线、运输方案的优化，使得物资运动不但能及时到位，而且总是费用最省。其原因就是计算机在做计划时，同时运行了相应的物流优化模型，从而得出的计划都是使物流费用最省的计划。LRP 适用于所有需要兼产、供、销于一身的企业，大的可以是企业集团，小的可以到一般的大中型企业和商店。在这样的企业中，它可以代替整个企业计划部的工作。

11.5 案例分析

11.5.1 信息技术支持的现代军事物流

物流与军事有着密切的关系，事实上，物流的概念也诞生于军事领域。在第二次世界大战期间，美国海军出于军事上的需要，引入了实物配送理论，对军事物资的供应实行物流管理，取得了显著成效，并在此基础逐步发展了完整的物流理论。

根据所处的状态不同，军事物流可分为日常军事物流和战时军事物流。日常军事物流是指和平时期，与军事有关的物资管理、运输调度、维修保养、分级管理、后勤支持等方面的物流管理内容。而战时军事物流，则指在战争状态或战争演习状态下，所开展的军事物流管理。由于战时军事物流具有物流规模大、时间要求紧、不确定因素多等特点，而被视为物流管理的最高水平，对物流管理技术和手段有极高的要求。

以全球军事装备技术最为领先的美军为例，在信息技术的支持下，美军提出了全球资产可视系统的概念。该系统将自动识别技术、全球运输网络、联合资源信息库和决策支持系统等综合在一起，使得部队指挥官可以不间断、可视化地掌握全部后勤资源的动态情况，全程跟踪"人员流"、"装备流"和"物资流"，并指挥和控制其接收、分发和调换，从而大大提高了后勤保障效率。

1. 军事物流现代化需要信息技术的支持

在军队信息化建设中，军事物流现代化是一个重要的组成部分。军事物流信息化离不开高科技手段的应用，这些高新技术主要包括：条码技术、射频识别技术、电子数据交换（EDI）、全球定位系统、地理信息系统、卫星通信技术等。

其中，条码技术是最基本的物流管理技术手段，应用条码技术可准确标识物流单元，包括人员、物品、设备、资产等，并通过条码识读设备实现数据采集的自动化，从而将物流转变为信息流，实现对物流的跟踪和管理。因此，条码技术在各国军事物流领域得到广泛的应用。

2. 二维条码在军事物流领域的应用

二维条码具有信息容量大的特点，可全面地对物品进行标识和描述，具体可包括数字、文字、图形等信息，从而可在数据库网络中断的情况下，获得物品的基本信息，实现物流的基本管理功能。当数据库网络恢复后，又可进一步获得物品的更多相关信息，实现更多的物流管理功能。此外，二维条码还具有译码可靠性高、错误纠正能力强、条码占用面积小、容易制作且成本很低的特点。同时，也可通过密码设置，实现一定程度的信息保密特性。

而二维条码的这些特点，使得它非常适合军事物流应用的要求，在各军队得到了广泛的应用。例如，美国军方要求，所有的军品供应商必须使用基于 PDF417 二维条码的运输标签，同时二维条码还被美国军方应用到军械仓库、军械维修、军官证件、弹药标识、物资运输等各个领域。在法国军队，二维条码也被广泛地应用于运输后勤管理，并在耐高温的金属牌上采用激光蚀刻 PDF417 二维条码来实现军事人员的身份标识，在军事抢救时，带有二维条码的军事人员的基础医疗信息，包括身份、血型、用药禁忌等信息，可在脱离网络的环境下，从二维条码中迅速获得，从而加速了医疗救护的过程。英国军队已在其所有的武器装备和设施上使用 PDF417 二维条码，条码中包含了部件名、序列号、部队番号等信息，从而极大地提高了对武器准备的精确管理。

3. 射频技术在军事物流中的应用

射频技术 RF（Radio Frequency）的基本原理是电磁理论。射频系统的优点是，不局限于视线，识别距离比光学系统远，射频识别卡可具有读/写能力，可携带大量数据，难以伪造，且有智能。RF 适用于物料跟踪、运载工具和货架识别等要求非接触数据采集和交换的场合，由于 RF 标签具有可读/写能力，对于需要频繁改变数据内容的场合尤为适用。

美国和北大西洋公约组织（NATO）在波斯尼亚的"联合作战行动"中，便在军事物流系统中采用了射频技术，以识别和跟踪军用物资。这是充分汲取了"沙漠风暴"军事行动中大量物资无法跟踪造成重复运输的教训，无论军用物资处于采购、运输、仓储、使用、维修的任何环节，各级指挥人员都可以实时掌握其状态和信息。具体的应用是依靠贴在集装箱和装备上的射频识别标签实现的。RF 接收转发装置通常安装在运输线的一些检查点上（如门柱上、桥墩旁等），以及仓库、车站、码头、机场等关键地点。

案例思考

1. 简述现代军事物流中使用的信息技术。
2. 简述二维条形码的特点及其在军事领域中的应用。
3. 简述射频技术的特点及其在军事领域中的应用。
4. 简述信息技术对军事物流发展的影响。

11.5.2　福特汽车 RFID 射频识别供应链管理出奇效

伴随沃尔玛等零售巨头、美国食品和药品管理局（FDA）以及美国国防部（DOD）等军方代表的相关强制性指令，RFID 技术从一项不起眼的新型无线技术发展到如今的程度——如火如荼地燃遍了整个地球。

在 2005 年，北美 TNT 物流公司推出了第一款 RFID 识读设备，主要用于为汽车行业提供实时可视性操作管理、提高库存管理效率和防止复杂供应链的中断等问题，最初的试验是在福特的卡车装配车间进行的。

作为这次试验的一部分，WhereNet 提供的有源标签技术和无线网络传感技术被充分的利用，这些设备安装在福特的车间实现实时定位、提供实时信息，TNT 的材料排序中心也安装了相关设备。这个中心面积 375 000 平方英尺，可以实现福特产品的接收、包装和运输等一系列工作，产品材料按照设定的顺序运送到生产线上。RFID 识读设备安装在 MSC 的门口处，读取材料上的 RFID 标签信息及 ID 编码。通过自动获取数据，系统可以确定材料是否到达、是否被充分利用。此外，福特 RFID 系统还可以与一个高级运输系统（ASN）功能相结合，获得材料在途的定位信息。例如系统可以自动监测货物装卸过程，实行跟踪监测和实时定位控制以及促进 MSC 和装配车间的交流等。如果福特公司的全部供应链环节都参与进来，RFID 系统就可以提供实时监控，其中涉及材料供应商、排序中心、生产车间以及产品配送环节等多方面配合。

WhereNet 的 RFID 有源标签每四分钟发射一次信号，可以被安装在 TNT 排序中心和福特装配车间的 RFID 读卡器接收到，这些标签数据信息可以被采集、分类、评估以及分析总结。福特还安装了图表分析软件，在叉车上安装一个便携式计算机，用来分析数据。为了使用 RFID 技术，TNT 采用了一系列的软件，像仓库管理系统、仓库跟踪系统以及 WhereNet 的可视性服务软件等，这些软件全部通过 Tibco 的中间件整合起来。

RFID 技术对于制造业和零售业的潜力很大，TNT 和早期的使用者都切实感受到了这项技术带来的益处，它可以优化操作和提高效率。通过使用 Tibco 的二代有源 RFID 软件，TNT 可以很准确地按照订单完成任务，可以按时为客户发送货物和提供实时信息。

这次合作整合了福特、TNT、WhereNet 和 Tibco 的力量，现在 RFID 有源项目实施非常成功，实时控制管理在各个平台运转良好，同步协调性也很好。福特认为，如果能够实现全球化的供应链整合，那么 RFID 技术将会取得更大的成功。

案例思考

1. 简述 RFID 的技术原理。
2. 福特汽车如何运用 RFID 射频识别技术推动企业发展？
3. 简述 RFID 技术在物流供应链管理中的作用。

第12章

物流设施与设备

物流设施与设备是实现物流作业和具体功能的手段和载体。物流设施与设备的运用和管理离不开先进的物流技术的应用。一般而言，物流设施与设备包括物流基础设施和物流设备两大方面，其中物流基础设施包括铁路运输设施、公路运输设施、水路运输设施、航空运输设施和管道运输设施；物流设备包括仓储设备、起重机械、物料搬运设备、分拣设备、集装及运输设备、条码及自动化设备、其他物流周边设备等。

本章主要介绍物流设施与设备的基本概念和基本功能，介绍过程采用大量图片来展示，以使读者对物流设施和设备有个感性认识，同时建议读者通过实习、实训，或实物实地考察，对物流装备进行结构、功能、原理、实际应用方面的对比分析。

12.1　物流基础设施

按照五种基本运输方式的分类方法，物流基础设施包括铁路运输设施、公路运输设施、水路运输设施、航空运输设施和管道运输设施五个部分。

12.1.1　铁路运输设施

铁路运输设施包括铁路线、车站、车辆、机车和通信信号五大部分。从设备的服务对象分类，可以分为货运设备、客运设备、行车调度设备三大类。与物流相关度比较大的主要是货运设备与行车调度设备，前者是物流大系统中的重要环节之一（铁路货运所必需的最直接的设备），后者则是铁路运输系统正点、安全、高效运转的关键设备。

1. 铁路线

铁路线是机车车辆和列车运行的基础。铁路线是由路基、桥隧建筑物（包括桥梁、涵洞、隧道等）和轨道（包括钢轨、轨枕、联结零件、道床、防爬设备和道岔等）组成的一个整体工程结构。

在建一条铁路以前，必须进行深入的调查研究和勘探工作，并从若干个可供比较的方案中选出一个最优方案来进行设计。一般要经过方案研究（室内研究、现场探勘、提出研究报告），初测，初步设计，定测，施工设计和参加施工，修改设计等过程。

铁路勘测设计工作除了进行实地测量外，广泛采用航空测量与电子计算机进行计算比较，然后由计算机输出所选择的线路方案和设计图表。

铁路等级是铁路的主要技术标准之一。我国铁路建设标准共划分为三个等级，即Ⅰ级、Ⅱ级、Ⅲ级，划分标准见表 12-1。

表 12-1　我国铁路建设标准的划分等级

铁路等级	铁路在路网中的意义	远期年客货运量
I 级	在路网中起骨干作用的铁路	≥15 Mt（百万吨）
II 级	1. 在路网中起骨干作用的铁路	<15 Mt（百万吨）
	2. 在路网中起联络、辅助作用的铁路	≥7.5 Mt（百万吨）
III 级	为某一区域服务，具有地区运输性质的铁路	<7.5 Mt（百万吨）

2. 铁路车站

车站既是办理铁路客、货运输的基地，又是铁路系统的基层生产单位。

为了保证行车安全和必要的线路通行能力，铁路上每隔一定距离（10 千米左右）需要设置一个车站。车站把每一条铁路线划分成若干个长度不同的段落，每一段线路称为一个区间。车站就成为相邻区间的分界点。

车站上除了正线以外，还配有其他线路，因此，车站的定义就是设有配线的分界点。无配线的分界点包括非自动闭塞区段的线路所和自动闭塞区段的通过色灯信号机。

我国铁路线上有大小车站 5000 余个。按等级分为特等站、一、二、三、四、五等站。按技术作业的不同分为编组站、区段站和中间站。按业务性质分为货运站、客运站和客货运站。

（1）中间站

中间站为提高铁路区段通过能力，保证行车安全，以及为沿线城乡人民生活和工农生产服务而设置，主要办理列车的到发、会让和越行，以及客货运业务。

中间站的作业包括以下几个部分：

1）旅客的乘、降和行李、包裹的承运、保管、装卸与交付。

2）货物的承运、保管、装卸与交付。

3）接发列车作业（包括接车、发车和放行通过列车）。

4）摘挂（沿零摘挂）列车的车辆摘挂作业，以及向货物线、岔线取送车辆的调车作业。

（2）区段站

区段站的主要任务是为邻接的铁路区段供应机车或更换机车乘务组，并为无改编中转货物列车办理规定的技术作业。还需要办理一定数量的列车解编作业及客货运业务。

根据区段站所担负的任务，区段站的作业一般常办理下列五类作业。

1）客运业务：旅客的乘、降和行李、包裹的承运、保管、装卸与交付。

2）货运业务：上述客货业务与中间站客货业务类似，但作业量较大。

3）运转作业：旅客列车运输的技术作用，有关货物列车运转的技术作业，除办理货物列车的接发作业外，还包括列车技术检查与货物检查，编组和解体区段和沿零摘挂列车，以及办理向货物线、工业企业线取送作业等。

4）机车业务：以更换旅客列车和乘务组为主。

5）车辆业务：办理列车的技术检查和车辆的修理业务。

（3）编组站

编组站是铁路路网上专门办理货物列车解体、编组作业，并为此设有比较完善的调车设备的车站。

编组站的主要任务是根据列车编组计划的要求，办理各种货物列车的解体和编组作业，并按照运行图的时刻正点接发车。

编组站是铁路运输的重要生产基地，大量装卸货物的重车和卸货后回送的空车，汇集后被编成各种列车开往各自的目的地。因此，编组站被称为编组货物列车的工厂。

（4）铁路枢纽

铁路枢纽是由若干铁路干线、联络线、专业车站组成的整体。铁路枢纽是客货流从一条铁路转运到各接轨铁路的中转节点，也是所在城市客货到发集散联运的中心。在运转方面，有各铁路方向之间的无改编列车的转线，以及担当枢纽地区车流交换的小运列车的作业。

（5）货运站

专门办理货运作业（包括组织货源、货流，办理货物的承运，保管和交付，货物的装车和卸车，计算和核收运输费用，填制货运票据等）的车站称为货运站。货运站按工作性质分为装车站、卸车站和装卸站。按办理货物的种类又可分为综合性货运站和专业性货运站。

办理多种不同品类货物作业的车站称为综合性货运站。主要为城市、工厂、企业、机关及居民服务，办理各种不同品类的整车、零担货物的发送及到达作业和与站相连接的工业企业线、岔线的作业，综合货运站内一般都有较大的货场。

专业性货运站只办理单一品类的货物作业，如办理煤、木材、矿石、矿物性建筑材料等大宗货物或危险货物的作业。

综合性货运站（简称货运站），主要办理如下作业。

1）转运作业：主要办理到达本站的小运转列车及摘挂列车的解体编组作业及车辆的取送作业。

2）货物作业：货物的托运、保管、装卸、交付；货运票据的编制；车辆的清洗、修理。

12.1.2　公路运输设施

公路货运广义概念包括各种交通工具的公路（道路）完成的货物位移过程，狭义概念仅指货物汽车运输，更符合现代社会的发展大势。公路货物运输设备与城市交通范畴的道路货运主要差异在于路网特征，线路设计与建设指标、交通运输管理方式技术等。

1.　公路等级划分

（1）按使用任务、功能和所适应的交通量水平划分

我国的公路则按使用任务、功能和所适应的交通量水平分为五个等级：即高速公路、一级公路、二级公路、三级公路和四级公路。其中，又按公路所在地区的地形条件，分为平原和微丘区及重丘和山岭区，分别采用不同的设计标准。高速和一级公路为汽车分向、分车道行驶的专用公路，二级、三级和四级公路为汽车和其他车辆公用的公路。其中，高速和一级公路为双向四车道，其他等级公路为双向二车道。

道路的等级应根据路网规划，道路的功能、使用任务和要求以及远景交通量大小，综合论证后确定。

（2）按照道路在路网中的地位、交通的性质和任务以及所承担的交通量划分

按照道路在路网中的地位、交通的性质和任务以及所承担的交通量，可将道路分为四类。

1）高速道路

满足车辆长距离、快速行驶要求的干线道路，其出入口完全受到控制，同其他道路无平面交叉，对向行车道之间设置分隔带，在各类道路中具有最高的服务水平和安全性。

2）干线道路

承担重要活动中心（各个重要城市或城市内各主要区）之间大量长途车流的道路，它们组成道路网的主要骨架，并具有较高的服务水平。

3）集散道路

连接地方（或支线）道路和干线道路网的道路，起着将各个地区的车流汇集和输送到干线道路，或者将干线道路的车流分散到各个地区的作用。

4）地方（或支线）道路

地区内部供短距离行程使用的道路，交通量一般都较小。

2. 城市道路的划分

以上述道路的功能分类为基础，根据在道路系统中的地位和交通功能，我国的城市道路相应地分为以下四类。

（1）快速路（城市高速干道）。

（2）主干路（城市干道）。

（3）次干路（区域性干道）。

（4）支路（居住区或街坊道路）。

3. 公路网的设计规划原则

公路网的规划或确定一条公路的类型、线型必须以公路所经过地区的自然条件和交通资料为依据。应考虑以下数据。

（1）设计车辆：我国公路大多数是混合交通，除了汽车外，还有其他机动车辆，以及部分非机动车辆。作为设计控制的是标准型号的汽车。

（2）设计车速：指气候正常，交通密度小，汽车运输只受公路本身条件（几何要素、路面、附属设施等）影响时，一般驾驶员能安全舒适地行驶的最大车速。实际行驶速度常接近或超过设计车速。

（3）交通量：交通量是确定公路等级的主要依据，分为下面三种形式：

1）年平均日交通量：以全年交通量除以365而得。

2）高峰小时交通量：实际设计中采用一年中第30个高峰小时交通量作为设计依据，相当于年平均日交通量的1.5倍。

3）远景交通量：是公路改建和新建的依据，由现行交通量推算而得。

4. 高速公路概况

高速公路是专供汽车高速行驶的公路，高速公路采取限制出入、分隔行驶、汽车专用、全部立交以及采用较高的标准和完善的交通设施等措施，为汽车的大量、快速、安全、舒适、连续地运行创造了条件。1988年，我国第一条高速公路沪嘉高速公路（18.5千米）建成通车。此后，又相继建成全长375千米的沈大高速公路和143千米的京津塘高速公路。进入20世纪90年代，在国道主干线总体规划指导下，我国高速公路建设步伐加快，每年建成的高速公路由几十千米上升到1000千米以上。到1999年年底，全国高速公路通车里程已达11 605千米。

（1）高速公路的功能与特点

1）实行交通限制，规定汽车专用。

2）实行分隔行驶，对向车道中间设分隔带。

3）严格控制出入。

4）行车速度高。

5）通过能力强（一条四车道高速公路通行能力每昼夜可达 34 000～50 000 辆）。

6）立体交叉（原则上高速公路与一切道路相交，都应该设置立体交叉）。

7）交通设施完备，服务设施齐全。

（2）高速公路的作用和经济价值

1）直接经济价值有：

① 缩短运输时间；

② 节约行驶费用；

③ 减少货物运输损失；

④ 降低事故率。

2）间接经济价值有：

① 促进全社会的生产和运输的合理化；

② 促进沿线的经济发展和资源开发；

③ 加速物质生产和产品流通；

④ 促进水运、铁路与高速公路的联运；

⑤ 有利于城市人口的分散和卫星城镇的开发。

（3）高速公路交通控制及管理系统

采用电子计算机控制及信号自动化监视路段交通情况，迅速测出交通堵塞和交通事故，通过交通信息变换标志和无线电行车信号，告之司机有关信息，进行交通向导，及时进行事故救援与交通排堵疏散。日常管理包括电子收费系统的运用。

12.1.3　水路运输设施

水路运输包括海运和内河航运两种。利用水路运送货物，在大批量和远距离的运输中价格较便宜，可以运送超大型和超重货物。运输线路主要利用自然的海洋和河流，不受道路的限制，在隔海的区域之间是代替陆地运输的必要方式。水上航行的速度比较慢，航行周期长，海上运输有时以几个月为周期。此外，水上航运易受天气影响，航行周期不能保证。

水路运输的主要技术设备包括船舶（包括驳船、舟、筏等）、航道、港口及通信、导航等设施。

1. 船舶

船舶作为水上运输的主要工具用于运载旅客和货物以及其他水上活动。

船舶的分类。

（1）客船

客船用来载运旅客及其行李并兼带少量货物的运输船舶。以载客为主兼运部分货物的船舶称为客货船。

（2）货船

货船是专门运输各种货物的船只，可以分为如下几种。

1）杂货船

杂货船指装载一般包装、袋装、箱装和桶装的普通货物船。杂货船按船舱位置不同，有中机型船、尾机型船和中后机型船。杂货船多用于货船，既可运载一般的包装杂货，又可以装运散货和集装货等。

2）散货船

散货船是专门用来装运煤、矿砂、盐、谷物等散装货物的船舶，散货船的驾驶室和机舱都设在尾部，货舱口大，内底板和舷侧用斜边板连接，使货物能顺利地向舱中央集中，有较多的压载水舱，作为空载返航时压载之用。

3）集装箱船

集装箱船是用来专门装运规格统一的标准集装箱的船舶。集装箱船具有瘦长的外形，集装箱的装卸通常是由岸上起重机进行，绝大多数集装箱船上不设起货设备。集装箱船的机舱设在尾部或中部偏后。

（3）其他船舶

1）渡船

渡船用于江河两岸或海峡、河口、岛屿间的运输。渡船按用途可分为旅客渡船、汽车渡船和列车渡船。

2）驳船

专门供沿海、内河、港口驳载和转运物资的吨位不大的船舶，船上设备比较简单，本身没有起货设备。驳船一般为非机动的，本身没有推进设施，移动或航行需要用拖船拖带或推船顶推。

2．港口

（1）港口的作用

港口是水运货物的集散地，又是水陆运输的衔接点。除供船舶停靠使用外，为了客货的疏通，还必须与陆路交通相接。

（2）港口的分类

按用途分类，港口可分为五类。

1）商港：主要提供旅客上下和货物装卸转运的港口。又可分为一般商港和专业商港。

2）渔港：为渔船服务的港口。

3）工业港：固定为某一工业企业服务的港口，负责该企业原料、产品及所需物资的装卸转运工作。

4）军港：专供海军舰船用的港口。

5）避风港：供大风情况下船舶临时避风的港口。

按地理位置分类，港口又可分为三类。

1）海港：可细分为海港湾和海峡湾。海港湾位于海港内，常有岛屿等天然屏障保护；海峡港是处于大陆和岛屿之间的海峡地段的港口。

2）河港：位于海河流口地段的港口。

3）湖港与水库港。

（3）港口的组成

港口由港口的水域、陆域、码头和港口机械组成。

1）港口的水域和陆域

港口的水域供船舶进出港，在港内转运，泊锚和装卸作业，要求有足够的水深和面积，水面基本平静，流速和缓，以便船舶的安全操作，分为港口之外的港外水域和位于港口内的港内水域。港外水域主要是进港航道和港外锚地；港内水域包括港内航道、港内锚地以及码头前沿水域和船舶掉头区。港口陆域是港口范围内的陆地面积，供旅客上下船。货物的装卸、堆存和转运，必须有适当的高度、岸线长度和纵深，安置装卸设备、仓库和堆场、铁路、公路，各种必要的生产、生活设施等。

2）港口机械

港口机械分为四大类，即起重机械、输送机械、装卸搬运机械、专用机械等。专业化的码头设有专门的装卸机械，如煤炭装船码头设有装船机，散粮装卸码头设有吸粮机，集装箱码头前方设有集装箱装卸桥，后方设有跨运车、重型叉车等。

港口经常见到的比较典型的机械有：

① 门式起重机，简称门吊、门机。

② 浮式起重机，简称起重船、浮吊，是安装在专用船舶上的臂架起重机。

③ 装卸桥，装卸桥跨度大，可以进行船—车—场多种作业，常常是一机多能。

④ 带式输送机，又称皮带机，是一种连续输送货物的机械。

⑤ 带斗提升机，用安装在胶带或链条上的抓斗，通过滚轮或链轮驱动，在提升机的下部掏取物料，待提升到上部时依靠重力或离心力把物料投出。

⑥ 叉车装卸车，简称叉车、铲车、又称万能装卸机。

3）码头

码头是港口的主要组成部分，现代码头由主体结构和附属设施两部分组成。主体结构的上部有胸墙、梁、靠船构件等，下部有墙身、基础或板桩、桩基等。附属设备主要是系船柱、护木、系网环、管沟、门扣和铁路轨道，以及路面等。

码头的主要分类如下。

按用途分：客运码头、货运码头、轮渡码头、工作船码头、渔船码头、修船码头等。货运码头又可以分为杂货码头、散货码头、油码头、集装箱码头等。

按平面布置分：顺岸式码头、突岸式码头和墩式码头。

12.1.4　航空运输设施

1. 机场及其设备

机场（或称航空港）是航空公司运输系统中机场、航空公司、客户三大部分的相互作用点。航空港是飞机航行的经停站、终点站，它具有执行运输业务和保养维修飞机和飞机起飞、降落或临进停机等功能。机场一般由飞行区，运输服务区和机务维修区等区域所组成。机场的布局以跑道为基础，并以此布置滑行道、停机坪、货坪、维修机坪及其他场所。如上海浦东国际机场。

2. 机场等级

根据机场跑道的灯光设备和目视助航设备等情况、飞机航程的远近、能起降飞机的重量等条件，可以将机场分为四个等级。即：一级机场，供国内和国际远程航线使用，能起降 160 吨以上（起飞全重）的飞机；二级机场，供国内和国际中程航线使用，能起降 70～160 吨的飞机；三级机场，供近程航线使用，能起降 20～70 吨的飞机；四级机场，供短途航线和地方航线使用，能起降 20 吨以下的飞机。

中国航空运输

中国航空运输始于 1929 年，专业航空始于 1930 年。中华人民共和国成立后，特别是 1978 年以来中国航空运输在改革中迅速发展，现已拥有 300 多条航线，航线总长达 50 多万公里（不包括台湾省，下同）。其中，国内航线 260 多条，通航百余城市，形成以北京为中心辐射至全国各省、自治区、直辖市的国内航空干线网。在国际航线方面，中国已与 40 多个国家签订了通航协定，同许多国家和地区的航空公司建立了业务联系。北京、上海、广州、昆明、大连、厦门等国际机场已架起了通往 30 多个国家的"空中桥梁"。目前，中国通往国外的主要航线有：北京—贝尔格莱德—苏黎世、北京—卡拉奇—亚的斯亚贝巴、北京—卡拉奇—布加勒斯特—贝尔格莱德、北京—沙迦—法兰克福、北京—沙迦—苏黎世—伦敦、北京—沙迦—巴黎、北京—东京、北京—莫斯科—柏林、北京—乌鲁木齐—沙迦—伊斯坦布尔、北京—平壤、北京—上海—东京等。此外，内地还有 14 个城市开辟了至香港地区的航班或包机飞行。自 1978 年以来，中国民航完成运输总周转量和运输旅客量，每年分别递增 23% 和 20%。1990 年分别达 8 亿吨公里和 230 亿人公里。中国通用航空发展亦很快，自 1951 年起已逐步建立起农林病虫害防治、飞播造林、飞播牧草、除草施肥作业飞行项目。此外，在航空摄影与遥感、物理探矿、人工降雨、森林防护、地质测量和急救等方面均发挥了重要的作用，为石油勘探开发、水利电力建设服务的直升机飞行业务也有新的发展。

首都机场是中国第一个现代化航空港和最大空中交通枢纽、大型国际机场，位于北京东郊，离北京市中心 20 多公里，机场设备均为中国自行设计、制造、安装，候机大楼建筑设计富有民族特色，全部使用国产材料；每小时可指挥 70 架次飞机起降，旅客吞吐量每小时可达 1500 人次。中国其他较重要的民航机场还有上海、广州、昆明、乌鲁木齐、大连、厦门等。

资料来源：百度百科，词条：航空运输，经作者整理

12.1.5　管道运输设施

管道站，根据具体情况，也称为输油站或输气站等。它是对沿管道干线为输送油品或气体建立的各种作业站或作业场的统称，是给液体和气体等增加压力等能量、改变温度、提高流动性能的场所。根据在管道上所处位置的不同，管道站可以分为首站、末站和中间站。

1. 首站

也称起点站，是长输管道的起点，通常位于油田或气田，冶炼厂或港口附近。首站接收来自油田或气田的原油或天然气和来自冶炼厂的成品油，经计量和加压，有时还需加热，输往下一站，首站还进行发送清管器，油品化验和收集，处理污油，原油的脱盐、脱水、脱机械杂质、加添加剂和热处理等作业。

2. 末站

也称终点站，通常是接收油（气）单位的油（气）库，如炼油厂的原油库，或转运油库等。末站具有接受管道输送来的油（气），将合格的油品经过计算后输送给接收单位，或改换运输方式，如转换为铁路、公路或水路运输等功能。

3. 中间站

位于管道沿线。中间站根据输油工艺中水力和热力计算结果，沿线工程地质，建设规划等要求来设置。中间站起到给油（气）流提供压力、热能等能量的作用。

12.2 物流设备

物流设备包括物流集装单元器具、货架、起重机械、物料搬运设备、分拣设备、现代化立体仓库系统设备、条形码及自动识别设备、其他设备等。

12.2.1 物流集装单元器具

物料的大小、形状是千变万化的，集装单元就是把各式各样的物料集装成一个便于储运的单元。有人称集装单元化是物料搬运、物流作业的革命性改革。集装单元化器具不能单纯地视为一个容器，它是物料的载体，是物流机械化、自动化作业的基础。标准化后的单元化容器也是物流设备、物流设施、物流系统设计的基础，是高效联运、多式联运的必要条件。

主要的集装单元化设备包括平托盘（Flat Pallets）、网箱托盘（Grille Box Pallets）、箱式托盘（Box Pallets）、柱式托盘（Post Pallets）、物流台车（Roll Pallets）、集装袋（Flexible Freight Bags）、集装箱（Containers）。以集装单元为基础来进行装卸、运输、保管等作业，统称为"集装单元化运输"，最常见的形式有"托盘运输"、"柔性集装袋运输"和"集装箱运输"。

1. 平托盘（Flat Pallets）

托盘（Pallets）是"在运输、搬运和存储过程中，将物品规整为货物单元时，作为承载面并包括承载面上辅助结构件的装置"（见 GB/T18354—2006）。托盘是由木材、金属、纤维板制作的低平台，作为储运补给品的一个单元，是一种装卸物资的轻便平台。使用托盘便于用叉车、搬运车或吊车等装卸搬运单元物资或小数量。

平托盘定义（ISO/R455 定义）：在承载面和支撑面间夹以纵梁，构成可集装物料，可使用叉车或搬运车等进行作业的货盘。

物流中的托盘，一般是指平托盘（见图 12-1）。按作业机械和用途的不同，其结构种类如图 12-2 所示。按其材质的不同，有木制、塑制、钢制、竹制、塑木复合等。

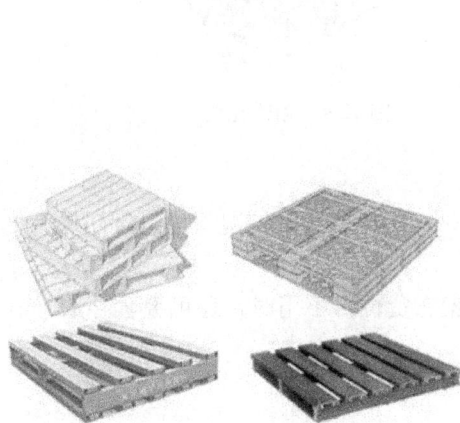

图 12-1 平托盘种类   图 12-2 平托盘种类

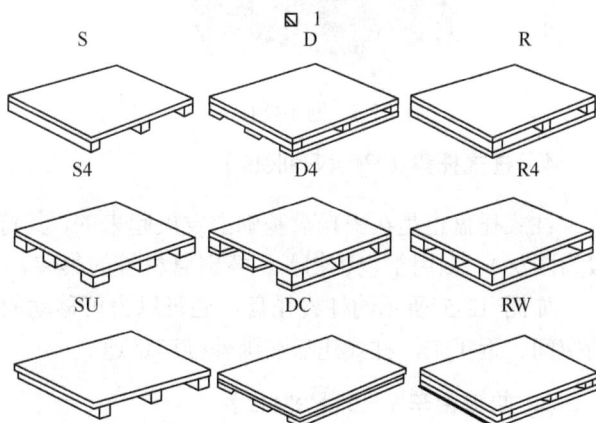

根据 GB2934—1996，平托盘外部尺寸系列（单位：毫米），如表 12-2 所示。

表 12-2　平托盘外部尺寸系列（单位：毫米）

代号	公称尺寸	长度		宽度		叉孔高度	
		尺寸	公差	尺寸	公差	尺寸	公差
TP1	800×1 000	800		1 000			
		1 000		800			
TP2	800×1 200	800	±3	1 200	±3	使用托盘搬运车 100　使用叉车或其他机具 70	+50
		1 200		800			
TP3	1 000×1 200	1 000		1 200			
		1 200		1 000			

2. 网箱托盘（Grille Box Pallets）

网箱托盘适用于存放形状不规则的物料（见图 12-3）。可使用托盘搬运车、叉车、起重机等作业；可相互堆叠四层；空箱可折叠。网箱托盘的主要性能参数有：

外形尺寸　　　　　　　长×宽×高（毫米）

线径/网间隔　　$\phi3\sim\phi6/30\sim50\times30\sim100$（毫米）

动载重/静承重　　$500\sim2\,000/4\times(500\sim2\,000)$千克

3. 箱式托盘（Box Pallets）

箱式托盘是在平托盘基础上发展起来的，多用于散件或散状物料的集装，金属箱式托盘还用于热加工车间集装热料（见图 12-4）。一般下部可叉装，上部可吊装，并可进行码垛（一般为四层）。性能参数为外形尺寸：长×宽×高（毫米）。

图 12-3　网箱托盘　　　　　　　图 12-4　箱式托盘

4. 柱式托盘（Post Pallets）

柱式托盘也是在平托盘基础上发展起来的，其特点是在不压货物的情况下可进行码垛（一般为四层），多用于包装物料、棒料管材等的集装。

如图 12-5 所示的柱式托盘，还可以为可移动的货架、货位；不用时，还可叠套存放，节约空间。近年来，柱式托盘在国外推广迅速。

5. 物流台车（Roll Pallets）

物流台车是在平托盘、柱式托盘或网箱托盘的底部装上脚轮而成的，既便于机械化搬运，又宜于短距离的人力移动（见图 12-6）。物流台车适用于企业工序间的物流搬运，也可在工厂或配送中心装上货物运到商店，直接作为商品货架的一部分。

6. 集装箱（Containers）

根据国际标准化组织（ISO）TC/04 委员会的定义，凡具备下列条件的运输容器，可称为集装箱（见图 12-7）。

（1）具有足够的强度，能长期反复使用。

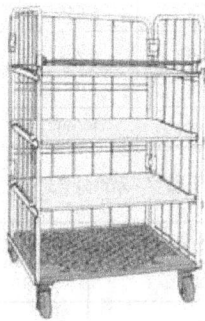

图 12-5　柱式托盘　　　图 12-6　物流台车　　　图 12-7　集装箱

（2）中途转运时，不用搬动箱内的货物，可整体转载。

（3）备有便于装卸的装点，能进行快速装卸。

（4）便于货物的装入和卸出。

（5）具有 1 立方米以上的内部容积。

集装箱这一术语不包括车辆和一般包装。

集装箱分为杂货集装箱（通用集装箱）、散料集装箱、框架集装箱、冷藏集装箱、保温集装箱、罐状集装箱。采用标准为国家标准：

GB1413，集装箱外部尺寸、极限偏差和额定重量。

GB1834，通用集装箱最小内部尺寸。

GB1835，集装箱角件的技术要求。

GB1836，集装箱的标记代号。

GB1992，集装箱名词术语。

GB3220，集装箱吊具的尺寸和起重量系列。

按外形尺寸可分为国际标准箱和国内标准箱。1979 年，国际标准化组织集装箱技术委员会制定的国际标准箱的外形规格有 9 种（见表 12-3）。常用的是 IA、IAA、IC 和 ICC 型。中国国家标准局于 1978 年发布的国家标准《货物集装箱外部尺寸和重量的系列》（GB1413—78）中，规定了集装箱重量系列为 5 吨、10 吨、20 吨、30 吨四种，其相应的型号为 IAA、ICC、10D 和 5D。1985 年该标准又修改为《集装箱外部尺寸和额定重量》（GB1413—85），并增加了 IA、IAX 和 I1、ICX 四种箱型（见表 12-4）。

表 12-3　ISO 国际集装箱标准规格表

名称	高度 H		宽度 W		长度 L		最大总重量	
	毫米	英尺	毫米	英尺	毫米	英尺	千克	L/T
IA	2 438	8	2 438	8	12 192	40	30 480	30
IAA	2 591	8～6	2 438	8	12 192	40	30 480	30
IB	2 438	8	2 438	8	9 125	29～11.25	25 400	25

（续表）

名称	高度 H		宽度 W		长度 L		最大总重量	
	毫米	英尺	毫米	英尺	毫米	英尺	千克	L/T
IBB	2 438	8～6	2 438	8	9 125	29～11.25	25 400	25
IC	2 438	8	2 438	8	6 058	19～10.5	20 320	20
ICC	2 438	8～6	2 438	8	6 058	19～10.5	20 320	20
ID	2 438	8	2 438	8	2 991	9～9.75	10 160	10
IE	2 438	8	2 438	8	1 968	6～5.5	7 110	7
IF	2 438	8	2 438	8	1 460	4～95	5 080	5

表 12-4　GB1413—85 集装箱的外部尺寸和重量

型号	高度（毫米）	宽度（毫米）	长度（毫米）	总重（千克）
IAA	2 591	2 438	12 192	
IA	2 438	2 438	12 192	30 480
IAX	< 2 438	2 438	12 192	
ICC	2 591	2 438	6 058	
IC	2 591	2 438	6 058	20 320
ICX	2 591	2 438	6 058	
I0D	2 438	2 438	4 012	10 000
5D	2 438	2 438	1 968	5 000

7. 集装袋（Flexible Freight Bags）

集装袋是"以柔性材料制成可折叠的袋式集装单元器具"（见 GB/T18354—2006）。集装袋（见图 12-8）又称柔性集装箱，是集装单元器具的一种，配以起重机或叉车，就可以实现集装单元化运输。它适用于装运大宗散状粉粒状物料。

集装袋的特点是结构简单、自重轻、可以折叠、回空所占空间小、价格低廉。其性能参数如下：

图 12-8　集装袋

适用型式　　重复使用型/一次使用型
形　　状　　圆桶型/方型/圆锥型/折叠型
提升方式　　顶面/底面/侧面
排 料 口　　有/无
材　　料　　橡胶/塑料/帆布
充填重量　　0.5/1.0/1.5/2.0/2.5/3 吨
容　　积　　500/640/840/1 000/1 250/1 500/1 750/2 000 立方米

12.2.2　货架

货架是"用立柱、隔板或横梁等组成的立体储存货物的设施"（见 GB/T18354—2006）。

1. 贯通（弛入）式货架（Drive-in Rack）

弛入式货架是"可供叉车（或带货叉的无人搬运车）驶入并存取单元托盘货物的货架"（见 GB/T18354—2006）。这种形式的货架需要按人工作业或机械作业方式，根据所使用不同的机械类型预留一定宽度预留一定宽度的通道。其中有托盘式货架、货柜式货架和悬臂式货架等。

托盘货架是存放装有货物托盘的货架（见图 12-9）。托盘货架所用材质多为钢材结构，其尺寸大小，视仓库的大小及托盘尺寸的大小而定。每一个托盘占一个货位，较高的托盘货架使用堆垛起重机存取货物，较低的托盘货架可用叉车存取货物。托盘货架可实现机械化装卸作业，便于单元化存取，库容利用率高，可提高劳动生产率，实现高效率的存取作业，便于实现计算机的管理和控制。

货柜式货架一般用于储存小件、零星货物，根据需要可有各种不同格式，其中又可分货格式及抽屉式等（见图 12-10）。这种货架一般每格都有底板，货物可直接搁置在底板上，这种货架的作业方式一般都是人工操作。

悬臂式货架用于长条形材料存放，悬臂架用金属材料制造，为防止碰伤或产生刻痕，金属悬臂上垫有木质衬垫，也可用橡胶带保护（见图 12-11）。

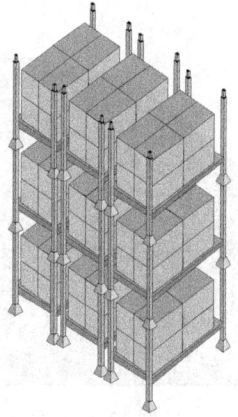

图 12-9　托盘式货架

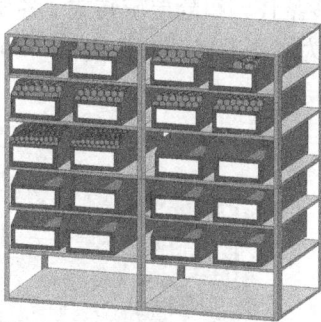

图 12-10　货柜式货架

图 12-11　悬臂式货架

2. 移动式货架（Mobile Rack）

移动式货架是"可在轨道上移动的货架"（见 GB/T18354—2006）。在货架的底部安装有运行车轮，可在地面上运行的货架。这种货架适用于库存品种多，出入库频率较低的仓库；或库存频率较高，但可按巷道顺序出入库的仓库。因为只需要一个作业通道，可大大提高仓库面积的利用率。这种货架广泛应用于办公室存放文档，图书馆存放档案文献，金融部门存放票据，工厂车间、仓库存放工具、物料等场合。

为防止材料移动式货架可节省通道面积，有普通商品货架和移动式托盘货架两种类型。这种货架可在地面铺设的轨道上移动，可在较多排架中只留出一条通道。通过货架移动，选择所需通道的位置，叉车在通道内装卸货物，如图 12-12 所示。

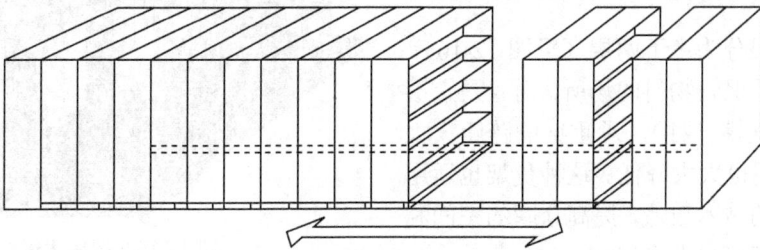

图 12-12　移动式货架

3. 重力式货架（Live Pallet Rack）

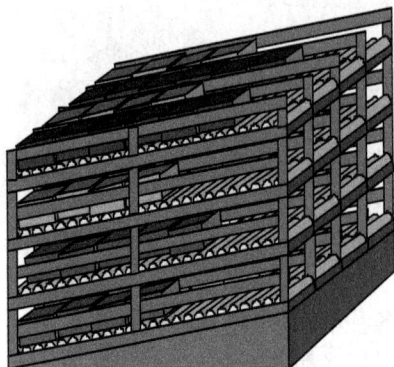

图 12-13　重力式货架

重力式货架是"**一种密集存储单元货物的货架系统。在货架每层的通道上，都安装有一定坡度的、带有轨道的导轨，入库的单元货物在重力的作用下，由入库端流向出库端**"（见 GB/T18354—2006）。重力式货架有储存整批纸箱包装商品和储存托盘商品两类。货架由多层并列的辊道传送带所组成，滚道具有一定的坡度，纸箱或托盘依靠本身重力由高端入口沿滚道向低端出口滑行（见图 12-13）。

重力式货架的优点是能保证货物的先进先出车或巷道堆垛机行程最短。

4. 旋转式货架（Rotatable Rack）

旋转式货架分为整体旋转式（整个货架是一个旋转整体）和分层旋转式（各层分设驱动装置，形成各自独立的旋转体系），其中整体旋转式又分为水平旋转式（见图 12-14）和垂直旋转式（见图 12-15）。

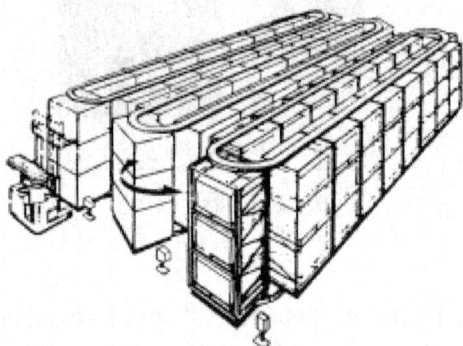

图 12-14　水平旋转式货架图

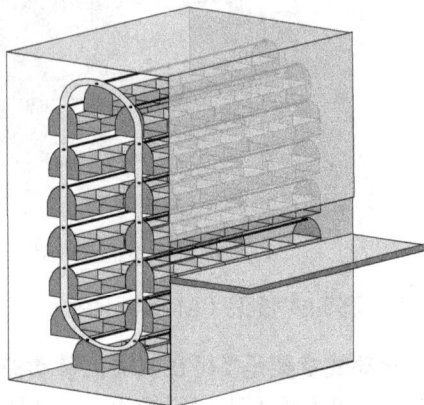

12-15　垂直旋转式货架

旋转式货架适于小物品的存取，尤其对于多品种的货物更为方便。其储存密度大，货架间不设通道，易管理，投资少，旋转式货架最大的特点是拣货路线短，拣货效率高和便于库存管理。

5. 阁楼式货架（Rack Mezzanine）

阁楼式货架分为上下两层（见图 12-16），底层货架不但是保管物料的场所，而且是上层建筑承重梁的支撑（柱），承重梁的跨距大大减小，建筑费用也大大降低。这种货架也适用于现有旧仓库的技术改造，提高仓库的空间利用率。这种货架可以有多层结构。

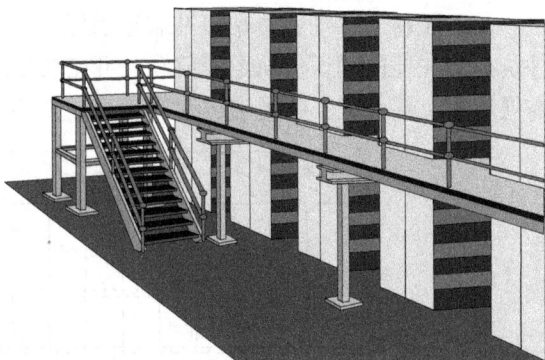

图 12-16　阁楼式货架

12.2.3　起重机械

1.　葫芦（Blocks）

葫芦是以焊接环链作为挠性承载件的起重工具，可与手动单轨小车配套组成起重小车，用于手动梁式起重机或者架空单轨运输系统。葫芦广泛用于船厂的船体拼装焊接，电力部门高压输电线路的接头拉紧，农林、交通运输部门的起吊装车、物料捆扎、车辆拽引以及工厂等部门的设备安装、校正等。配备运行小车的葫芦可作为架空单轨起重机和电动梁、电动悬挂等起重机的起升机构。

常见的葫芦有手拉葫芦（Chain Blocks）、手板葫芦（Lever Blocks）、环链电动葫芦（Electric Chain Blocks）和钢丝绳电动葫芦（Electric Wire Rope Hoists）几种，见图 12-17。

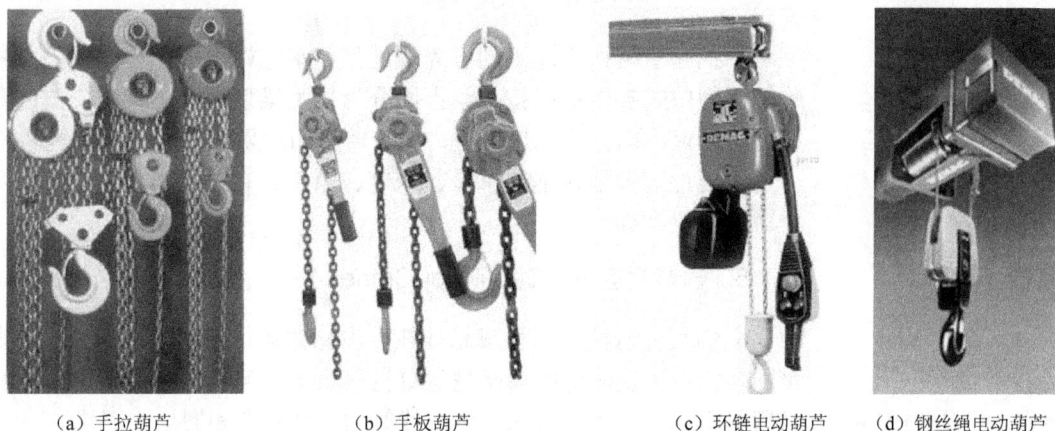

| （a）手拉葫芦 | （b）手板葫芦 | （c）环链电动葫芦 | （d）钢丝绳电动葫芦 |

图 12-17　葫芦

2.　梁式起重机（Beam Cranes）

梁式起重机是起重小车（一般是电动葫芦）在单根工字梁或其他简单组合断面上运行的桥架型起重机（见图 12-18）。

梁式起重机按驱动方式分为手动式和电动式；按支承方式分为支承式和悬挂式；按操纵方式分为地面操纵式和司机室操纵式。

图 12-18　梁式起重机

图 12-19　桥式起重机

3.　桥式起重机（Overhead Traveling Cranes）

桥式起重机由桥架和起重小车两大部分组成，桥架两端通过运行装置，直接支承在高架轨道上，沿轨道纵向运行；其中小车在桥架主梁上沿小车轨道横向运行（见图 12-19）。桥式起重机可以分为单（主）梁桥式起重机（具有一根主梁的桥式起重机）、双（主）梁桥式起重机（具有两根主梁的桥式起重机）和葫双桥式起重机（采用电动葫芦作为小车上起升机构的桥式起重机）三种。

梁式起重机的主要参数包括起重量、工作级别、速度、跨度、起升高度等。

4. 门式起重机（Gantry Cranes）

门式起重机又称龙门起重机，是桥架通过两侧支腿支承在地面轨道上的桥架型起重机（见图12-20）。

图12-20　门式起重机

门式起重机按用途不同分为通用型、水电站用型、造船用型、集装箱用型门式起重机；按主梁不同分为单主梁型和双主梁型门式起重机；按悬臂不同分为无悬臂型、单悬臂型和双悬臂型门式起重机。

主要性能参数包括起重量、跨度、轮距、有效悬臂长度、起升高度、工作速度等。

5. 悬臂起重机（Cantilever Cranes）

取物装置悬挂在臂端或悬挂在可沿悬臂运行的起重小车上，悬臂可回转，但不能俯仰的臂架型起重机称为悬臂起重机（见图12-21）。悬臂起重机广泛用于机床、生产线等的工件装卡和搬运、码垛。

图12-21　悬臂起重机

12.2.4　物料搬运设备

1. 人力搬运设备

（1）杠杆式手推车（Hand Truck）

轮杠杆式手推车是最古老的、最实用的人力搬运车，它轻巧、灵活、转向方便，但因靠体力装卸、保持平衡和移动，所以仅适合装载较轻、搬运距离较短的场合（见图12-22）。

图12-22　杠杆式手推车

为适合现代的需要，目前还采用自重轻的型钢和铝型材作为车体；阻力小的耐磨的车轮；还有可折叠、便携的车体。

（2）手推台车（Platform Truck）

手推台车是一种以人力为主的搬运车。轻巧灵活、易操作、回转半径小，广泛应用于车间、仓库、超市、食堂、办公室等，是短距离、运输轻小物品的一种方便而经济的搬运工具（见图 12-23）。一般，每次搬运量为 5～500 千克，水平移动 30 米以下，搬运速度 30 米/分以下。

图 12-23　手推台车

手推台车可以分为平台式手推台车（单栏平台式、双栏平台式、多层平台式等）和天平式手推台车（适用长大物料）。

（3）登高式手推台车（Ascending Dispatch Trolley）

当人需要向较高的货架内存取轻小型的物料时，可采用带梯子的手推台车（见图 12-24）来提高仓库的空间利用率，适用于图书等标准件仓库进行拣选、运输作业。

（4）手动托盘搬运车（Manual Pallet Trucks）

手动托盘搬运车，在使用时将其承载的货叉插入托盘孔内，由人力驱动液压系统来实现托盘货物的起升和下降，并由人力拉动完成搬运作业（手动托盘搬运车见图 12-25，性能参数见表 12-5）。它是托盘运输中最简便、最有效、最常见的装卸、搬运工具。

图 12-24　登高式手推台车

图 12-25　手动托盘搬运车

表 12-5　手动托盘搬运车的主要性能参数

项　目	单　位	参　数				
额定起重量	千克	1 000	1 500	2 000	2 500	3 000
货叉起升高度	毫米	120			120	
货叉下降最低位	毫米	80			100	
托盘叉口有限高度	毫米	100			120	

（5）手动液压升降平台车（Scissor Lift Table）

手动液压升降平台车是采用手压或脚踏为动力，通过液压驱动使载重平台作升降运动的手推平台车（见图 12-26，性能参数见表 12-6）。可调整货物作业时的高度差，减轻操作人员的劳动强度。

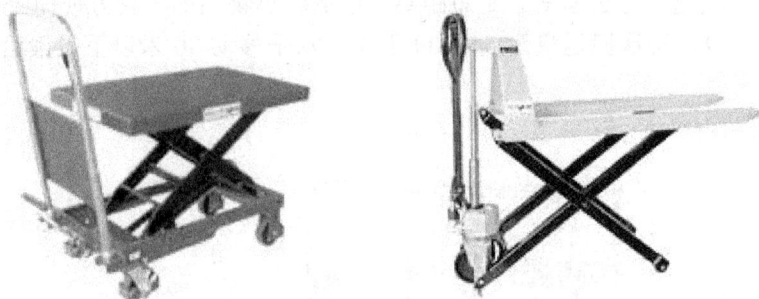

图 12-26　手动液压升降平台车

表 12-6　手动液压升降平台车的主要性能参数

项　　目	单　位	参　　　　数			
载重量	千克	150	300	500	800
平台最低位置	毫米	225～420			
平台最高位置	毫米	740～1 000			
平台尺寸	毫米	700～900×450～500			

（6）手推液压堆高车（Manual Hydraulic Stacker）

手推液压堆高车是利用人力推拉运行的简易式查腿式叉车。其起升机构有：手摇机械式（见图 12-27(a)）、手动液压式（见图 12-27(b)）和电动液压式（见图 12-27(c)）三种，适用于工厂车间、仓库内效率要求不高，但需要有一定堆垛、装卸高度的场合。

手推液压堆高车的主要性能参数：载重量 500～1 000 千克，起升高度 1 000～3 000 毫米，货叉最低离地高度≤100 毫米。

（a）手摇机械式　　　　　（b）手动液压式　　　　　（c）电动液压式

图 12-27　手推液压堆高车

2. 动力搬运设备

（1）电动托盘搬运车（Electric Pallet Trucks）

电动托盘搬运车是由外伸在车体前方的、带脚轮的支腿来保持车体的稳定，货叉位于支腿的正上方，并可以作微起升，使托盘货物离地进行搬运作业的电动插腿式叉车。

根据司机运行操作的不同，电动托盘搬运车可分步行式电动托盘搬运车（见图 12-28(a)）、踏板驾弛式电动托盘搬运车（见图 12-28(b)）、侧座式电动托盘搬运车（见图 12-28(c)）。

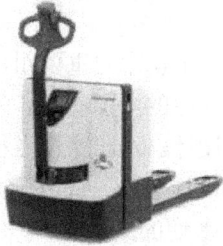

（a）步行式电动托盘搬运车　　（b）踏板驾弛式电动托盘搬运车　　（c）侧座式电动托盘搬运车

图 12-28　电动托盘搬运车

（2）自动引导车（AGV，Automatic Guided Vehicle）

自动引导车（Automatic Guided Vehicle，AGV）是"具有自动导引装置，能够沿设定的路径行驶，在车体上具有编程和停车选择装置、安全保护装置以及各种物品移载功能的搬运车辆"（见 GB/T18354—2006）。如图 12-29 所示。

图 12-29　AGV

自动搬运车系统（AGVS）是由若干辆沿导行路径行驶，在计算机的交通管制下有条不紊地运行，并通过物流系统软件集成在物流系统、生产系统中。AGVS 广泛应用于柔性生产系统（FMS）、柔性搬运系统和自动化仓库中。

根据导引方式的不同，AGV 可分为固定路径导引，包括电磁导引、光导导引和磁带（磁气）导引；自由路径导引，包括激光导引、惯性导引等。

根据 AGV 装卸物料方式的不同，又可分料斗式、辊道输送式、链条输送式、垂直升降式、叉车式等几种 AGV 结构形式。

目前国内 AGVS 供应企业有昆明自动化物流工程公司、太原刚玉仓储设备有限公司、中科院沈阳自动化研究所等。

（3）悬挂输送机（Overhead Chain Conveyors）

悬挂输送机（见图 12-30 和图 12-31）属于链条（也可为钢索）牵引式的连续输送机，是规模较大的工厂综合机械化输送设备，它广泛地应用于大量或者成批生产的工厂，作为车间之间和车间内部的机械化、自动化连续输送设备。在汽车、家电、服装、屠宰、邮政等方面得到了广泛应用。

图 12-30　悬挂输送机应用之一　　　图 12-31　悬挂输送机应用之二

根据牵引件和承载件的连接方式不同，可分为通用悬挂输送机（提式悬挂输送机）、推式

悬挂输送机、拖式悬挂输送机、积放式悬挂输送机；根据承载件的支撑方式不同可分为空中吊挂式、地面支撑式等。

（4）入出库输送机系统（O/R Conveying Systems）

入出库输送机系统（见图 12-32 和图 12-33）是大型、复杂自动化仓库的重要组成部分，高层货架、堆垛机易实现标准化产品；但入出库输送机系统要根据仓库的平面布置，入出库作业的内容，入出库的工位数，分流和合流的需求等进行具体规划和设计。入出库输送机系统的规划和设计是自动化仓库适用性的关键。入出库输送机系统的规划设计与托盘的外形尺寸、下部结构，相关物流设备的装卸方法、自动化控制、检测方法等都有密切的关系。

图 12-32　入出库输送机系统应用之一

图 12-33　入出库输送机系统应用之二

虽然每个用户的入出库输送机系统是各不相同的，但还是由下列几种形式的输送机及其基础模块组成：链式输送机、辊道输送机、链式—辊道复合型输送机、链式—带辊道输送功能的升降台的复合型输送机、带链式输送机或带辊道输送机的单轨车输送系统、自动搬运车及其系统等。

图 12-34　托盘码垛机器人

（5）托盘码垛机器人（Robot Palletizer）

托盘码垛机器人是能将不同外形尺寸的包装货物，整齐地、自动地码（或拆）在托盘上的机器人（见图 12-34）。为充分利用托盘的面积和码堆物料的稳定性，机器人具有物料码垛顺序、排列设定器。

根据码垛机构的不同，托盘码垛机器人可以分为多关节型、直角坐标型；根据抓具形式的不同可以分为侧夹型、底拖型、真空吸盘型。

此外，托盘码垛机器人还分固定型和移动型。

（6）叉车（Fork Lift Truck）

叉车是一种用来提取、搬运、堆码单元物资的车辆，它是能完成出库、搬运、装卸、入伐等四种复合作业、使用非常方便的机械。叉车主要用于港口、码头、机场、车站、仓库和工厂等处进行成件货物的装卸和搬运。当配合多种附属机构装置时，叉车还能用于散装货物和无包装的其他货物的装卸和搬运。

叉车按结构和用途可以分为平衡重叉车、插脚叉车、前移叉车、侧面叉车、跨车和特种叉车等六种，其中平衡重式叉车应用最广，在一般情况下，我们所说的叉车指的就是平衡重式叉车。按使用的动力分为汽油叉车、柴油叉车、蓄电池叉车、液态燃料叉车和燃气叉车。

1）内燃式叉车（平衡重式叉车，Engine Powered Fork Lift Trucks）

在车体前方具有货叉和门架，而在车体尾部设有平衡重的装卸作业车辆，称平衡重式叉车，简称叉车（见图 12-35）。以内燃机为动力的平衡重式叉车，简称内燃叉车。内燃叉车一方面机动性好，是应用最广泛的叉车；另一方面，功率大，尤其是重、大吨位的叉车。

图 12-35 内燃式叉车

内燃式叉车按动力分：柴油叉车（FD），汽油叉车（FG），液化石油气叉车（FL）；按传动分：机械传动叉车，液力传动叉车，静压传动叉车。

平衡重式叉车主要参数包括：

① 额定起重量，载荷重心。

② 起升高度，自由起升高度。

③ 运行和起升速度。

④ 最小转弯半径，最小直角通道宽度，最小直角堆垛宽度。

2）电瓶叉车（Electric Fork Lift Trucks）

以电瓶为动力的平衡重式叉车，简称电瓶叉车（见图 12-36）。它具有操作容易，无废气污染，适合在室内作业，随环保要求的提高，需求有较快的增长，尤其是中、小吨位的叉车。

电瓶叉车的主要参数：

① 额定起重量，载荷重心。

② 起升高度，自由起升高度。

③ 运行和起升速度。

图 12-36 电瓶叉车

④ 最小转弯半径，最小直角通道宽度，最小直角堆垛宽度。

⑤ 电瓶电压，容量，使用寿命。

3）低位拣选叉车

低位拣选叉车的操作者可乘立在上下车便利的平台上，驾驶搬运车和上下车拣选物料的搬运车（见图 12-37）。低位拣选叉车适于车间内各个工序间加工部件的搬运，减轻操作者搬运、拣选作业的强度。

图 12-37 低位拣选叉车

一般乘立平台离地高度仅为 200 毫米左右，支撑脚轮直径较小，仅适用于车间平坦路面上行驶。

低位拣选叉车按承载平台（货叉）的起升高度分为微起升和低起升两种（可根据拣选物料的需要选择）。

4）高位拣选叉车

在高位拣选叉车的操作台上的操作者可与装卸装置一起上下运动，并拣选储存在两侧货架内物品的叉车（见图 12-38）。高位拣选叉车适用于多品种少量入出库的特选式高层货架仓库。起升高度一般 4～6 米，最高可达 13 米，大大提高仓库空间利用率。为保证安全，操作台起升时，只能微动运行。

5）前移式叉车（Ascending Dispatch Trolley）

前移式叉车是门架（或货叉）可以前后移动的叉车（见图 12-39）。它运行时门架后移，使货物重心位于前、后轮之间，运行稳定，具有不需要平衡重，自重轻，降低直角通道宽和直角堆垛宽，适用于车间、仓库内工作。

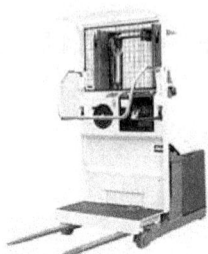

图 12-38　高位拣选叉车

图 12-39　前移式叉车

前移式叉车按操作可分为站立式、坐椅式；按作业场所为普通型、防爆型、冷藏型。

6）侧面叉车（Side Fork Lift Trucks）

图 12-40　侧面叉车

图 12-41　集装箱叉车

侧面叉车货叉和门架位于车体侧面的装卸作业车辆，称侧面叉车（见图 12-40）。它适用于长大物料的装卸和搬运。

侧面叉车按动力不同分为内燃型、电瓶型；按作业环境分为室外工作（充气轮胎）、室内工作（实心轮胎）。

7）集装箱叉车（Container FLT）

集装箱叉车是集装箱码头和堆场上常用的一种集装箱专用装卸机械（见图 12-41），它主要用于堆垛空集装箱等辅助性作业，也可在集装箱吞吐量不大（年低于 3 万标准箱）的综合性码头和堆场进行装卸与短距离搬运。

表 12-7　集装箱型号与集装箱叉车起重量的相应关系

集装箱型号	规格	最大总重量（吨）	相应叉车起重量（吨）
AA	40'	30.48	37
IBB	30'	25.4	28
ICC	20'	20.32	25
ID	10'	10.16	16
APL	40'	38	42

（7）牵引车（Tow Tractor）

具有牵引一组无动力台车能力的搬运车辆的牵引车。牵引车作业时，台车的物料装卸时间与牵引车的运输时间可交叉进行，且牵引一组台车，从而提高工作效率。

根据作业场所的不同可分为室内牵引车（见图 12-42(a)）和室外牵引车（见图 12-42(b)）。室内牵引车的操作平台离地较低，实心车轮直径较小，适用于室内平坦路面；室外牵引车为充气轮胎，直径较大，可在室外不平的路面上行驶。

（a）室内牵引车　　　　　　　　　　（b）室外牵引车

图 12-42　牵引车

（8）固定平台搬运车（Fixed Platform Trucks）

固定平台搬运车是具有较大承载物料平台的搬运车（见图 12-43）。相对承载卡车而言，承载平台离地低，装卸方便；结构简单、价格低；轴距、轮距较小，作业灵活等，一般用于企业内车间与车间，车间与仓库之间的运输。

根据动力不同可分为内燃型和电瓶型。

（9）集装箱正面吊

集装箱正面吊是通过改变可伸缩动臂的长度和角度，实现集装箱装卸和堆垛作业的工业搬运车辆（见图 12-44）。集装箱正面吊与集装箱叉车相比，具有自重轻、视野好、机动性好、设备投资小等优点。它广泛用于集装箱码头，公路集装箱枢纽站等，以及中小型堆场的堆垛作业，也可以作为码头前沿与堆场间的短距离搬运作业。随着我国集装箱运输的发展，以及公路集装箱枢纽站的发展，正面吊必将迅速发展。

图 12-43　固定平台搬运车图　　　　　　12-44　集装箱正面吊

12.2.5　分拣设备

分拣输送系统是将随机的、不同类别、不同去向的物品，按其要求进行分类（按产品类别或产品目的地不同分）的一种物料搬运系统（见图 12-45）。

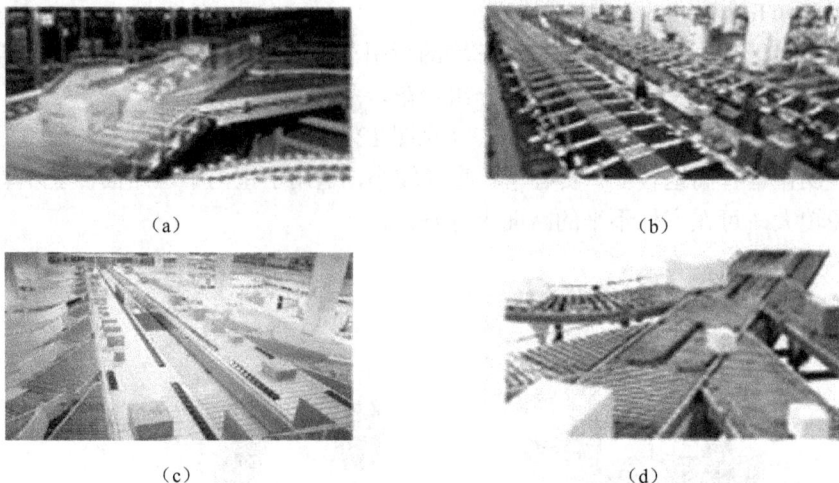

（a）

（b）

（c）

（d）

图 12-45　分拣输送系统的应用

随着社会生产力的提高，商品品种的日益丰富，在生产和流通领域中的物品分拣作业，已成为耗时、耗力、占地大、差错率高、管理复杂的部门，为此，物品分拣输送系统已经成为物料搬运系统的一个重要分支，广泛应用于邮电、航空、食品、医药等行业，流通中心和配送中心。

分拣输送系统可按方式以下分类。

（1）链式分拣机：翻盘式/翻板式/翼盘式/三维翻转式翻盘/带皮带的台式。

（2）钢带分拣机：在钢带输送机上装有若干横向推出装置。

（3）胶带分拣机：横向推出式/斜行胶带式/斜置辊轮式/转台式/底翻式。

（4）辊道分拣机：横向胶带式/横向推出式。

（5）滑块横向推出式：板式/辊道式。

（6）悬挂式分拣机：以悬挂输送机为主体，配以相应的物品识别、分拣机构。

（7）专用分拣机：信函自动分拣系统/电子称重分拣系统。

12.2.6　自动化立体仓库系统设备

1. 自动化仓库

自动化仓库由电子计算机管理和控制，不需人工搬运而实现收发作业的仓库。

作为一种特定的仓库类别，自动化仓库又可以分为不同的类型。

（1）按建筑类型分

1）整体式自动化仓库。货架除了储存货物以外，还可以作为建筑物的支撑结构，就像建筑物的一部分，库房和货架形成一体化结构。

2）分离式自动化仓库。储存货物的货架独立存在，建在建筑物的内部。分离式自动化仓库便于仓库的改造。

（2）按货物存取形式分

1）单元货架式自动化仓库。货物先放在托盘或集装箱等集装器具内，再装入仓库货架的货格中。

2）移动货架式自动化仓库。由电动货架组成，货架可以在轨道上行走，由控制装置控制货架的合拢和分离。作业时货架分开，在巷道中可进行连续作业。不作业时可以将货架合拢，只留一条作业巷道，从而节省仓库面积，提高空间利用率。

3）拣选货架式自动化仓库。分拣机构是这种仓库的核心组成部分，有巷道内分拣和巷道外分拣两种，每一种分拣又可分为人工分拣和自动化分拣两种。

（3）按货架构造形式分

分为单元货架式自动化仓库、贯通式自动化仓库、水平循环货架式自动化仓库以及垂直循环货架式自动化仓库。

（4）根据使用目的分

分为配送中心型仓库、储存中心型仓库和物流中心型仓库。

图 12-46 海尔自动化立体库

图 12-46 是海尔国际物流中心原材料自动化仓库和成品件自动化仓库。

本系统于 2001 年 4 月在海尔物流中心正式运行，系统由昆船自动化物流工程公司提供。

立体库基本参数如下：

- 制造企业：昆船自动化物流工程公司
- 中心面积：148 米×120 米×20 米
- 原材料自动化仓库

　　　存储物料　采购的零部件等原材料
　　　单元货物　1 200 毫米×1 000 毫米×1 560 毫米
　　　单元重量　1 500 千克
　　　货位数量　12(排) × 74(列) × 11(层) = 9 768 个
　　　高　　度　20 米

- 成品件自动仓库

　　　存储物料　冰箱、空调、小家电等制成品
　　　单元货物　2 100 毫米×1 200 毫米×2 000 毫米
　　　货位数量　16(排) × 74(列) × 8(层) = 9 472 个

- 物流中心主要设备组成

　　　高层货架　原材料库　　12(排) × 74(列) × 11(层) = 9 768 个
　　　　　　　　制成品库　　16(排) × 74(列) × 8(层) = 9 472 个
　　　巷道堆垛起重机　原材料库　数　量　6 台
　　　　　　　　　　　　　　　　载重量　1 000 千克
　　　　　　　　　　　　　　　　高　度　20 米
　　　　　　　　　　　成品库　数　量　4 台（双深）
　　　　　　　　　　　　　　　载重量　1 200 千克
　　　　　　　　　　　　　　　高　度　20 米
　　　入出库输送机系统　　　　　　　1 套
　　　AGV 自动搬运系统　　　　　　　1 套
　　　自动化控制系统　　　　　　　　1 套

计算机监控和管理系统	1 套
大屏幕摄像监控系统	1 套
语言对讲调度系统	1 套
无线条码识别系统	1 套

2. 立体仓库（Stereoscopic warehouse）

立体仓库是采用高层货架配以货箱或托盘储存货物，用巷道式堆垛起重机及其他机械进行作业的仓库。在立体仓库中，货架的高度一般大于单层库房的高度。立体仓库作为现代物流系统的主要组成部分，是一种多层存放货物的高架仓库系统，由计算机自动控制与管理。其主要技术参数见表 12-8。

表 12-8　立体仓库的主要技术参数

技术参数	参数值
货架高度（最大）	30 米
载荷量（最大）	1 500 千克
运行速度（最大）	100 米/分钟
起升速度（最大）	20 米/分钟
货叉速度（最大）	12.5 米/分钟
控制方式	手动、单机自动、计算机控制

立体仓库充分利用空间，集信息、储存、管理于一体，采用微电子技术，具有占面积小、仓储作业迅速准确的特点，在自动检测、故障判断、参数记录、报表打印等方面全部自动化。与普通平房库相比，自动化立体仓库可节约 70% 的占地面积和 70% 的劳动力。

3. 托盘单元式自动仓库（Pallet Unit AS/RS）

托盘单元式自动仓库采用托盘集装单元方式来保管物料的自动仓库，是自动仓库最广泛的使用形式，通常所说的"自动化仓库"，指的就是托盘单元式自动仓库（见图 12-47）。一般由巷道堆垛起重机、高层货架、入出库输送机系统、自动控制系统、周边设备和计算机仓库管理系统等组成。

4. 巷道式堆垛起重机（有轨堆垛机，Stacker Crane）

有轨堆垛机是在高层货架的窄巷道内作业的起重机，可大大提高仓库的面积和空间利用率，是自动化仓库的主要设备（见图 12-48）。

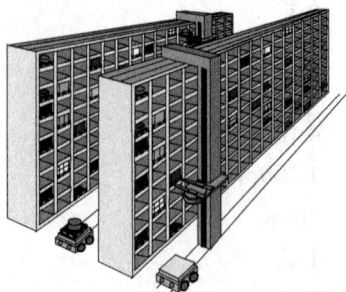

图 12-47　托盘单元式自动仓库

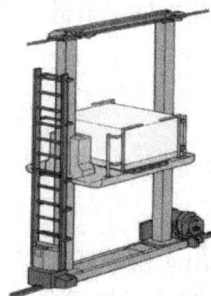

图 12-48　有轨堆垛机

按照用途的不同，有轨堆垛机可分为单元型、拣选型、单元—拣选型三种；按照控制方式的不同，可分为手动、半自动和全自动三种；按照转移巷道方法的不同，可分为固定式、转移式和转移台车式三种；按照金属结构的形式不同，可分为单立柱和双立柱两种。

主要性能有：仓库高度，6～24 米，最高 40 米；运行速度，最大 80 米/分钟（标准型）和200 米/分钟（高速型）；起升高度，最大 20 米/分钟（标准型）和 50 米/分钟（高速型）；货叉伸缩速度，最大 12 米/分钟（标准型）和 50 米/分钟（高速型）。

5. 高架叉车（无轨堆垛机，Rack Fork）

高架叉车又称三向堆垛叉车，即叉车向运行方向两侧进行堆垛作业时，车体无须作直角转向，而使前部的门架或货叉作直角转向及侧移，这样作业通道就可大大减少，提高了面积利用率；此外，高架叉车的起升高度比普通叉车要高，一般在 6 米左右，最高可达 13 米，提高了空间利用率。

无轨堆垛机可分为托盘单元型和拣选型两种，托盘单元型又有三种形式，一是由货叉进行托盘货物的堆垛作业（见图 12-49(a)）；二是司机室地面固定型，起升高度较低，因而视线较差（见图 12-49(b)）；三是司机室随作业货叉升降型，起升高度较高、视线好（见图 12-49(c)）。拣选型无轨堆垛机属于无货车作业机构，司机室和作业平台一起升降，由司机向两侧高层货架内的物料进行拣选作业。

（a）货叉型堆垛作业　　　　（b）司机室地面固定型　　　　（c）司机室随作业货叉升降型

图 12-49　托盘单元型无轨堆垛机

12.2.7　条码及自动识别设备

1. 条码打印机（Barcode Printer）

条码标签作为一种新型符号式印品，不同于常规印品，它是一种供机器识别的光学形式符号文件，它的印刷有严格的技术要求和检测要求。

条码打印机的主要种类有条形码实时印刷设备、条形码传统印刷设备；击打式和非击打式条码打印机；模块式条形码打印机、机械点阵式条形码打印机、热敏条形码打印机、热转式条形码印刷机、激光条形码印刷机、高速喷墨印刷机、放电式印刷机、照相制签机等，常见的条码打印机见图 12-50。

条码打印机的主要性能参数包括印刷密度、印刷速度、条码种类、印字方向、印刷范围、用纸尺寸、用纸类型。

图 12-50　条码打印机

2. 数据采集终端（Data Collection Terminal）

数据采集终端是采集条形码数据信息、并进行数据处理的装置，一般还带有显示窗口和信息输出窗口（见图 12-51）。

数据采集终端的主要种类有手持式、固定式、袖珍式；光笔式、手持强式、固定台式、激光式、卡式、便携式、机械式数据采集终端。

数据采集终端的主要性能参数包括最小分辨率、扫描景深、扫描距离、扫描速度、内存容量、通信方式、显示、条码种类。

图 12-51　数据采集终端

3. 电子标签信息管理系统（Electronic Labeling System）

电子标签系统是计算机辅助拣货系统最常用的方式之一，仓库计算机的出入库作业管理通过货架上的订单、货名、数量、完成等电子标签显示器，向拣选作业人员及时、明确地下达向货架内补货（入库）和去货（出库）指示（见图 12-52）。

电子标签系统具有加快拣货速度，降低拣货错误率，免除表单作业等优点，减轻了配送中心的拣货作业，降低了差错率。

4. 条码质量检测仪（Quality Testing）

条形码印刷质量对识别效果影响很大，因此，对条形码标签成品的印刷质量检测也是条形码标签生产，适用时的重要环节，是控制印刷质量的可靠依据。常见的条码质量检测仪见图 12-53。

图 12-52　电子标签系统　　　　图 12-53　条码质量检测仪

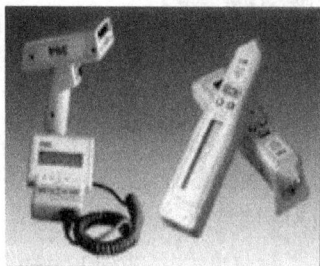

条码质量检测仪的检测指标包括：

（1）条形码代码与相对应的人工可识别字符的一致性。

（2）给定着色条符与非着色条符。

（3）间隔尺寸的实际值与超差值。

（4）计算平均超差值。

（5）条符在各种扫描光色下的色差对比度及反射度。

（6）给定被测标签中不合格品的数量和分类等。

5. 射频识别（Radio Frequency Identification，RFID）

RFID 射频识别俗称电子标签，是一种非接触式的自动识别技术，它通过射频信号自动识别目标对象并获取相关数据，识别工作无须人工干预。

RFID 是一种简单的无线系统，只有两个基本器件，该系统用于控制、检测和跟踪物体。系统由一个询问器（或阅读器）和很多应答器（或标签）组成。在 2010 年的世博门票中就运用了射频识别技术（见图 12-54）。

最基本的射频识别系统由三部分组成。

（1）标签（Tag，即射频卡）：由耦合元件及芯片组成，标签含有内置天线，用于和射频天线间进行通信。

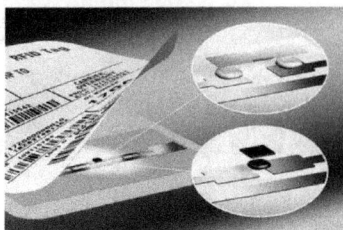

图 12-54　RFID 技术应用—世博门票

（2）阅读器：读取（在读写卡中还可以写入）标签信息的设备。

（3）天线：在标签和读取器间传递射频信号。

RFID 技术在上海世博会的应用

一张世博会门票仅有薄薄的 0.5 毫米厚，还内置了 RFID 芯片和天线线圈。世博会的门票设计要求非常高，内置芯片的安全性高、防伪能力出色。世博会门票是国内首次大规模使用的纸质门票，同时纸质门票本身还采取了大量的防伪措施，门票的防伪堪称与人民币同等。上海世博会门票除了纸质门票外，还设计了手机门票形式，即将门票嵌入手机 SIM 卡中。

在制票时，每盒门票和每箱门票的包装上也安放 RFID 标签，门票的仓储物流采用 RFID 技术进行识别。在制票、销售、票检和预约环节中安放了大量的感知设备读写器，对处于这些环节的门票进行信息的读/写，并将信息传输到相应的应用系统中去。各类应用系统对相应的信息进行处理，对门票的制票、销售、票检和预约等进行及时监控和管理。达到对门票全生命期的追溯，实现了全过程的数字化管理。

制票系统通过感知设备读写器记录了每一张门票的生产日期，在哪一盒和哪一箱中，何时入库，配送到哪里。销售系统通过感知设备读写器，记录了门票何时销售，由谁销售，销售的门票种类。

票检系统通过园区出入口的闸机自动识别门票，满足参观者快速入园的需要，可以快速地甄别出伪票。也可满足世博会客流管理的需求，通过园区参观者入园闸机的客流统计，组织方可以了解各区域人流的分布，实时地进行客流的引导，从而更好地为参观者服务。可以使用门票进行场馆的预约，预约时预约机将预约信息写入门票，以备入场馆时查验门票上的场馆预约信息。还可以通过 RFID 信息对资金进行结算。

值得强调的是，上海世博会票务系统由于应用了 RFID 技术，保障每一张门票从生产、销售、票检和预约的每一环节均可追根溯源，从而打造了一个完整的世博会票务有效管理和安全体系。

资料来源：范恒，徐林. 射频识别技术与上海世博会. 科学杂志（经作者整理改编）

12.2.8　其他设备

1. 登车桥（Dock Levelers）

当货车行驶平面与货场站台平面有一高度差时，为使手推车辆、叉车等快速、安全、顺畅地驶入车厢内，以提高装卸效率，广泛采用登车桥（见图 12-55）。

站台登车桥按驱动方法分为机械式、液压式、气动式、电动式四种；按跳板唇板形式分为回转式、拼装式、滑动式三种。

站台登车桥的主要性能参数包括额定载荷、平台尺寸、唇板尺寸和倾幅范围。

图 12-55　站台登车桥

2. 地面登车桥（Mobile Yard Ramps）

当货车行驶平面与货场站台平面有一高度差时，为使手推车辆、叉车等快速、安全、顺畅地驶入车厢内，以提高装卸效率，广泛采用地面登车桥（见图 12-56）。

地面登车桥分为移动式地面登车桥和升降台式地面登车桥两种。

3. 托盘裹膜机（Stretchwrapper）

托盘裹膜机（见图 12-57）采用塑料膜将货物与托盘裹绕为一整体，以防止整码、花码在托盘上的箱式包装货物在装卸、搬运、运输作业时倒塌，保护货物，保证作业的顺利进行。

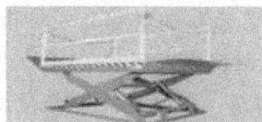

图 12-56　　地面登车桥

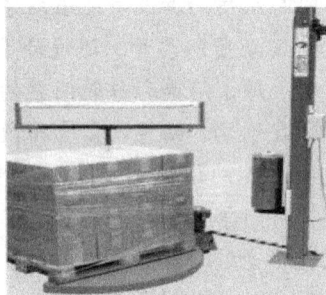

图 12-57　　托盘裹膜机

4. 升降台 Lift Table（LT）

升降台是一种将人或者货物升降到某一高度的升降设备（见图 12-58）。在工厂、自动仓库等物流系统中进行垂直输送时，升降平台上往往还装有各种平面输送设备，作为不同高度输送线的连接装置。一般采用液压驱动，故称液压升降台。除作为不同高度的货物输送外，广泛应用于高空的安装、维修等作业。

升降台按照升降机构的不同分为剪叉式、升缩式、套筒式、升缩臂式、折臂式；按移动的方法不同分为固定式、拖拉式、自行式、车载式、可驾驶式。

（a）剪叉式升降台

（b）车载式升降台

图 12-58　升降台

12.3 案例分析

12.3.1 浙江工商大学物流系统仿真实验室

目前,我国物流人才供求严重失衡,制约了现代物流业的发展。鉴于此,我国许多大专院校相继开设现代物流专业,培养现代物流高层次、综合性、复合型人才。而建设专业实验室是院校物流专业的重头戏。为了配合物流管理新专业的建设,为教学和科研搭建实验平台,建立现代物流实验室尤为重要。

1. 物流实验室建设目标

浙江工商大学(以下简称浙商大)现代物流实验室是根据该物流管理专业的教学科研实际需要而投资建设的,实验室建设的总体目标非常明确:创建一个功能完整、设备先进、管理一流、代表现代物流发展趋势、面向物流管理专业的教学实验软硬件系统运作环境,同时兼有教学、科研、实验三位一体的实验室功能。物流实验室的具体设计目标是:从宏观角度让学员理解物流过程及物流概念,通过物流作业流程演练提高学员物流操作能力和物流管理水平;通过强大的物流系统模拟演练,学习物流管理方法及原则;融合先进、实用的物流技术和设备,锻炼学员的物流技术及设备操作水平;通过系统流程分析,提高学员的物流系统分析和设计能力。

目前,国内物流教育主要分为物流工程和物流管理两个方向,但不管是物流管理还是物流工程,都需要建立物流实验室为学生提供观摩、学习、操作的实训平台。国内各高校在建设物流实验室方面有两种趋势:一种是以物流软件为基础搭建物流模拟平台,再配上部分硬件设备,如电子标签等,让学生学习物流流程及物流管理方法和原则,这种实训能够快速提高学生的实践能力并能够让学生全面掌握物流管理方法;第二种是以自动化设备为核心的物流实验室建设,如机电一体化设备、立体库设备等,让学生观摩现代物流自动化技术,并掌握现代物流发展趋势。北京物资学院、北京科技大学等院校的物流实验室以自动分拣机、立体库为建设重点;北京工商大学、北京交通大学、重庆大学等院校的物流实验室以物流模拟系统为建设重点。

根据调研分析,两种模式各有利弊,最好能将两者进行有机结合。所以,浙商大现代物流实验室将物流模拟系统与立体库等一体化。实验室包括立体仓库系统、出入货系统、输送链系统、分拣系统、堆垛机、AGV 自行小车、中央控制台以及软件控制系统等,融合了全自动立体库、条形码、电子标签、RFID 等先进的物流技术,实现信息流与实物流的统一,具有浙商大特色、定位于商业物流配送一体化的系统流程仿真与过程模拟。

2. 物流实验室基本流程及功能

浙商大现代物流实验室是以模拟商业物流配送系统内各个操作环节而设置。系统的基本流程见图 12-59。

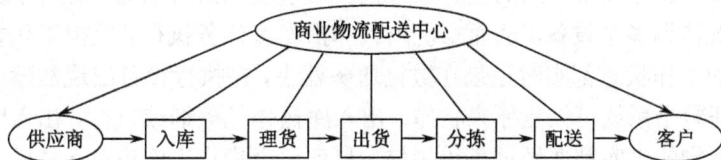

图 12-59 系统的基本流程图

现代物流实验室的主要功能是：模拟社会化商业配送中心上游供应商的货物流转，如批发商、零售商、生产商的商品供应等；模拟社会化商业配送中心下游客户的货物流转，如超市门店、便利店、经销商、生产商等客户的商品配送，应用 AGV 模拟商品运输过程和配送线路优化过程等；社会化商业配送中心自身的货物流转，主要设施有立体仓库系统、出入货系统、输送链系统、分拣系统、堆垛机、AGV 小车、中央控制台等。功能包括：入库理货，在进货暂存区进行装箱理货；自动入库，多种方式的立体仓库自动入库操作；自动出库，可直接按订单方式自动出库；手动/半自动分拣，可按条码要求选择商品在输送链上不同出口流出；人工补货理货，包括对非整箱货品、拣货物品进行补货上架；电子标签辅助拣货，对在贯通式流力货架上的物品进行半自动拣货操作；流通加工，如分包装、贴条码标签等。还有社会化商业配送中心企业各职能部门（如运输部、仓储部、配送部、调度中心等）之间的内部信息流功能模拟及外部上下游企业（如供应商、销售门店等）的商流信息流业务功能模拟。

3. 物流实验室布局及硬件配置

（1）物流实验室布局

现代物流实验室总面积近 250 平方米，分东、西两间，两者之间有 2 米宽的通道，能容纳45 位学生（1 人 1 组）同时实验。东侧实验室完成社会化商业配送中心的上游供应商的货物流转和配送中心自身货物流转的模拟（见图 12-60）。西侧实验室实现社会化商业配送中心下游客户的货物流转和配送中心企业各职能部门之间的内部信息流功能的模拟。

图 12-60 东侧实验室布局图

（2）物流实验室硬件配置

现代物流实验室融合了全自动立体库、条形码、射频、电子标签、RFID 等先进的物流技术。主要硬件设备包括：立体仓库 1 套、堆垛机 1 套、AGV1 套。电子标签辅助拣货系统 1 套、贯通式流力货架 1 套、输送机 1 套、RF 射频系统及无线手持终端 2 套、条码检测仪 1 套、POS 机 1 套、GPS 设备 1 套、RFID 系统 1 套，还有相应的计算机和网络设备。

现代物流实验室是由多种硬件设备和多个应用软件系统组成一个协同工作的系统，自身构成一个局域网，该局域网通过网络交换机与电子商务系统相连。通过电子商务系统可直接向本系统下达"作业计划"，本系统执行任务后把数据实时反馈给电子商务系统，从而实现数据共享。系统网络结构如图 12-61 所示。

系统采用三层结构：任务和数据管理层、集中监控和设备控制层、多种任务执行设备控制层。数据服务器存放物料库存数量、立体库信息、出入库任务等数据，工作终端通过访问服务器上数据库实现数据交换。监控工作站是各种执行设备的控制中枢，它从数据服务器中读取管理工作站下达的出入库操作任务。再进一步把出入库操作任务分解成操作命令下达给各个执行设备，同时接受各个执行设备返回的任务执行情况和设备状态等信息。在分解操作命令时，根据设备的使用情况协调多个设备，从而实现出入库操作多任务执行。监控工作站把任务的执行步骤和各个设备的工作状态都实时记录在数据服务器上，在执行设备出现故障或监控工作站死机等情况下，保证整个系统可恢复原来状态，出入库操作任务继续执行。出入库终端连接条码扫描仪，每一件货物的出库都要经过条码扫描，自动记录货物出库信息，从而可追溯每一件货物的状态和流向。

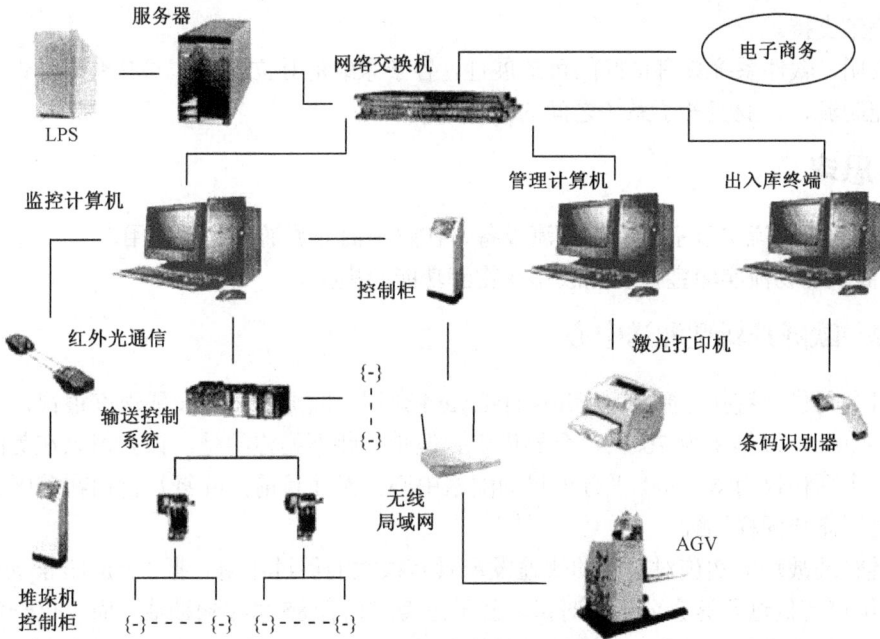

图 12-61 物流实验室网络结构图

所有的硬件设备均为模块化结构，具有可靠性和可扩展性。硬件设备的控制应用主流的现场总线网络结构，设备底层的驱动及 PLC 控制程序到网络通信均对用户透明，可以方便地进行系统扩展和二次开发。

（3）物流实验室软件系统

软件系统可分为管理软件和监控软件两大部分。监控软件根据管理计算机或用户终端指令，将任务分解后把作业命令传达给下层设备，并适时监控反馈信息，是保证自动化立体仓库系统正常运行的核心软件，主要具备以下功能：

1）向设备控制器下达动作指令，并监测其执行结果。

2）对设备运行状态进行监测。

3）将设备的状态信息和动作执行结果反馈给操作者和必要的终端系统。

4）根据执行结果修改数据库。

5）将系统运行状态和货位占用情况实时显示在计算机屏幕上，进行仿真监控物料运行状态及位置和设备运行状态。

管理软件负责上层数据管理和信息处理，主要功能有：

1）入库订单管理。

2）入库管理。

3）理货管理。

4）配送订单管理。

5）配送补货管理。

6）分拣管理。

7）运输管理及线路优化。

8）计费管理。

9）报表管理。

10）决策支持。

实践表明，软件系统具有良好的可扩展性，各子系统能独立运行，并具有整体性，可实现信息流、控制流、作业流各子系统之间的无缝连接。

案例思考

1．浙商大的物流实验室有哪些物流设备，在整个商业流通中起何作用？

2．浙商大的物流实验室可以完成哪些物流功能的模拟？

12.3.2 欧舒丹新型配送中心

欧舒丹公司供应链执行副总裁 Chris Halkyard 介绍，欧舒丹公司发展速度很快，年销售增幅达 25%～30%，每年新增 20～30 个零售店。但是与此不相称的是，该公司只在美国东海岸地区设有一个面积仅为 66 000 平方英尺的配送中心。然而目前，欧舒丹公司在美国西海岸地区市场的发展态势同样迅猛。

供应链管理战略的实施对公司的快速发展具有很大的促进作用。据 Chris Halkyard 透露，早在 2004 年年初他进入这家公司的时候，公司在美国只有 85 家零售商店。而仅仅一年半的时间内，该数字就急窜至 135 家，而且至今扩张速度丝毫仍未减慢。随着当今市场呈现小批量、高频次、多样化的需求特征，欧舒丹公司的物流网络和配送业务势必要接受严峻的挑战。Chris Halkyard 带领他的团队在不影响公司日常业务的前提下，成功地对公司配送中心的结构进行了改造。Halkyard 指出，当欧舒丹公司只有 30 家商店的时候，日常工作任务只凭人工即可很好地完成。年初，公司采用华拓公司开发的仓库管理系统（WMS），实施了射频识别的分拣和包装方式，同时增加了数据采集器和便携数据终端。一旦仓库管理系统完善了，工人们掌握了新的技术，巨大的变化就会显现出来。配送中心作为一个基础的分拣包装场所，按照商店的订购将物品放到托盘上，再根据商店指定的交货时间，将这些托盘都放在待处理区域，等待运送。

第一步是在运输流程中实现的。Halkyard 准备开始采用流动性的载运设备，其中包括两方面：一方面，启用自动传送设备；另一方面，与物流公司联合，给超负荷的拖车系统减压。Halkyard 决定与 Stonepath 物流公司合作，这家第三方物流公司有两套先进的设备正好可以解决欧舒丹零售店的货物运输问题。无论是到往 Elizabeth，N.J.还是到往底特律的货物，都由 Stonepath 统一进行仓储、分拣，最后统一进行配送。流程再造最关键的一点是改造计划必须和零售店现行计划完美的结合起来，Halkyard 表示不能因此影响零售店已经建立起来的配送计划。另一个重要的目标是节省成本。第三方物流公司可以通过大批量地运送货物提高实载率，这样公司在运输和分拣过程中的成本就降低了。

下一步就是重新调整欧舒丹公司面积 66 000 平方英尺仓库内现行的配送业务流程。Halkyard 表示："我们已经争取使整个仓库面积的 90%都得到了有效的运转。"新设计注重从接货一直到分拣和包装的流程。Halkyard 还增加了流程中的信息传达，由此指令就可以从分拣区传达到包装区，在包装区安装的现场发泡包装工具用来取代手工式的纸箱包装。自动的封口机器也同样取代了手工操作。在整个操作流程的最后，货物纸板箱上会贴有一张载货单。货物一经扫描，一张准确记述货物品类、数量和包装的载货单就会印制在相应的货物上。

Halkyard 还与 SJF Material Handling 公司合作，借鉴有关搬运、货架和物料输送设备方面的技术。SJF 公司提供他们替换、更新和再造的设备。在配送中心关门安装新系统和重新规划前一天，Halkyard 必须确保存储的货物安全。在与分配的小组的合作中，Halkyard 让他们做了一项巨大的整理工作,统计了销路最好的产品,然后取消了接下来一个礼拜中的所有配送工作。

作为调整的一部分,欧舒丹公司进行了全面的实地盘存。货物清点后就被放在固定的地方。对于一个运行了这么长时间的手工系统来说,Halkyard 表示这样的库存就已经非常不错了。最艰难的事情就是熟悉新的货物摆放位置。对于配送中心的老员工来说,他们已经不用细想就知道货物摆放在什么位置。然而现在他们需要适应全新的货物位置。仓库管理系统和扫描装置在保持货物整齐性方面有很大贡献。如果一个工人扫描错了位置,那么系统会提示"出错"。

配送中心新开张第一天是在中午,在短短 4 个半小时内就处理了 39 000 件货物,超过了高峰时期目标的三分之一,分拣能力提高了 30%。Halkyard 并没有期望通过取消手工分拣来提高生产率,只是希望通过全面的改革,使整个的供应链成本在总的销售成本中减少 1.5%～2%。如果还有潜力的话,预计在未来的两年内配送中心将会成为企业发展的关键。届时,欧舒丹公司在美国西部的发展需要的又将是一套不同的发展策略。

案例思考

1. 简述欧舒丹新型配送中心中引进的新型设备。
2. 简述物流设施与设备对物流企业发展的作用。

第 13 章

未来物流运作特征展望

21 世纪企业竞争将会从市场对市场的竞争，转移到供应链对供应链的竞争。随着现代物流的发展，企业内部逐渐走向社会化、全球化，应用的管理手段由信息化向网络化发展，以后很长一段时间里物流的标准化将成为一个重要的研究课题。物流业务的开展方式也正在向着协作化、服务化方向发展。人们不仅关注物流效率，以后将更加关注物流与环境的共生关系。

本章展望了未来物流运作的特征，包括物流运作的网络化、标准化、协作化、服务化和绿色化。

13.1 物流网络化——未来物流运营的环境

物流网络化的基础是信息化。这里指的网络化有两层含义。一是物流配送系统的计算机通信网络，包括物流配送中心与供应商或制造商的联系要通过计算机网络，另外与下游客户之间的联系也要通过计算机网络进行通信。例如，物流配送和向供应商提出订单这个过程，就可以使用计算机通信方式，利用基于商业增值网（VAN）的电子订货系统（EOS）和电子数据交换技术（EDD）来自动实现；物流配送中心通过计算机网络收集下游客户的订货过程也可以自动完成。二是组织的网络化，即所谓的组织内部网。例如，台湾地区的计算机业在 20 世纪 90 年代创造出了"全球运筹式产销模式"，这种模式的基本做法是按照客户订单组织生产，生产采取分散形式，即将全世界的计算机资源都利用起来，采取外包的形式将一台计算机的所有零部件、元器件、芯片外包给世界各地的制造商去生产，然后通过全球的物流网络将这些零部件、元器件和芯片发往同一个物流配送中心进行组装，由该物流配送中心将组装的计算机迅速发给订户。这一过程需要有高效的物流网络来支持，当然物流网络的实施基础是信息网络。

物流的网络化是物流信息化的必然，是电子商务环境下物流活动的主要特征之一。当今世界因特网等全球网络资源的可用性及网络技术的普及为物流的网络化提供了良好的外部环境，物流网络化不可阻挡。

国内较低的物流水平直接表现在我们的物流体系到现在还没有真正形成一个网络化体系。实现物流网络化必须解决我国物流发展中的两个最大的制约因素：其一是全国性的物流权威管理机构，负责统筹、组织、协调、管理国内的物流发展；其二是物流业的标准规范，标准制定的滞后使得电子化的物流网络不能真正实现。如果不解决这两个问题，很难在短时间内形成实体化的物流网络。

资生堂丽源的信息化建设

资生堂丽源化妆品有限公司是由日本资生堂与北京丽源公司共同出资设立的合资企业，其主营业务是化妆品的生产和销售。

最初资生堂丽源根据业务需求委托不同软件公司分别开发了销售物流系统、财务软件系统、生产管理系统和人事软件系统。至 2002 年公司建立了各主要系统，但这 4 个子系统各成体系，独立运转。随着市场的快速发展，"信息孤岛"所带来的问题开始显现，资生堂丽源走到了 IT 与业务、信息化与管理相整合的十字路口。于是资生堂丽源开始寻找整合途径，但过程并不顺利，因为整合不仅需要做出各系统间的复杂接口，更需要整合过程中的业务流程梳理优化以及多个相关单位的协调。

最后，资生堂丽源与金蝶合作，保留了原有系统作为前端业务平台，并建立以金蝶 K/3 财务加物流管理系统为基础的后台管理平台，通过接口程序把业务平台中的数据导入管理平台，同时优化管理流程，使用集团财务管理和物流管理模式。这样各系统得到了有效的整合和提升，既保留了原有业务的业务应用，又提高了管理职能。

资料来源：吴理门. 物流案例与分析. 天津大学出版社，2011（经作者整理）

13.2　物流标准化——未来物流发展的基础

13.2.1　物流标准化的意义及作用

物流标准化是指以物流为一个大系统，制定系统内部设施、机械装备包括专用工具等的技术标准，包装、装卸、运输等各类作业标准，以及作为现代物流突出特征的物流信息标准，并形成全国以及和国际接轨的标准体系。物流标准化是物流发展的基础。因为物流是一个复杂的系统工程，对待这样一个大型系统，要保证系统的统一性、一致性和系统内部各环节的有机联系，需要许多方法和手段，标准化是现代物流管理的重要手段之一。

标准化对于降低物流成本、提高物流效益具有决定性的作用。它能保障物流活动的通畅，加快流通速度，减少物流环节，最大限度地节省投资和流通费用，保证物流质量，提高经济效益和服务质量。

标准化的内容，实际上就是经过优选之后的共同规则。为了推行这种共同规则，世界上大多数国家都有标准化组织，例如英国标准协会（British Standard Institution，BSI），我国的国家标准化管理委员会等。日内瓦的国际标准化组织（International Standard Organization，ISO）则负责协调世界范围的标准化问题。

目前，标准化工作开展较普遍的领域是产品标准，这也是标准化工作的核心。围绕产品标准，工程标准、工作标准、环境标准、服务标准等也出现了迅速发展的势头。

在发展物流技术、实施物流管理的工作中，物流标准化是有效的基本保证。其意义和作用主要表现为以下几点。

1. 物流标准化是物流管理的重要手段

在进行系统管理时，系统的统一性、一致性、系统内部各环节的有机联系是系统能否生存的首要条件。保证统一性、一致性及各环节的有机联系，除了需要一个合适的体制架构，一个有效的指挥、决策、协调的机构和领导体制外，还需要有许多方法和手段来保证，标准化就是手段之一。方法和手段的健全与否又会反过来影响指挥能力及决策水平。例如，由于我国以前物资编码尚未实现标准化，各个领域分别制订了自己领域的统一物资编码，其结果就造成不同领域之间的情报不能有效传递，计算机难以联网，妨碍了物流系统管理的实施。又比如，我国铁道及交通两个部门集装箱未能实现统一标准，极大阻碍了车船的广泛联运，妨碍了物流水平的提高。

2. 物流标准化对降低物流成本、提高效益有重大决定作用

标准化可以带来效益，这在生产技术领域早已被公认，在物流领域也不例外。实行标准化后，物流系统得以贯通，可以实现一站式的物流服务，由此物流速度加快，中间装卸、搬运、暂存费用降低，中间损失降低等为我们带来了良好的经济效益。例如，我国铁路、交通集装箱由于未实行统一标准，双方衔接时要增加一道装箱工作，为此每吨物资效益损失1元左右，相当于火车30千米以上的运费，在广泛采用集装箱运输，物资运量加大后，效益的损失更是巨大的。

3. 物流标准化是加快物流系统建设、迅速推行物流现代化管理的捷径

建立物流系统，实施物流管理，由于其涉及面广，难度非常大。在这种情况下，如果不推行标准化，就会走更多的弯路，减慢我国发展现代物流的进程。例如，我国平板玻璃的集装托盘、集装架在发展初期未能及时推行标准化，各部门、各企业都发展了自己的集装设备，一下子出现了几十种集装方式，使平板玻璃物流系统的建立出现了困难、极大地延缓了发展。

4. 物流标准化给物流系统与外界系统的联结创造了条件

物流系统不是孤立存在的。从流通领域看，上接生产系统，下接消费系统；从生产物流看，下面又接续着不同工序。在物流全过程中，又和机械制造、土木工程、商流系统相交叉，彼此有许多接点。为了使物流系统与外界系统更好衔接，通过标准化简化和统一衔接点是非常重要的。

国际标准化组织（ISO）

ISO/IEC下设了多个物流标准化的技术委员会来负责全球的物流相关标准的制修订工作（如表13-1所示）。相应的技术委员会已制定了200多项与物流设施、运作模式与管理、基础模数、物流标识、数据信息交换相关的标准。

表13-1 国际标准化组织ISO中与物流有关的部分标准化技术委员会

TC 号	名称	秘书处承担国家
TC8	造船和船舶技术	日本
TC20	航空与航天器	美国
TC22	道路车辆	法国
TC51	单件货物搬运用托盘	英国
TC101	连续式机械装卸设备	德国
TC204	运输信息和管理系统	美国
TC211	地理信息	挪威

资料来源：张铎. 物流标准化教程北京. 清华大学出版社，2011（经作者整理）

13.2.2　物流标准化的特点

物流标准化指的是以物流为一个大系统，制定系统内部设施、机械装备、专用工具等各个分系统的技术标准；制定系统内各分领域如包装、装卸、运输等方面的工作标准；以系统为出发点，研究各分系统与分领域中技术标准与工作标准的配合性，按配合性要求，统一整个物流系统的标准；研究物流系统与其他相关系统的配合性，进一步谋求物流大系统的标准统一。

总而言之，物流标准化的主要特点体现在以下几方面。

1. 和一般标准化系统不同，物流系统的标准化涉及面更为广泛

不像一般标准化系统那样单一，物流标准化的对象包括了机电、建筑、工具、工作方法等许多种类。虽然各对象处于一个大系统中，但由于缺乏共性，从而造成物流标准种类繁多、标准内容复杂，这给标准的统一性及配合性带来很大困难。

2. 物流标准化系统是属于二次系统或称后标准化系统

由于物流及物流管理思想诞生较晚，组成物流大系统的各个分系统，过去在没有归入物流系统之前，早已分别实现了本系统的标准化，并且经过多年的应用，不断发展和巩固，其标准化已很难改变。在推行物流标准化时，必须以此为依据。虽然在个别情况下可将有关的旧标准化体系推翻，按物流系统所提出的要求重建新的标准化体系，但是在建立物流标准化系统时通常还是要充分考虑各个分系统的已有标准化体系。这就必然要从适应及协调的角度出发建立新的物流标准化系统，而不可能全部创新。

3. 物流标准化更要求体现科学性、民主性和经济性

科学性、民主性和经济性，是标准化的"三个特性"。由于物流标准化的特殊性，必须非常突出地体现这三性，才能搞好物流标准化工作。

科学性的要求，首先是要充分运用现代科技成果，以科学试验为基础，在物流系统中要求与物流的现代化（包括现代技术及管理）相适应。另外，尽管各种具体的硬技术水平很高，十分先进，但如果不能与系统协调运作，单项技术的水平再高也是作用有限，甚至还起相反作用。所以，这种科学性不但反映本身的科学技术水平，还表现在协调与适应的能力方面，应该使综合的科技水平最优。

民主性是指标准的制定要采用协商一致的办法，广泛考虑各种现实条件，广泛听取意见，使标准更具权威、减少实施阻力，易于贯彻执行。由于物流涉及面广，因此充分体现民主性原则，不过分偏向某个方面意见，使各分系统都能采纳接受，就更具有重要性。

经济性是标准化的主要目的之一，也是标准化生命力如何的决定因素。物流过程不像深加工那样引起产品的大幅度增值，物流费用多开支一分，就要影响到一分效益。物流过程会有大量的投入和消耗，如不注重标准的经济性，片面强调反映现代科学水平，片面顺从物流习惯及现状，必然会引起物流成本的增加，从而使标准失去生命力。

4. 物流标准化有非常强的国际性

在改革开放政策的指导下，我国的对外贸易和国际交流近几年有了明显的发展，国际交往、对外贸易对我国国民经济的发展越来越重要。所有的国际贸易最终是要靠国际物流来完成的，所以各个国家都很重视本国物流与国际物流的衔接，在本国物流管理的发展初期就力求使本国

物流标准与国际物流标准化体系相一致。若不如此，不但会加大国际交往的技术难度，更重要的是在本来就很高的关税及运费基础上又增加了因标准化系统不统一所造成的效益损失，使外贸成本增加。因此，物流标准化的国际性也是其不同于一般产品标准的重要特点。

13.2.3　物流标准化的分类及体系

物流标准可分为四大类，一是物流大系统的基础统一性标准；二是物流分系统的技术标准；三是物流作业与规范性标准；四是物流信息化标准。

1. 物流大系统的基础统一性标准

（1）专业计量单位标准

除国家公布的统一计量标准外，物流系统还有许多专业的计量问题，必须在国家及国际标准基础上，确定本身专门的标准。同时，由于物流的国际性很突出，专业计量标准需考虑国际计量方式的不一致性，要重视国际习惯用法，不能完全以国家统一计量标准为唯一依据。

（2）物流基础模数尺寸标准

基础模数尺寸是指标准化的共同单位尺寸，或系统各标准尺寸的最小公约尺寸。在基础模数尺寸确定之后，各个具体的尺寸标准，都要以基础模数尺寸为依据，选取其整数倍数为规定的尺寸标准。按基础模数尺寸的倍数系列选择其他的尺寸标准，这就大大减少了尺寸的复杂性。物流基础模数尺寸的确定不但要考虑国内物流系统，而且要考虑到与国际物流系统的衔接，这具有一定的难度和复杂性。

（3）物流建筑基础模数尺寸

这里主要是指物流系统中各种建筑物所使用的基础模数，它是以物流基础模数尺寸为依据确定的，也可选择共同的模数尺寸。该尺寸是设计建筑物长、宽、高，门窗、建筑物的间距、跨度及进深等尺寸的依据。

（4）集装模数尺寸

这是在物流基础模数尺寸基础上，推导出的各种集装设备的基础尺寸，以此尺寸作为设计集装设备三向尺寸的依据。在物流系统中，由于集装是起贯通作用的，集装尺寸必须与各环节物流设施、设备、机具相配合，因此整个物流系统设计往往以集装尺寸为核心，然后在满足其他要求的前提下决定各设计尺寸。因此，集装模数尺寸影响和决定着与其有关的各环节的标准化。

（5）物流专业名词标准

为了使大系统有效地配合和统一，尤其在建立系统的情报信息网络之后，要求信息传递必须准确，这首先便要求专用语言及其所代表的含义实现标准化。如果同一个指令，不同环节有不同的理解，这不仅会造成工作的混乱，而且容易出现大的损失。物流专业名词标准包括物流用语的统一化及定义的统一解释，还包括专业名词的统一编码。

（6）物流核算与统计的标准化

物流核算、统计的规范化是建立系统情报网、对系统进行统一管理的重要前提条件，也是对系统进行宏观控制与微观规制的必备前提。这一标准化主要包含下述内容：

1）确定共同的、能反映系统及各环节状况的最少核算项目。

2）确定能用以对系统进行分析并可为情报系统收集储存的、最少的统计项目。

3）制定核算、统计的具体方法，确定共同的核算统计计量单位。

4）确定核算、统计的管理、发布及储存规范等。

（7）标志、图示和识别标准

物流中的物品、工具、机具都处于不断运动的状态中，因此对其识别和区分便十分重要。对于物流对象，需要有易于识别的、又易于区分的标识，有时需要自动识别，这就可以用条码技术来代替用肉眼识别标识。标识以及条码的标准化便成为物流系统中重要的标准化内容。

2. 物流分系统的技术标准

物流分系统的技术标准主要包括如下 7 类。

（1）运输车船标准

该类标准的对象是物流系统中从事物品空间位置转移的各种运输设备，如火车、货船、拖挂车、卡车、配送车等。这里，需要从各种设备有效衔接、货物及集装的装运以及与固定设施的衔接等角度制定车厢、船舱尺寸标准、载重能力标准、运输环境条件标准等，此外还要从物流系统与社会的关系角度出发，制定噪音等级标准、废气排放标准等。

（2）作业车辆标准

该类标准的对象是物流设施内部使用的各种作业车辆，如叉车、台车、手推车等。这里包括尺寸、运行方式、作业范围、作业重量、作业速度等方面的技术标准。

（3）传输机具标准

这里包括水平或垂直输送的各种机械式及气动式起重机、传送机、提升机的尺寸、传输能力等技术标准。

（4）仓库技术标准

这里包括仓库尺寸、建筑面积、有效面积、通道比例、单位储存能力、总吞吐能力、温湿度等技术标准。

（5）站台技术标准

这里包括站台高度、作业能力等技术标准。

（6）包装、托盘、集装箱标准

这里包括包装、托盘、集装系列尺寸标准，包装物强度标准，包装、托盘、集装箱荷重标准以及各种集装、包装材料、材质标准等。

（7）货架、储罐标准

这里包括货架净空间、载重能力、储罐容积尺寸标准等。

3. 物流作业与规范性标准

这里是对各项工作制定的统一要求及规范化规定。物流作业与规范性标准可明确划定各种岗位的职责范围、权利与义务、工作方法、检查监督方法、奖罚办法等，可使物流全系统统一工作方式、大幅度提高办事效率、方便与用户的工作联系，防止在工作及作业中出现遗漏、差错，并有利于监督和评比。

这里涉及的主要工作标准及作业规范有：

（1）岗位责任及权限范围。

（2）岗位交接程序及工作执行程序。

（3）物流设施、建筑的检查验收规范。

（4）仓储作业规范。

（5）运输作业规范，如货车、配送车辆运行时刻表、运行速度限制等。

（6）配送作业规范，如司机顶岗时间、配送车辆日配送次数或日配送数量。

（7）设备工具管理规范，如吊钩、索具使用与放置规定。

（8）情报资料收集、处理、使用、更新规定。

（9）异常情况的处置方法等。

4．物流信息化标准

现代物流与传统物流的最大的区别之一，就是有了计算机网络和信息技术的支撑，将原本分离的商流、物流、信息流和采购、运输、仓储、代理、配送等环节紧密联系起来，形成了一条完整的供应链。先进的信息技术是构成现代物流体系的重要组成部分，它是物流进步的基础，是提高物流效率的重要技术保障。物流质量取决于信息，物流服务依靠信息。现代物流通过网络平台和信息技术将制造商、供应商以及货主、用户连接起来，实现对物流各个环节的实时跟踪、有效控制和全程管理，达到资源共享、信息共用。

物流信息化标准主要分为基础标准和应用标准两大部分。

基础标准主要是物流实体的编码（即标识代码）技术标准以及这些编码的数据库结构标准，如商品编码技术标准、托盘编码技术标准、集装箱编码技术标准及其数据库结构标准等。标识代码的编码规则必须保证其在全球范围内的唯一性，即物流管理对象与其标识代码的一一对应。目前，国际物品编码协会（European Article Numbering Association，EAN）和美国统一代码委员会（Uniform Code Council，UCC）及其地区编码组织，开发了对货物、运输、服务和位置等进行唯一有效编码的方案，即国际 EAN·UCC 系统（由 EAN 和 UCC 机构合作共同管理的一种编码系统）。中国物品编码中心也参考其技术规范制定了相应的国家标准，主要包括贸易单元标识代码、物流单元标识代码、物流节点标识代码、应用标识代码等。在对商品数据、物流单元数据、物流节点数据的结构进行分析的基础上，结合企业应用的实际情况，制定出能够满足物流各参与方需要的标准化数据结构标准。贸易单元数据库、物流单元数据库以及物流节点数据库非常重要，用户可以直接将数据库中的数据下载到自己的数据库中进行使用，不仅节省人力、物力，还保证了数据的准确性和及时性。同时，对于那些没必要或没有能力建立自己的数据库系统的用户，标准化的综合数据库将成为其共有的数据库，可供其在需要的时候调用数据。这种综合的物流数据库将为整个物流系统中的用户提供标准化的数据来源，是保证物流信息传递的重要环节。

应用标准主要是指自动识别与分拣跟踪技术标准和电子数据交换技术标准。运用合适的自动识别技术将标识代码所表示的信息自动输入计算机，对于通过信息的自动化传递实现自动化物流至关重要。目前的自动识别技术主要包括条码技术、智能卡识别技术、光字符识别技术、语音识别技术、射频识别技术、视觉识别技术、生物特征识别技术等。这里，涉及的标准或规范包括物流射频标签技术规范、物流射频识别读写器应用规范、射频识别过程通信规范等。电子数据交换标准主要包括电子数据交换语法标准和电子数据交换报文标准。国际上目前已经有 UN EDIFACT（联合国行政、商业和运输业电子数据交换）语法制定和报文设计导则（ISO9735），联合国贸易数据元目录（ISO7372）等国际标准。中国也制定了相应的国家标准。电子数据交换报文标准是在电子数据交换语法的基础上开发的应用标准。国际物品编码协会在 UN EDIFACT 标准的基础上开发了流通领域电子数据交换规范——EANCOM，到目前包含有 47 个报文，分为主数据类、商业交易类、报告和计划类、运输类、财务类以及通用报文类。中国物品编码中心在 UN EDIFACT 和 EANCOM 的基础上，结合中国商业的实际情况，已经制定了商业交易类的有关报文标准。

在上述分析中，并未将物流系统中需贯彻应用的全部标准化内容列入，仅只是列举了有物流突出特点的标准化内容。

目前，我国物流业发展尚属起步阶段，物流成本是发达国家的 3 倍，而且物流标准化工作相对落后于物流业的实际发展，影响了我国物流一体化和电子商务的发展，不利于我国应对 WTO 的竞争、实现我国物流系统之间以及与国际物流之间的衔接。为了使我国的物流系统朝着标准化、规范化方向发展，奠定物流产业高速发展的基础，应充分发挥标准在物流管理中的潜在作用。尤其是我国已经加入世贸组织，为了实现与国际物流的接轨，适应国际贸易的要求，增强竞争优势，我们必须从战略的高度看待物流标准化，对现代物流标准化发展进行深入研究，推广相关物流标准。

中国物流标准化困局

"虽然很多人都关注并且有很多人都在参与物流标准化工作，但物流标准化的现状仍然混乱。"从物流标准化提出来便积极参与、主持制定了《物流术语》国家标准的中国物流技术协会理事长牟惟仲先生认为，如果不突破国家法律法规、多头管理与多数物流企业发展水平不足这三个瓶颈，那么，目前看似热热闹闹的物流标准化工作产生的实际作用将十分有限。

1.法律法规缺失

"没有法律法规为依据，推进标准化工作很难。"缺少有强制效应的法律法规可算是物流标准化过程中最大的软肋。例如《物流术语》国家标准，虽然很多企业都认同并执行，但并不是强制性标准。

2.多头参与协调难

物流标准化存在多头组织、多头制定、多头管理的麻烦，由相关行业的管理部门负责相应方面的管理，同时各部门抽掉人员组成联席会议进行部门之间的统一协调。"参与的组织多了，难以协调各方负责范围，标准的制定反而变得更加复杂。"牟惟仲如此认为。

3.行业发展桎梏

物流行业本身处于发展初期，大多数物流企业尚处于发展初期，对标准不够重视，也是致使物流标准化工作难以快速推进的重要原因。技术标准通常是从行业自发需求中产生的，标准化的真正动力应该来自于市场而非政府的行政手段。所以只有等到行业整体进一步发展，多数企业成长起来后重新定位自己的战略，考虑到长期发展时才能真正达到标准化与规范化。

资料来源：物流师案例分析试题，经作者整理

13.3　物流协作化——未来物流业的新契机

13.3.1　协作物流概述

近年来，随着买方市场和竞争格局的形成，企业对物流作为"第三利润源泉"，有了比较深刻的认识，优化企业内部物流管理、降低物流成本成为当前多数国内企业最为强烈的愿望。

目前，许多企业已经认识到物流成本降低、效率提高要依赖于物流信息化，但是这些企业还只是从本企业角度去看物流信息化，并只从与企业有关的供应链角度去提高物流效率，然而物流活动的社会性使得这种操作不能最大限度地提高物流运作效率。

实际上，由于客户多变的需求，企业物流运作越来越表现出个性化的服务特征，越来越多的企业与客户结成了战略联盟，以至于要改变物流渠道其成本变得巨大。早在1958年美国物流管理协会已经把物流定义成供应链过程中的一部分，这实际上不仅把物流纳入了企业间互动协作关系的管理范畴，而且要求企业在更广阔的背景下来考虑自身的物流运作，即不仅要考虑自己的客户，而且要考虑自己的供应商；不仅要考虑到客户的客户，而且要考虑到供应商的供应商；不仅要致力于降低某项具体物流的成本，而且要考虑使供应链运作的总成本最低。一句话，就是所有供应链成员企业为了共同的客户服务目标协调它们的行动，直至建立稳定的合作伙伴关系。同时，美国物流管理协会2001年年会的主题为"在多变经济环境中的协作关系"，开辟了物流运作从供应链物流向协作物流、向社会物流转变的先河。

协作物流（Collaborative Logistics）反映了通过改变物流方式和物流途径挖掘物流新利润、新源泉的趋势，它通过综合供应者到消费者的供应链运作，使物流、信息流和资金流的流动达到最优化，并追求全面的、系统的综合效果。

13.3.2　协作物流的特点

从协作物流实施的案例可以看到，协作物流经营方式就是指，当已有的物流资源难以满足生产经营活动的需要时，公司与供应商、其他企业以及相关客户联合起来为有效解决物流需求而开展物流服务协作的基本方式。

总体上讲，协作物流的显著特点有以下几个方面。

1. 管理高度信息化

协作物流各参与方主要依靠先进的信息技术进行信息沟通。由于有了互联网，信息的实时性得到了有效的保证，因此参与方自身管理的信息化程度很高。

2. 信息共享

高度信息化是协作物流的基础条件，信息传递的目的是信息共享，通过分享物流流动方向、流动数量的信息，使得参与企业可以有效地进行调度和分配资源。

3. 资源协同调度

从信息共享到资源协同，这是协作物流的更高一个层次。各个企业所拥有的优势资源是不一样的，信息共享传递了物流服务的供求情况，通过包括车辆、仓库、人员、设备等资源的协同调度，提高了物流服务的弹性。比如在服务路线、物流数量上进行搭配，可以减少车辆空载率，提高仓储空间的使用率。同时，通过网络和扩展的供应链集成平台，协作物流把物流管理战略业务拓展到了单一企业组织以外，企业可以看到它的货物的整个物流过程，并与新、旧贸易伙伴联合获得最大化的物流资源的利用率，这样就可以与供应商、贸易伙伴组成的整条供应链上的所有成员共同来分享效率的提高和成本的节约。

4. 协作共进

以管理高度信息化为保障，以信息共享、物流资源的协同调度为手段，协作物流通过优势互补使各参与方协作共进。

如今，社会的专业化程度越来越高，一个企业不可能做所有的业务，必须通过协作在竞争中获胜。

一次社会资源整合的跨越

我国的物流企业为发展壮大，有着各自不同的策略和举措。其中中邮物流和中铁物流的合作物流案例给我国物流业的发展提供了极具意义的启示，是适合我国国情的具有战略意义的发展道路。

为应对外来的冲击，中铁行包公司与邮政部门进行了跨行业、跨部门的战略合作，两家共同出资组建新时速运递有限责任公司，开发以行邮专列为主要载体的运输产品，达到社会快递资源配置最优化，实现由内部改革到社会资源整合的跨越。通过建立行包基地之间的干线快速通道，形成新的行包运输网络化体系和干支结合、覆盖全国的物流服务体系，实现由以运输为主到提供全程物流服务。按照双方协议，铁路将列车行李向邮政开放；邮政将中心局枢纽、投送网络等设施对铁路开放。双方还将在邮政储蓄服务、代售铁路客票、到达货物通知和信息技术等领域寻求合作项目。铁路的干线与邮政的配送网络相结合，将构筑规模庞大的服务网络。

对于现代物流而言，越来越倾向于大型化、智能化。中铁行包将自己的铁路运输系统与邮政的网络投送系统整合，通过资源互补实现网络规模的扩张，从而可为客户提供更为全面的服务产品，吸引更多的客户，降低单位产品成本，实现规模经营。

资料来源：李德军、赵义，中铁行包与中邮合作案例的启示，中国储运，2005（3），经作者整理

13.3.3 如何构建协作物流网络

毫无疑问，协作物流是通过高效贯通的协作物流网络实现的。那么对于如何建立起协作物流网络的问题，我们分析认为，需要考虑协作伙伴的要求、参与方能构成协作物流网络的条件、协作网络的结构、功能以及技术保障等因素。

1. 协作物流网络的协作伙伴

（1）协作物流网络中协作伙伴的多样性和数量

协作物流以管理高度信息化为保障，以信息共享、物流资源的协同调度为手段，通过优势互补使各参与方协作共进。那么，组成协作物流网络的协作伙伴不仅包括一条供应链中的上下游合作企业，也会包括竞争对手。实际上，同业竞争对手之间的协作物流很早就已经在实践中出现了，如福特公司和戴姆勒－克莱斯勒公司早在 1998 年就试点分享 Exel 物流公司的服务，向各自的经销商配送零配件以降低分销成本。这种供应链和竞争对手之间的协作构成了纵横交错的协作物流网。

根据网络的 Metcalfe 准则，网络带来的效益与网络用户的节点数目平方成正比。协作物流网络用户达到一定数量的时候，随着用户数量的增加，其效益也会指数增长，逐渐形成跨地区、跨行业、跨平台的网络，所提供的物流服务也就变得更加丰富。

（2）协作伙伴之间构成协作物流网络的前提条件

1）有共同利益和清晰愿景

所有的参与方对协作都有承诺并保证长期遵守承诺；所有的参与方都要理解对自己和其他

人的合理期望。

2）建立信任

参与方必须能坦诚地交流他们的实践和进度，有时候还需要以传统的方式分享信息。

3）协作伙伴要知道什么是最重要的

一个协作物流网可以把供应链中的所有伙伴都连接起来，但不是所有的伙伴和供应链过程都同样重要，企业需要选择那些能给它带来最大利益的伙伴。

4）要有领导者和推动者

没有拥护者在推动，协作物流网络就不会有任何效果；同样，没有领导者，协作网络关系就难以持续稳定地发展。领导者的主要作用是监督物流网络活动，确保协作物流网络中所有的操作都在可控制范围内。

5）合作不是惩罚

当合作关系出现问题的时候，惩罚是不会有任何效果的，应该联合起来解决问题。

6）分享利益

在真正的合作关系中，各合作方应该能共担困难和分享收获，使所有的参与方都能得到切实的利益，这也是各方参与到协作物流网络的目标。在协作物流网络中，需要设立明确的分享机制，以保证所有的参与方都能得到切实的利益。

2. 协作网络体系结构

传统的客户机/服务器（C/S）模式的计算机系统设计并不是以企业协作为目的的。一般的物流信息系统，比如运输管理系统，都是在一个企业内部运行的。大多数应用软件需要用户在客户端安装大量的应用程序，这种方式显然已经不适应今天这种用户分散且流动性大的情形，更迎合不了基于无线通信的蜂窝电话取代传统电脑的潮流。今天，随着企业不断寻找并建立贸易伙伴的合作关系，这些传统的 C/S 应用方式已经不再流行了。我们发现，在过去几年中许多软件开发商已经把目光转移到了基于因特网模式软件的开发。因此，协作物流网络体系的物理结构必须采用基于因特网的 B/S 结构。

（1）协作物流网络的功能和性能要求

除了具有深度协作、可优化、可操作性和快速的特点以外，协作物流网络还应该具备以下几个特点。

1）网络柔性

突发性的事件是经常会发生的，协作物流网络需要具备处理这种事件的能力。所以在协作物流运作过程中自适应管理是非常重要的，特别是要在全球化的环境中开展物流服务。协作物流网络应该提供交易伙伴关系网，优化客户关系管理，参与方可以随意地添加、评价和筛选合作伙伴。建设一个公用的数据平台，这样可以使交易伙伴之间实现无缝地共享数据，并提高对供应链中突发事件的应急反应能力。

2）系统开放性

协作物流网络中，托运人、承运人、第三方物流、电子商场以及垂直的行业电子贸易中心都可以看到所有的产品、合作伙伴及其在供应链中的活动，这样就形成了一个开放的合作伙伴联盟生态系统。这个系统中的每一个成员都有一个共同的目标：通过优秀的物流服务赢得竞争优势。并且，新用户的不断加入提高了网络服务能力，增强了端对端供应链的优化过程。

3）可视化

协作物流网络把所有的物流活动都呈现在桌面上，因而能很好地进行管理。通过可视化使得每一条供应链中参与方的行为都可见，从而使物流管理达到新的高度。供应链的可视化是协作物流的基石，这样交易各方都能最大化地利用物流活动适时采购，也可以提高物流资源的使用效率。

（2）协作物流网络的技术保障

构建协作物流网络是一项非常复杂的工程。考虑到当前应用环境和未来的发展需求，在构建网络时需要注意应用以下几种技术。

1）无线应用程序协议（WAP）

在近 10 年来，人们已经体会到了没有空间限制的移动通信和丰富多彩的互联网络带来的好处。WAP 是在互联网和无线设备之间搭建的全球统一的开放标准，它使客户端（无线终端）和服务器之间的交互成为可能，也将成为未来无线信息技术发展的主流。WAP 的应用将实现多种终端的服务共享和信息交流，包容目前广泛使用的和新兴的终端类型，如手机、呼机、PDA 等设备。

2）GPS 技术

GPS 全球卫星定位技术是随着现代科学技术的发展而建立起来的一个高精度、全天候和全球性的无线电导航定位、授时的多功能系统。在协作物流网络中利用 GPS 技术有助于实时地检测和监控运输载体、货物的状态。

3）GSM 移动通信技术

GSM 全球数字移动通信网是国家投资建设的公众网络，是目前我国国内覆盖范围最广、系统可靠性最高、语音清晰度最好的移动蜂窝通信系统。建立车载终端与 GSM 网络的联系将能够支撑起强大的地网系统。

4）GIS 地理信息处理技术

GIS 是近些年来迅速发展起来的一门新兴技术。作为制图学、计算机技术、地理、遥感、统计、测绘、通信、规划和管理学科交叉运用的产物，GIS 广泛地运用在各个领域。GIS 地理信息，包括目标建筑、道路信息等，可以辅助协作物流网络规划物流路径。

5）工作流管理

协作物流网涉及许多企业的许多工作环节，涉及不同级别的商业合作集成。在工作流管理（Workflow Management，WFM）中，实现了人与电脑共同工作的自动化协调、控制和通信，在信息化的业务处理上，可使所有命令的执行都处于受控状态。也就是说，在工作流管理下，工作量可以被监督，并被分派到不同的用户以达成平衡，这是提高协作物流网络效率的有效途径。

6）XML 技术

前面介绍了，为满足人们工作环境频繁移动的需要，协作物流网络应该采用基于互联网的 B/S 体系结构，但是，已经流行的 HTML 语言虽然有结构化和可描述性等优点，但是它也存在着很多缺陷，比如它只能使用固定的有限的标记，而且它只侧重于对内容的显示。简单的 HTML 语言几乎无法满足协作物流网络高度复杂、高度柔性以及与其他服务之间的开放性、安全性和灵活性的要求。因此，在协作物流网络中采用 XML 技术进行文档交换是必然的趋势。

达尔文说过：能够生存下来的物种不是最强壮的，也不是智力最高的，而是那些能够迅速适应环境变化的。协作物流是当前国际上提高应对客户需求反应能力的、十分有效的手段，是物流企业获得竞争优势、得以生存和发展的新型商业模式。

13.4 物流服务化——未来物流管理的主题

13.4.1 服务化物流的内涵

服务化物流就是以满足消费者的需求为目标，组织货物的合理流动。具体而言就是把商品的采购、运输、仓储、加工、整理、配送、销售和信息等方面有机结合起来，选择最佳的方式与路径，以最低的费用和最小的风险，保质、保量、适时地将货物从供方运到需方，为消费者提供多功能、一体化的综合性服务。

具体而言，在服务化物流的趋势下，企业的物流活动主要有如下几种。

（1）物流方案选择

识别与评价原材料采购方案、选择物流服务供应商、制造与仓储地点以及战略联盟，估计需要投入的人力、物力、财力以及时间，并评价与防范有关的风险。

（2）信息收集

通过收集与物流活动相关的信息，使物流活动能有效地进行。针对各个目标市场的需求与物流信息化的趋势，考虑各个市场在物流单证、包装、港口、定价、作业程序等方面的差异，制定和实施灵活的系统和程序。

（3）物流系统化的管理

为实现既定的物流系统目标，提高向消费者和用户供应商品的效率，而对物流系统进行计划、组织、指挥和调节活动。把所有市场视为"一盘棋"，把营销、物流、信息系统有机结合起来，并由一个决策中心根据实际市场情况权衡利弊进行最优化的决策。

13.4.2 服务化物流发展的动力

1. 消费者物流机能的扩大

作为消费者，其传统的物流手段大多是徒步或骑自行车，正因为如此，在通常的商品消费物流中，日用品、食品等商品的物流机能是由消费者自己承担的。除此之外，其他商品特别是大宗商品，一般是由零售商通过直接配送到消费者指定地点的形式来承担物流机能。但是，随着近几年经济服务化的发展，某些外部环境发生了巨大的改变，与之相对应消费者的生活有了较大变化，其中最大的变化是小轿车在家庭中的普及使得利用汽车购物逐渐成为当今消费生活的主流。在这种背景下，通过消费者物流机能的提高，零售业与消费者间物流机能的分担呈现多样化的趋势，并且展现出物流机能的替代化发展。其具体的表现形式之一是随着消费者物流机能的提高，呈现出替代零售业物流机能（如输送、保管等）的倾向，亦即由于利用小轿车购物成为可能，消费者在扩大行动范围的同时，一次购买回家的商品数量增加，甚至以前需要零售商配送到家的家电等大型商品也能实现消费者自行承担物体流动。另外，消费者利用汽车购物成为可能，也对零售业产生较大的影响，这表现在消费者一次大量购物的实现，使零售店铺的设立出现新的转移，也就是说，一方面如仓储式商店、量贩店等新型的零售业开始大规模发展，另一方面，促成了大型购物中心向市郊发展，这些都对物流管理产生了深远的影响。

2. 零售业物流机能的扩大

在消费者物流机能替代化发展的同时，作为商品销售者的零售商，其物流机能不仅没有被削弱，物流活动的范围反而扩大了，这一点突出反映在食品产业中。从当今发达国家的情况看，在食品产业已经出现按菜单配送商品或将蔬菜配送到家等新型的物流活动。这种宅配活动原来是由当地的饮食店或菜店通过商品的直接销售进行的，而现在却统一纳入了大型零售商的物流战略中。此外，应当看到这种战略中的物流商品不仅仅是物质产品，而且可以预想还包括大量的服务性产品，诸如原来无法拿到服务中心进行修理的商品如今可以通过宅配实现修理服务、检查等活动。更值得关注的是，这种物质流、服务流，会向企业传递大量的顾客信息，而且这种反馈不仅是面向销售点，也是向最终的生产点进行反馈。显然，这种反馈对合理控制物流成本、设计管理物流活动具有积极的意义。

3. 多样化的物流服务需求

应当看到，随着近年来社会经济的发展以及消费者生活时尚的改变，在流通各主体形成高度化物流机能的同时，消费者物流机能得到进一步的扩大。从整个社会的角度来看，无论在物流机能的担当上，还是在物流手段上存在着各种各样的组合，从而迎来了多样化物流服务的时代，并且各流通主体和消费者可以自由选择各种形式的物流服务，从而增大了物流需求的空间，也提高了物流管理的难度。从另一个方面来讲，作为流通的物流业者在这种变化的环境中，必须正确把握市场需求，灵活面对各种物流变化，开展新的物流业务，例如宅急便就是因应企业行动和消费者行动变化而产生的新型物流活动。总之，在经济服务化发展的时代，各流通主体应以物流革新为契机，树立追求市场服务的经营理念。

4. 国际供应链一体化

20 世纪 90 年代以来，随着全球制造、敏捷制造、虚拟制造等先进制造模式的出现和市场竞争环境的快速变化，以动态联盟为特征的新的企业组织形式的出现，使原有的企业生产组织和资源配置方式发生了质的变化。企业的生存必须更多地利用外部资源（Outsourcing），供应链一体化已从企业内部的采购获取、制造支持和实物配送，向后延伸到顾客，向前延伸到供应商。越来越多的企业认识到与顾客和供应商合作的重要性，有效地实现了供应链的整合，并通过自愿互利的安排，取得市场竞争力。在这些合作生产的过程中，大量的物资和信息在很广泛的地域间转移、储存和交换，因此有必要对企业整个原材料、零部件和最终产品的供应、储存和销售系统进行总体规划、重组、协调、控制和优化，加快物料的流动，减少库存，加速信息传递，时刻了解并有效满足顾客需求。

5. 信息革命

技术的更新实质上也是一种内在的经济活动。服务化的物流系统需要更多的企业、更高效的合作才能建立，而这种合作离不开信息技术的发展与应用。条码技术、EDI、电子扫描与传输、传真等通信技术的广泛使用，提高了信息的可获得性。这种以迅速可靠的信息交换为基础的物流作业安排，为服务化物流的选择提供了更大的空间。信息革命还加快了订货需求的传输速度、生产速度、装运速度、清关速度等，降低了物流的时间和成本。

6. 全球经济的可持续发展的要求

当今全球经济发展强调的是"可持续发展"，即经济的发展必须建立在维护地球环境的基础上。物流活动过程会对环境产生很多不利的影响，如运输带来的噪音和废气污染环境，货物包装物、衬垫物等会影响卫生及存在火灾隐患等。因此，为了使经济发展全球化与有益于环保的全球物流发展之间达到宏观平衡，人们需要从环境的角度对物流体系进行改进，致力于建设更先进的硬件基础设施以及研发出更好的物流营运系统。但实现物流系统对环境损害的最小化，需要各个公司、各国政府及国际组织在这一领域开展更为广泛的合作，形成一个环境共生型的物流管理系统。这里的环境共生型物流管理就是要改变原来经济发展与物流、消费生活与物流的单向作用关系，在抑制物流对环境造成危害的同时，形成一种能促进经济和消费生活同时健康发展的物流系统，即向环保型、循环型物流转变。

13.4.3 服务化物流对企业管理产生的影响

显而易见，服务化物流的纵深发展对原有的企业管理模式带来了挑战。随着经济服务化的进一步推进，以及企业物流活动的普及化、高效化和多样化，必然使得企业整体的管理思想和方法产生新的变革。这种因为经济服务化发展而产生的管理模式的变革，不仅仅反映为组织规划或结构上的再创新，更反映为企业自上而下的经营思想的变革。通过我们对现代物流与供应链管理的全面阐释，可以看出，服务化物流对企业管理产生的影响集中反映在如下几点。

1. 从产品管理转向顾客管理

服务化物流发展的一个显著性的效应是，物流作为一项顾客服务项目在企业战略中发挥了举足轻重的作用，亦即服务化物流不仅创造价值，甚至决定了整个商品价值的实现。从市场营销的角度来看，商品的质量是一种大质量的观念，即不仅指物质商品的品质，而且还包括营销服务质量以及顾客服务质量，而服务化物流直接成为顾客服务质量的重要组成部分。与此同时，由于生产过程以及市场营销过程都是由物流过程开始的，所以，它也间接地决定了物质产品以及营销活动的效率。特别是伴随着物流信息系统的发展，其有效的顾客信息管理，对生产和经营活动具有相当大的影响。因此，未来的企业管理将更加重视顾客管理，在日常的活动中这种重视就表现为对物流服务的水准进行经常性界定、监测和按市场需求灵活地进行调整，使其成为整个企业经营管理的核心。

2. 从企业间的交易性管理转向关系性管理

服务化物流的发展对企业间的管理方式也将产生较大的影响，这是因为服务化物流要求企业能从生产经营的全过程即整个供应链的角度对物流活动进行有效地管理，而任何局部的物流管理不足以形成整体的效率。但是，这种目标显然并非单个企业所能实现，它必然要求企业之间通过一种战略联盟的形式来沟通、协调相互的物流管理系统，或者说只有企业间结成伙伴关系，才能够在物流系统上达成一致，并做到统一综合管理。例如，日资背景的伊藤洋华堂在进入我国北京市场后，其在日本的物流配送伙伴伊藤忠株式会社也跟随而至，并承担了其配送服务，这种由制造业或流通企业结盟进行物流配送的形式在日本相当普遍，几乎占到社会总物流量的80%。但是，不同企业间要形成战略上的联盟、结成供应链，企业之间就必须进行各种组织上正式或非正式的接触、相互沟通与协调，并且能深入了解不同企业的经营状况与理念。也就是说，要实现供应链管理，就必须对合作方所能做出的贡献、环境条件、各种促进方法以及合作所产生的效应等进行全方位的评估与控制，同时必须克服由于资金、权利等的差异而产生不平等的交易关系，真正实现创造性的合作伙伴关系。联盟形成的要素与方法如表 13-2 所示。总之，服务化物流的推进对企业间关系的管理提供了不断发展、创造的空间。

表 13-2　联盟形成的要素与方法

联盟要求的环境因素	联盟成功导入的可能性	协调与沟通的方法
竞争激化要求降低成本	类似的企业文化	计划的共同化
竞争激化要求提高资产效率	类似的企业目标	管理系统的共同化
要求提高顾客服务质量	类似的经营理念	信息系统的共同化
通过顾客服务实现差别化	TQM 等经营手段的相似	风险分担的共同化
改善产品组合	对信息敏感度、长期发展判断等事物的相似	成本分担的共同化
在市场投放新产品	企业规模、市场占有率、财务、生产性、技术力等相似	设备的共同使用与投资
革新技术的共同开发	存在共同的竞争者或交易对象，有合作的经验与历史	技术开发的共同化
收益的安定化		财务的相互依存
加速企业成长		

3. 从物质管理转向信息管理

服务化物流纵深发展的一个前提条件是：随着现代信息技术的革命，企业管理层在掌握全面信息的基础上，能实时、有效地实施各种物流活动并加以管理和控制，这样通过全过程监控流通渠道中的物质活动，有效地消除信息真空，进而降低商品库存。因为库存常常是作为抵御不确定性和风险的一种手段，如果这类不确定性和风险能得以降低，那么库存也将下降，所以现代的企业物流管理部门，已不仅仅是物质商品管理者，更是流通信息的管理者，它对管理人员掌握现代信息系统和信息技术以及分析信息的能力有相当高的要求。

总体上讲，服务化物流的发展对企业管理产生的影响、发展趋势以及所要求的技能如表 13-3 所示。

表 13-3　服务化物流对企业管理产生的影响、发展趋势及所要求的技能

企业管理的转变	管理活动的发展趋势	所要求的技能
从职能管理转向过程管理	物质与商品流的综合管理	了解不同职能领域间的联系与区别，并能对其综合协调管理
从利润管理转向利润率管理	注重资源管理与资财的有效利用	会计与金融控制技术
从产品管理转向顾客管理	注重市场与顾客服务	有能力界定、度量并管理市场要求的服务
从交易管理转向关系性管理	形成经营共同体	企业沟通与网络管理能力，以及优化技术和经营诀窍的拥有，如 JIT
从物质管理转向信息管理	实时供给和快速反应系统	信息系统及信息分析技术的熟悉和稳定

13.5　物流绿色化——未来物流管理的焦点

13.5.1　绿色物流概述

1. 物流对环境造成的负面影响

物流系统是由物流操作系统和物流信息系统所组成，其中物流信息系统中的物流信息活动对环境几乎没有损害或没有直接损害，而物流操作系统中的运输、保管、搬运、包装、流通加工等作业对环境均有一定的负面影响。例如：（1）运输作业对环境的负面影响主要表现为交通运输工具的燃料能耗、有害气体的排放、噪音污染、所运输商品的损坏或泄漏及运输业务发展导致道路面积的增加等。（2）保管过程中的非绿色因素主要有某些化学养护方法（如喷洒杀虫、菌剂）的使用、冷藏设备制冷剂的使用及特殊商品（如易燃、易爆、化学危险品等）因保管不当而对周边环境造成的污染和破坏。（3）搬运过程中会有噪音污染，因搬运不当或商品本身因素而破坏商品实体，造成资源浪费和环境污染等。（4）在包装作业中，不易降解、可耗竭资源型包装或不可再生资源材料的使用，过度包装或重复包装、非标准化包装及不合理包装等均可能影响生态平衡，造成环境污染。（5）流通加工是延伸到流通领域内的各种形式的加工作业。流通加工对环境的负面影响与传统工业污染相似，主要表现为加工过程中资源的浪费或过度消耗及加工过程中产生的废气、废水和废固体物的污染。以上五方面经常是结合起来共同对环境产生负面影响。环境问题已经成为 21 世纪物流管理的焦点。

2. 绿色物流的兴起

经济发展一般会导致更高的物流总量，而对经济发展起基础和支柱作用的物流发展又是发展经济必不可少的关键环节之一。纵观世界经济发展史，在高度经济成长时期，经济发展最受重视，此段时期物流主要与经济发展紧密相关。目前，包括我国在内的很多国家已基本实现了从短缺经济向过剩经济的转变，拉动消费已成为经济发展的主题，消费生活也成为影响物流发展的一个不可缺少的重要因素，这就使得物流的关联领域已扩展到消费生活。

一般来讲，物流与经济发展、消费生活以及环境具有共生关系，如图 13-1 所示。在高度经济成长时期，经济发展最受重视，因而物流与经济发展具有密切的关系；近年来物流逐渐从产业物流向产业与消费双方向物流发展，因此物流的关联领域得到了扩大；在 21 世纪，除了从经济发展和消费生活发展的角度推动物流的深化外，还必须站在与环境共生的立场来不断推进物流管理的全方位发展。

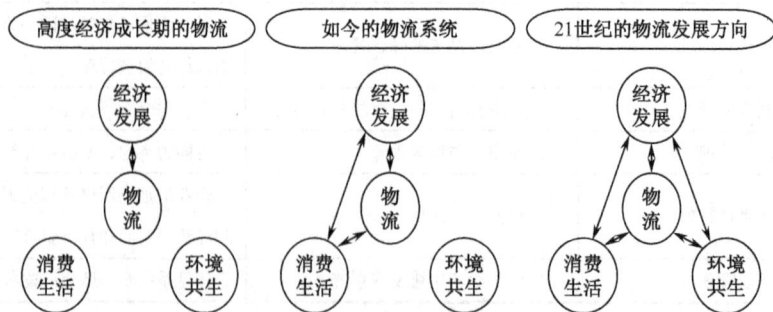

图 13-1　物流与环境的关系

世界各国的可持续发展战略已逐步得以有效实施，全球绿色消费热逐渐形成。展望未来，现代物流发展已不可能摈弃生态环保、可持续发展因素的制约。未来物流的发展不仅要考虑到经济发展和消费生活的需要，还必须充分注意其对环境所产生的影响，以形成一种能促进经济和消费生活可持续健康发展的新型绿色物流体系。绿色物流强调了全局和长远的利益，体现了对生态环境和可持续发展的关注，表现出物流企业或企业物流的绿色形象，这与全球绿色运动、绿色革命的要求是一致的。绿色物流是物流发展的新方向，是现代物流管理的一种新思路和新理念。绿色物流的发展必然会导致污染较重的物流企业被淘汰，同时，飞速扩大的绿色市场也为绿色物流及实施绿色物流管理的企业带来众多发展机遇。绿色环保因素已成为影响企业竞争力的重要因素之一，物流企业和企业物流的发展必须考虑绿色环保因素，以适应时代发展的要求。发展绿色物流是包括第三方物流企业在内的所有企业均应注重和加强的工作。我国企业界亦应提高重视程度，根据企业实际情况逐步并尽快地发展绿色物流，实施绿色物流管理。

3. 绿色物流的理论基础

绿色物流是保障可持续发展，连接绿色供给和绿色需求主体，克服空间和时间阻碍的有效、快速的绿色商品、绿色服务流动的绿色经济活动过程。绿色物流的理论基础主要体现为可持续发展理论、生态经济学理论、生态伦理学理论、外部成本内在化理论和物流绩效理论等。按照可持续发展理论、生态经济学理论和生态伦理学理论的要求，为了子孙后代的切身利益和人类更健康和更安全地生存与发展，人类应当维护生态平衡。我们应负起相关责任，在发展物流的过程中，将经济发展与生态保护有机地结合起来，以谋求经济效益与环境效益的统一，实现可持续发展。绿色物流建设正是在维护生态环境和可持续发展的基础上对传统的物流体系加以改进，以形成一个与环境共生型的、可持续发展的现代物流系统。根据外部（环境）成本内在化理论，物流活动造成环境污染而导致产生的治理成本（使环境污染恢复到未遭受污染状态所应支付的费用总和）亦应计入物流活动的成本内，这也是使企业经济效益与环境效益达成一致的主要做法之一。发达国家已经采用环境会计制度，迫使企业在从事物流活动时必须考虑对环境的负面影响，并与降低直接成本同等重要地给予关注。在绿色运动、绿色消费蓬勃发展的今天，绿色物流管理的实施情况已成为影响企业物流绩效的重要方面，消费者对企业物流活动的满意程度不再仅仅局限于服务时间、服务质量等方面，其环保情况亦受到重要关注。一般情况下，环境污染较重的物流企业难以赢得现代消费者的青睐，也难以维持长期健康发展。

环境会计简介

环境会计又称绿色会计，它是以货币为主要计量单位，以有关法律、法规为依据，计量、记录环境污染、环境防治、环境开发的成本费用，同时对环境的维护和开发形成的效益进行合理计量与报告，从而综合评估环境绩效及环境活动对企业财务成果影响的一门新兴学科。它试图将会计学与环境经济学相结合，通过有效的价值管理，达到协调经济发展和环境保护的目的。

环境会计最早进入人们视野是在 20 世纪 70 年代，1971 年，比蒙斯（F. A. Beams）在《会计学月刊》上发表了《控制污染的社会成本转换研究》；1973 年，马林（J. T. Marlin）在《会计学月刊》第 2 期上发表了《污染的会计问题》，从此环境会计的研究逐步展开。1999 年，联合国讨论通过了《环境会计和报告的立场公告》，形成了系统完整的国际环境会计与报告指南。各国政府纷纷研究建立本国的环境会计体系，中国于 2001 年 3 月成立了"绿色会计委员会"，

2001 年 6 月，经财政部批准，中国会计学会成立了第七个专业委员会——环境会计专业委员会，标志着中国环境会计研究进入新阶段。

资料来源：百度百科，词条：环境会计，经作者整理

13.5.2 政府规制与绿色物流

从发达国家的实践来看，政府对物流发展的规制集中体现在三个方面，即发生源规制、交通量规制和交通流规制，如图 13-2 所示。

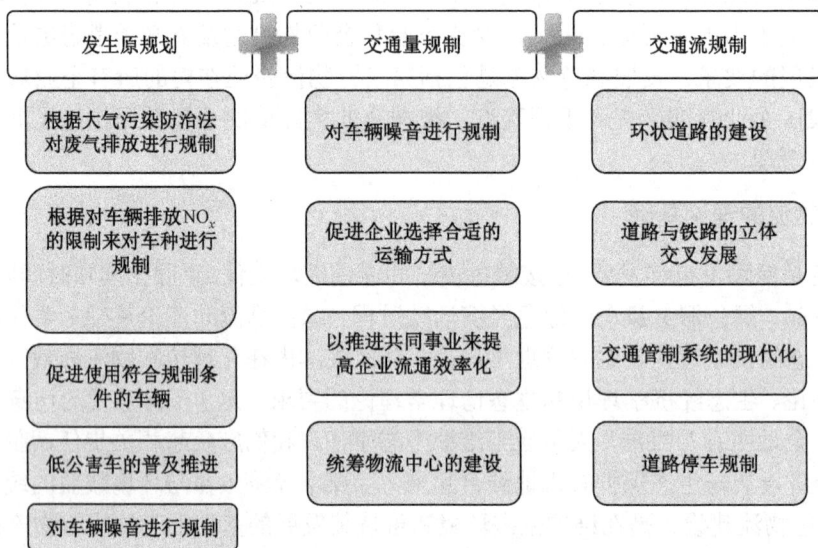

发生原规划	交通量规制	交通流规制
根据大气污染防治法对废气排放进行规制	对车辆噪音进行规制	环状道路的建设
根据对车辆排放 NO_x 的限制来对车种进行规制	促进企业选择合适的运输方式	道路与铁路的立体交叉发展
促进使用符合规制条件的车辆	以推进共同事业来提高企业流通效率化	交通管制系统的现代化
低公害车的普及推进	统筹物流中心的建设	道路停车规制
对车辆噪音进行规制		

图 13-2 政府主导的绿色物流对策

发生源规制主要是对产生环境问题的来源进行管理。从当今的物流系统来看，产生环境问题的主要物流形式是货车的普及，即由于物流量的扩大以及配送服务的发展，引起在途货车增加、而在途货车增加必然导致大气污染加重。例如，日本环境厅的调查表明，都市货车的扩张使城市二氧化氮以及悬浮颗粒物增加，尤其是二氧化氮对空气质量的影响最大。因此，发生源规制主要包括废气排出规制和基于汽车二氧化氮排放量限制的车辆规制。前者主要是对车辆废气排出进行限制，而后者是对大都市内特定地域的使用车辆予以控制。在这方面日本政府的规制实践是值得我们学习的，1989 年日本中央公害对策协议会提出了 10 年内三项绿色物流推进目标，即氮化物排出标准降低 3 成到 6 成，颗粒物排出降低 6 成以上，轻油中的硫磺成分降低 1/10，在上述三项总体目标的基础上，还制定了大量、有序的短期和长远目标值。1992 年日本政府公布了汽车排放物限制法，并规定了允许企业使用的 5 种货车车型，同时在大都市特定区域内强制推行排污标准较低的货车才允许行使的规制。1993 年除了部分货车外，要求企业必须承担更替旧车辆、使用新式符合环境标准的货车的义务。经过日本政府这一系列规制的实施，到 1995 年 NO_x 含量降低了 12%～65%。由此可见，政府应当采取完善、有效的措施，来遏制企业物流发展造成的对环境的破坏，其中对污染发生源的控制尤为重要。我国自 20 世纪 90 年代后半期以来开始不断强化对污染发生源的控制，相应地制定了不少环境法规，例如，北京市为治理大气污染发布了两阶段治理目标，不仅对新生产销售的车辆制定了严格的排污标准，而且由于认识到仅仅控制新车排污量而不对在用车进行治理改造，北京市大气污染严重超标的状况不可能得到有效改善。经国务

院批准，北京市发布了控制大气污染的第二阶段紧急措施，措施之一就是要对在用车尾气进行治理。1999 年北京市政府实施了对 1995 年后领取牌照的轿车进行尾气治理的举措，而对 1995 年前的轿车，在鼓励提前更新的同时，采取限制行驶路线，增加车辆检测频次，加装点火延迟阀等措施。同时，政府还将充分发挥经济杠杆的作用，根据机动车的排污量来收取排污费，经过治理的车辆，污染物排放量会大大降低，交纳的排污费也会相应减少很多。

交通量规制主要是发挥政府的指导作用，推动企业从自用车运输向营业用货车运输转化，发展共同配送，建立现代化的物流信息网络等，以最终实现物流的效率化。其中中小企业如何提高物流效率应当是政府规制的重点。

交通流规制的主要目的是通过建立都市中心环状道路、道路停车规制以及实现交通管制的高度化等来减少交通堵塞、提高配送效率。

当然，推进绿色物流除了加强政府规制外，还必须重视民间绿色物流的倡导，即积极发挥企业在保护环境方面的作用，从而形成一种自律型的物流管理体系。从当今企业群体或民间组织的举措看，向绿色物流的推进主要表现为通过车辆的有效利用提高配送效率和货物积载率、通过运输方式的改变削减货车运行以及降低单位货车废气排放量等。这其中企业间货物配送的共同化成为民间倡导绿色物流的突破口，这是因为共同配送不仅减少了在途运行车辆，降低了大气污染，而且由于共同化的作业管理，有利于企业间就绿色管理系统的推广达成一致，并真正使环境共生型的管理意识融入企业的具体实践中。

13.5.3　企业发展绿色物流的途径

绿色物流是经济可持续发展的一个重要组成部分，它的全面开展与实施需要政府、企业和民众等多方面的支持和努力。我们应继续加强环境保护、推进可持续发展战略的实施，大力发展绿色产业，普及绿色营销，推广 ISO14000 认证及清洁生产，发展绿色包装，加强对绿色物流问题的研究和相关教育工作等，以促进观念的改变和绿色意识的提高，并提供政策、人员、技术、资金支持，为绿色物流在我国的全面开展奠定基础。

只有包括物流企业在内的所有企业高度重视，并尽快采取有效措施予以实施，绿色物流战略才能真正得到落实。在减少环境污染、提高企业自身绿色形象的同时，也促进了企业长期经济效益的提高。对企业界而言，向绿色物流的推进主要表现在：

（1）通过车辆的有效利用减少车辆运行，提高配送效率和积载率。

（2）通过制定订发货计划，实现其均衡化和配送路线的最优化，提高往返载货率，减少退货运输和错误配送，争取实现运输配送的效率化和现代化。

（3）通过同产业共同配送、异产业共同配送、地域内共同配送或由第三方物流企业统一集中发货，实现运输配送的合理化与最优化。

（4）通过联合运输、装载工具的标准化、包装尺寸的标准化等来实现物流标准化。

（5）通过缩短商品检验时间、确保停车场地及配送工具等来缩短配送时间。

（6）通过第三方物流来实现运输集约化和库存集约化。

（7）通过转向海上运输、铁路运输、集装箱运输，向符合规制的车辆转换等方式来削减总行车量，减少车辆的排污量。

理论及实践都已证明，企业对环保方面的投资有助于员工绿色意识的增强，有利于企业绿色形象的树立、长期成本的降低和长期利润的提高，因而企业不能因暂时的环保投资而忽视其长期效益。

云南普洱"绿色物流"初探

云南省烟草公司普洱市公司立足企业实际，因地制宜，借鉴自身生态烟叶开发新模式，求新求变，大力推行绿色物流管理新路子，积极探索物流配送成本低、能耗少、可循环利用的低碳的"绿色物流"发展之路。

首先公司通过加强基础建设、优化资源配置，从硬件上实施运输、卷烟配送包装和卷烟物流定额管理三个"绿色化"。经过运输优化后，公司减少送货里程17万余公里，节约送货费用7万余元。实施配送包装改造后的空纸烟箱可连续使用5个月以上，并在使用过程中制定了严格的空纸烟箱回收管理制度，装纸箱损坏后能回收作为废纸板进行销售，增加了收入。

其次强化制度规范建设，推行人力资源和物流成本精细化管理，从软件上推动物流上水平，提升发展绿色物流软实力。公司通过实施人力资源精细化管理和物流成本核算精细化管理。以"物流成本绿色化"为导向，全面建立和实施物流成本定额管理模式。实现了核算精细化、管理精细化、控制精细化，使物流成本的核算更加清晰和规范。

资料来源：中国中小企业云南网，烟草行业发展绿色低碳物流初探，经作者整理

13.5.4　废弃物物流

1. 废弃物的分类及其特点

废弃物主要有两种分类方法。

（1）按物理形态分类

废弃物按物理形态可分为三类。

1）固体废弃物。一般称为垃圾，其形态是各种各样团体物的混杂体。这种废弃物物流一般采用专用垃圾处理设备，在无专用处理设备的地方，也可采用一般物流工具。

2）液体废弃物。一般称为废水、废液，其形态是各种成分液体混合物，这种废弃物物流采用管道方式。

3）气体废弃物。一般称为废气，主要是工业企业尤其是化工类型工业企业的排放物，多种情况下是通过管道系统直接向空气中排放，其构成较简单。

（2）按来源分类

主要有以下几种分类。

1）生活垃圾

这是人民生活中各种排放物的混杂体，其主要成分是食品屑、水果屑、蔬菜叶及变质的各类食物等有机物，有各种生活用品的包装废料，有建筑物、家具、用具损坏形成的无机物等。

生活垃圾的物流特点，是垃圾本身对环境卫生有很大影响，有污染，有异味，有细菌传播和蚊蝇滋生，而且数量大，是经常性排放物。需用防止散漏的半密封物流器具储存和运输，而且需要专用，因而物流费用较高。图13-3是垃圾专用收集及运输车，该车不仅解决生活垃圾的装卸，而且可密封运输。

图13-3　垃圾运输车

2）产业垃圾

这是各种产业排放的最终废弃物，大多是尽可能再生之后

不可再利用的最终废弃物。

产业垃圾的产出源在各产业的各行业之中，每个行业都有其特点。例如，第一产业即农业最终废弃物为农田杂屑，大多不再收集处置，也很少有物流问题；第二产业最终废弃物则因行业不同而异，其物流方式也各异，基本是完成向外界的排放和送往堆场、填埋场地的物流，如土、石、碎混凝土、砖屑等，由于量大体重，大多就近填埋；第三产业的垃圾和生活垃圾类似，其处理方式也类似。

3）环境垃圾

环境垃圾大多没有一定的产出源，而是来自总体环境，如街道土、环境落尘、落叶、环境丢弃物等。也有些环境垃圾是其他产业或生活造成的，如进入环境的废水、废渣排放物等。

环境垃圾产生面积大，来源广泛，对环境危害大，其物流特点是收集及掩埋，要完成收集的物流并完成送往处理掩埋场的物流，另外环境垃圾的特殊流通加工也是环境垃圾物流的特点，如废水处理场。这种流通加工的目的和一般流通加工有本质区别，不是为了增值而是为了减少危害。

2. 几种废弃物的物流方式

（1）垃圾掩埋

这是在一定规划地区，利用原来的废弃坑塘或用人工挖出深坑，将垃圾运来后倒入，到一定处理量之后，表面用好土掩埋，掩埋之后的垃圾场，可还田于农，进行农业种植，也可用于绿化或做建筑、市政用地。这种方式适于对地下水无毒害的固体垃圾，优点是不形成堆场、不占地、不露天污染环境、可防止异味对空气污染；缺点是挖坑、填埋要有一定投资，在未填埋期间仍有污染。

（2）垃圾焚烧

这是在一定地区用高温焚毁垃圾以减少垃圾和防止污染及病菌、虫害滋生。这种方式只适用于有机物含量高的垃圾或经过分类处理使有机物集中的垃圾。有机物在垃圾中容易发生生物化学作用，是造成空气、水及环境污染的主要原因，而其本身又有可燃性，因此采取焚烧的办法是很有效的。

（3）垃圾堆放

在远离城市地区的沟、坑、塘、谷中，选择合适位置直接倒垃圾，也是一种物流方式。这种方式物流距离较远，但垃圾无须再处理，通过自然净化作用使垃圾逐渐沉降风化，是一种低成本的处置方式。

（4）净化处理加工

这是对垃圾（废水、废物）进行净化处理，以减少对环境危害的废弃物物流方式。废水的净化处理是其中有代表性的流通加工方式。在废弃物物流领域，这种流通加工具有特殊性，它不是实现流通和衔接产需这两种典型的流通加工，而是为了实现废弃物无害排放的流通加工。其主要特点是有良好的社会效益，而微观经济效益却很差。一般流通加工有较大的产出投入比，而净化处理的流通加工的产出投入比很低，这种物流活动主要是社会活动而不是经济活动。

再生资源物流与废弃物物流是绿色物流的重要组成部分和研究对象。尽管我国已采取各种措施以加速废弃物处理，控制废弃物物流，但从总体来看，这方面的工作还非常落后，对经济和社会发展仍存在着严重的消极影响。我国应加强对再生资源回收物流及废弃物物流的研究、相关技术引进及对相关领域的基础设施投资。同时，对应由产业部门自行处理的工业废物，应加强监管；对消费产生的生活废弃物，在逐步提高民众的环保意识的同时，政府应增加相应财政支出，以提高相关软硬件设施的现代化水平。对于企业而言，不能仅考虑自身的物流效率化，也要加强环境保护、推进可持续发展战略的实施，大力发展绿色产业，为绿色物流在我国的全面开展创造条件。

13.6　案例分析

13.6.1　红蜻蜓——速度就是差异化

这是个瞬息万变的时代：顾客的需求在不断变化，他们追求个性化，偏好生命周期短、更新快的产品。"永不满足"的顾客不但有更多的要求，也更容易改变自己的想法，生活的进步、选择机会的增多使他们越来越不满足。要应对这种改变，企业的唯一策略是迅速反应。

红蜻蜓所处的制鞋行业属日常消费品行业，整个行业处于成熟期，行业集中度低，竞争激烈，顾客需求变化很快。对我们而言，速度就是满意度，速度就是差异化。围绕订单落实这条主线，红蜻蜓通过不断提升供应链上各个环节的速度，实现了整条供应链的快速反应。

1. 速度就是满意度，速度就是差异化

与国内同行业企业相比，红蜻蜓对速度给予了更多的关注："速度就是满意度，速度就是差异化"。为什么说速度就是满意度呢？我们平常要求产品要保时、保质、保量到达客户端，其中的保时、保量讲的都是速度。与客户签的订单，如果不能如期完成，客户肯定不满意，这种不满意是由速度引起的，所以说没有速度就没有满意度。为什么说速度就是差异化呢？拿鞋款设计来讲，如果我们直接去欧洲的展销会吸收流行时尚元素，我们可以说它是创新；但如果我们是从中国市场上学过来的，我们就只能说是模仿了。创新的东西是有差异化的，而创新需要快速，所以，速度也是差异化。

2. 整合外部资源，打造快速流畅的供应链

当今市场经济下，企业不断扩张，竞争不断升级，供应迅速超过市场容量，出现大量存货积压、贬值等"规模不经济"现象。如何防止"规模不经济"现象发生，做到既规模，又快速呢？红蜻蜓以客户订单快速满足为主线，在强化自身核心能力建设基础上，注重外部资源整合，成功实施外包战略，打造快速供应链，实现规模的不断增长：在研发方面，采取自主和外包相结合的研发模式。为充分发挥自主研发"主动、信息反馈快、创新度高"的优点，红蜻蜓在自主研发建设上投入大量精力。

在制造方面，采取自主和外包相结合的生产模式，蜻蜓通过整合供应商资源，与供应商建立长期战略合作关系，一方面保持了他们的长期业绩，另一方面也为我们产品供应的"保时、保质、保量"提供了可靠保障。

在销售渠道上，采取自营和代理相结合的销售模式。营店对消费者反应速度快，便于快速处理库存；同样，自营店需要的投入大，会降低扩张速度，进而丧失好的市场机会，导致"机会成本"的上升。为了在发挥自营店"辐射带动、控制渠道、示范教育、培养团队"作用的同时，降低投入成本，红蜻蜓早在 1998 年就开创了"绿草计划"，实施自营和代理相结合的连锁专卖工程，至今已发展到 4 000 余家专卖终端，其中自营店 600 多家。

如上所述，红蜻蜓在研发、制造、销售三方面实施了自主创新结合外包的战略，通过非核心业务剥离，把有限的资源和精力集中于企业核心能力的建设上，速度得到大大提升；同时，外包简化了管理事务，使企业从繁杂的日常事务中解脱出来，专注于核心能力的培养。

3. 信息化建设，保障信息流快速通畅

缩短供应链业务环节、节拍订货、物流优化、供应链信息化支持，是加快供应链反应速度的四个关键策略。四个关键策略是一个整体，缺一不可的，其中，信息化在每个阶段都发挥着重要作用，研发、制造、销售渠道各环节业务的不断发展离不开信息化的支撑。

2005 年红蜻蜓与 AMT 牵手，开展了 IT 规划咨询项目。该项目不仅为红蜻蜓提供了未来 3 年的 IT 建设蓝图，更在分析红蜻蜓"金字塔"业务模式、流程诊断的基础上，提出红蜻蜓"产品季运作主线"的管理思想。

在 IT 规划项目后，红蜻蜓迎来了 2006 年的 IT 建设年。2006 年上半年完成 BI 系统一期建设，下半年启动集团协同办公知识管理和季节主线计划管理咨询项目，用近一年的时间对"产品季运作主线"管理思想进行了系统梳理并落实到软件平台中，形成红蜻蜓统一办公平台。通过此次咨询，红蜻蜓理清了一年四季，一季六个阶段、八十多个工作任务的整体工作思路。通过关注每项任务的开始/结束时间、前驱/后续活动、责任部门、管理表单/模板等要素，红蜻蜓系统地回答了每个时间点各个部门如何协作、组织多个并发产品季的工作的问题，最终提升了整个供应链的协调运营能力。

与此同时，红蜻蜓加快了用信息化收集管理终端数据的进程。2006 年 10 月以来，红蜻蜓开始了用新的分销系统替换已有分销系统、建设终端网络 POS 的一系列 DRP 深入实施历程。通过新的 DRP 平台，红蜻蜓在整个集团内实现了统一的数据采集口径，形成以快速响应、最小变异、最低库存、整合资源的红蜻蜓集团信息体制。接下来，红蜻蜓将全面开展 ERP 实施准备工作，通过 ERP 实现业务财务一体化，彻底解决信息流通问题，为新一轮的飞跃打好基础。

速度就是差异化，差异化给我们带来巨大利益，我们相信，通过外部资源整合和信息化建设的不断深入，红蜻蜓研发、供应、营销各大系统能力将进一步提升，必将形成红蜻蜓新的核心竞争力。

案例思考

1. 红蜻蜓是怎样实现差异化的？
2. 结合案例谈谈未来企业发展与物流的关系。

13.6.2 地下物流系统

日本是一个相对人口集中、国土狭小的国家，地下物流技术得到政府和企业的广泛关注。2000 年，日本就将地下物流技术列为未来 10 年政府重点研发的高薪技术领域之一，主要致力于研究开通物流专用隧道且实现网络化，建立集散中心，形成地下物流系统。日本建设厅的公共设施研究院对东京的地下物流系统进行长达 20 多年的研究，研究内容涉及了东京地区地下物流系统的交通模拟、经济环境因素的作用分析以及地下物流系统的构建方式等诸多方面。拟建系统地下通道总长度达到 201 千米，设有 106 个仓储设施，通过这些设施可以将地下物流系统与地上物流系统连接起来。系统建成之后能承担整个东京地区将近 36% 的货运，地面车辆运行速度提高 30% 左右；运输网络分析结果显示每天将会有超过 32 万辆的车辆使用该系统，成

本效益分析预计系统每年的总收益能达到 12 亿日元，其中包括降低车辆运行成本、行驶时间和事故发生率以及减少二氧化碳和氮化物的排放量带来的综合效益。该系统规模大、涵盖范围广，它的优点在于综合运用各学科知识，并与地理信息系统（GIS）紧密结合，前期研究深入、透彻，保证了地下物流系统的高效率、高质量、高经济效益以及高社会效益。

建立专业的地下物流系统是荷兰发展城市地下物流系统的显著特点。在荷兰首都阿姆斯特丹有着世界上最大的花卉供应市场，往返在机场和花卉市场的货物供应与配送完全依靠公路，对于一些时间性很高的货物（如空运货物、鲜花、水果等），拥挤的公路交通将是巨大的威胁，供应和配送的滞期会严重影响货物的质量（鲜花耽搁 1 天贬值 15%）。因此，人们计划在机场和花卉市场之间建立一个专业的地下物流系统，整个花卉的运输过程全部在地下进行，只在目的地才露出地面，以期达到快捷、安全的运输效果。它的特点是服务对象明确，针对性强，因此要求系统设计、构建和运行等过程必须全部按照货物质量要求的标准来规划；其局限性在于建造费用高，工程量大。

案例思考

1. 企业绿色物流包括哪些内容？
2. 比较荷兰和日本绿色物流的异同点。

附录 A 本书词汇表

为方便教师教学和学生自学，我们将本书涉及的物流术语汇总如下，按拼音顺序排序，总计 52 条，皆参照 2007 年 5 月开始施行的新修订的《物流术语》国家标准 GB/T18354—2006 编写。

1. ABC 分类管理法（ABC Classification）

将库存物品按设定的分类标准和要求分为特别重要的库存（A 类）、一般重要的库存（B 类）和不重要的库存（C 类）三个等级，然后针对不同等级分别进行控制的管理方法。

2. 搬运（Handling）

在同一场所内，对物品进行水平移动为主的物流作业。

3. 包装（Packaging；Package）

为在流通过程中保护产品、方便储运、促进销售，按一定技术方法而采用的容器、材料及辅助物等的总体名称。也指为了达到上述目的而采用容器、材料和辅助物的过程中施加一定技术方法等的操作活动。

4. 弛入式货架（Drive-in Rack）

可供叉车（或带货叉的无人搬运车）驶入并存取单元托盘货物的货架。

5. 储存（Storing）

保护、管理、储藏物品。

6. 地理信息系统（Geographical Information System，GIS）

由计算机软硬件环境、地理空间数据、系统维护和使用人员四部分组成的空间信息系统。可对整个或部分地球表层（包括大气层）空间中有关地理分布数据进行采集、储存、管理、运算、分析显示和描述。

7. 第三方物流（Third Party Logistics，TPL）

独立于供需双方，为客户提供专项或全面的物流系统设计或系统运营的物流服务模式。

8. 电子订货系统（Electronic Order System，EOS）

不同组织间利用通信网络和终端设备进行订货作业与订货信息交换的系统。

9. 电子数据交换（Electronic Data Interchange，EDI）

采用标准化的格式，利用计算机网络进行业务数据的传输和处理。

10. 对供应链（Supply Chain）

生产及流通过程中，涉及将产品或服务提供给最终用户所形成的网链结构。

11. 废弃物物流（Waste Material Logistics）

将经济活动或人民生活中失去原有使用价值的物品，根据实际需要进行收集、分类、加工、包装、搬运、储存等，并分送到专门处理场所的物流活动。

12. 供应链（Supply Chain）

生产及流通过程中，涉及将产品或服务提供给最终用户活动的上游与下游企业，所形成的网链结构。

13. 供应链管理（Supply Chain Management，SCM）

利用计算机网络技术全面规划供应链中的商流、物流、信息流、资金流等并进行计划、组织、协调与控制。

14. 供应物流（Supply Logistics）

提供原材料、零部件或其他物料时所发生的物流活动。

15. 共同配送（Joint Distribution）

由多个企业联合实施的配送活动。

16. 国际物流（International Logistics）

跨越不同国家（地区）之间的物流活动。

17. 货架（Rack）

用立柱、隔板或横梁等组成的立体储存货物的设施。

18. 集货（Goods Consolidation）

将分散的或小批量的物品集中起来，以便进行运输、配送作业。

19. 集装袋（Flexible Freight Bags）

以柔性材料制成可折叠的袋式集装单元器具。

20. 集装箱（Container）

具有足够强度，可长期反复使用的适于多种运输工具而且容积在 1 立方米以上（含 1 立方米）的集装单元器具。

21. 拣选拣选（Order Picking）

按订单或出库单的要求，从储存场所拣出物品的作业。

22. 经济订货批量（Economic Order Quantity，EOQ）

通过平衡采购进货成本和保管仓储成本核算，以实现总库存成本最低的最佳订货批量。

23. 库存（Stock）

储存作为今后按预定的目的使用而处于闲置或非生产状态的物品。广义的库存还包括处于制造加工状态和运输状态的物品。

24. 理货（Tally）

在货物储存、装卸过程中，对货物的分票、计数、清理残损、签证和交接的作业。

25. 流通加工（Distribution Processing）

物品在从生产地到使用地的过程中，根据需要施加包装、分割、计量、分拣、刷标志、拴标签、组装等作业的总称。

26. 逆向物流（Reverse Logistics）

物品从供应链下游向上游的运动所引发的物流活动。

27. 配送（Distribution）

在经济合理区域范围内，根据客户要求，对物品进行拣选、加工、包装、分割、组配等作业，并按时送达指定地点的物流活动。

28. 配送需求计划（Distribution Requirements Planning，DRP）

一种既保证有效地满足市场需求，又使得物流资源配置费用最省的计划方法，是物料需求计划（MRP）原理与方法在物品配送中的运用。

29. 配送中心（Distribution Center）

从事配送业务具有完善的信息网络的场所或组织。应基本符合下列要求：（1）主要为特定客户或末端客户提供服务；（2）配送功能健全；（3）辐射范围小；（4）提供高频率、小批量、多批次配送服务。

30. 企业物流（Internal Logistics）

企业内部的品实体流动。

31. 全球定位系统（Global Positioning System，GPS）

由美国建设和控制的一组卫星所组成的、24 小时提供高精度的全球范围的定位和导航信息的系统。

32. 射频识别（Radio Frequency Identification，RFID）

通过射频信号识别目标对象并获取相关数据信息的一种非接触式的自动识别技术。

33. 生产物流（Production Logistics）

企业生产中发生的涉及原材料、在制品、半成品、产成品等所进行的物流活动。

34. 条形码（Bar Code）

由一组规则排列的条、空及其对应字符组成的，用以表示一定信息的标识。

35. 托盘（Pallet）

在运输、搬运和存储过程中，将物品规整为货物单元时，作为承载面并包括承载面上辅助结构件的装置。

36. 托盘（Pallets）

在运输、搬运和存储过程中，将物品规整为货物单元时，作为承载面并包括承载面上辅助结构件的装置。

37. 物料需求计划（Material Resources Planning，MRP）

制造企业内的物料计划管理模式。根据产品结构各层次物品的从属和数量关系，以每个物品为计划对象，以完工日期为时间基准倒排计划，按提前期长短区别各个物品下达计划时间的先后顺序的管理方法。

38. 物流（Logistics）

物品从供应地向接收地的实体流动过程。根据实际需要，将运输、储存、装卸、搬运、包装、流通加工、配送、信息处理等基本功能实施有机结合。

39. 物流成本（Logistics Cost）

物流活动中所消耗的物化劳动和活劳动的货币表现。

40. 物流技术（Logistics Technology）

物流活动中所采用的自然科学与社会科学方面的理论、方法，以及设施、设备、装置与工艺的总称。

41. 物流网络（Logistics Network）

物流过程中相互联系的组织、设施与信息的集合。

42. 物流系统仿真（Logistics System Simulation）

借助计算机仿真技术，对物流系统建模并进行实验，得到各种动态活动及其过程的瞬间仿效记录，进而研究物流系统性能的方法。

43. 物流园区（Distribution Park）

为了实现物流设施集约化和物流运作共同化，或者出于城市物流设施空间布局合理化的目的而在城市周边等各区域，集中建设的物流设施群与众多物流业者在地域上的物理集结地。

44. 物流中心（Logistics Center）

从事物流活动的具有完善的信息网络的场所或组织。应基本符合下列要求：（1）主要面向社会提供公共物流服务；（2）物流功能健全；（3）集聚辐射范围大；（4）存储、吞吐能力强；（5）对下游配送中心客户提供物流服务。

45. 物流资源计划（Logistics Resource Planning，LRP）

以物流为基本手段，打破生产与流通界限，集成制造资源计划、能力资源计划、配送资源计划以及功能计划而形成的物资资源优化配置方法。

46. 销售时点系统（Point of Sale，POS）

利用光学式读取设备，按照商品的最小类别读取实时销售信息以及采购、配送等阶段发生的各种信息，并通过通信网络将其传送给计算机系统进行加工、处理和传送的系统。

47. 销售物流（Distribution Logistics）

企业在出售商品过程中所发生的物流活动。

48. 移动式货架（Mobile Rack）

可在轨道上移动的货架。

49. 运输（Transportation）

用专用运输设备将物品从一地点向另一地点运送。其中包括集货、分配、搬运、中转、装入、卸下、分散等一系列操作。

50. 重力式货架（Live Pallet Rack）

一种密集存储单元货物的货架系统。在货架每层的通道上，都安装有一定坡度的、带有轨道的导轨，入库的单元货物在重力的作用下，由入库端流向出库端。

51. 装卸（Loading And Unloading）

物品在指定地点以人力或机械装入或卸出运输工具的作业过程。

52. 自动引导车（Automatic Guided Vehicle，AGV）

具有自动导引装置，能够沿设定的路径行驶，在车体上具有编程和停车选择装置、安全保护装置以及各种物品移载功能的搬运车辆。

附录 B 课程教学大纲

一、基本信息

课程代码：1241213
学　　分：3
总 学 时：48（其中实验 9 学时）
适用对象：本科物流管理、物流工程、电子商务专业
先修课程：高等数学/微积分

二、课程性质、教学目的和要求

（一）课程性质和目的

本课程是物流管理专业的专业基础课。

物流学是在 20 世纪 50 年代新发展起来的一门实践性很强的综合性交叉学科。物流学研究的对象是经济活动中"物"的流动规律。随着现代信息技术和电子商务技术的发展，与之相伴而生的现代物流正在成为新的迫切的社会需求，现代物流管理揭示了物品运输、储存、包装、装卸搬运、配送、流通加工和信息处理等物流活动的内在联系，使物流活动从经济活动中凸现出来。物流学概论作为物流管理本科专业的专业基础课，是学习其他专业课的坚实基础。

通过现代物流的学习，要掌握物流的基本概念与功能、物流运输与装卸搬运、仓储管理与库存控制、物流配送中心与配送管理、物流信息处理、供应链管理、第三方物流与第四方物流、物流系统、物流网络、国际物流、物流成本、物流技术与装备、商品检验养护与包装等物流基础知识。

通过课堂教学与讨论，让学生掌握现代物流管理在现代企业和社会、WTO 和经济全球化进程中的重要意义和地位，培养综合型、复合型管理人才，拓宽学生的知识面，都具有十分重要的现实意义。

（二）教学方法与手段

以课堂讲授和案例教学为主，同时开展适量的课堂实验（供应链建模及其仿真实验、啤酒分销游戏）和实践活动（物流系统工程的数学模型建立与求解、第三方物流企业的网上调查和常见物流技术的应用等）。

（三）教学安排

课程学分：3 课时
学时数：48 学时
学时安排：课堂教学（39 学时）、上机实践（9 学时）

三、教学内容及学时分配

第 1 章　概论（3 学时，其中实验 0 学时）

教学要求：掌握现代物流的含义，分类，及其基本功能，现代物流的特点，流通的内容；熟悉现代物流的产生过程，现代物流的作用；了解现代物流的增值功能，物流产业构成及其特征，现代物流学与相关学科。

重点内容：现代物流的含义，分类，及其基本功能，现代物流的特点，现代物流的增值功能。

难点内容：现代物流的增值功能，物流产业构成及其特征。

第 2 章　物流的基本功能（3 学时，其中实验 0 学时）

教学要求：掌握运输的概念、作用，五大运输体系及其特点，不合理运输的主要表现形式，装卸及搬运的合理化方法，搬运活性理论；熟悉运输系统的合理化，装卸的功能及种类，流通加工的类型，流通加工的合理化；了解运输系统及技术，装卸的种类和方法，搬运的形态，物流信息的特征和作用。

重点内容：运输的概念、作用，五大运输体系及其特点，不合理运输的主要表现形式，装卸及搬运的合理化方法，搬运活性理论。

难点内容：五大运输体系及其特点，不合理运输的主要表现形式。

第 3 章　仓储管理与库存控制（3 学时，其中实验 0 学时）

教学要求：掌握库存物资的 ABC 分类管理技术，确定型存储控制型模型，随机型存储控制型模型，非独立需求库存控制系统模型；熟悉库存的定义，库存的功能；了解库存系统。

重点内容：库存物资的 ABC 分类管理技术，确定型存储控制型模型，随机型存储控制型模型，非独立需求库存控制系统模型。

难点内容：库存物资的 ABC 分类管理技术，确定型存储控制型模型，随机型存储控制型模型，非独立需求库存控制系统模型。

第 4 章　配送与配送中心（3 学时，其中实验 0 学时）

教学要求：掌握配送的基本活动，配送模式，现代配送模式的选择，配送中心的基本功能；熟悉配送的含义，配送的种类，配送中心的概念，配送中心的作用，现代配送中心种类；了解配送的特点，配送中心的产生基础，配送中心与传统仓库的区别。

重点内容：配送的基本活动，配送模式，现代配送模式的选择，配送中心的基本功能。

难点内容：配送模式，现代配送模式的选择。

第 5 章　物流成本（3 学时，其中实验 0 学时）

教学要求：掌握物流成本的概念和特征，物流成本的计算对象，物流成本的构成，物流成本的计算方法；熟悉影响物流成本的主要因素；了解物流成本几个基本理论。

重点内容：物流成本的概念和特征，物流成本的计算对象，物流成本的构成，物流成本的计算方法。

难点内容：物流成本的计算对象，物流成本的构成，物流成本的计算方法。

第 6 章　物流系统（3 学时，其中实验 0 学时）

教学要求：掌握物流网络的概念和组成，物流节点的功能和类型，物流节点的一元网点布局方法；熟悉物流运输线路的选择方法；了解多个相关物流节点位置的选择方法，运输路线的类型。

重点内容：物流网络的概念，物流节点的功能和类型，物流节点的一元网点布局方法，物流运输线路的选择方法。

难点内容：物流节点的一元网点布局方法，物流运输线路的选择方法。

第 7 章　物流系统预测与仿真方法（6 学时，其中实验 3 学时）

教学要求：掌握物流系统的概念及一般模式，物流系统的构成及特点，物流系统的预测方法；理解系统的概念及系统的一般模式；了解物流系统的仿真方法。

重点内容：物流系统的概念及一般模式，物流系统的预测方法。

难点内容：物流系统的预测方法。

第 8 章　供应链管理（6 学时，其中实验 3 学时）

教学要求：掌握供应链的概念和结构模型，供应链的类型，供应链管理的概念，供应链管理的"牛鞭效应"；熟悉供应链管理的作用，供应链管理的经济学解释，供应链管理的特点，供应链管理的原则、内容；了解供应链的特征，供应链管理的研究方法。

重点内容：供应链的概念和结构模型，供应链的类型，供应链管理的概念，供应链管理的"牛鞭效应"。

难点内容：供应链的概念和结构模型，供应链的类型，供应链管理的"牛鞭效应"。

第 9 章　国际物流（3 学时，其中实验 0 学时）

教学要求：掌握国际物流的概念，国际物流的分类，国际物流的特点，国际物流系统的组成，国际物流系统的模式；熟悉国际物流的发展阶段，国际贸易与国际物流；了解国际物流的发展趋势，物流的全球化。

重点内容：国际物流的概念，国际物流的分类，国际物流的特点，国际物流系统的组成，国际物流系统的模式。

难点内容：国际物流系统的组成，国际物流系统的模式，国际贸易与国际物流。

第 10 章　现代物流运作方式（6 学时，其中实验 3 学时）

教学要求：掌握第三方物流的概念和特征，第三方物流的价值；熟悉第三方物流企业的类型细分，企业物流的概念、模式和内容；了解第三方物流的来源，第四方物流，逆向物流。

重点内容：第三方物流的概念，第三方物流的价值。

难点内容：第三方物流企业的类型细分，第三方物流的来源，第四方物流。

第 11 章　物流信息技术（3 学时，其中实验 0 学时）

教学要求：掌握条形码技术，射频识别技术，EDI 技术，GPS 技术，GIS 技术，DPS 技术；熟悉 EOS 技术，扫描技术，POS 技术，DRP 技术；了解数据库技术，物流信息系统，LRP 技术。

重点内容：条形码技术，射频识别技术，EDI 技术，GPS 技术，GIS 技术，DPS 技术。

难点内容：形码技术，射频识别技术，EDI 技术，DPS 技术，EOS 技术，LRP 技术。

第 12 章　物流设施与设备（3 学时，其中实验 0 学时）

教学要求：理解铁路，公路，水路，航空，管道运输的特点；了解仓储设备，起重机械，物料搬运设备，分拣设备，集装及运输设备，条码及自动化设备。

重点内容：铁路，公路，水路，航空，管道运输的特点。

难点内容：仓储设备，起重机械，物料搬运设备，分拣设备，集装及运输设备，条码及自动化设备。

第 13 章　未来物流运作特征展望（3 学时，其中实验 0 学时）

教学要求：了解未来物流运作的特征，包括物流运作的网络化、标准化、协作化、服务化和绿色化。

重点内容：物流运作的网络化。

难点内容：物流运作的协作化。

四、课内实验内容、要求及学时

（一）实验目的、方式及环境

1．学习使用 WinQSB 软件解决物流工程中预测问题、库存控制问题的求解方法。

2．学习使用条形码打印软件、POS 软件、MRP 软件。

3．学习使用 WinQSB 软件解决物流工程中设施选址问题、运输问题模型、指派问题模型的求解方法。

4．从互联网上了解国内外第三方物流企业的现状。

5．分组并角色扮演供应链中各节点企业的运作。

实验环境：WinQSB 软件、开通因特网。

（二）实验内容与学时分配

序号	实验项目名称	实验类型	实验内容介绍	应达到的基本要求	学时分配
1	物流系统工程的数学模型	综合	学习使用 WinQSB 软件解决物流工程问题（第 3、6、7 章结束）	掌握物流系统工程中预测问题、库存控制问题的求解方法，设施选址问题、运输问题模型、车辆调度模型的求解方法；了解 WinQSB 实验软件环境的构成及基本使用方法	3
2	啤酒分销游戏	综合	分组并角色扮演供应链中各节点企业的运作（第 8 章结束）	掌握供应链的结构模型、供应链的"牛鞭效应"；了解供应链的特征	3
3	第三方物流企业的网上调查	综合	从互联网上了解国内外第三方物流企业的现状（第 10 章结束）	了解国内外第三方物流企业和传统的物流企业是如何在网上开展物流、配送业务的	3

五、考核方式及成绩评定

考核方式：闭卷

成绩评定标准：平时成绩占总成绩的 20%、课内实验成绩占总成绩的 10%、期末考试成绩占总成绩的 70%。

附录 C　课内实验教学大纲

一、基本信息

课程代码：1241213

学　分：3

总学时：48（其中实验 9 学时）

适用对象：本科物流管理、物流工程、电子商务专业

先修课程：高等数学/微积分

二、本课程实验教学目的和任务

（一）课程性质和目的

开展适量的课堂实验（供应链建模及其仿真实验、啤酒分销游戏）和实践活动（物流系统工程的数学模型建立与求解、物流企业的网上调查和现代物流配送中心观摩等）。

（二）教学任务

使学生能够熟练掌握专业文献资料的检索方法，熟练使用 WinQSB 软件解决物流工程问题，并能熟悉企业物流和物流中心的设施设备。

三、教学方法与手段

实验一由教师提示实验原理、方法、步骤等内容，在教师的指导下，学生独立完成实验。实验二通过老师实验课程演示让学生认识和了解物流中心常用设备。实验三的内容由教师和学生共同设计完成。

四、教学内容及要求

实验一：啤酒分销游戏（3 课时）

（一）实验目的

1. 认识供应链中需求异常放大现象（即"牛鞭效应"）的形成过程。
2. 培养学生团队工作能力。

（二）实验类型和内容

1. 利用 MIT 的在线啤酒游戏模拟过程，说明牛鞭效应产生的原因及减少牛鞭效应的方法。
2. 了解"啤酒游戏"的游戏规则。
3. 了解"啤酒游戏"的算法及模拟过程。

（三）实验要求

1. 分析"牛鞭效应"的产生原因。
2. 找出减少"牛鞭效应"的方法。

（四）实验平台

可使用以下三个平台进行实验：

1. 开通因特网，访问麻省理工大学啤酒游戏网页 http：//beergame.mit.edu/。

2. 使用 A. T. Kearney Inventory Distribution Simulator Version 1.0b 软件。

3. 使用 ProcessWizard 软件。

实验二：第三方物流企业的网上调查（3 课时）

（一）实验目的

1. 从互联网上了解国内外第三方物流企业的现状。

2. 了解国内外第三方物流企业和传统的物流企业是如何在网上开展物流、配送业务的。

（二）实验类型和内容

1. 上网考察以下第三方物流企业和传统的物流企业的网站

（1）UPS（联合包裹）中国主页　世界财富 500 强之一。

（2）上海惠尔物流有限公司。

（3）和黄天百物流有限公司。

（4）Maersk Logistics 马士基物流。

（5）东方海外。

（6）威高物流集团。

（7）上海快急物流科技有限公司。

（8）中国外运广东公司。

（9）中国外运股份有限公司。

（10）大通国际运输有限公司。

（11）中海物流网。

（12）56net 物流网。

（13）美国联邦快递。

2. 找出以上各物流公司经营的业务，它们各自有什么特色。

3. 比较美国联邦快递和 UPS（联合包裹）这两家美国最大的快递公司网站的服务项目，你认为哪家提供的服务更好。

4. 假如你所经营的公司有一批钢材将从上海运往大连，你认为哪家公司更适合完成这次配送任务，并说出理由。

5. 假如你公司有一批内存条共 10 万条，从上海运到日本（要求快速），你会采用哪家公司进行托运，为什么？

6. 中海物流网和 56net 物流网都是物流网站，请指出两者有何本质上的不同之处。

本实验属于综合性实验。

三、实验要求

1. 浏览 UPS（联合包裹）等 10 个物流企业的网站，写出各企业的概况，公司所从事的主营业务，网站可以实现的功能等网站的信息，指出各物流公司的独特之处，并回答其中哪个公司属第三方物流企业，哪个属传统物流企业，为什么？

2．回答实验内容中的问题。

（四）实验平台

因特网、学校数字资源图书馆

实验三：物流系统工程的数学模型（3 课时）

（一）实验目的

1．了解 WinQSB 实验软件环境的构成和基本使用方法。

2．掌握物流系统工程中预测问题、库存控制问题、设施选址问题、运输问题模型、指派问题模型、最短路问题模型及其求解方法。

3．培养学生独立完成对具体问题建立和求解数学模型的能力。

（二）实验类型和内容

1．学习各种物流系统工程的模型及其适用范围。

2．掌握物流系统工程中模型及其求解方法。

3．实验软件系统的了解和使用。

4．对几个具体的物流工程问题建立数学模型，规划求解并进行验证。

（三）实验要求

1．能独立完成物流系统工程中常见问题的数学建模，并能使用 WinQSB 软件求解。

2．能对实验中的数据进行灵敏度和参数分析。

（四）实验平台

WinQSB 1.0 软件

（五）教学时数分配表

序号	实验名称	实验类型	实验要求	实验时数
1	物流系统工程的数学模型	综合	必做	3
2	啤酒分销游戏	综合	必做	3
3	第三方物流企业的网上调查	综合	必做	3
合　　计				9

参考书目

[1] 陈秋双. 现代物流系统概论 [M]. 北京：中国水利水电出版社. 2005

[2] 陈小龙，朱文贵，张显东. ABC 成本法在企业物流成本核算和管理中的应用 [J]. 物流技术，2002（9）

[3] 陈雅萍. 第三方物流 [M]. 北京：清华大学出版社. 2008

[4] 陈云天，杨国荣. 物流案例与实训 [M]. 北京：北京理工大学出版社. 2007

[5] 陈子侠，蒋长兵. 现代物流习题与解答. 北京：机械工业出版社 [M]. 2004

[6] 陈子侠，蒋长兵. 现代物流学理论与实践——辅导与练习 [M]. 杭州：浙江大学出版社. 2004

[7] 陈子侠. 现代物流学理论与实践 [M]. 杭州：浙江大学出版社. 2003

[8] 崔介何. 电子商务与物流 [M]. 北京：中国物资出版社. 2002

[9] 崔介何. 物流学概论 [M]. 北京：北京大学出版社. 2010

[10] 丁立言. 物流企业管理 [M]. 北京：清华大学出版社. 2000

[11] 丁敏. 联合速递公司的技术. 集装箱化 [J]. 2001（6）

[12] 高立法. 企业经营分析与效绩评价 [M]. 北京：经济管理出版社. 2000

[13] 郭会成. 物流经理业务手册 [M]. 北京：机械工业出版社. 2002

[14] 何明珂. 物流系统论 [M]. 北京：中国审计出版社. 2001

[15] 洪水坤，陈梅君. 物流运作案例 [M]. 北京：中国物资出版社. 2002

[16] 蒋长兵. 现代物流管理案例集 [M]. 北京：中国物资出版社. 2005

[17] 琚春华，蒋长兵. 物流信息系统 [M]. 北京：中国物资出版社. 2010

[18] 肯尼斯·莱桑斯，布莱恩·法林顿，鞠磊，吴立生. 采购与供应链管理（第 7 版）[M]. 北京：电子工业出版社. 2007（06）

[19] 李松庆. 物流学 [M]. 北京：清华大学出版社. 2008

[20] 林国龙. 物流管理与供应链过程一体化 [M]. 北京：机械工业出版社. 1999

[21] 刘昌祺. 物流配送中心设计 [M]. 北京：机械工业出版社. 2001

[22] 刘常宝. 现代物流概论 [M]. 北京：科学出版社. 2009

[23] 刘志学. 现代物流手册 [M]. 北京：中国物资出版社. 2001

[24] 骆温平. 第三方物流：理论，操作与案例 [M]. 上海：上海社会科院出版社. 2000

[25] 马士华，林勇，陈志祥. 供应链管理 [M]. 北京：机械工业出版社. 2000

[26] 牛鱼龙. 中国物资百强案例 [M]. 重庆：重庆大学出版社. 2007（04）

[27] 彭杨，吴承建，彭建良. 现代物流学概论 [M]. 北京：中国物资出版社. 2009（01）

[28] 彭杨. 现代物流学案例与习题 [M]. 北京：中国物资出版社. 2010

[29] 齐二石. 物流工程 [M]. 天津：天津大学出版社. 2001

[30] 秦明森. 实用物流技术 [M]. 北京：中国物资出版社. 2001

[31] 汝宜红. 配送中心规划 [M]. 北京：北方交通大学出版社. 2002

[32] 宋华，胡佐治. 现代物流与供应链管理 [M]. 北京：经济管理出版社. 2000

[33] 宋远方. 供应链管理与信息技术 [M]. 北京：经济科学出版社. 2000

[34] 孙宏岭. 现代物流活动绩效分析 [M]. 北京：中国物资出版社. 2001

[35] 王长琼. 逆向物流 [M]. 北京：中国物资出版社. 2007

[36] 王成. 现代物流实务与案例 [M]. 北京：企业管理出版社. 2001

［37］王槐林．物流资源计划（LRP）的原理及其应用．武汉：华中理工大学学报［J］．1999（6）

［38］王迎军．供应链管理实用建模方法及数据挖掘［M］．北京：清华大学出版社．2001

［39］王宇，文华．物流学概论［M］．成都：西南财经大学出版社．2009

［40］王自勤．现代物流管理［M］．北京：电子工业出版社．2002

［41］魏修建．电子商务物流［M］．北京：人民邮电出版社．2001

［42］文岗．电子商务时期的第三方物流［M］．北京：中国商业出版社．2000

［43］吴健．电子商务物流管理［M］．北京：清华大学出版社．2009（05）

［44］吴理门．物流案例与分析［M］．天津：天津大学出版社．2011

［45］夏春玉．物流与供应链管理［M］．大连：东北财经大学出版社．2010

［46］云虹．物流成本管理与控制［M］．北京：北京大学出版社．2010

［47］曾剑．物流基础［M］．北京：机械工业出版社．2003

［48］张瑞敏．海尔为什么要搞物流．中国物资流通［J］．2001（18）

［49］张瑞敏．物流给了我们什么［J］．企业管理．2001（7）

［50］张旭凤．物流运输管理［M］．北京：北京大学出版社．2010

［51］赵林度．供应链与物流管理理论与实务［M］．北京：机械工业出版社．2003

［52］真虹，张捷姝．物流企业仓储管理与实务［M］．北京：中国物资出版社．2007（07）

［53］周启蕾．物流学概论［M］．北京：清华大学出版社．2009（01）

［54］朱道立，黄中鼎．现代物流管理［M］．上海：复旦大学出版社．2009（09）